JN418339

Incoterms® 2020 반영

무역실무

International Trade Practice

송선욱 저

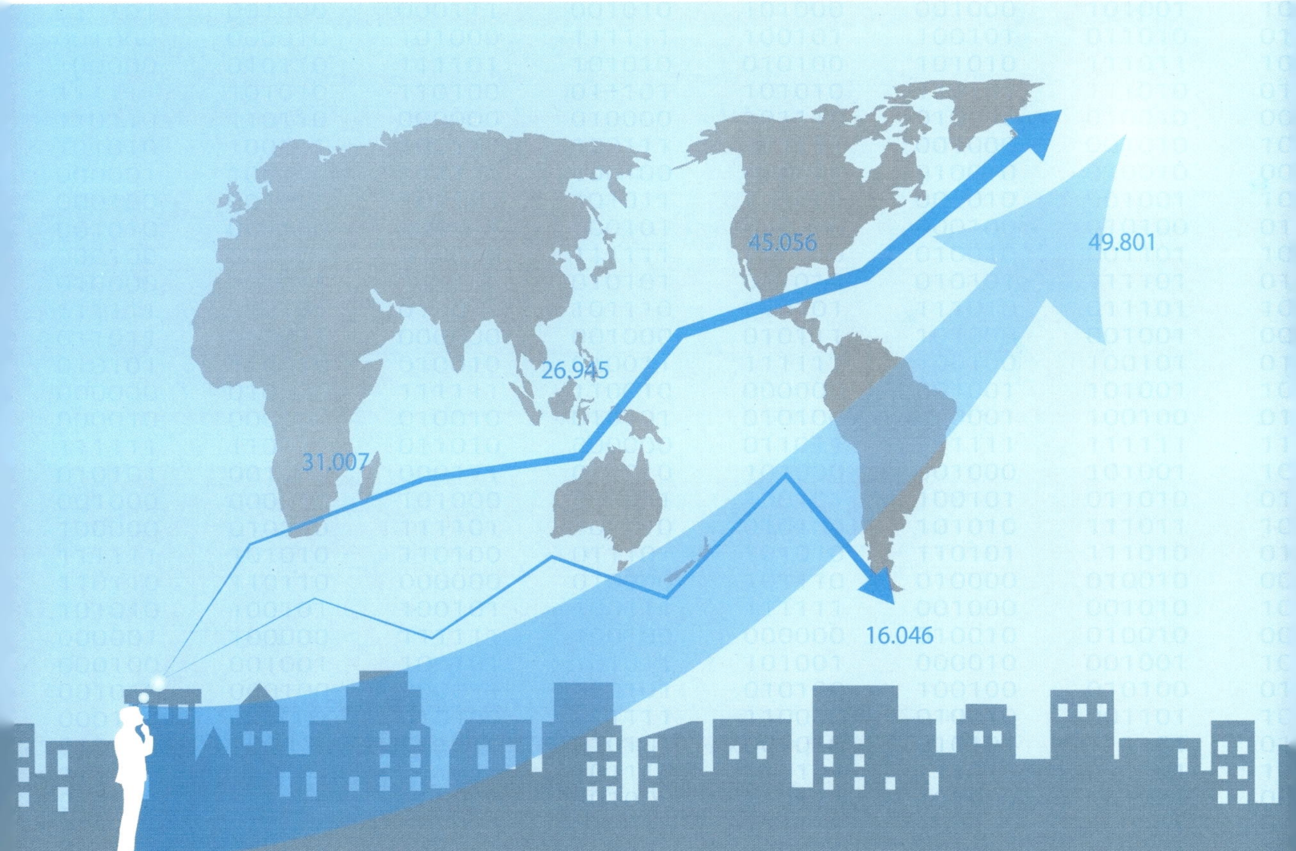

개정판 머리말

처음 무역실무 교재 출간을 준비하면서 전체적인 교재 내용을 확정하고 그에 따른 내용을 집필한 후 일단 교재를 출간하고 그 이후 수정사항들을 반영하면서 교재를 보완해 나갈 계획이었다. 처음부터 완벽한 교재를 만들기는 쉽지 않다. 저서라는 것이 원래 보면 볼수록 수정사항이 생기고 마음에 들지 않는 부분이 계속 생겨나게 마련이다. 그래서 일단 출판한 후 강의하면서 수정, 보완할 계획으로 출판하였다.

그러나 오류나 수정, 보완할 부분이 많아서 개정판을 준비하고 있던 중, 마침 Incoterms® 2020이 개정되어 1년 만에 개정판을 내놓게 되었다.

이번 개정판의 주요 개정사항은 Incoterms® 2020 내용을 반영하였으며 아울러 초판의 여러 가지 오류와 수정, 보완해야 할 사항을 반영하였다.

현재의 국제무역환경은 단순히 관행의 변화나 기존의 시스템 변화 등만을 반영하는 것이 아니라 블록체인, AI, 빅 데이터 등의 새로운 기술변화를 반영해야 하는 시점에 도달하였다.

따라서 무역실무를 학습하고 실무 현장에서 적용하고 있는 실무자들도 보다 민감하게 국제무역환경 변화에 반응하여야 할 것이며 그에 따라 무역실무 교재도 신속하고 정확하게 그 내용들을 반영할 필요가 있을 것이다.

그러므로 본 교재도 지속적으로 국제무역환경 변화 및 관행과 실무 내용을 반영하도록 하여 무역실무 학습자들과 실무자들에게 도움이 될 수 있도록 노력해 나갈 것을 약속드린다.

2020년 3월

송 선 욱

머리말

한국은 무역규모 1조 달러, 세계무역 순위 8위의 무역규모를 가지고 있다. 그리고 미국, EU, 아시아 지역 국가 등 주요국들과 이미 15건의 FTA를 체결, 발효 중에 있으며 지속적으로 FTA 협상을 추진하는 등 경제국경을 넓혀가고 있다.

다른 한편으로는, 한국 경제에서 무역이 차지하는 비중인 무역의존도가 다른 선진국들에 비해 상당히 높은 상황으로 무역은 한국경제를 견인하는 중요한 수단이다. 이같이 무역이 중요하기 때문에 대학에서 무역학과가 설치되어, 매년 많은 무역학도들을 배출해 내고 있다.

무역의 학문영역은 상품과 해외지역 연구 및 국제마케팅 등의 연구 분야도 있지만 가장 핵심적인 내용은 수출입과 관련된 실무적 분야이다.

무역실무에는 매도인인 수출업자와 매수인인 수입업자 사이의 무역매매계약내용이 매우 중요하다. 이 계약조건하에 계약물품의 인도를 위한 국제운송, 운송구간의 화물에 대한 위험을 커버하기 위한 해상보험 및 수출보험, 계약물품 공급에 대한 대가인 무역대금결제 등이 뒤따르게 된다. 그리고 수출입은 기본적으로 국가경제 및 국민 안전에 중요한 영향을 미치기 때문에 국가에서 통제, 관리하고 있으며 이러한 관리는 일반적으로 법에 의해 관리되고 있다. 따라서 수출입의 제한 등 무역과 관련된 기본법인 대외무역법, 수출입통관 및 수입관세의 부과 · 징수와 관련된 관세법, 대금의 지급 및 영수와 관련된 외국환거래법 등의 무역관계법규에 대한 내용을 알고 있어야 한다.

이에 저자는 다년간 대학에서 무역실무를 강의한 경험과 기업에서의 짧은 무역실무 경험을 바탕으로 대학 강의에 적합한 교재를 만들고자 하는 생각을 지속적으로 해 오고 있었다. 그러나 기존의 무역실무 교재가 굉장히 많이 출판되어 있는 상황에서 그와 별반 차이가 없는 교재를 만들어내는 것에 대한 부담감으로 선 듯 작업에 임하지 못했다.

그럼에도 대학에서 무역실무를 강의하고 연구하는 연구자 입장에서 전체적으로 무역실무 내용을 정리하고 저자가 가르치는 학생들에게 가장 적합한 무역실무 교재를 만들겠다는 욕심으로 본 교재가 집필되었다.

저자는 본 교재를 사용하여 강의하면서 학생들의 요구 및 기업의 수요에 적합하도록 지속적으로 보완, 수정할 것이며 시간이 거듭될수록 더 나은 교재로 발전되어 나갈 것을 믿고 본 교재를 출간하게 되었다.

아무튼 본 교재가 무역실무를 공부하는 학생들에게 효과적인 무역실무 학습의 도구가 되길 기대한다.

이 책을 저술할 수 있도록 기초를 제공한 선배 교수님들의 노력에 감사를 드리며 어려운 출판환경에도 기꺼이 출판해 주신 도서출판 두남의 사장님과 열과 성의를 다해 교정과 편집을 해 주신 두남의 직원 여러분들에게 감사의 말씀을 전하고 싶다.

2018년 3월

송 선 욱

제1장 무역실무의 기초 / 21

제1절 무역과 무역실무 ······ 21

1. 무역의 개념 / 21
2. 무역의 특성 / 22
3. 세계 속의 한국 무역 / 23
4. 무역학에서 무역실무의 학문적 위치 / 25
5. 무역실무 과목의 필요성 / 27
6. 무역실무의 학습 영역 / 28

제2절 특수한 형태의 무역거래 ······ 30

1. 수위탁 판매 방식에 의한 수출입 / 30
2. 수위탁가공무역 방식에 의한 수출입 / 32
3. 임대차 방식의 수출입 / 32
4. 연계무역 / 33
5. 중계무역(intermediary trade)과 중개무역(merchandising trade) / 35
6. 외국인도수출 / 36
7. 외국인수수입 / 37
8. 무환수출입 / 38
9. 기타 특수한 형태의 수출입 / 39

제2장 무역관리제도 / 45

제1절 법에 의한 무역관리 ······ 45

1. 무역관리 / 45
2. 법에 의한 관리 / 46
3. 무역 관련 법규 / 47

제2절 수출입 품목 관리 ······ 57

1. 수출입 품목 관리제도 / 57
2. 원산지제도 / 61

제3장 수출계약의 주요 조건 / 67

제1절 수출실무 절차와 수출계약 ······ 67

1. 일반적 수출실무 절차 / 67
2. 무역계약의 종류와 특성 / 69

제2절 수출계약의 주요 조건 ······ 72

1. 품질 조건 / 72
2. 수량조건(terms of quantity) / 75
3. 가격조건(terms of price) / 78
4. 선적조건(terms of shipment) / 80
5. 결제조건(terms of payment) / 83
6. 보험조건(terms of insurance) / 87
7. 포장 및 하인조건(terms of packing & marking) / 88
8. 분쟁해결조건(terms of dispute) / 91
9. 기타 조건 / 93

제3절 Incoterms® 2020 / 94

1. Incoterms의 제정 배경과 개정 과정 / 94
2. Incoterms® 2020 무역거래규칙의 주요 내용 / 98

제4장 수출계약의 체결 / 123

제1절 무역계약의 성립과정 ······ 123

1. 무역계약의 성립과정 / 123
2. 무역계약 성립의 단계적 분석 / 124

제2절 수출계약의 작성 ······ 139

1. 수출계약서 형태 / 139
2. 수출계약서 기재내용 실례 / 140

제5장 수출대금의 결제 / 149

제1절 수출계약과 대금결제 ······ 149

1. 대금결제방법 / 149
2. 수출입 대금결제 현황 / 150

제2절 송금결제방식(remittance basis) ······ 152

1. 송금결제방식의 개념 / 152
2. 송금결제방식의 종류 / 152
3. 송금결제방식의 한계성 / 156

제3절 추심결제방식(collection basis) ······ 157

1. 추심결제방식의 개념 / 157
2. 추심결제방식의 종류 / 157
3. 추심결제방식의 결제과정 / 158
4. 추심결제방식의 관계당사자 / 160
5. 지급인도방식(D/P)과 인수인도방식(D/A)의 차이점 / 161
6. 추심결제방식의 한계성 / 161

제4절 신용장(Letter of credit ; L/C) 결제방식 ······ 162

1. 신용장의 개념과 필요성 / 162
2. 신용장결제방식의 거래절차 / 164
3. 신용장 거래 당사자 / 166
4. 신용장의 종류 / 174
5. 신용장거래의 특성 / 183
6. 신용장 통일규칙(UCP)과 국제표준은행 관행(ISBP) / 184
7. 추심결제방식과 신용장 결제방식의 차이점 / 185
8. 신용장 기재 사항 / 187

제5절 특수결제 방식 ··· 199
1. 국제팩토링 결제방식 / 199
2. Forfaiting 결제방식 / 202

제6장 수출승인과 수출물품의 확보 / 207

제1절 수출승인 ··· 207
1. 수출입의 원칙 / 207
2. 수출입 승인의 의의 / 208
3. 수출입 승인의 성질 / 209
4. 수출입 승인의 대상물품과 승인기관 / 210
5. 수출입 승인 절차 / 214
6. 수출입 승인의 유효기간 / 215
7. 수출입 승인의 면제 / 216

제2절 수출물품의 확보 ··· 218
1. 수출물품의 확보 방법 / 218
2. 내국신용장(Local Credit) / 219
3. 구매확인서 / 228
4. 구매확인서와 내국신용장의 비교 / 233
5. 외화획득용 원료 등의 수입 / 234

제7장 수출입통관 / 243

제1절 수출통관 ··· 243
1. 수출통관의 개념 / 243
2. 수출통관절차 / 244
3. 수출신고인 / 245
4. 수출신고시기 / 246
5. 수출신고 수리물품의 적재기간 / 246

제2절 수입통관 ······ 247
1. 수입통관의 개념 / 247
2. 수입통관 절차 / 247
3. 수입 또는 반송 신고 기간내 신고하지 않은 경우의 가산세 / 249
4. 신고 누락에 따른 가산세 / 249
5. 신고시 서류제출 / 249
6. 수입물품검사 / 250
7. 수입신고 처리 / 251

제3절 통관절차의 특례 ······ 253
1. 수입신고 수리 전 반출 / 253
2. 수입신고전의 물품 반출 / 253
3. 전자상거래물품 등의 특별통관 / 254
4. 탁송품의 특별통관 / 254

제4절 수출입 안전관리 우수 공인업체 ······ 256
1. 수출입 안전관리 우수업체의 안전관리 기준 / 256
2. 수출입 안전관리 우수업체 공인을 위한 심사 / 256
3. 수출입 안전관리 우수 공인업체에 대한 혜택 / 257

제8장 수출물품의 선적과 운송 / 261

제1절 수출물품의 선적 ······ 261
1. 수출물품 운송의 의의 / 261
2. 해상운송과 선적절차 / 262
3. 수입화물의 입수절차 / 274
4. 운송서류의 대도(貸渡) / 280

제2절 국제해상운송 ······ 281
1. 해상운송계약 / 281
2. 정기선 운임의 구성 / 283
3. 해상운송서류 / 287

제3절 국제항공운송 ······ 299

1. 국제항공운송의 개념 / 299
2. 국내 항공운송의 발달 현황 / 299
3. 항공운송의 단위 탑재용기(Unit Load Device) / 300
4. 항공화물 운송 대리점과 항공운송주선업자 / 300
5. 국제항공운송의 일반적 절차 / 302
6. 항공화물 요율의 종류 / 304
7. 항공화물운송장의 개요 / 306

제4절 컨테이너 운송 ······ 312

1. 컨테이너의 정의와 장·단점 / 312
2. 컨테이너 터미널의 구조 / 313
3. 컨테이너 운송 형태와 하역방식 / 316

제5절 국제복합운송 ······ 319

1. 국제복합운송의 개념과 기본 요소 / 319
2. 해·육(Sea & Land)복합운송의 주요 경로 / 320
3. 복합운송증권 / 328

제9장 해상보험과 무역보험 / 335

제1절 해상보험 ······ 335

1. 해상보험의 기초 / 335
2. 해상보험계약(marine insurance contract) / 344
3. 해상위험 / 348
4. 해상손해 / 352
5. 해상보험증권 / 358
6. 협회적하약관 / 359

제2절 무역보험 ······ 370

1. 무역보험의 개념과 기능 / 370
2. 무역보험의 종류 / 372

제10장 선적서류 정비 및 대금회수 / 381

제1절 선적서류 정비 ········ 381

1. 무역거래에서 선적 서류의 중요성과 분류 / 381
2. 선적서류의 원본과 사본 및 서류 심사 기준 / 382
3. 선적 서류의 종류 / 384

제2절 환어음의 발행 ········ 400

1. 외국환 / 400
2. 환어음 / 401

제3절 수출대금의 회수 ········ 407

1. 수출대금의 회수 / 407
2. 수출대금의 회수 절차 / 407

제11장 관세환급 / 417

제1절 관세환급 개념 및 절차 ········ 417

1. 관세환급제도의 개념 / 417
2. 관세환급의 환급신청기간 / 418
3. 환급금을 산출하는 방법 / 418
4. 관세환급 절차 / 419

참고문헌 / 421

찾아보기 / 423

◈ 표차례

▌표 1-1▌ 2018년 세계 수출입 순위 / 24
▌표 1-2▌ 주요 무역국의 연도별 무역의존도 / 25
▌표 1-3▌무역의 과제와 관련 과목 / 28
▌표 3-1▌ 수량 단위 / 76
▌표 3-2▌ Incoterms® 2020 FOB와 CFR, CIF 규칙의 가격구성요소 / 79
▌표 3-3▌ 무역계약서상의 가격조건 표기 예시 / 80
▌표 3-4▌ 대금결제의 구분 / 84
▌표 3-5▌ 대금결제시기에 따른 분류 / 87
▌표 3-6▌ 중재와 소송의 비교 / 92
▌표 3-7▌ Incoterms® 2020 무역거래규칙 / 99
▌표 3-8▌ Incoterms® 2020 각 규칙의 매도인, 매수인 의무 규정 / 100
▌표 3-9▌ 각 조건의 위험의 분기점 / 118
▌표 3-10▌ 각 규칙의 매수인과 매도인의 비용부담의무 / 119
▌표 5-1▌ 수출 결제방식별 통계 / 151
▌표 5-2▌ 수입 결제방식별 통계 / 151
▌표 5-3▌ 추심결제방식과 신용장 결제방식의 차이점 / 186
▌표 5-4▌ 신용장 기재 사항 / 187
▌표 5-5▌ 국제팩토링과 신용장 비교 / 202
▌표 6-1▌ 구매확인서와 내국신용장 비교 / 233
▌표 7-1▌ 수입신고 / 248
▌표 8-1▌ 한국의 운송수단별 수출입 비중(2018년, 금액 및 중량 기준) / 262
▌표 8-2▌ 개품운송계약과 용선운송계약의 비교 / 283
▌표 8-3▌ 운송수단별 수출비중 추이(금액기준) / 299
▌표 8-4▌ 운송수단별 수출비중 추이(중량기준) / 300
▌표 8-5▌ 항공화물운송장과 선하증권의 비교 / 310
▌표 8-6▌ 한국(부산) ↔ 유럽(로테르담)간의 경로별 거리 비교 / 323
▌표 9-1▌ 피보험자(보험계약자)와 보험자 의무 / 348
▌표 9-2▌ 위부와 대위 비교 / 357
▌표 9-3▌ 구협회적하약관상의 담보위험 / 361
▌표 9-4▌ 신협회적하약관(ICC) 2009의 구성 / 362
▌표 9-5▌ 신협회적하약관(2009)상의 담보위험 / 364

▮표 9-6▮ 신 협회적하약관(2009)상의 면책위험 / 367
▮표 10-1▮ 무역거래의 기본서류와 기타서류 / 382
▮표 10-2▮ 미국 달러화(USD)에 대한 환율(2018/01/03) / 411

◈ 그림차례

▮그림 1-1▮ 무역학의 학문 영역 / 26
▮그림 1-2▮ 무역학의 세부 과목 / 26
▮그림 1-3▮ 수출거래절차 / 29
▮그림 2-1▮ 대외무역관리체계 / 47
▮그림 2-2▮ 대외무역법의 체계와 주요 구성 / 51
▮그림 2-3▮ 관세법의 체계와 주요 구성 / 54
▮그림 2-4▮ 외국환거래법의 체계와 주요 구성 / 56
▮그림 2-5▮ 공고체계에 의한 품목관리 / 58
▮그림 2-6▮ 원산지제도 관련 법규정 / 62
▮그림 3-1▮ 일반적 수출절차 / 69
▮그림 3-2▮ 일반적인 수출하인의 내용 / 90
▮그림 3-3▮ FAS조건의 위험과 비용의 분기점 / 101
▮그림 3-4▮ FAS조건의 위험의 분기점 선측의 의미 / 102
▮그림 3-5▮ FOB조건의 위험과 비용의 분기점 / 103
▮그림 3-6▮ CFR조건의 위험과 비용의 분기점 / 104
▮그림 3-7▮ CIF조건의 위험과 비용의 분기점 / 106
▮그림 3-8▮ EXW조건의 위험과 비용의 분기점 / 108
▮그림 3-9▮ FCA조건의 위험과 비용의 분기점 / 110
▮그림 3-10▮ CPT조건의 위험과 비용의 분기점 / 112
▮그림 3-11▮ CIP조건의 위험과 비용의 분기점 / 113
▮그림 3-12▮ DAP조건의 위험과 비용의 분기점 / 114
▮그림 3-13▮ DPU조건의 위험과 비용의 분기점 / 116
▮그림 3-14▮ DDP조건의 위험과 비용의 분기점 / 117
▮그림 4-1▮ 무역계약 체결과정 / 124
▮그림 4-2▮ 해외시장조사와 목표시장 선정 / 125

▌그림 5-1▌ 송금수표(D/D)의 결제 과정 / 153
▌그림 5-2▌ 우편환(M/T)과 전신환(T/T)방식의 결제 과정 / 154
▌그림 5-3▌ 상품인도결제방식(COD)의 결제 과정 / 155
▌그림 5-4▌ 서류인도결제방식(CAD)의 결제 과정 / 156
▌그림 5-5▌ 지급인도방식(D/P)의 거래절차 / 159
▌그림 5-6▌ 인수인도방식(D/A)의 거래절차 / 160
▌그림 5-7▌ 신용장 결제방식의 거래절차 / 165
▌그림 5-8▌ 상환청구가능신용장의 상환청구절차 / 177
▌그림 5-9▌ Stand-by credit 거래 절차 / 182
▌그림 5-10▌ 국제팩토링 결제방식의 거래절차 / 200
▌그림 5-11▌ Forfaiting 결제방식의 거래절차 / 204
▌그림 6-1▌ 수출물품 확보 방법 / 218
▌그림 6-2▌ 전자화된 내국신용장 거래 절차 / 221
▌그림 6-3▌ 내국신용장 거래 절차 / 224
▌그림 6-4▌ 구매확인서 거래 절차 / 229
▌그림 8-1▌ 재래선에 의한 선적절차 / 264
▌그림 8-2▌ 컨테이너선에 의한 선적절차 / 273
▌그림 8-3▌ L/G 거래 메커니즘 / 276
▌그림 8-4▌ 국제항공화물운송절차 / 304
▌그림 8-5▌ 컨테이너 터미널의 구조 / 316
▌그림 8-6▌ 국제복합운송의 기본 요소 / 320
▌그림 8-7▌ American Land Bridge의 경로 및 소요일수 / 320
▌그림 8-8▌ Mini-Land Bridge의 경로 및 소요일수 / 321
▌그림 8-9▌ TSR 운송경로 / 322
▌그림 8-10▌ 극동·유럽간의 운송경로 / 324
▌그림 8-11▌ SLB 운송경로 / 326
▌그림 9-1▌ 해상손해의 종류 / 355

◈ 서식차례

▮서식 4-1▮ offer sheet / 138
▮서식 4-2▮ 매매계약서 전면 / 144
▮서식 4-3▮ 일반거래협정서 / 145
▮서식 5-1▮ 취소불능화환신용장발행신청서 / 169
▮서식 5-2▮ 외국환거래 약정서 / 170
▮서식 5-3▮ 취소불능화환신용장 / 188
▮서식 5-4▮ 취소불능화환신용장(SWIFT CREDIT : USANCE CREDIT) / 197
▮서식 6-1▮ 수출승인(신청)서 [별지 제3호 서식] / 217
▮서식 6-2▮ 내국신용장(Local L/C) / 225
▮서식 6-3▮ 판매대금추심의뢰서 / 226
▮서식 6-4▮ 내국신용장 물품수령증명서 / 227
▮서식 6-5▮ 외화획득용 원료·기재 구매확인신청서 / 231
▮서식 6-6▮ 외화획득용 원료·기재 구매확인서 / 232
▮서식 6-7▮ 외화획득용원료수입승인(신청)서 / 239
▮서식 7-1▮ 수출통관사무처리에 관한 고시 [별지 1] / 258
▮서식 8-1▮ S/R(shipping Request) / 266
▮서식 8-2▮ S/O(Shipping Order) / 267
▮서식 8-3▮ M/R(Mate's Receipt) / 268
▮서식 8-4▮ L/I(Letter of Indemnity) / 269
▮서식 8-5▮ Delivery Order(D/O) / 277
▮서식 8-6▮ 수입화물선취보증신청서 / 278
▮서식 8-7▮ 수입화물선취보증장 / 279
▮서식 8-8▮ BILL OF LADING / 298
▮서식 8-9▮ 항공화물운송장 / 311
▮서식 8-10▮ 복합운송 서류(Combined Transport Documents) / 331
▮서식 10-1▮ 상업송장(Commercial Invoice) / 385
▮서식 10-2▮ 일반원산지증명서 / 392
▮서식 10-3▮ 일반특혜관세(GSP) 원산지증명서 / 393
▮서식 10-4▮ 개도국간 특혜무역제도(GSTP) 원산지증명서 / 394
▮서식 10-5▮ 한·싱 FTA 원산지증명서(기관발급) / 395

▮서식 10-6▮ 한·칠레 FTA 원산지증명서(자율발급) / 396
▮서식 10-7▮ 포장명세서(Packing List) / 398
▮서식 10-8▮ 수익자증명서(Beneficiary's Certificate) / 399
▮서식 10-9▮ 환어음(Biil of Exchange) / 406
▮서식 10-10▮ 수출환어음매입(추심)신청서 / 410

무역실무의 기초

제1절 무역과 무역실무

제2절 특수한 형태의 무역거래

제1절 무역과 무역실무

1. 무역의 개념

무역(foreign trade)은 국가간에 이루어지는 경제거래로서, 재화(goods), 용역(services), 자본(capitals) 등 모든 종류를 무역거래 대상으로 하는 유상적 거래라고 정의할 수 있다. 즉, 무역은 한 국가와 다른 국가 사이에 재화, 용역, 자본 등이 교환되고 그에 따른 대가(代價)가 지불되는 거래이다. 따라서 무역거래는 단순히 유형물인 재화뿐만 아니라 무형물인 용역, 자본 등도 거래의 대상으로 삼고 있다.

한편 무역의 기본법이라 할 수 있는「대외무역법」에서는 무역을 "모든 종류의 물품과 용역 또는 전자적 형태의 무체물의 수출과 수입"이라고 정의하고 있다. 동법 시행령에서는 수출과 수입을 나누어서 정의하고 있는데 수출은 "매매(賣買)·교환(交換)·임대차(賃貸借)[1]·사용대차(使用貸借)[2]·증여(贈與)[3] 등을 원인으로 국내에서

1) 임대차란 당사자 일방(임대인)이 상대방(임차인)에게 목적물을 사용·수익하게 할 것을 약정하고, 상대방이 이에 대한 차임을 지급할 것을 약정함으로써 성립하는 계약을 말한다. 예를 들면, 산업용 기계를 임대차계약에 의해서 국내에서 외국으로 반출하는 것도 수출의 범위이다.
2) 사용대차란 당사자 일방(貸主)이 타방(借主)에게 무상으로 사용·수익하게 하기 위하여 목적물을 인도할 것을 약정하고, 상대방은 이를 사용·수익한 후 그 물건을 반환할 것을 약정함으로써 성립하는 계약을 말한다. 예를 들면, 프랑스 루부르 박물관에 일정기간 전시 후 재반입될 목적으로 고려청자가 국내에서 외국으로 무상으로 반출되어지는 것도 수출의 개념이다.
3) 증여란 당사자 일방이 무상으로 재산을 상대방에게 수여하는 의사의 표시를 하고 상대방이

외국으로 물품이 이동하는 것, 일정한 기준에 해당하는 유상으로 외국에서 외국으로 물품을 인도하는 것, 「외국환거래법」상의 거주자가 비거주자에게 일정한 기준에 따른 방법으로 용역을 제공하는 것, 거주자가 비거주자에게 정보통신망을 통한 전송과 그 밖에 일정한 기준에 따른 방법으로 전자적 형태의 무체물을 인도하는 것"이라고 정의하고 있다. 수입은 "매매·교환·임대차·사용대차·증여 등을 원인으로 외국에서 국내로 물품이 이동하는 것, 일정한 기준에 해당하는 유상으로 외국에서 외국으로 물품을 인수하는 것, 「외국환거래법」상의 비거주자가 거주자에게 일정한 기준에 따른 방법으로 용역을 제공하는 것, 비거주자가 거주자에게 정보통신망을 통한 전송과 그 밖에 일정한 기준에 따른 방법으로 전자적 형태의 무체물을 인도하는 것"이라고 정의하고 있다.

따라서 「대외무역법」 상에서는 무역을 대가가 지불되는 유상거래 뿐만 아니라 대가가 지불되지 않는 무상거래도 무역에 포함시키고 있다.

2. 무역의 특성

국내거래와 차별화된 무역의 특성을 살펴보면 다음과 같다.

1) 위험의 증가

국내 거래에도 다양한 위험이 존재하지만 국제 거래인 무역의 경우 그 위험성이 증가하거나 새로운 위험들이 발생하게 된다.

매수인이 계약 내용대로 물품을 받지 못할 위험인 상업위험(commercial risks), 매도인이 물품 대금을 받지 못할 위험인 신용위험(credit risks), 그리고 매도인이 매수인에게 물품을 인도하는 운송 중 화물손상에 대한 위험인 운송위험(transportation risks) 등은 국내 거래에도 존재하지만 이국간의 거래인 무역에서는 그 위험성이 더 높게 발생하게 된다.

한편 다른 국가 사이의 거래이므로 동일한 통화를 사용하는 국내거래와는 달리 대금결제시 환율의 개입에 따른 환위험(exchange risks)이 새롭게 발생하며 거래상대국에서 갑자기 발생한 전쟁, 내란 등 비상사태로 인해 발생할 수 있는 거래 위험인 비상위험(contingency risks) 등이 존재한다. 이러한 위험들은 국내거래에서는 존재하지 않는 국제거래인 무역에서 새롭게 발생하는 위험들이다.

이를 승낙함으로써 성립하는 계약을 말한다. 예를 들면, 우리나라 적십자가 난민구호를 위해서 무상으로 의류, 식품 등을 국내에서 외국으로 반출하는 것도 수출의 개념이다.

2) 대부분 국제 해상운송 활용

무역은 다른 국가간의 거래이므로 기본적으로 운송되는 거리가 장거리이며 거래되는 물품의 양이 대량인 경우가 대부분이다. 이러한 장거리, 대량 운송에 가장 적합하고 경제적인 운송수단이 선박을 이용한 해상운송이다. 따라서 대부분의 무역거래는 선박을 이용한 국제 해상운송을 활용하는 특징이 있다.

3) 국제 상관습의 적용

국내 거래의 경우 동일한 사법권하에서 동일한 법규를 적용받게 되지만 국제 거래의 경우 다른 법규 및 사법적 관할권 그리고 상이한 거래 관행을 가지고 있으므로 어떤 한 국가의 법규만을 따를 수 없는 문제가 있다.

따라서 국제거래는 오랫동안 국제간 거래에서 공통적으로 사용해온 거래 관행 및 관습이 국제기구 등을 통해 하나의 국제규칙(international rules)으로 제정되어 이러한 국제규칙을 통해 국제거래를 규율하는 특성을 가진다.

4) 다수의 복합 계약 체결

무역이 매도인과 매수인 사이에 물품에 대한 대가로써 대금결제가 이루어지는 물품매매계약에 기초하여 거래가 이루어진다는 측면에서는 국내 거래와 동일하다. 그러나 무역은 물품매매계약하에 국제운송계약, 보험계약, 대금결제를 위한 환계약 등의 부수적인 계약이 수반하게 된다.

따라서 무역은 다수의 복합계약이 체결되는 특성을 가진다.

5) 거래교섭의 복잡성

무역은 국내거래와 달리 상이한 제반 환경, 즉 상이한 언어, 법률, 제도, 관행 등의 환경하에서 거래교섭이 이루어진다. 따라서 국내거래와 달리 이러한 다양한 상이점을 고려하여 교섭해야 하므로 거래교섭이 복잡하다는 특성을 갖는다.

3. 세계 속의 한국 무역

〈표 1-1〉에서 보는 바와 같이 2018년 기준 세계 수출 순위는 중국, 미국, 독일, 일본, 네덜란드, 프랑스, 한국, 이탈리아, 홍콩, 영국 순으로 되어 있으며 한국은 세계 7위의 수출대국이다.

수출입을 합한 무역순위는 중국, 미국, 독일, 일본, 네덜란드, 프랑스, 홍콩, 영국, 한국, 이탈리아 순으로 되어 있으며 한국은 세계 9위의 무역대국이다.

한국은 2006년 사상 최초 수출 3,000억 달러를 돌파하였으며 2011년 사상 최초로 무역 1조 달러를 돌파하였다.

표 1-1 2018년 세계 수출입 순위

(단위 : 백만 불)

순번	국가명	수출액	순번	국가명	수입액	순번	국가명	수출입액
	세계	19,522,259		세계	19,587,304		세계	39,109,563
1	중국	2,474,149	1	미국	2,532,850	1	중국	4,609,410
2	미국	1,654,007	2	중국	2,135,261	2	미국	4,186,857
3	독일	1,589,655	3	독일	1,289,940	3	독일	2,879,595
4	일본	732,629	4	일본	748,849	4	일본	1,481,478
5	네덜란드	717,586	5	프랑스	683,262	5	네덜란드	1,338,154
6	프랑스	586,824	6	영국	679,224	6	프랑스	1,270,086
7	**한국**	**601,154**	7	홍콩	629,529	7	홍콩	1,207,670
8	이탈리아	552,773	8	네덜란드	620,568	8	영국	1,161,891
9	홍콩	578,141	**9**	**한국**	**543,186**	**9**	**한국**	**1,144,340**
10	영국	482,667	10	이탈리아	501,920	10	이탈리아	1,054,693

자료 : 한국무역협회

〈표 1-2〉는 주요 무역국의 연도별 무역의존도를 나타내주고 있다. 무역의존도는 국내총생산(GDP)에서 수출과 수입이 차지하는 비중을 나타내는 것으로 한국의 경우 무역의존도가 지속적으로 증가하고 있을 뿐만 아니라 2018년의 경우 약 70%로 한국경제가 상당히 무역에 의존하고 있음을 알 수 있다.

무역강국인 중국, 미국, 일본의 경우는 무역의존도가 상대적으로 낮음을 알 수 있는데 이는 내수경제가 전체 경제에 차지하는 비중이 무역에 비해 상대적으로 높음을 알 수 있다. 즉, 경제가 무역에 상대적으로 크게 의존되어 있지 않음을 알 수 있다.

▌표 1-2▌ 주요 무역국의 연도별 무역의존도

2018년 세계무역순위		무역의존도*) (단위 : %)				
순위	국가	2000년	2005년	2010년	2015년	2018년
1	중국	39.35	62.69	49.25	36.49	34.25
2	미국	19.84	20.13	21.7	21.28	20.41
3	독일	53.61	61.44	67.83	70.89	71.47
4	일본	18.15	24.27	26.59	30.87	29.22
5	네덜란드	99.87	97.32	111.52	118.29	147.07
6	프랑스	44.54	42.39	42.52	43.65	45.45
7	홍콩	241.55	324.32	360.07	318.48	335.17
8	영국	39.66	36.86	40.47	-	41.36
9	**한국**	**59.23**	**60.76**	**81.48**	**69.93**	**69.12**
10	이탈리아	-	-	-	-	50.54

*) 각국의 수출·수입액을 GDP로 나누어 계상

4. 무역학에서 무역실무의 학문적 위치

일반적으로 무역학은 국제경제학, 국제경영학, 그리고 무역실무로 구성되어진다. 즉, 무역학은 거시적 국제경제에 대한 이해를 위한 국제경제이론과 기업의 국제경영 및 무역에 필요한 지식을 습득하도록 한 학문이다.

보다 구체적으로 경제학원론, 국제경제학, 무역정책론, 외환론, 국제금융론, 지역경제통합론 등의 국제경제학 분야, 경영학원론, 국제경영론, 해외직접투자론, 국제마케팅, 국제기업경영론, 국제기업환경론, 국제재무 등의 국제경영학 분야, 그리고 무역학개론, 무역실무, 무역영어, 무역계약론, 무역대금결제론, 국제운송론, 해상보험론, 무역관계법규 등의 무역실무 분야로 구성된다.

그 가운데 무역실무분야는 기업의 국제활동 가운데 상품 거래에 초점을 맞추어 기업현장에서 실제로 업무를 수행함에 있어서 필요한 지식을 제공하는 학문 분야라고 할 것이다.

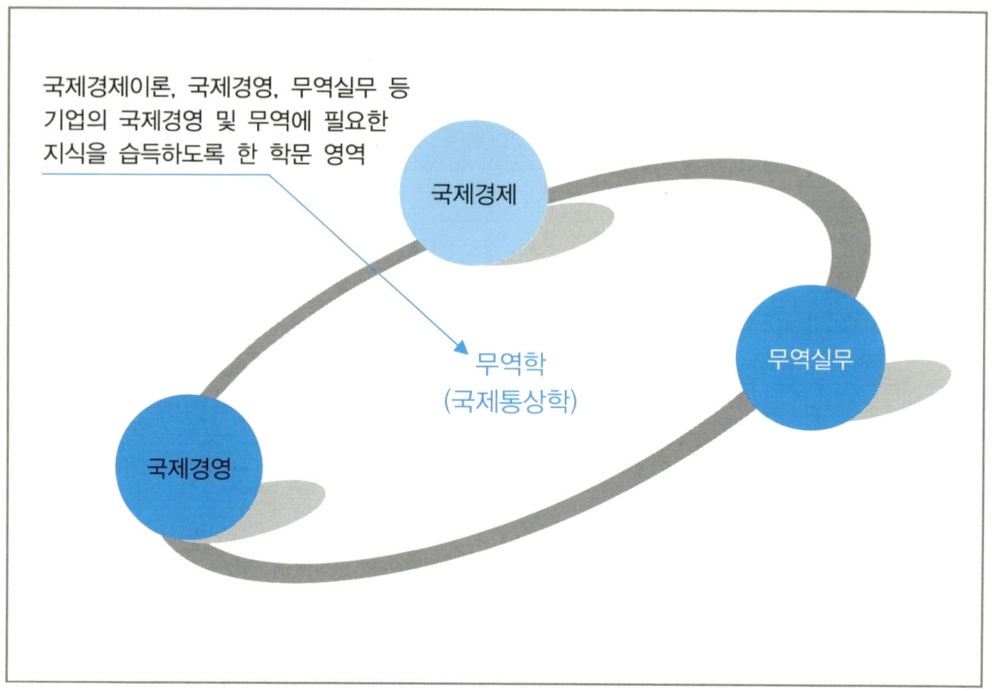

▌그림 1-1▌ 무역학의 학문 영역

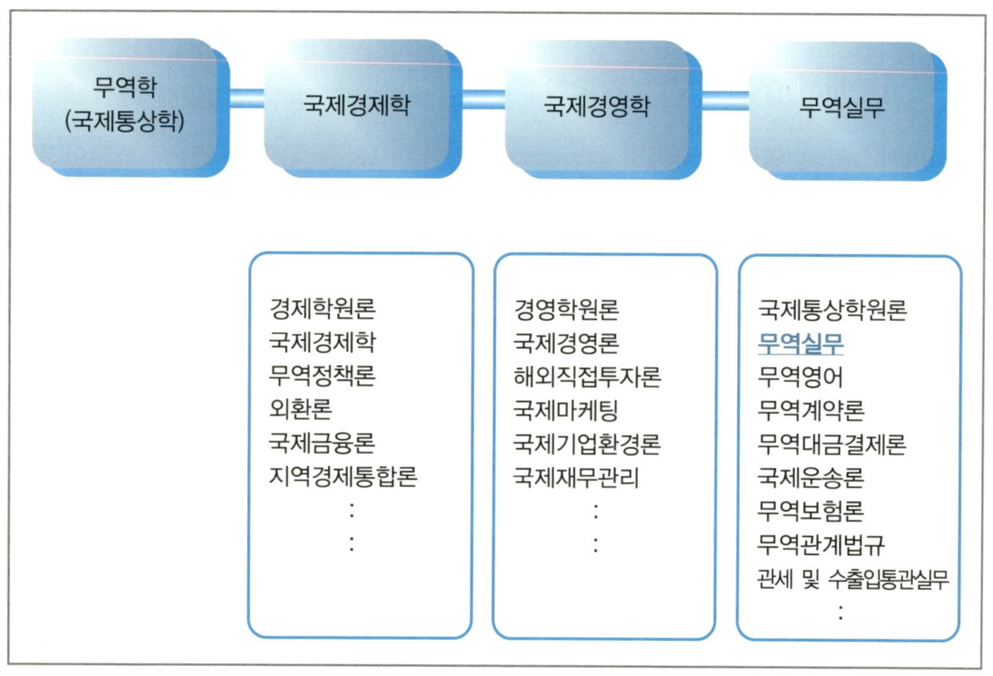

▌그림 1-2▌ 무역학의 세부 과목

5. 무역실무 과목의 필요성

무역학에서 무역실무 과목을 학습하는 이유, 즉 무역실무 과목의 필요성을 살펴보면 다음과 같다.

기업활동에 있어서 핵심 요소 중 하는 영업이다. 어떻게 하면 자신의 물품을 효과적으로 판매하여 최대의 이익을 획득할 것인가가 기업의 최대 관심사가 될 것이다. 그 가운데 무역은 기업의 국제 활동에서 해외영업에 해당된다.

효과적인 해외영업활동이 이루어지기 위해서는 해외시장연구, 수출입상품연구, 국제마케팅 등에 대한 지식이 필요하다.

만약 시장성 있는 Ⓐ라는 상품을 ㉮ 국가(성장하고 있는 시장, 수요가 있는 시장)에 X라는 가격(판매적정가격, 적정이익을 보장할 수 있는 가격)으로 판매하기로 결정하였다고 가정하자. 즉, 해외시장조사 및 국제마케팅 계획에 따라 수출할 국가를 정하고 수출할 제품(product), 적정 가격(price)을 결정하였다면 그 다음 해야 할 일은 실제로 어떻게 상품 Ⓐ를 수출할 것인가의 문제가 남게 된다.

이 경우 우선 고려해야 할 것들은 다음과 같다.

첫째, 상품 Ⓐ는 수출가능물품인가, 수출제한물품(승인대상물품)인가?

둘째, 상품 Ⓐ를 수출하기 위해서는 수출계약은 어떻게 체결할 것인가?

셋째, 수출물품에 대한 대금결제는 어떻게 받을 것인가?

넷째, 수출가격은 운송비, 보험료 등 다양한 비용요소들 중 어디까지 포함된 가격으로 할 것인가?

다섯째, 운송 중 물품에 대한 책임은 누구에게 있는가?

위와 같은 다양한 문제가 실제 수출을 이행하기 위해서 해결해야 할 내용들이다. 이러한 문제들은 무역관계법규, 무역계약론, 무역대금결제론, 국제운송론, 해상보험론 등 무역실무 과목의 내용을 바탕으로 해결하게 된다. 즉, 이러한 수출입과정에서 발생할 수 있는 실무적이고 법리적인 부분에 대해 알고 있어야만 효과적으로 해외영업을 통해 이익을 창출시킬 수 있다. 따라서 무역실무 과목에 대한 학습은 해외영업을 위해 반드시 필요한 사항이다.

▮표 1-3▮무역의 과제와 관련 과목

과 제	해결 과목
- 수출물품의 수출가능여부나 수출제한여부 확인 - 수출입 통관 및 수입 관세 납부	무역관계법규
- 상품 Ⓐ에 대한 수출계약체결 방법 - 운송비, 보험료 등 다양한 비용요소들을 고려한 수출가격결정방법	무역계약론
- 수출물품에 대한 대금결제방법	무역대금결제론
- 운송 중 물품에 대한 책임 및 운송계약 방법	국제운송론
- 운송 중 화물에 대한 위험 커버 방법	해상보험론

6. 무역실무의 학습 영역

무역실무는 기업의 수출입활동 전 영역에 대한 내용을 학습 영역으로 하고 있다. 특히 수출업자 입장에서 어떻게 효과적으로 물품을 인도하고 대금 결제 받아 기업의 이익을 극대화할 것인가에 대해 학습하게 된다.

구체적으로 첫째, 무역계약론으로, 이는 수출업자는 외국에 있는 거래 상대방 즉, 수입업자를 물색하여 무역계약을 체결하는 것과 관련된 학습 영역이다. 여기에는 무역계약의 체결과정, 무역계약의 내용, 무역계약에 따른 매도인(수출업자)과 매수인(수입업자)의 책임 법리 관계 등에 대해 학습하게 된다.

둘째, 무역대금결제론으로, 수출업자는 수출물품에 대한 대가로 수입업자로부터 대금결제를 받게 되는데 어떠한 방법을 통해 대금결제를 받을 것인가에 대한 대금결제 방법에 대해 학습하는 분야이다. 무역대금결제론에서는 송금방식, 추심방식, 신용장 방식, 기타 특수한 결제방식 등 다양한 방식에 대해 학습하게 된다.

셋째, 국제운송론 분야로, 수출물품을 실제로 수입업자에게 물리적으로 이동시키기 위해 해상, 육상, 항공 등 운송구간별 운송인(carrier)과의 국제운송계약체결, 국제운송계약의 내용 및 서류 등의 상무적 학습과 계약에 따른 운송인과 화주(shipper) 사이의 책임과 면책 등의 법리적 내용을 학습하게 된다.

넷째, 해상보험론 분야로, 국제운송은 대부분 해상운송을 통해 이루어지고 있으므로 해상운송 중 발생할 수 있는 화물에 대한 위험(risks)을 커버하기 위한 보험자(보험회사)와 피보험자(수출업자 또는 수입업자) 사이의 해상보험 계약체결, 해상보험 계약의 내용, 적하보험 약관 등에 대해 학습하게 된다.

다섯째, 무역관계법규 분야로, 이는 국가가 무역을 관리하기 위해 법규를 제정하여 시행하고 있는데 국내 수출업자는 수출함에 있어서 이러한 국내법규에 따라서 수출해야만 하므로 그에 대한 법규 내용에 대해 학습하게 되는 분야이다. 무역관계법규는 무역에 대한 전반적인 내용을 규율하고 있는 기본법인 대외무역법, 수출입시 반드시 경제적 국경이라 할 수 있는 관세선을 통과해야 하는데 그와 관련된 수출입 통관 및 수입의 경우 관세의 부과 · 징수 등에 대해 규정한 관세법, 그리고 수출대금의 지급 및 영수에 대해 규정한 외국환거래법에 대해 학습하게 된다.

여섯째, 무역영어 분야로, 무역거래는 외국의 거래상대방과의 경제적 거래 관계로 무역 계약에서 대금결제까지 모두 국제 공통어인 영어를 통해 교섭하고 계약서를 작성하게 됨으로, 무역영어는 이러한 계약체결과 이행을 위한 무역서신과 서류에 대해 학습하는 분야이다. 구체적으로 무역영어는 무역서신을 위한 영작문과 영문해독 능력제고 및 무역서류에 대한 해독과 작성 능력을 제고하기 위해 학습하게 된다.

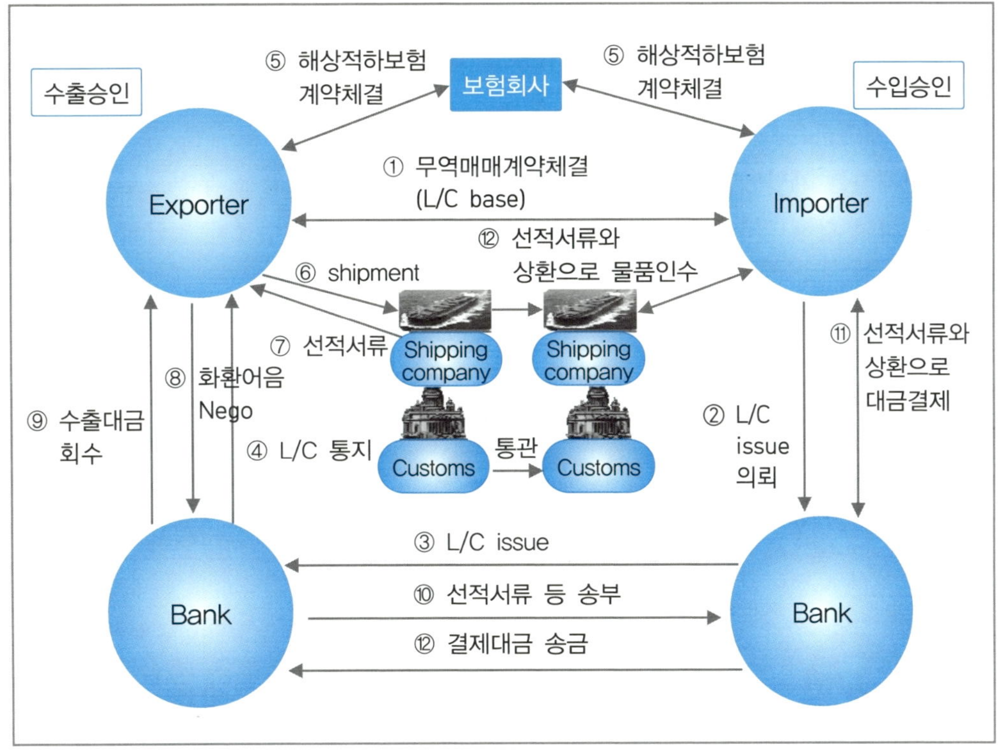

▮그림 1-3▮ 수출거래절차

이러한 다양한 학문적 영역은 〈그림 1-3〉 수출거래절차에서도 확인할 수 있다. 수출업자와 수입업자 사이의 ① 무역매매계약체결은 무역계약론, ② 신용장 발행 의뢰, ③ 신용장 발행, ④ 신용장 내도 통지, ⑩, ⑪, ⑫ 서류송부, 대금 결제 및 회수 분야는 무역대금결제론, ⑥ 선적(shipment), ⑦ 선적서류는 국제운송론, 국제운송 구간에서의 화물에 대한 위험을 커버하기 위한 ⑤ 해상적하보험 계약체결은 해상보험론, 수출물품에 대한 국내규제에 대한 내용을 확인하기 위한 대외무역법규 상의 내용 및 경제적 국경선인 관세선을 통과하기 위한 수출입통관, 대금의 지급과 영수에 대한 관리내용을 학습하는 외국환거래법 등의 학습을 위한 무역관계법규 등이 있다. 이상과 같이 무역실무는 수출입거래전반에 대한 학습을 하는 것을 학문적 영역으로 삼고 있음을 알 수 있다.

제2절 특수한 형태의 무역거래

1. 수위탁 판매 방식에 의한 수출입

위탁판매수출은 물품 등을 무환으로 수출하여 해당 물품이 판매된 범위안에서 대금을 결제하는 계약에 의한 수출을 말한다. 즉, 위탁자가 물품을 무환으로 수탁자에게 수출하여 당해 물품이 판매된 범위 안에서 일정의 판매수수료를 지급하고 물품대금을 결제받는 수출을 말한다.

위탁자는 자신의 계산과 위험으로 물품을 수출하고 소유권도 가지고 있다. 반면 수탁자는 계약에 따라 물품을 판매하고 판매대금에서 제경비와 판매수수료를 공제한 금액을 위탁자에게 송금하게 되고 만약 판매 후 잔품이 남으면 다시 위탁자에게 보내게 된다.

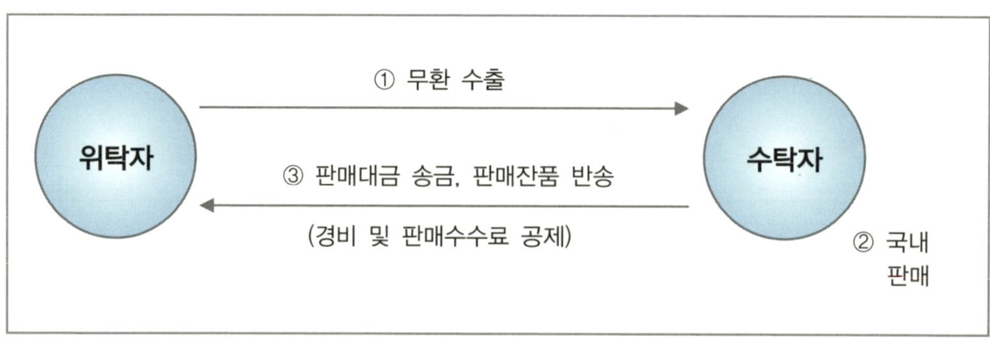

한편 수탁판매수입은 위탁판매수출과 동일한 거래인데 수탁자 입장에서 본 거래로, 물품 등을 무환으로 수입하여 해당 물품이 판매된 범위안에서 대금을 결제하는 계약에 의한 수입을 말한다. 수탁판매방식에 의한 수입은 계약에 따라 위탁자가 위탁한 물품을 무환으로 수입하여 판매한 후 경비 및 판매수수료를 공제한 판매대금을 송금하는 형태의 거래이다. 만약 판매 후 잔품이 남으면 반송하게 되는 거래로 수탁자 입장에서 판매수수료를 수취할 목적의 거래라 할 수 있다.

1) 위탁판매수출과 유사한 거래형태

(1) BWT(Bonded Warehouse Transaction)방식

수출업자가 거래상대국에 지점 또는 사무소를 설치해 놓고 거래상대국 정부로부터 허가 받은 보세창고에 상품을 무환으로 반입한 후 현지에서 상품의 구매계약을 성립시켜 판매하는 거래 방식으로 주로 인도기일이 짧은 범용성 원자재나 선용품 등의 거래에 많이 이용된다.

BWT방식이 일반수출입거래와 다른 점은 수출업자와 수입업자 사이에 매매계약이 체결되지 않은 상태에서 미리 수출업자 책임하에 현지국의 보세창고에 물품을 반입한 후 매매계약이 체결된다는 점이다.

현재 한국은 국제물류를 촉진하기 위하여 장기간 장치가 필요한 BWT 물품으로 세관장이 인정하는 물품에 대하여는 비축에 필요한 기간만큼 장치할 수 있으며 B/L상의 수화인은 통상 보세창고(포워더로 하는 경우도 있음)로 하여 BWT 물품임을 표기하고 있다.

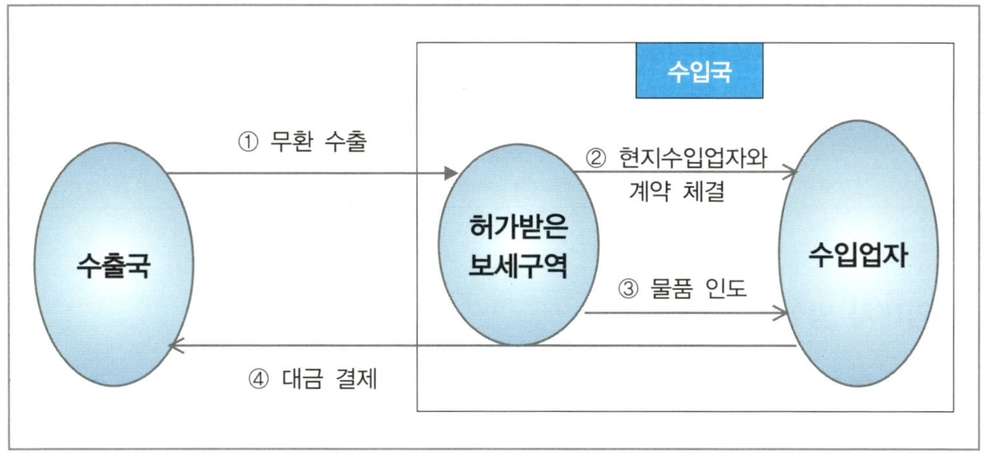

(2) CTS(Central Terminal Station) 방식

교역상대국에 현지법인을 설립한 후 그 법인의 명의로 수입하여 현지에서 직접 판매하는 방식으로서 해외시장개척을 위해 주로 이용된다.

2. 수위탁가공무역 방식에 의한 수출입

위탁가공무역은 가공임을 지급하는 조건으로 외국에서 가공(제조, 조립, 재생, 개조를 포함)할 원료의 전부 또는 일부를 거래 상대방에게 수출하거나 외국에서 조달하여 이를 가공한 후 가공물품 등을 수입하거나 외국으로 인도하는 수출입을 말한다. 가공무역 계약은 단순 가공이 주로 이루어져서 CMT(Cutting, Marking, Trimming) Contract라고도 한다.

한편 수탁가공무역은 가득액(稼得額)을 영수(領收)하기 위하여 원자재의 전부 또는 일부를 거래 상대방의 위탁에 의하여 수입하여 이를 가공 한 후 위탁자 또는 그가 지정하는 자에게 가공물품등을 수출하는 수출입을 말한다.

이와 같은 수위탁가공무역방식의 수출입은 주로 ① 저렴한 노동력을 활용하거나 ② 고도의 기술을 활용하기 위하여 이용된다. 즉, 노동집약적 경공업 제품의 경우 저렴한 노동력을 가진 수탁국을 통해, 자본집약적 고도기술을 요구하는 제품의 경우 고도의 기술을 가진 수탁국을 통해 수위탁가공무역이 이루어지게 된다.

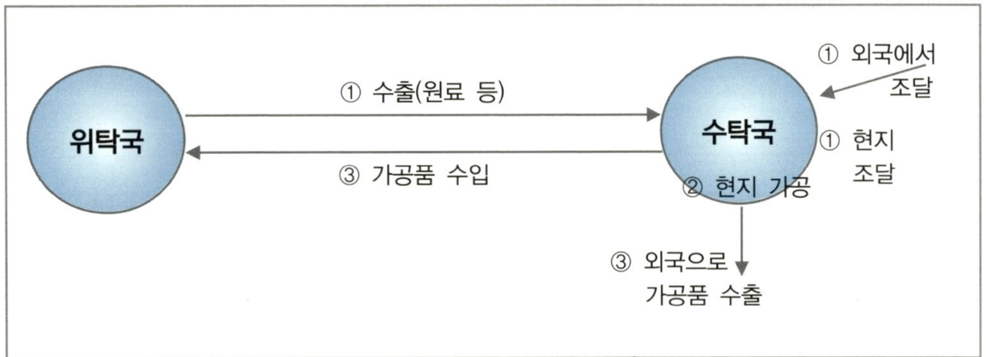

3. 임대차 방식의 수출입

임대수출은 임대(사용대차를 포함) 계약에 의하여 물품 등을 수출하여 일정기간 후 다시 수입하거나 그 기간의 만료 전 또는 만료 후 해당 물품 등의 소유권을 이전하는 수출을 말한다.

임차수입은 임차(사용대차를 포함) 계약에 의하여 물품 등을 수입하여 일정기간 후 다시 수출하거나 그 기간의 만료 전 또는 만료 후 해당 물품의 소유권을 이전받는 수입을 말한다.

이와 같은 임대차 방식의 수출입은 고가의 시설에 대해 한 번에 결제함에 따른 자금부담을 완화한다는 측면에서 활용될 수 있는 무역거래 방식이다.

임대차방식의 수출입의 경우 임대차에 따른 자본거래가 수반되는 것으로 「외국환거래규정」 제7-4조(신고등의 절차) 제9호 '임대차계약에 따른 채권의 발생 등에 관한 거래' 규정에 따른 '임대차계약신고서'를 외국환은행의 장 또는 한국은행총재에 신고하여야 한다.[4]

4. 연계무역

연계무역(連繫貿易)은 수출과 수입이 연계되어 이루어지는 수출입으로, 여기에는 물물교환(Barter Trade), 구상무역(Compensation trade), 대응구매(Counter purhase), 제품환매(Buy Back) 등의 형태가 있다.

1) 물물교환(Barter Trade)

물물교환은 하나의 매매계약하에서 환거래가 발생하지 않고 상품을 1대 1로 교환하는 무역거래 형태를 말한다.

2) 구상무역(Compensation trade)

구상무역은 하나의 매매계약하에서 환거래가 발생하고 대응수입의무를 제3국에 전가할 수도 있는 거래이다. 즉, 하나의 매매계약하에 수출거래에 대해 수입거래로 갚아 주는(Compensation) 형태의 거래이다.

일반적으로 Back to Back L/C, Escrow L/C. Thomas L/C 등 특수신용장이 이용된다.

---

4) 외국환은행의 장에게 신고하는 경우는 ① 거주자와 비거주자간에 계약 건당 미화 3천만 불 이하인 경우로서 부동산 이외의 물품임대차 계약을(소유권 이전하는 경우를 포함한다) 체결하는 경우, ② 소유권 이전의 경우를 제외하고 국내의 외항운송업자와 비거주자간의 선박이나 항공기를 임대차기간이 1년 이상인 조건으로 외국통화표시 임대차계약을 체결하는 경우이며 그 이외에는 한국은행총재에 신고하도록 하고 있다[「외국환거래규정」 제7-46조(신고 등)].

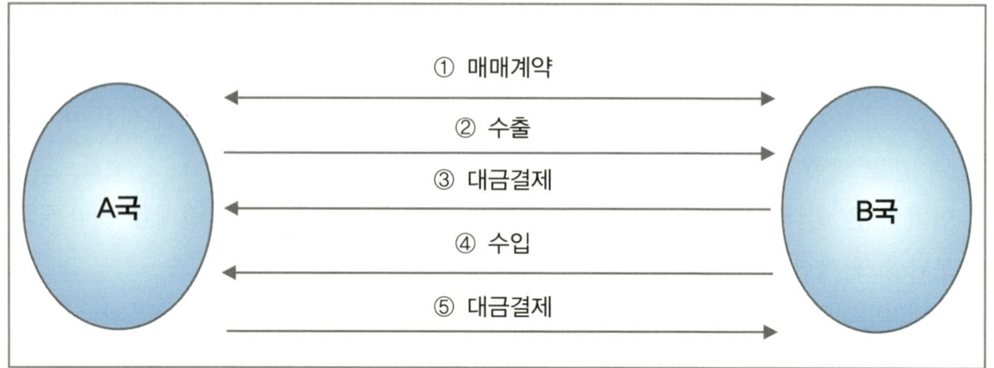

3) 대응구매(Counter purchase)

대응구매는 두 개의 계약이 이루어지며 수출에 대응하여 그에 상응하는 수입을 하도록 의무가 부과된 형태의 거래이다. 수출에 대응하여 수입이 이루어진다는 점에서는 구상무역과 동일하나 두 개의 계약이 이루어지는 점에서는 다르다. 따라서 형식상 독립된 두 개의 거래, 즉 수출거래와 수입거래가 각각 별개로 체결되어 이행되는 형태를 띤다.

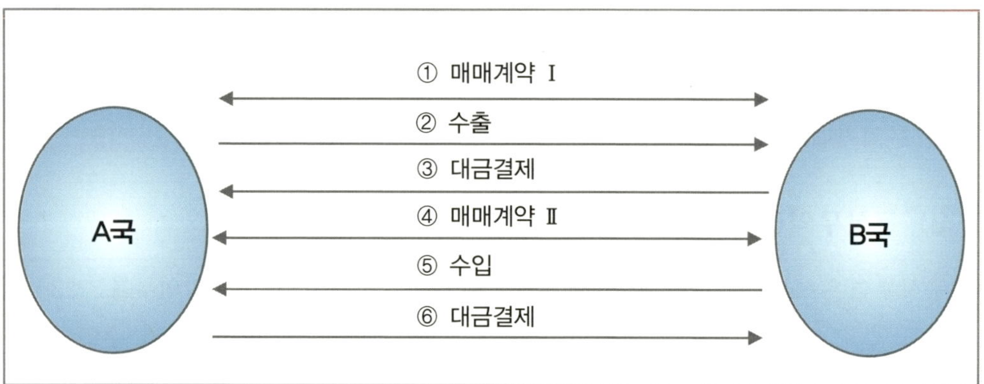

4) 제품환매(Product Buy-Back)

제품환매는 기술, 설비 또는 플랜트를 수출한 수출업자가 해당 설비 등에 대한 수출대금을 수출한 기술, 설비 또는 플랜트에서 직접 파생되는 제품이나 또는 이를 이용하여 생산된 제품으로 회수하는 거래 방식이다.

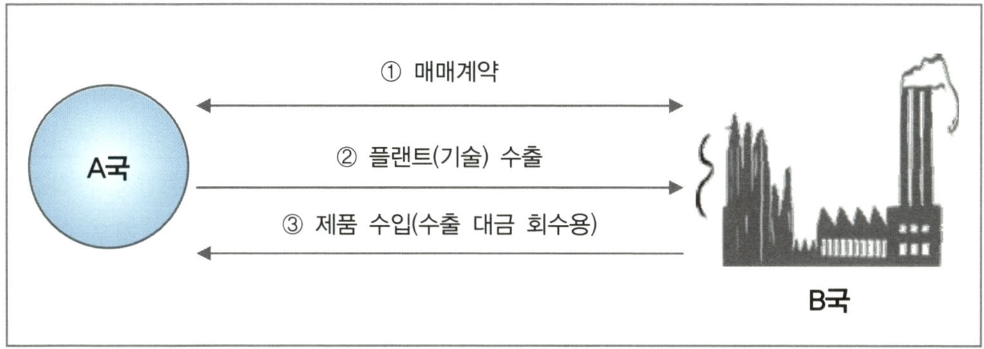

5. 중계무역(intermediary trade)과 중개무역(merchandising trade)

1) 중계무역(中繼貿易)

중계무역은 수출할 것을 목적으로 물품을 수입하여 이를 수입한 상태 그대로 가공하지 않고 제3국으로 수출하는 수출입을 말한다. 즉, 중계무역은 수출할 것을 목적으로 물품 등을 수입하여 보세구역 및 보세구역외 장치의 허가를 받은 장소 또는 자유무역지역 이외의 국내에 반입하지 아니하고 수출하는 수출입을 말한다.

이와 같은 중계무역은 중계국 입장에서 수출금액(FOB 기준)에서 수입금액(CIF 기준)을 공제한 금액인 가득액(稼得額)을 취하기 위한 거래형태이다.

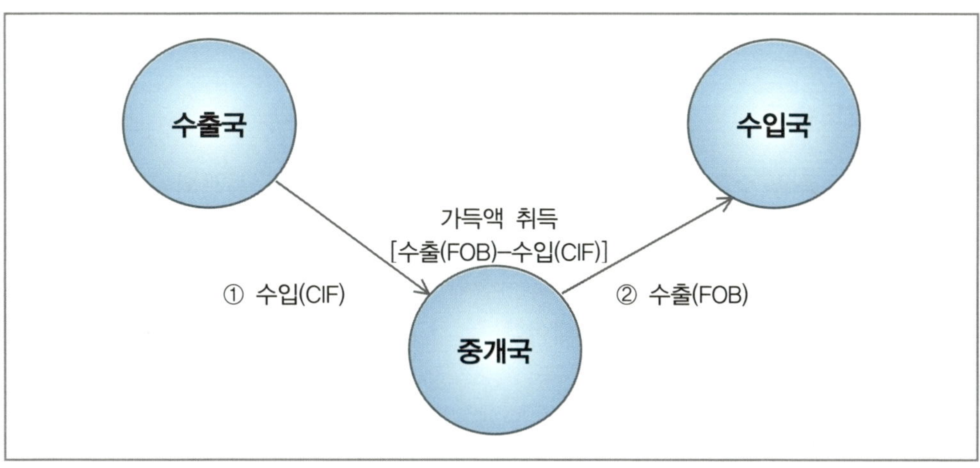

2) 중개무역(仲介貿易)

중개무역은 중개자 입장에서 중개수수료를 취득할 목적으로 최초 수출업자와 최종 수입업자가 직접 거래할 수 있도록 중개, 알선하는 것을 목적으로 하는 무역거래이다. 중계무역은 중계국의 중계자가 수출국의 수출자 및 수입국의 수입자와 직접적인 무역계약의 당사자로 계약의 주체로 역할을 담당하지만 중개무역의 경우 중개국의 중개자는 직접적인 무역계약의 당사자가 아닌 두 국가의 수출업자와 수입업자를 연결해 주는 역할을 담당한다.

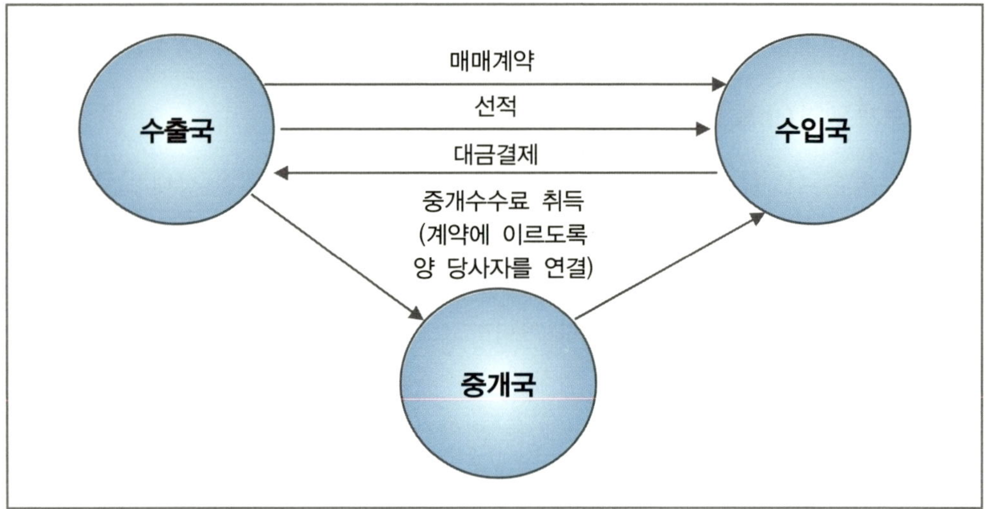

6. 외국인도수출

외국인도수출은 수출대금은 국내에서 영수하지만 국내에서 통관되지 아니한 수출물품 등을 외국으로 인도하거나 제공하는 수출을 말한다. 플랜트수출, 해외건설 등 해외사업현장에서 필요한 기자재 등을 사용한 후 국내로 반입하지 않고 다시 매각할 경우 등에 사용할 수 있는 거래형태이다.

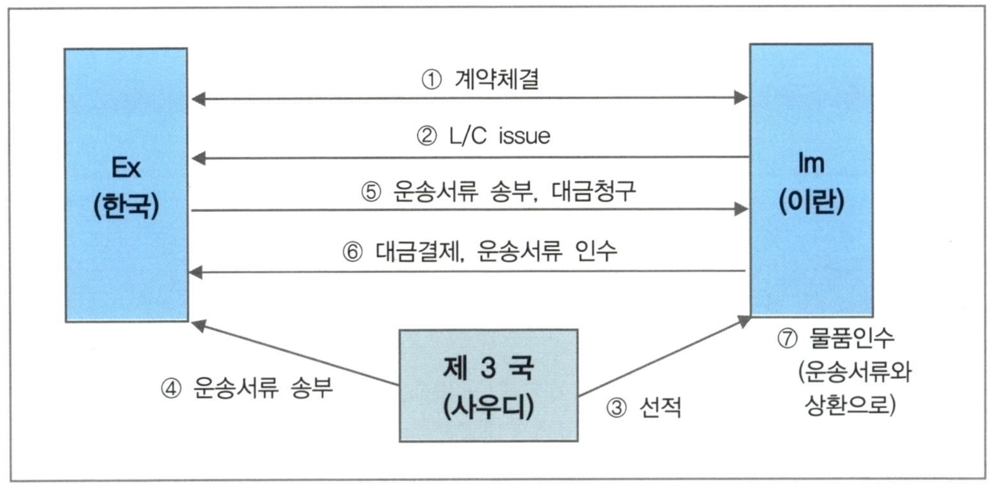

7. 외국인수수입

외국인수수입은 수입대금은 국내에서 지급되지만 수입 물품 등은 외국에서 인수하거나 제공받는 수입을 말한다. 플랜트수출, 해외건설, 해외투자, 위탁가공무역 등에서 필요한 기자재 또는 원자재를 외국에서 수입하여 해외현장에서 바로 인수하고자 하는 경우에 사용된다. 이 경우 수입 후 다시 외국현장으로 보내는 절차가 생략됨으로 운송시간과 경비를 절감할 수 있게 된다.

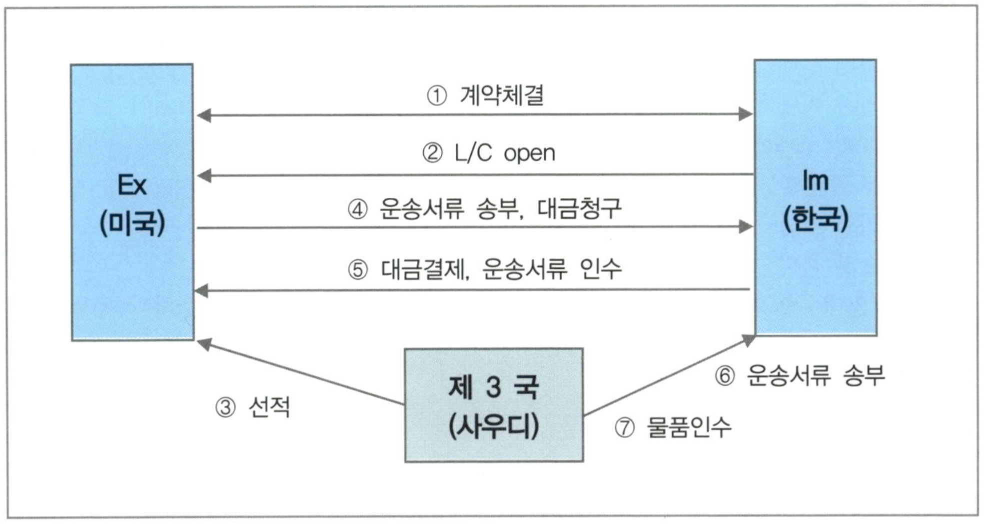

8. 무환수출입

무환(無換)수출입은 외국환 거래가 수반되지 아니하는 물품 등의 수출·수입을 말한다.

참고 대외무역법령 상에 있는 특정거래형태의 수출입

대외무역법 제13조 제1항과 동법 시행령 제20조(특정 거래 형태의 수출입 인정), 대외무역관리규정 제21조(특정 거래 형태의 범위)에 규정된 특정거래 형태는 대외무역관리규정 제2조(정의) 제4호에서 제14호까지의 아래의 거래 형태를 의미하는 것으로 규정되어 있다. 과거에는 이러한 특정거래 형태의 거래에 대해 별도의 인정 등을 받아야 했으나 현재는 그러한 인정 규정이 삭제된 상태로 개념만 남아 있다.

4. "위탁판매수출"이란 물품등을 무환으로 수출하여 해당 물품이 판매된 범위안에서 대금을 결제하는 계약에 의한 수출을 말한다.
5. "수탁판매수입"이란 물품 등을 무환으로 수입하여 해당 물품이 판매된 범위안에서 대금을 결제하는 계약에 의한 수입을 말한다.
6. "위탁가공무역"이란 가공임을 지급하는 조건으로 외국에서 가공(제조, 조립, 재생, 개조를 포함한다. 이하 같다)할 원료의 전부 또는 일부를 거래 상대방에게 수출하거나 외국에서 조달하여 이를 가공한 후 가공물품등을 수입하거나 외국으로 인도하는 수출입을 말한다.
7. "수탁가공무역"이란 가득액을 영수(領收)하기 위하여 원자재의 전부 또는 일부를 거래 상대방의 위탁에 의하여 수입하여 이를 가공 한 후 위탁자 또는 그가 지정하는 자에게 가공물품등을 수출하는 수출입을 말한다. 다만, 위탁자가 지정하는 자가 국내에 있음으로써 보세공장 및 자유무역지역에서 가공한 물품등을 외국으로 수출할 수 없는 경우 「관세법」에 따른 수탁자의 수출·반출과 위탁자가 지정한 자의 수입·반입·사용은 이를 「대외무역법」(이하 "법"이라 한다)에 따른 수출·수입으로 본다.
8. "임대수출"이란 임대(사용대차를 포함한다. 이하 같다) 계약에 의하여 물품등을 수출하여 일정기간 후 다시 수입하거나 그 기간의 만료 전 또는 만료 후 해당 물품등의 소유권을 이전하는 수출을 말한다.
9. "임차수입"이란 임차(사용대차를 포함한다. 이하 같다) 계약에 의하여 물품등을 수입하여 일정기간 후 다시 수출하거나 그 기간의 만료 전 또는 만료 후 해당 물품의 소유권을 이전받는 수입을 말한다.
10. "연계무역"이란 물물교환(Barter Trade), 구상무역(Compensation trade), 대응구매(Counter purchase), 제품환매(Buy Back) 등의 형태에 의하여 수

출·수입이 연계되어 이루어지는 수출입을 말한다.
11. "중계무역"이란 수출할 것을 목적으로 물품등을 수입하여 「관세법」 제154조에 따른 보세구역 및 같은 법 제156조에 따라 보세구역외 장치의 허가를 받은 장소 또는 「자유무역지역의 지정 등에 관한 법률」 제4조에 따른 자유무역지역 이외의 국내에 반입하지 아니하고 수출하는 수출입을 말한다.
12. "외국인수수입"이란 수입대금은 국내에서 지급되지만 수입 물품등은 외국에서 인수하거나 제공받는 수입을 말한다.
13. "외국인도수출"이란 수출대금은 국내에서 영수하지만 국내에서 통관되지 아니한 수출 물품등을 외국으로 인도하거나 제공하는 수출을 말한다.
14. "무환수출입"이란 외국환 거래가 수반되지 아니하는 물품등의 수출수입을 말한다.

9. 기타 특수한 형태의 수출입

1) 녹다운(knock-down) 방식

녹다운(knock-down) 방식은 완제품을 수출입하는 것이 아니라, 조립할 수 있는 설비와 능력을 가지고 있는 거래처에 부품이나 반제품의 형태로 제품을 수출입하고, 실수요지에서 완제품으로 완성시키도록 하는 현지조립방식의 수출입을 말한다.

녹다운(knock-down) 방식은 다시 완제품에 필요한 모든 부품, 반제품 등을 수출입하여 현지조립하는 CKD(complete knock-down) 방식과 완제품에 필요한 일부 부품 등을 현지에서 조달하도록 하여 현지조립하는 SKD(semi knock-down) 방식으로 나눌 수 있다.

녹다운(knock-down) 방식은 선진국이 고임금이나 공해 유발 등의 문제를 회피하기 위하여 개발도상국 등에 현지법인을 설립하는 형태로 수출하는 경우와 EU 등과 같은 경제통합지역의 역외국에 대한 관세 등의 차별을 회피하고자 역내국에 현지법인을 설립하여 진출하는 경우에 이용될 수 있다. 즉, 후자의 경우 완제품에 비해 부품 등의 관세가 보다 낮기 때문에 이러한 점을 이용하여 부품, 반제품 형태로 수출한 후 현지 역내국에서 완제품으로 조립하는 형태로 경제통합 역내국으로 진출하고자 하는 경우 이용된다.

2) 주문자상표부착 방식(OEM)의 수출입

OEM(Original Equipment Manufacturing) 방식의 수출입은 '주문자 상표부착 방식의 수출입'이라고도 하며 이는 수탁자가 자신의 상표가 아니라 주문자가 요구하는 상표로 제품을 생산하는 방식이다. 원래는 주문자가 수탁자에게 원자재, 설비, 기술 등을 제공하고 이를 바탕으로 수탁자가 제품을 생산하여 주문자가 요구하는 상품을 부착하여 다시 수출하는 방식의 수출입을 의미하였으나 지금은 단순히 주문생산, 위탁생산 또는 하청 생산의 일종으로 주문자가 요구하는 사양, 디자인의 제품을 생산하고 이 제품에 주문자의 상표를 부착하여 공급하는 방식으로 거래가 이루어지고 있다.

이 같은 OEM 방식을 이용하는 경우 주문자는 스스로 생산설비를 가지고 있지 않더라도 자신의 설계와 디자인대로 물품을 조달할 수 있고 수탁자는 자가 상표에 대한 브랜드 인지도가 낮아 판매력이 약한 경우라 하더라도 상대방의 브랜드 인지도에 따른 판매력으로 인해 대량생산을 통한 생산가동률을 높일 수 있다는 이점이 있다.

「원산지 제도운영에 관한 고시」 제2조(정의) 제10호에서는 '주문자상표부착생산(OEM, Original Equipment Manufacturing) 수입'이란 상표 사용권한을 가진 수입자가 계약에 따라 해외공급자에게 자신의 상표를 붙여서 생산하도록 한 물품을 수입하는 것을 말한다."라고 정의하고 있다.

참고 ODM(Original Development Manufacturing) 방식의 수출입

ODM 방식은 '제조업자 개발생산수출'이라고 하며 OEM방식에서 다소 발전된 형태의 거래 방식으로, OEM 방식의 단순 제조에서 벗어나 주문자의 요구에 따라 수탁자가 주도적으로 연구개발, 설계, 디자인까지 제공하여 생산한 제품을 주문자에게 제공하는 방식을 말한다. ODM 방식은 주로 기술력을 보유한 제조업체가 제품을 개발하여 외국의 판매망을 갖춘 유통업자에게 공급가에 개발비를 더한 가격으로 부가가치를 높여 제품을 납품하는 방식이다.

3) 절충교역(off-deal trade)

절충교역은 주로 군수품 거래에 활용되는 거래방식으로 전투기나 군사시설을 도입할 때 거래 금액이 매우 크기 때문에 무기를 수출하는 측이 거액의 수출대가로 상대방에게 기술이전을 약속하거나 관련 부품의 일부를 수입국에서 조달하도록 하는 등의 반대급부를 제공하는 방식의 거래를 의미한다.

한국의 차세대전투기 FX(Fighter eXperimental) 사업시 수십조원의 전투기 구매에 따른 반대급부로 기술이전 등의 약속이 부가되어 계약이 이루어지고 있다.

4) 개발수입(develop and import scheme)

수입국이 직접 자원보유국에 진출, 자본과 기술을 투입하여 자원을 개발하여 이를 수입하는 형태의 수입이다.

예를 들어 한솔제지 등이 호주와 뉴질랜드에 산림조림사업을 전개하여 그 중 일부를 수입해 오는 등의 활동을 하였다.

5) switch 무역

switch 무역은 수출업자와 수입업자 사이에 무역계약이 이루어지고 그에 따라 계약물품이 수출국에서 수입국으로 직접 수출되나 대금결제에 있어서 제3국의 업자가 개입하여 결제가 이루어지는 무역거래를 말한다. 이 경우 제3국의 업자를 Switcher라고 부르고 Switcher에게는 Switch Commission이 지급된다.

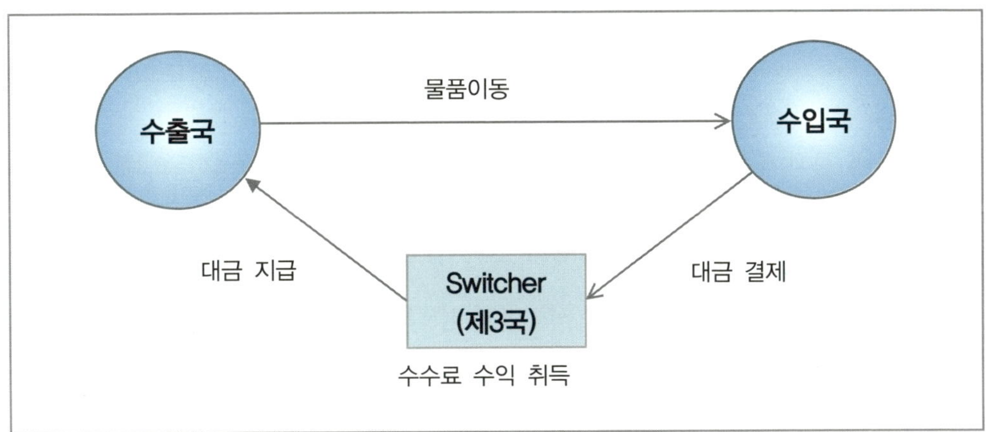

6) 우회무역(roundabout trade)

화물을 직접 목적국에 보내지 않고 일단 제3국에 반입하여 거기에서 목적국으로 반입하는 거래이다. 예를 들어 어느 국가(A)의 수출이 급격하게 증가할 때 수입국의 수입제한을 피하기 위하여 일단 다른 국가(B)에 반입하고 그 반입국의 창고에서 원산지를 그 반입국으로 수정한 후, A국으로 수출하는 방법을 말한다.

한국 상품이 북한에 들어가는 경우 이러한 우회무역이 활용되고 있다. 즉, 수출규제로 인해 한국에서 북한으로 직접 수출할 수 없게 되어 있으나 중국(홍콩)에서는 북한으로 수출이 가능하므로 일단 한국에서 중국(홍콩)으로 수출한 후 그곳에서 북한으로 수출하는 방법이 사용되고 있다.

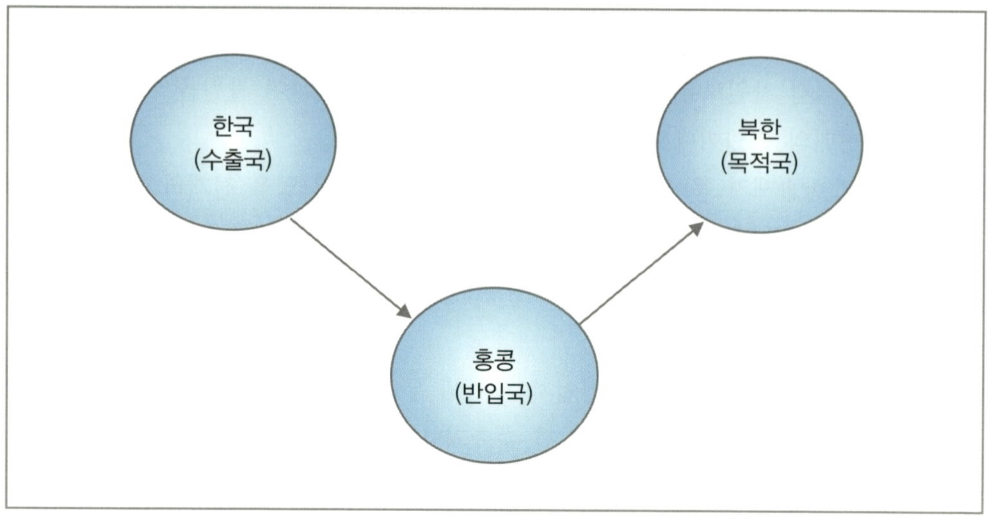

7) 통과무역(passing or transit trade)

수출국 화물이 수입국으로 직송되지 않고 제3국을 통과하여 수입국으로 수출될 때 제3국의 입장에서 바라본 무역이 통과무역이다. 이 경우 통과국인 제3국으로서는 자국 내 통과에 따라 생기는 노무에 관한 보수와 임금 등을 획득하게 된다.

8) 병행수입(parallel import or gray import)

병행수입제도는 상표를 등록한 상표권자나 상표권자로부터 상표 사용권을 얻은 전용 사용권자가 있더라도 외국에서 적법하게 부착되어 유통되는 진정상품이며 일정요건이 되는 경우에는 제3자가 국내로 수입할 수 있도록 허용하는 제도이다.

따라서 병행수입은 외국에서 적법하게 상표가 부착되어 유통되는 진정상품을 제3자가 국내의 상표권자 또는 전용사용권자의 허락 없이 수입하는 것을 말한다.

제2장

무역관리제도

제1절 법에 의한 무역관리
제2절 수출입 품목 관리

제1절 법에 의한 무역관리

1. 무역관리

1) 무역관리의 의의와 개념

무역은 국제간 물품의 이동과 그 반대방향으로 대금(代金)의 이동이 발생하는 이국간의 거래를 말하는 것으로서, 오늘날 모든 국가(정부)가 자유무역을 지향하면서도 자국의 국제수지균형 달성, 자국 산업 보호 등을 통한 경제발전에 기여하기 위하여 자국의 수출입거래에 어느 정도 제한을 가하고 있다.

즉, 각국은 무역정책의 한 부분으로서 무역에 관한 제 법규를 통해 경제주체의 무역거래에 대한 권리를 제한하는 무역관리제도를 실시해 나가고 있다.

무역관리(Trade Control)는 국가 또는 정부가 대외무역거래에 대한 규제나 통제행위를 행하는 것으로 통상·무역의 전부 혹은 일부에 대하여 총액, 내용, 시기, 결제방법 및 거래상대국 등을 적극적으로 규제하는 것을 의미한다.

2) 무역업자의 무역관리 규정 확인

수출업자 입장에서 자신의 수출물품이 국내의 무역관리, 특히 법에서 규정하고 있는 관리사항에 의해 규제 및 제한을 받는지 여부를 확인하는 것이 수출실무 절차에서 가장 우선적으로 해야 할 일이다.

이를 위해 우선 자신의 거래 물품에 대한 HS(Harmonized Commodity Description and Coding System) 코드를 정확히 파악한 후 해당 수출입물품의 수출입제한여부를 확인하기 위하여 수출입물품에 대한 제한여부에 관해 공고한「수출입공고」, 일부 수출입거래와 관련된 내용을 담고 있는 약 58개의 개별 행정법상의 수출입 규제 사항에 대해 통합하여 공고한「통합공고」, 그리고 전략물자의 수출입통제에 관한 사항을 정하고 있는「전략물자수출입고시」상의 제한 및 규제 사항을 확인하는 것이 필요하다.

이들 고시에는 각 제품의 제한사항을 HS 코드별로 규정하고 있으며 필요한 경우 동 분류된 품목의 세분류는 관세·통계통합품목분류표(HSK ; Harmonized System of Korea)에 따르고 있다.[1)]

한편 수출하고자 하는 국가에 당해 물품에 대한 quota가 설정되어 있는 경우 quota 잔여 물량을 확인할 필요가 있다.

2. 법에 의한 관리

무역관리는 국민경제의 발전을 목적으로, 무역관리 내용의 강제적 집행과 효과적인 이행을 위해 대부분 법령을 통해 관리하고 있다.

1) 무역에 직접 관련된 법에 의한 관리

우리나라는 수출입과 관련된 기본법인「대외무역법」,「외국환거래법」,「관세법」등을 통해 무역관리하고 있다. 즉, 수출입의 기본법인「대외무역법」, 대금의 지급과 영수와 관련된「외국환거래법」, 수출입통관 및 관세의 부과, 징수와 관련된「관세법」상의 규정을 통해 무역을 관리하고 있다.

이러한 법규에 의한 무역관리 외에도 당해 관련 법의 세부시행 등에 대해 규정해 두고 있는 고시와 공고 등을 통해서도 무역관리가 이루어지고 있다. 이 같은 고시와 공고에는「수출입공고」,「전략물자 수출입고시」등이 있다. 원칙적이고 기본적인 것은 법령에서 규정하고 구체적인 시행과 관련된 내용은 유동적인 국제경제질서에 효율적으로 대처하기 위해 각 주무 행정기관에서 관리하는 고시와 공고를 통해 규정, 관리하고 있다.

---

1) 이들 내용은 산업통상자원부(또는 관세청) 홈페이지의 법령란에서 확인할 수 있으며 HS 품목별 수출입통관편람(한국관세무역연구원 발간)을 통해 간단히 확인할 수 있다.

2) 부수적으로 영향을 미치는 개별 행정법에 의한 관리

법제정의 본래 목적은 무역관리가 아니었으나 그 법을 집행하는 과정에서 반사적으로 무역에 영향을 미치는 개별 행정법들이 있다.

이러한 법규들은 국민보건, 위생, 환경, 문화재보호 및 특정의 국내산업을 규제할 목적으로 제정된 법률이지만 운용과정에서 일부 관련 부문의 무역활동도 규제하게 된다.

따라서 수출입에 대한 주무행정기관의 장인 산업통상자원부장관은 수출입업자의 편의를 위해 이들 개별 행정법상에 있는 수출입과 관련된 내용을 모두 모아 통합하여 고시하고 있는데, 이것이 「통합공고」이다.

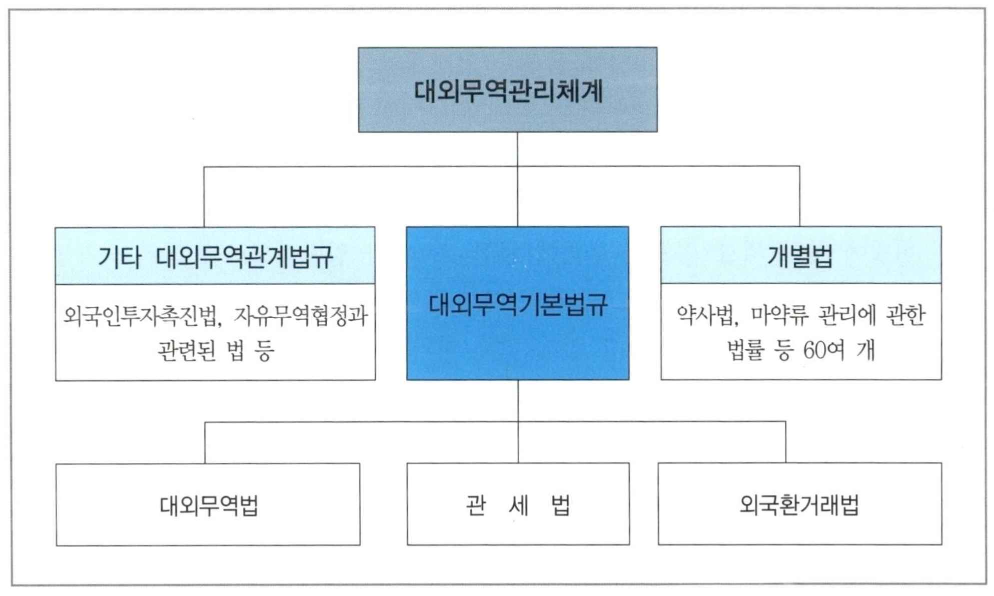

▌그림 2-1▐ 대외무역관리체계

3. 무역 관련 법규

1) 대외무역법

(1) 대외무역법의 목적

한국과 같이 국내시장이 협소하고 부존자원이 빈약한 국가는 무역이 국민경제에 미치는 영향이 매우 크다. 이와 같이 무역이 국민경제에 미치는 중요성을 감안하여 수출입을 중심으로 한 통상의 확대를 위해서는 수출입의 공정한 거래질서가 확립되어야 한다. 따라서 근본적으로 대외무역관리에 관한 정책의 기본방향은 국민경제 발전에 기여할 수 있도록 설정할 필요가 있다.

수출입에 대한 기본법인「대외무역법」제1조(목적)에서는 "이 법은 대외 무역을 진흥하고 공정한 거래 질서를 확립하여 국제 수지의 균형과 통상의 확대를 도모함으로써 국민 경제를 발전시키는 데 이바지함을 목적으로 한다."라고 규정하여 궁극적인 목적을 국민 경제의 발전에 두고 있다.

(2) 대외무역법의 특성

① 국제성, 대외적 성격

「대외무역법」제1조(목적)에 의하면 대외무역법은 대외무역을 진흥하고 국제수지의 균형과 통상의 확대라는 수단을 통해 국민경제의 발전을 도모하는 목적으로 제정된 것이다. 따라서 대외무역법은 국민의 대외무역과 국가의 통상에 대한 내용을 담고 있어 국제성의 성격을 지닌다.

「대외무역법」제3조(자유롭고 공정한 무역의 원칙 등) 제1항에서도 "우리나라의 무역은 헌법에 따라 체결·공포된 무역에 관한 조약[2)]과 일반적으로 승인된 국제법규[3)]에서 정하는 바에 따라 자유롭고 공정한 무역을 조장함을 원칙으로 한다."라고 규정하고 있어 국제성을 뚜렷이 하고 있다. 즉, 대외무역법은 무역거래가 국제상거래라는 특성에 따라 국제 사법 적용의 문제와 국제상관습 등과 연관된다는 점에 비추어 볼 때 대외무역법은 본질적으로 국제성을 내재하고 있다.

② 종합성

무역거래현상은 매우 복잡·다양하며, 개개의 현상은 각각 독립되어 있다기보다는 서로 유기적인 관계를 유지함으로써 전체로서 국민경제질서를 형성한다. 또한 이러한 국민경제질서는 국제경제질서와 밀접한 관련을 맺고 있다. 따라서 무역에 관한 어느 한 분야의 규제는 동시에 다른 분야의 경제활동에 영향을 미치게 되므로 종합적 성격을 가지고 있다.

---

2) 무역에 관한 조약은 국가간에 무역거래에 관한 법률상의 권리의무를 창설, 변경·소멸시키는 2국 또는 2 이상의 국가간에 있어서의 명확히 표현된 합의라고 할 수 있다. 즉, 조약은 명칭여하를 묻지 않고 국가간에 서면의 형식으로 체결된 명시적 합의를 말한다.

3) 일반적으로 승인된 국제법규는 보편적, 일반적 규범으로서 세계다수 국가에 의하여 일반적으로 승인된 것이면 그대로 국내법적 효력을 가지며, 여기에 포함된다고 보아야 할 것이다. 또한 일반적으로 승인된 국제법규는 국제관습·법만을 의미한다는 견해도 있으나 그 이외에 우리나라가 체약당사국이 아닌 조약이라도 국제사회에서 일반적으로 그 규범성이 인정된 것은 이에 포함된다고 본다.

③ 규제 대상의 포괄성

구체적인 거래를 대상으로 하는 것이 아니라 다수의 당사자를 전제로 하여 무역거래와 관련된 일반적인 사항을 규제하고 있으므로 규제대상이 포괄적인 성격을 가지고 있다.

④ 위임 입법성

입법기관인 국회에서 대외무역법을 제정하지만 그 구체적인 시행과 관리에 관하여는 행정부의 대통령령(대외무역법 시행령)이나 산업통상자원부고시(대외무역관리규정)를 통해 위임 입법토록 하고 있다.

위임입법(委任立法)

위임입법은 입법기관인 국회가 아닌 다른 국가기관에 의한 법규의 정립을 총칭하는 것이며, 행정기관의 명령·규칙의 제정(헌법 75·76조·95·114), 지방자치단체의 조례, 규칙의 제정(헌법 117), 대법원의 규칙의 제정(헌법 108), 헌법재판소의 규칙의 제정(헌법 113) 등을 망라한다. 그러나 위임입법 중에서 가장 중요하며 대부분을 차지하는 것은 행정기관과 지방자치단체가 법률의 위임에 의하여 일반적·추상적 규범을 정립하는 것이며, 이를 가리켜 행정입법이라고 한다.

⑤ 경제의 통제성

우리나라에서 무역은 2018년 기준 무역의존도가 약 70%에 달할 정도로 경제에 미치는 영향이 지대하다. 이러한 무역은 기본적으로 자유롭게 행할 수 있으나 예외적으로 제한되는 부분을 설정하여 통제 내지 관리하고 있다. 즉, 기본적으로 자유로운

무역활동을 보장하고 있으나 최소한의 범위내에서 제한하여 운영하도록 하고 있다.

⑥ 산업통상자원부장관에 의한 무역관리 권한의 전속

모든 무역관리의 권한은 산업통상자원부장관의 전속이며, 그 중의 일부 권한을 관련 기관, 협회, 단체 등에게 위임 또는 위탁을 통해 관리하고 있다.

⑦ 무역업무의 과학화 추진

「대외무역법」 제15조(과학적 무역업무의 처리기반 구축) 제1항에서 "산업통상자원부장관은 물품 등의 수출입 거래가 질서 있고 효율적으로 이루어질 수 있도록 대외무역통계시스템 및 전자문서 교환체계 등 과학적 무역업무의 처리기반을 구축하기 위하여 노력하여야 한다."라고 규정하여 대외무역법은 무역업무의 과학화를 추진하고 있다.

(3) 대외무역법의 운용원칙

대외무역법의 운영원칙은 제1장 총칙 제3조에 다음과 같이 규정하고 있다.

「대외무역법」 제3조 1항에서는 "우리나라의 무역은 헌법에 따라 체결·공포된 무역에 관한 조약과 일반적으로 승인된 국제법규에서 정하는 바에 따라 자유롭고 공정한 무역을 조장함을 원칙으로 한다."라고 규정하고 있다. 또한 「대외무역법」 제3조 2항에서는 "정부는 이 법이나 다른 법률 또는 헌법에 따라 체결·공포된 무역에 관한 조약과 일반적으로 승인된 국제 법규에 무역을 제한하는 규정이 있는 경우에는 그 제한하는 목적을 달성하기 위하여 필요한 최소한의 범위에서 이를 운영하여야 한다." 라고 규정하고 있다.

따라서 대외무역법의 운용원칙은 국제규범에 따라 자유무역과 공정무역을 원칙으로 하면서 동시에 최소한의 범위내에서 무역을 제한하는 무역제한의 최소화 원칙을 가지고 있다.

① 자유무역
② 공정무역
③ 무역에 관한 규제 최소화

(4) 대외무역법의 주요 내용

① 인적관리

인적관리는 누가 수출입을 할 수 있는가와 관련된 내용으로 현재 인적관리 측면에서는 별도의 제한이 없이 자신의 거주지의 세무서에서 사업자등록증(업종 : 무역)을 발급받은 사업자는 누구든지 무역업을 할 수 있도록 자유화되어 있다. 다만, 무역통계 관리 등을 위해 수출입하고자 하는 자는 한국무역협회에 무역업고유번호를 신청하여 부여받도록 규정되어 있다.

② 행위 및 대상의 관리

수출입을 이행하는 것과 수출입 대상 물품에 대한 관리내용을 규정하고 있다. 수출입 물품의 제한과 관련하여는 「수출입공고」, 「통합공고」 등을 통해 제한내용과 수출입요령을 규정하고 있는데 이러한 수출입이 제한되어 있는 것을 수출입이 가능하도록 해주는 '수출입 승인제도'를 규정하고 있다. 그 외에 수출입질서유지 및 무역분쟁의 해결과 관련된 사항도 규정하고 있다.

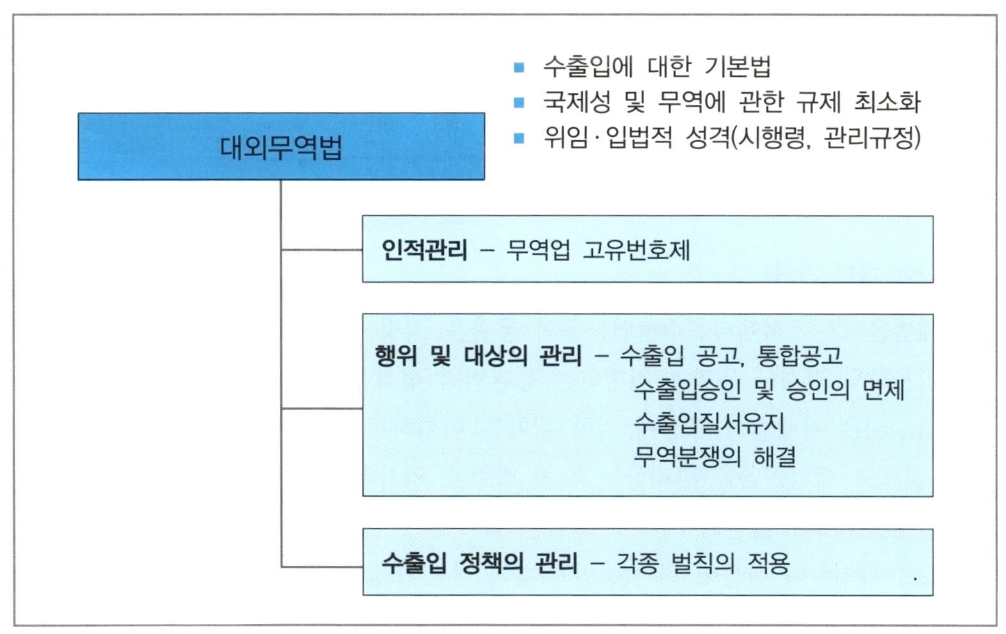

▮그림 2-2▮ 대외무역법의 체계와 주요 구성

③ 수출입 정책의 관리

모든 법에는 당해 법에서 규정하고 있는 내용이 효과적으로 이행되도록 하기 위해 이행하지 않았을 경우에 대한 벌칙을 규정하고 있다. 대외무역법에서도 벌칙사항을 규정하여 해당 법의 효과적인 이행이 가능하도록 하고 있다.

2) 관세법

(1) 관세법의 목적

「관세법」 제1조(목적)에서 "관세의 부과·징수 및 수출입물품의 통관을 적정하게 하고 관세수입을 확보함으로써 국민경제의 발전에 이바지함을 목적으로 한다."라고 규정하여 궁극적인 목적을 국민경제의 발전에 두고 있다. 즉, 관세법은 관세의 부과·징수 및 수출입물품 통관의 적정성 확보를 수단으로 관세수입을 확보하여 궁극적으로 국민경제의 발전에 이바지함을 목적으로 하고 있다.

(2) 관세법의 성격[4)]

① 조세법적 성격

관세는 국세로 조세에 해당하며 관세법은 관세의 부과·징수와 그 절차에 대한 내용이 대부분을 차지하고 있다. 즉, 관세의 납부의무 등 과세요건과 감면요건을 규정하는 동시에 그 징수절차와 감면절차도 함께 규정하고 있다. 따라서 관세법은 조세법적 성격을 가지고 있다.

② 통관법적 성격

관세법은 그 목적에서 "수출입물품의 통관을 적정하게 한다"라고 밝힌 바와 같이 수출입물품의 적정한 통관을 집행하는 통관법적 성격을 가진 법이다. 통관(Customs clearance)은 관세법의 규정에 의한 절차를 이행하여 물품을 수출, 수입 또는 반송하는 것으로 대외무역을 관리하는 각종 법령에 의거하여 정부의 주무부처나 정부의 위탁을 받은 기타 관련 단체가 수출입을 허가 또는 승인한 사항을 수출입되는 실물과 대조, 확인하여 실물이 허가(승인)사항과 다름이 없을 때 수출입신고의 수리를 하는 형식을 취하는 것으로 세관장이 동 업무를 집행하고 있다.

4) 한국관세포럼, 관세법 강의, 2004, pp.47-48.

③ 형사법적 성격

관세징수와 통관의 적정성 보장이라는 법의 목적을 달성하기 위해 관세법은 벌칙과 관세범의 조사, 처분에 관한 절차규정을 독자적으로 두고 있으며 관세사건의 전문성을 고려하여 관세범의 조사, 처분권은 전적으로 세관공무원에게 부여하고 있다.

이러한 이유로 관세법은 일반 형사법인 형법 및 형사소송법과는 특별법적인 지위에 있으며 내국세 분야의 처벌법규인 조세범처벌법 및 동 절차법과도 독립된 법체계하에 있다.

④ 대외경제법적 성격

관세법은 대외경제활동과 관련되는 법이다. 즉, 「관세법」 제51조(덤핑방지관세의 부과대상) 내지 제72조(계절관세)의 탄력관세제도와 제73조(국제협력관세) 내지 제80조(양허 및 철회의 효력) 등 국제관세협상의 결과를 반영하는 조항들이 포함되어 있을 뿐만 아니라 국제간 교역물품의 통관을 담당하고 있는 법으로 대외경제법적 성격을 가지고 있다.

⑤ 위임·입법적 성격(시행령, 시행규칙)

대외무역법과 마찬가지로 관세법도 당해 법의 범위내에서 행정부의 법 집행의 효율성과 관리내용의 구체성을 확보를 위해 국회가 아닌 다른 행정기관에 위임 입법하도록 하고 있다.

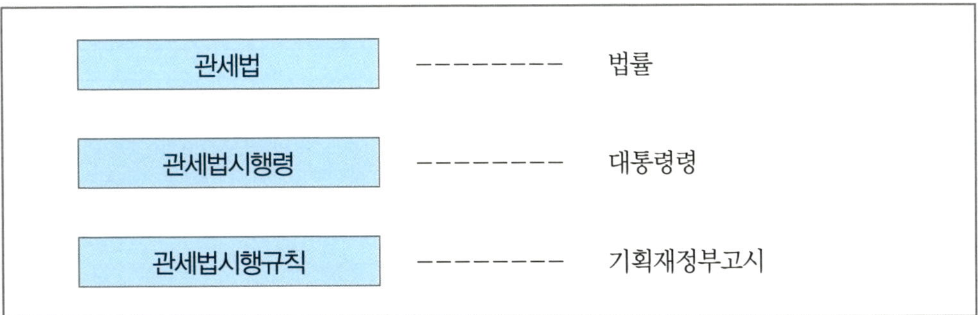

(3) 관세법의 주요 내용

① 인적관리

관세법상의 인적관리는 누가 수출신고자/수입신고자이며 수입관세의 납세의무자가 누구인가에 대한 사항을 규정하고 있다.

② 행위 및 대상의 관리

행위 및 대상의 관리는 수입관세의 부과 및 징수, 보세구역과 보세운송 관련 규정, 수출입 통관과 관련된 사항을 규정하고 있다.

③ 수출입 정책의 관리

수입관세의 부과, 징수과 관련된 분쟁시 그에 대한 해결방법 규정과 관세법의 준수도 향상을 위한 각종 벌칙들이 규정되어 있다.

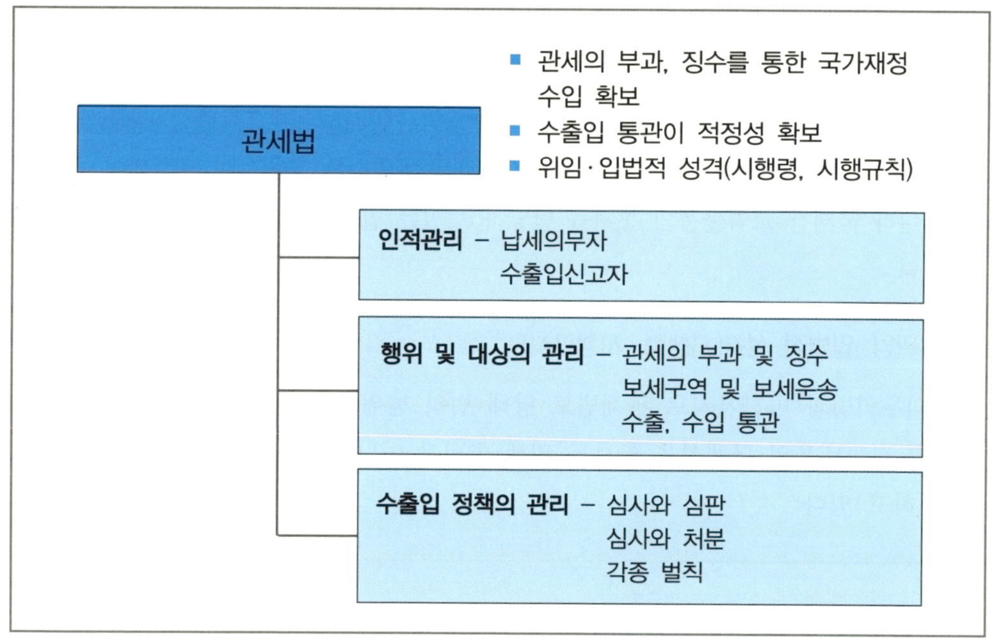

▮그림 2-3▮ 관세법의 체계와 주요 구성

3) 외국환거래법

(1) 외국환거래법의 목적

「외국환거래법」 제1조(목적)에서 "외국환거래와 그 밖의 대외거래의 자유를 보장하고 시장기능을 활성화하여 대외거래의 원활화 및 국제수지의 균형과 통화가치의 안정을 도모함으로써 국민경제의 건전한 발전에 이바지함을 목적으로 한다."라고 규정하여 궁극적인 목적을 국민경제의 건전한 발전에 두고 있다.

(2) 외국환거래 규정의 체계

외국환거래를 관리하는 기본법은 외국환거래법이며 이 법을 구체적으로 집행하기 위해서 대통령령인 외국환거래법시행령과 기획재정부고시인 외국환거래규정을 두고 있으며 그 외 유관기관인 한국은행과 금융위원회의 제규정 등이 있다.

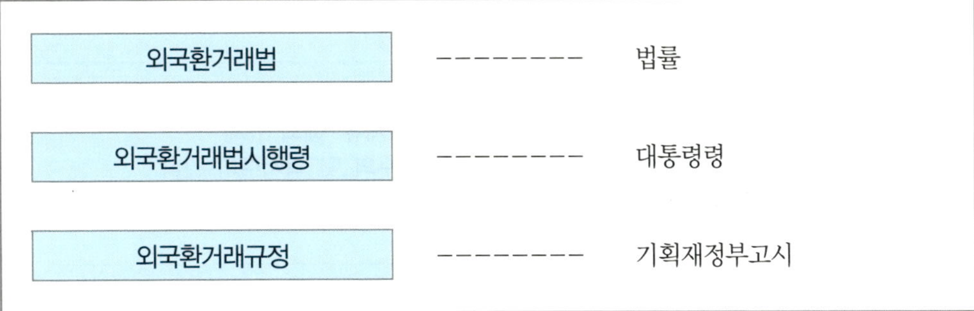

(3) 외국환거래법의 적용대상

외국환거래법은 다음 하나에 해당하는 경우에 적용한다.(외국환거래법 제2조)

① 대한민국에서의 외국환과 대한민국에서 하는 외국환거래 및 그 밖에 이와 관련되는 행위
② 대한민국과 외국 간의 거래 또는 지급·수령, 그 밖에 이와 관련되는 행위(외국에서 하는 행위로서 대한민국에서 그 효과가 발생하는 것을 포함한다)
③ 외국에 주소 또는 거소를 둔 개인과 외국에 주된 사무소를 둔 법인이 하는 거래로서 대한민국 통화(通貨)로 표시되거나 지급받을 수 있는 거래와 그 밖에 이와 관련되는 행위
④ 대한민국에 주소 또는 거소를 둔 개인 또는 그 대리인, 사용인, 그 밖의 종업원이 외국에서 그 개인의 재산 또는 업무에 관하여 한 행위
⑤ 대한민국에 주된 사무소를 둔 법인의 대표자, 대리인, 사용인, 그 밖의 종업원이 외국에서 그 법인의 재산 또는 업무에 관하여 한 행위

위의 ①, ②, ③에 있는 "그 밖에 이와 관련되는 행위"란 ①, ②, ③의 규정에 따른 거래·지급 또는 수령과 직접 관련하여 행하여지는 지급수단·귀금속·증권 등의 취득·보유·송금·추심·수출·수입 등을 말한다.(외국환거래법시행령 제2조)

(4) 외국환거래법의 주요 내용

① 인적관리

외국환거래법상의 인적관리는 당해 법에서 누가 외국환거래를 할 수 있는 당사지인가에 대한 것으로 거주자와 비거주자, 그리고 외국환업무취급기관 등에 대해 규정하고 있다.

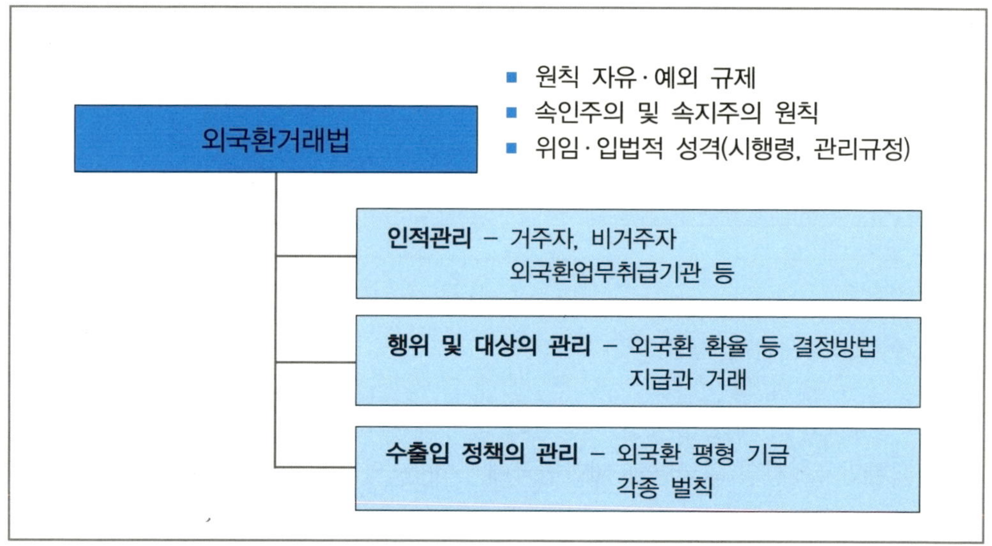

▮그림 2-4▮ 외국환거래법의 체계와 주요 구성

② 행위 및 대상의 관리

행위 및 대상의 관리는 외국환, 환율 등의 결정방법과 외국환의 지급과 수령에 대한 사항을 규정하고 있다. 무역실무와 관련해서는 대외거래에 따른 외국환의 지급과 수령 부분이 주요 관심대상이 된다.

③ 수출입 정책의 관리

수출입 정책의 관리측면에서 환율변동에 대해 정책당국의 개입을 위한 외국환 평형기금에 대한 사항 등이 규정되어 있으며 법의 효율적 이행을 위한 각종 벌칙 등이 규정되어 있다.

제2절 수출입 품목 관리

1. 수출입 품목 관리제도

1) 수출입승인과 「수출입공고」

산업통상자원부장관은 필요하다고 인정하면 「대외무역법」 제11조(수출입의 제한 등) 제1항과 제2항에 따른 승인 대상 물품 등의 품목별 수량·금액·규격 및 수출 또는 수입지역 등을 한정할 수 있다. 또한 산업통상자원부장관은 「대외무역법」 제11조(수출입의 제한 등) 제1항부터 제6항까지의 규정에 따른 제한·금지, 승인, 승인의 유효기간 설정 및 연장, 신고, 한정 및 그 절차 등을 정한 경우에는 이를 공고해야 한다.

이러한 규정에 따라 산업통상자원부고시의 형태로 수출입 물품에 대한 제한여부에 관해 공고한 것이 「수출입공고」이다. 이는 수출입 품목관리를 위한 기본 공고라 할 수 있다.

수출입제한물품은 동시에 수출입승인대상물품으로 다음 어느 하나에 해당하는 이행 등을 위하여 필요하다고 인정하여 지정·고시하는 물품 등이 이에 해당된다.

① 헌법에 따라 체결·공포된 조약과 일반적으로 승인된 국제법규에 따른 의무의 이행

② 생물자원의 보호

③ 교역상대국과의 경제협력 증진

④ 국방상 원활한 물자 수급

⑤ 과학기술의 발전

⑥ 항공 관련 품목의 안전관리에 관한 사항

2) 수출입물품관리와 관련 공고 등

수출입 품목관리와 관련하여 대외무역법상에 의해 규정된 고시는 「수출입공고」와 전략물자의 수출입과 관련된 「전략물자 수출입고시」가 있다. 또한 대외무역법 외에 58개 개별행정법상의 수출입제한사항을 통합하여 고시한 「통합공고」제도가 있다.

수출입공고에 따른 수출 또는 수입승인에도 불구하고 「대외무역법」 제12조의 규정에 의한 「통합공고」상에 수출 및 수입하고자 하는 물품의 수출·수입요령을 정한 것

이 있는 경우에는 동 요령의 요건을 충족하여야 한다.

(1) 「수출입공고」

산업통상자원부고시의 형태로 수출입 물품에 대한 제한 여부에 관해 공고한 것이 「수출입공고」이다. 이는 수출입 품목관리를 위한 기본 공고라 할 수 있다.

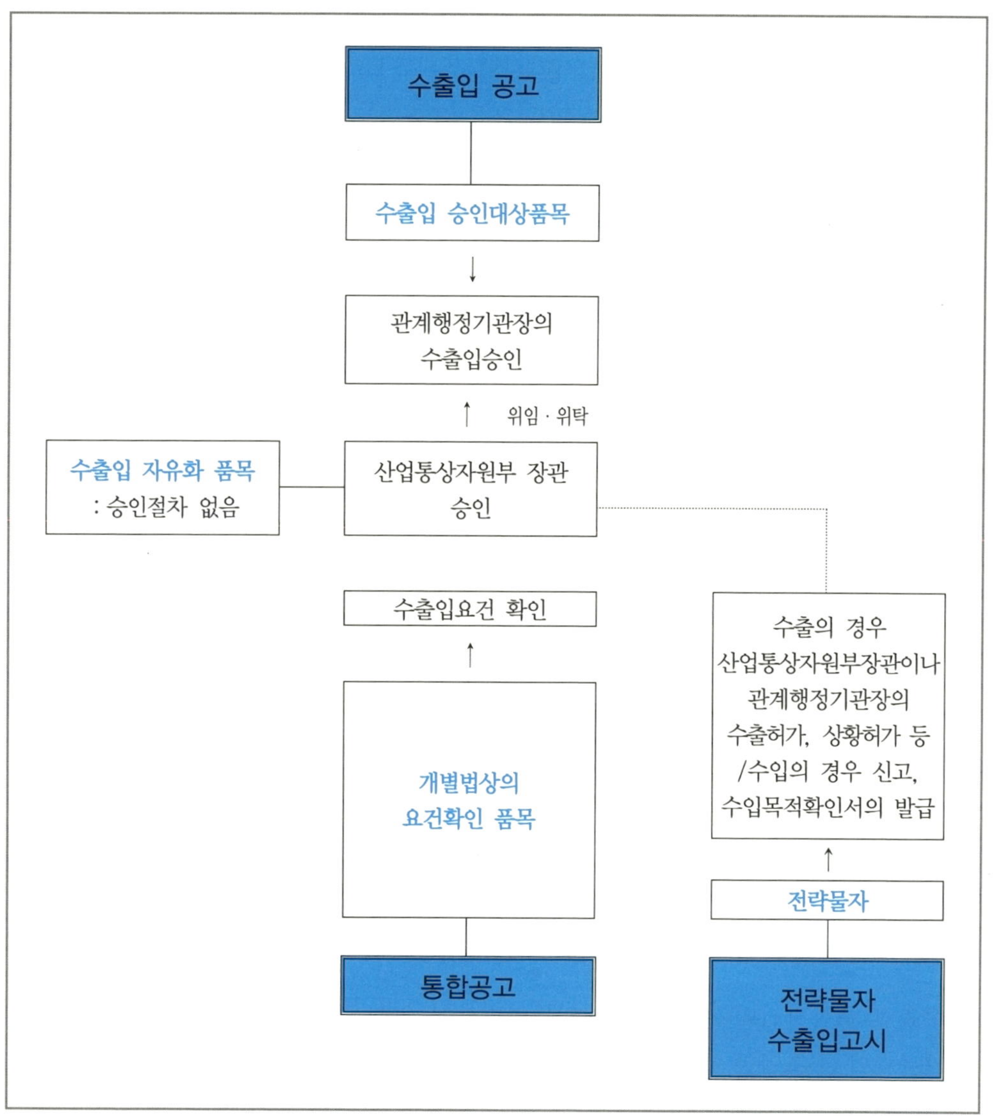

▮그림 2-5▮ 공고체계에 의한 품목관리

① 「수출입공고」상의 품목분류기준

「수출입공고」상의 품목분류방식은 HS(Harmonized Commodity Description and Coding System) 상품분류에 의하고, 동 분류된 품목의 세분류는 관세·통계통합품목분류표(Harmonized System of Korea : HSK)에 의한다.(수출입공고 제3조)

② 「수출입공고」상의 품목

「수출입공고」상에는 수출금지품목, 수출제한품목, 수입제한품목을 나열해 두고 있으며 수출 및 수입제한품목의 경우 수출입요령을 제시하고 있어서 기술된 요령대로 제한적으로 수출입이 가능하도록 하고 있다.

수출입금지 및 제한 승인품목 이외의 품목은 별도의 승인절차 없이 수출입이 가능하다.

〈예시 1〉「수출입공고」 [별표 1] 수출금지품목

H S	품 목	수 출 요 령
0208	기타의 육과 식용설육(신선·냉장 또는 냉동한 것에 한한다)	
40	고래, 돌고래류(고래목의 포유동물) 및 바다소(바다소목의 포유동물)의 것	다음의 것은 수출할 수 없음. ① 고래고기

* 「수출입공고」 별표 1(수출금지품목)에 게기되어 있는 품목으로 수출이 금지된 품목(수출입공고 제4조)

〈예시 2〉「수출입공고」 [별표 2] 수출제한품목

H S	품 목	수 출 요 령
2505	천연모래(착색된 것인지의 여부를 불문하며, 제26류의 금속을 함유하는 모래를 제외한다)	
10	규 사	다음의 것은 한국골재협회의 승인을 받아 수출할 수 있음. ① 규산분(SiO_2)이 90% 이하의 것
90	기 타	

* 「수출입공고」 별표 2(수출제한품목)에 게기되어 있는 품목으로 각 품목별 수출요령에 따라 수출을 승인하여야 함.(수출입공고 제5조)

〈예시 3〉 수출입공고 [별표 3] 수입제한품목

H S	품 목	수 입 요 령
3920.99.1000	플라스틱제의 기타 판, 쉬트, 필름, 박 또는 스트립(셀룰라가 아닌 것으로서 기타 재료로 보강, 적층, 지지 또는 이와 유사하게 결합되지 아니한 것) 중 항공기용의 것	한국항공우주산업진흥협회의 승인을 받아 수입할 수 있음

* 「수출입공고」 별표 3(수입제한품목)에 게기되어 있는 품목으로 각 품목별 수입요령에 따라 수입을 승인하여야 함.(수출입공고 제6조)

③ 수출입공고 등의 예외적용

외화획득용 원료·기재를 수입하는 경우에는 수입제한품목이라 할지라도 별도의 제한없이 수입을 승인할 수 있다.(수출입공고 제6조 2항)

산업통상자원부장관은 수출절차의 간소화를 위하여 특히 필요한 경우 「수출입공고」 별표2의 수출요령에도 불구하고 수출승인기관을 따로 정하여 승인하게 할 수 있다.(수출입공고 제7조)

2) 「통합공고」

「통합공고」는 대외무역법 이외의 60여 개 개별법에서 정하는 수출입요령 및 절차를 관계행정기관으로부터 제출받아 그 시행일 전에 산업통상자원부장관이 제출받은 수출·수입요령을 통합하여 공고함으로써 무역거래자로 하여금 수출입요령의 변동내용을 쉽게 이해하도록 하는 제도이다.(대외무역법 제12조)

「통합공고」의 목적은 「대외무역법」 제12조의 규정에 의하여 동법 이외의 다른 법령에서 해당물품의 수출입의 요건 및 절차 등을 정하고 있는 경우에 수출입 요건확인 및 통관 업무의 간소화와 무역질서 유지를 위하여 다른 법령이 정한 물품의 수출입의 요건 및 절차에 관한 사항을 조정하고 이를 통합 규정하기 위함이다.(통합공고 제1조)

「통합공고」상의 요건확인품목이라 하더라도, 수출입공고상의 제한품목이 아니면 수출입승인대상에 포함되지 않는다. 이러한 경우에는 해당 개별법에서 정하고 있는 요건확인을 받은 후 세관에 수출입신고하여 수출입을 이행하면 된다.

3) 「전략물자 수출입고시」

산업통상자원부장관은 관계 행정기관의 장과 협의하여 대통령령으로 정하는 국제

수출통제체제의 원칙에 따라 국제평화 및 안전유지와 국가안보를 위하여 수출허가 등 제한이 필요한 물품등(대통령령으로 정하는 기술을 포함)을 지정하여 고시하도록 되어 있는데 이에 따라 고시한 것이 「전략물자 수출입고시」이다.(대외무역법 제19조)

「전략물자 수출입고시」는 「대외무역법」 제26조에 따라 전략물자의 수출입통제에 관한 사항을 정함으로써 국제평화 및 안전유지와 국가안보에 기여함을 목적으로 한다. 이 고시에서 정하고 있는 사항에 관하여 적용할 법령은「대외무역법」,「원자력안전법」,「방위사업법」,「화학무기·생물무기의 금지와 특정화학물질·생물작용제 등의 제조·수출입규제 등에 관한 법률」이다.(전략물자수출입고시 제1조)

이러한 전략물자를 수출입하고자 하는 자는 「전략물자 수출입고시」와「전략물자 수출입통관에 관한 고시」에 따라 수출입해야 한다.

2. 원산지 제도

1) 원산지 규정과 원산지표시

세계경제는 국제 분업의 심화로 생산활동이 다국간에 이루어지고 있으며 복잡다기능의 첨단신제품의 출현으로 국제무역에 거래되는 물품의 원산지 식별이 보다 복잡하게 되어 정확한 원산지판정이 어렵게 되었다.

그리고 최근의 국제경제의 블록화 현상에 의한 역내국가간의 특혜 확대와 지역적 무역협정(RTAs ; Regional Trade Agreements)의 확산에 따른 특혜원산지 규정으로 인해 원산지 제도는 보다 복잡하게 되고 있으며 역외국가에 대한 차별심화로 원산지규정은 오히려 무역마찰의 요인으로 작용하고 있다.

원산지규정(Rules of Origin)은 수입국이 각종 정책목적상 수입 등의 원산지를 판정할 필요가 있을 때 특정제품의 생산·제조국을 결정하기 위해 적용하는 제반법규 및 행정적 절차를 말하는데, 이는 특혜원산지규정(Preferential Rules of Origin)과 비특혜원산지규정(Non-Preferential Rules of Origin)으로 분류된다.

① 특혜원산지규정

NAFTA(북미자유무역협정)와 같이 특정국가간의 상호간 무역에서 특혜를 주고자 하는 지역간 원산지협정, GSP(Generalized System of Preference : 일반특혜관세), 미국의 카리브만 연안국을 대상으로 한 카리브만 부흥계획(Caribbean Basic Economy Recovery Act ; CBERA), 그리고 EU의 구식민지 지역부흥계획(Overseas Countries and Territories ; OCT)에 대한 특혜 등이 있다.

최근에는 국가간 또는 지역간 FTA(자유무역협정)에 의해 협정국간에만 저관세율 및 무관세를 적용하는 배타적 무역체제가 주류를 이루고 있다.

② 비특혜원산지규정

무역정책 또는 조치의 시행상 물품의 원산지를 식별할 필요가 있는 경우에 사용되는 원산지규정을 말한다.

③ 원산지표시(marks of origin)

특정물품의 원산지를 당해물품에 표시하도록 하는 제도로서, 수입물품에 원산지를 표시하도록 함으로써 소비자에게 정확한 상품정보제공 등을 통하여 국내소비자 보호 및 유통거래질서를 확립하고 국제적으로 인정되는 원산지 적용기준을 마련하여 수출 또는 수입하는 물품에 원산지표시를 명확히 함으로써 불공정 수입행위를 근절하는 데 목적이 있다.

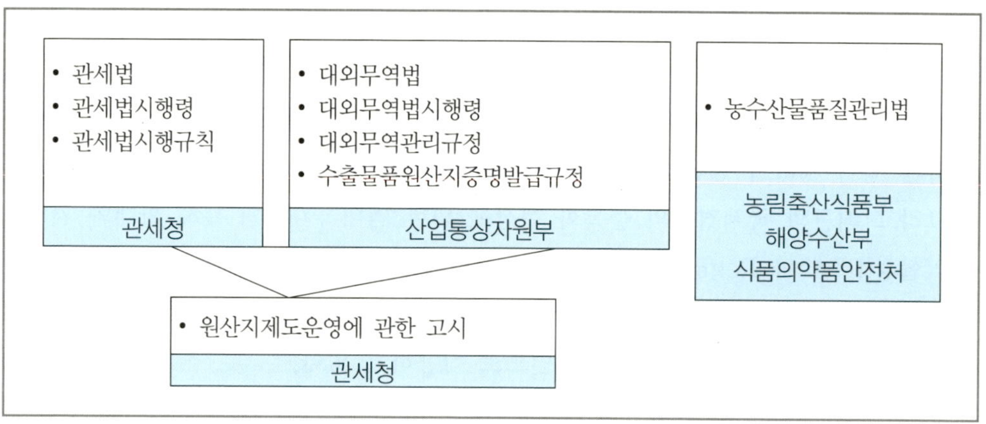

▌그림 2-6▐ 원산지제도 관련 법규정

2) 수출물품 원산지의 증명 및 표시

(1) 원산지증명서의 발급 목적

원산지증명서(Certificate of Origin : C/O)는 수입통관 또는 수출대금의 결제시 구비서류의 하나로서 당해물품이 당해국에서 생산, 제조 또는 가공되었다는 사실을 증명하는 서류이다.

이러한 원산지증명서의 발급 목적은 다음과 같다.

① 특정국가나 지역으로부터 수입을 금지 또는 제한하기 위한 정책적 목적

② 호혜통상협정이 체결된 국가간의 수입물품에 대한 협정세율의 적용을 위한 관세의 감면혜택의 부여목적

③ 선진국의 대개발도상국에 대한 특혜관세의 공여 목적

④ 기타 국별 수입통계의 목적

(2) 수출물품 원산지증명서 발급

헌법에 따라 체결·공포된 조약과 일반적으로 승인된 국제법규를 이행하기 위하여 또는 교역상대국 무역거래자의 요청으로 수출 물품의 원산지증명서를 발급받으려는 자는 원산지증명서의 발급을 신청하여야 한다.(대외무역법 제37조 1항)

① 원산지증명서 발급기관(수출물품원산지증명발급 규정 제1-7조 1,2항)

- 일반수출물품 원산지증명서 발급기관 : 상공회의소, 대한상공회의소
- 관세양허대상 수출물품원산지증명서 발급기관
  : 세관, 상공회의소, 대한상공회의소
- 마산 및 군산자유무역지역관리원 관할구역 안의 입주업체
  : 해당 자유무역지역관리원장

② 수출업자의 원산지증명 관련 유의 사항

원산지증명제도는 최근 각종 FTA 발효에 따라 각 FTA 협정별로 원산지 발급기준 및 방법 등이 상이함으로 해당 지역으로 수출하는 기업들은 해당 FTA 협정상의 원산지 기준 등을 참고하여 협정에 따른 관세상의 혜택을 상대 수입업자가 누릴 수 있도록 해야 한다. 예를 들어 한·칠레 FTA의 경우 수출업자 자체발행 원산지증명서를 사용하나 한·싱 FTA의 경우에는 기관 발급의 형태로 원산지증명서가 이용되고 있다.

이러한 원산지 기준과 관련해서는 거래 관세사를 통해서 확인하면 가장 쉽고 간단하게 처리할 수 있다. 또한 2009년 2월에 설립된 국제원산지정보원[5]을 통해 효과적인 원산지 관리지원을 받을 수 있다. 즉, 국제원산지정보원은 FTA를 활용하고자 하는 중소기업의 체계적인 FTA 원산지관리 지원을 위해 원산지관리시스템(FTA-PASS)[6] 개발·보급 및 기업지원을 수행하고 있다.

---

5) 관세청장에게 부여된 수출입물품의 원산지정보 수집·분석 업무를 위탁받은 기관이다(관세법 제233조의 2, 동법 시행령 제236조의5).

6) FTA-PASS는 원산지관리시스템을 자체적으로 개발하기 어려운 중소 제조·수출기업을 위하여 관세청 지원으로 국제원산지정보원에서 개발한 소프트웨어로서, 기업을 대상으로 무료로 서비스하는 원산지관리 업무시스템이다.

MEMO

제3장

수출계약의 주요 조건

제1절 수출실무 절차와 수출계약
제2절 수출계약의 주요 조건
제3절 Incoterms® 2020

제1절 수출실무 절차와 수출계약

1. 일반적 수출실무 절차

수출실무 절차를 신용장 결제방식을 전제로(L/C Base) 간단히 일반화하면 〈그림 3-1〉과 같다. 그림의 순서에 따라 일반적 수출절차를 설명하면 다음과 같다.

① 수출업자와 수입업자 사이에 무역매매계약(대금결제 L/C 기준)을 체결한다.

② 수입업자는 자신의 거래은행(발행은행)에 신용장 발행을 의뢰한다.

③ 발행은행은 수입업자의 의뢰에 따라 신용장을 발행하여 수출국내에 있는 신용장 발행은행의 환거래약정은행(Correspondent Bank)[1]으로 신용장을 보낸다.

④ 신용장을 받은 수출지의 은행(통지은행)은 내도한 신용장을 찾아가도록 수출업자에게 통지하고 수출업자는 소정의 통지수수료를 지불하고 신용장을 입수하게 된다.

한편 수출물품이 수출승인대상인 경우에는 별도로 승인요건을 갖추어 승인기관장에게 승인을 요청하여 수출승인을 받아야 한다.

⑤ 운송되는 화물에 대한 위험을 제거하기 위하여 별도로 보험회사와 해상보험계

---

1) 송금, 무역거래, 자본거래 등 외국과 거래시 거래 당사자간의 대금의 추심, 지급 등을 거래당사자의 국가에 소재하는 거래은행을 통하여 할 수 있도록 국내외은행간에 관련 업무의 취급을 위한 약정을 체결한다. 이와 같은 약정을 은행간의 환거래약정(Correspondent Agreement)이라 하고, 상호간에 약정이 체결된 은행을 환거래은행 또는 「코레스은행(Corres Bank)」이라 한다.

약을 체결하게 된다. 보험계약체결은 무역매매계약조건에 따라 매도인 또는 매수인이 계약을 체결하게 된다.

⑥ 수출업자는 신용장을 입수함에 따라 수출대금 회수에 대한 위험(신용위험)이 제거되었으므로(즉, 신용장은 수입업자가 대금을 결제하지 못할 경우 신용장 발행은행이 대금결제하기로 수출업자에게 약속한 서류이므로) 안심하고 계약물품을 선적하게 된다. 수출물품을 선적하기 위하여 선박회사와 운송계약을 체결하게 되는데 이때 운송계약의 주체는 매도인과 매수인 중 무역매매계약에서 운송계약의 책임(운송비용 부담)을 부담하기로 한 자가 선박회사와 운송계약을 체결하게 된다.

한편 선적 전에 수출업자가 세관에 수출신고하여 해당 선적품에 대한 수출통관이 이루어지게 된다.

⑦ 체결된 운송계약에 따라 선적지에서 계약물품을 선적한 후 선박회사로부터 선적서류[통상 선하증권(B/L ; Bills of Lading)]를 발급받게 된다.

⑧ 수출업자는 자신의 거래은행에 화환어음(documentary bill ; 환어음 + 선적서류 등)의 매입(Negotiation)을 의뢰한다. 매입은 수입업자에게 대금을 결제받을 때까지의 이자 및 은행 수수료 등을 공제하고 매입은행(수출업자의 거래은행)이 화환어음을 사주는 것을 말한다.

⑨ 매입은행을 통한 매입으로 매입대금을 결제 받게 됨에 따라 수출업자는 계약물품에 대한 대금을 회수하게 되는 것이다.

⑩ 매입은행은 선적서류 등을 수입지에 있는 발행은행으로 송부하게 된다.

⑪ 발행은행은 선적서류 등을 수입업자에게 제시하고 서류와 상환으로 대금을 결제 받는다.

⑫ 발행은행은 수입업자로부터 받은 결제 대금을 매입은행으로 송금한다. 한편 수입업자는 선박회사를 통해 수입지에 도착한 계약화물을 선적서류와 상환으로 인수하게 된다.

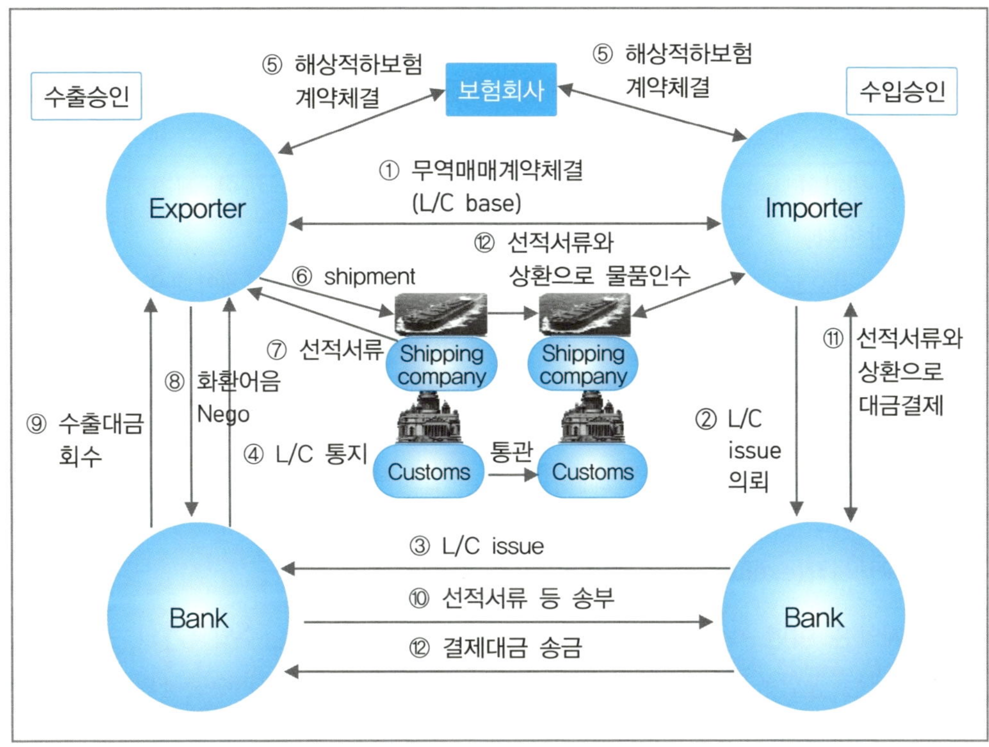

그림 3-1 일반적 수출절차

2. 무역계약의 종류와 특성

무역실무에서 무역계약(trade contract)은 국제물품매매계약(contract for the international sale of goods)으로서, 매매계약의 양 당사자가 서로 다른 국가에 업소를 두고 있으며 매도인[seller, 즉 수출업자(exporter)]은 계약물품을 인도하고 소유권을 이전할 의무가 있으며, 매수인[buyer, 즉, 수입업자(importer)]은 대금을 지급하고 계약물품을 수령할 의무가 있는 내용의 계약을 말한다.

1) 수출계약의 종류

(1) 개별계약(case by case contract)

개별계약은 매매당사자간에 매 거래건별로 수출입 계약을 체결하는 방법의 계약으로 가장 일반적인 무역계약 형태이다. 개별계약은 주로 Sales Note(매약서), Purchase Order(매입서 또는 구매서)의 형태로 계약이 체결된다.

(2) 포괄 또는 장기계약(master contract)

포괄 또는 장기계약은 동일한 매매당사자간에 상호 장기간동안 거래를 하였거나 동일한 상품을 계속적으로 거래할 때, 매 거래 시마다 개별적으로 계약을 체결하는 것이 불편하므로 일반거래조건에 대해 포괄적으로 합의하여 체결하는 경우의 계약을 말한다.

즉, 일반적으로 포괄 또는 장기계약은 매매당사자들 사이에 계약내용의 일반적인 조건을 미리 합의하여 결정한 후 문서화하여 상호간에 서명하여 교환한 서류인 일반거래협정서(Agreement on General Terms and Conditions of Business)를 작성하게 된다. 이러한 일반거래협정서를 기초로 하여 선적수량, 가격, 선적시기 등의 구체적인 매매계약내용을 그때그때마다 상호 합의하여 계약을 종결하게 된다.

(3) 독점계약(exclusive contract)

독점계약은 어떤 특정품목의 수출입에 있어서 수출업자는 수입국가의 지정 수입업자 외에는 동일품목을 청약하지 않으며, 또한 수입업자 역시 수출국의 다른 수출업자로부터는 동일품목을 수입하지 않겠다는 조건으로 맺어지는 계약을 말한다.

이러한 독점계약은 수출업자 입장에서는 거래상대인 수입업자에게 독점적으로 물품을 공급하게 되는 것으로 동일 수입국내에 다른 수입업자에게 물품을 공급할 기회를 상실하게 되므로 독점수입업자로부터 최소 주문물량, 가격 할인 등의 반대급부를 제시받게 되는 것이 일반적이다.

2) 무역계약의 법적 성질

(1) 낙성계약, 합의계약(諾成契約, 合意契約 ; consensual contract)

어느 일방이 제시한 거래조건에 대해서 타방이 무조건적으로 승낙하므로 계약이 성립되는 계약의 성질을 낙성계약이라고 한다. 무역계약은 계약자 일방이 거래조건을 제시하여 거래의사를 표시하면(offer) 이에 대해 거래 상대방이 당해 거래조건에 대해 승낙(acceptance)하여 계약이 성립되므로 낙성계약의 성질을 가진다. 또한 이러한 거래의사표시(offer)와 승낙(acceptance)은 그 내용에 있어서 정확하게 일치하므로 거래당사자 사이의 거래조건에 대한 의사가 합의되었다고 볼 수 있으므로 합의계약이라고도 한다.

(2) 쌍무계약(雙務契約 ; bilateral obligation contract)

계약을 통해 거래당사자 상호간에 의무관계가 형성되는 계약의 성질을 쌍무계약이라고 한다. 무역계약은 계약의 성립에 따라 거래당사자 쌍방간에 의무관계가 형성된다. 즉, 매도인인 수출업자는 대표적으로 계약에 일치하는 물품을 공급할 의무가 발생하고 매수인인 수입업자는 거래물품에 대한 대가로 대금을 결제할 의무가 발생하므로 무역계약은 쌍방간에 의무관계가 발생하는 쌍무계약의 성질을 갖는다.

(3) 유상계약(有償契約 ; remunerative contract)

계약에 따라 상호 대가적 관계가 성립되는 계약의 성질을 유상계약이라고 한다. 그에 반해 대가관계가 없는 계약을 무상계약(無償契約)이라고 하며 증여 등이 이에 해당된다.

무역계약은 무상거래가 아닌 매매당사자 상호간에 대가관계, 즉, 매도인은 계약물품의 공급에 따른 대가로 매매대금을, 매수인은 매매대금 결제에 따른 계약물품의 공급을 대가로 받게 됨으로 유상계약의 성질을 갖는다.

(4) 불요식계약(不要式契約 ; informal contract)

계약 자유의 원칙에 따라 아무런 형식을 요하지 않는 계약의 성질을 불요식계약이라고 한다. 즉, 무역계약에 특정한 요식이 요구되지 않고 구두나 행위 또는 서명 등에 의하여도 계약이 성립되는 것을 말한다. 국제 물품 매매 계약에 관한 유엔 협약(United Nations Convention on Contracts for the International Sale of Goods, CISG) 제9조에는 "매매계약은 서면으로 체결되거나 입증될 필요는 없으며 형식에 있어서도 기타의 다른 요건에 구속되지 않는다. 매매계약은 증언을 포함한 어떠한 수단에 의해서도 입증될 수 있다"고 규정하여 불요식계약의 성격을 갖고 있음을 보이고 있다. 그에 반해 계약에 들어갈 내용이 법적으로 규정되어 있어서 그 내용대로 계약을 체결해야하는 경우는 요식계약이라고 한다.

무역계약은 수출업자와 수입업자가 자유계약의 원칙에 따라 계약내용을 상호 합의하여 계약을 체결할 뿐 계약내용에 대해 법적으로 규정된 어떤 요건이 없다.

제2절 수출계약의 주요 조건

무역거래에서 필수적으로 약정해야 할 거래조건을 “무역계약의 기본조건”이라 부르는데, 그 주요내용으로서는 ① 품질조건(terms of quality) ② 수량조건(terms of quantity) ③ 가격조건(terms of price) ④ 선적조건(terms of shipment) ⑤ 결제조건(terms of payment) ⑥ 보험조건(terms of insurance) ⑦ 포장 및 하인조건(terms of packing & marking) ⑧ 분쟁해결조건(terms of dispute) 등이 있다.

이러한 무역계약의 주요조건들은 무역계약 성립의 필수조건은 아니지만, 계약의 효과적인 이행, 분쟁의 예방 및 효과적인 해결을 위해서 필요한 계약 조건들이다.

이밖에 불가항력조항(force majeure clause), 권리침해조항(infringement clause), 검사조항(inspection clause) 등이 있다.

1. 품질 조건

무역계약에서 거래물품의 품질 조건은 ① 어떤 방식으로 거래물품의 품질을 결정할 것인가, ② 계약에 따른 품질의 결정시기는 언제로 할 것인가, 그리고 ③ 해당 물품의 품질 증명은 어떻게 할 것인가에 대한 내용을 담고 있다.

1) 품질 결정기준

(1) 견본 매매(sales by sample)

일반공산품의 경우 견본(sample)을 통해 품질결정기준으로 삼는 것이 가장 일반적이다. 견본은 매도인이 매수인에게 제시하는 매도인 견본(seller’s sample)이 일반적이나, 매수인이 필요한 물품을 견본으로 만들어 매도인에게 제시하여 공급받고자 할 경우 매수인 견본(buyer’s sample)을 이용할 수 있다. 매수인 견본이 매도인에게 제시될 경우에는 반드시 매도인이 동일한 제품의 견본(반대견본 ; counter sample)을 만들어 매수인에게 확인 받은 후 계약을 체결하는 것이 추후에 품질에 대한 분쟁을 예방할 수 있는 방편이 된다.

(2) 표준품 매매(sales by standard)

물품의 종류는 같지만 이질적인 품질을 갖고 있는 수확예정인 농산물이나 채취예정인 수산물, 광산물 등의 1차 산품의 경우 등급을 정하여 거래하는 품질결정방법이 표준품 매매이다.

표준품 매매는 물품의 종류에 따라 다음과 같은 다양한 품질조건이 활용되고 있다.

① 보통표준품질조건(USQ ; Usual Standard Quality)

보통표준품질조건은 공인검사기관이나 표준기관이 적용한 등급을 표준품으로 결정하는 품질결정방법이다. 이들 기관들은 특정물품의 품질을 그 등급에 따라 1등급, 2등급 등과 같이 표준화하여 품질을 적용할 수 있도록 하고 있다.

② 평균중등품질조건(FAQ ; Fair Average Quality)

곡물류, 과일류 등에 사용되는 품질결정기준으로 동종상품 중 평균적이며 중등의 품질을 표준품으로 삼는 조건이다. 예를 들어 어떤 과수원에 수확예정인 사과의 품질을 결정하기 위해서 당해 과수원에서 수확될 사과 중 평균하여 중간 정도의 품질을 계약 품질조건으로 삼고자 할 경우 평균중등품질조건을 사용할 수 있다.

③ 판매적격품질조건(GMQ ; Good Merchantable Quality)

물품의 내부부패나 잠재하자 등을 외관상으로 확인하기 곤란하거나 운송 중 부패가능성이 큰 목재류나 냉동수산물, 광석류 등에 사용되는 품질결정기준으로, 계약물품이 수입지 시장에서 판매 가능한 상태의 품질로 인도할 것을 조건으로 하는 품질결정방법이다.

따라서 수입지에서 인수한 현물에서 내부의 하자가 발견되어 판매가 불가능한 부분에 대하여는 매수인이 매도인에게 배상을 요구할 수 있는 조건이다.

(3) 상표매매(sales by trade mark or brand)

제조업체의 상표나 품명이 세계적으로 널리 알려져 있어서 그 상품의 상표나 품명만으로도 품질을 판단할 수 있을 경우 그 상표나 품명으로 품질을 결정하는 방법이다.

예를 들어, Canon 카메라, Parker 만년필, Rolex 손목시계 등의 제품은 그 상표만으로도 품질수준을 알 수 있으므로 계약시 상표(trade mark)로 품질을 표시하게 된다.

(4) 명세서 매매(sales by description or specification)

견본 등에 의해 품질을 결정할 수 없는 대형 기계류, 선박 등의 물품에 대해서는 해당 물품의 품질을 명세서(specification), 설명서(description), 설계도(design drawing), 청사진(blueprint) 등에 의해 계약물품의 품질을 결정하는 방법이다.

(5) 규격매매(sales by type or grade)

국제기구 또는 국가가 공식적인 규격에 따라 정한 기준에 따라 부여된 물품의 품질을 가지고 계약물품의 품질을 결정하는 방법이다. 이는 전기 · 전자제품 등의 공산품에 주로 적용되는 품질결정방법이다.

대표적인 사례로 국제표준화기구(ISO ; International Standard Organization), 한국의 KS(Korean Standard), 영국의 BSS(British Standard Specification), 일본의 JIS(Japan Industrial Standard) 등에서 정한 품질 기준을 가지고 품질을 결정하는 경우이다.

(6) 점검매매(sales by inspection)

매수인이 거래물품을 직접 확인한 후 매매계약을 체결하는 경우의 품질결정방법이다. 이는 신제품의 신시장 개척시 주로 이용되는 품질결정방법으로, BWT(Bonded Warehouse Transaction)과 같은 거래에 활용될 수 있다.

2) 품질결정시기

선적시의 품질과 양육시의 품질이 달라서 품질로 인한 거래분쟁이 야기되는 경우가 많으므로 당해 물품이 약정된 품질수준을 충족하는가의 여부를 선적시의 품질로 할 것인가, 양륙시 품질로 할 것인가의 품질결정 시기를 결정해야 한다.

(1) 선적품질조건

선적품질조건은 선적시 품질이 계약에서 요구하는 품질과 일치하는 것을 조건으로 한다. 선적품질조건은 Incoterms® 2020의 무역거래조건 중 FAS, FOB, CFR, CIF, FCA, CPT, CIP 등이다.

(2) 양륙품질조건

양륙품질조건은 도착지에서 양륙시 품질이 계약에서 요구하는 품질과 일치할 것을 조건으로 한다. 양륙품질조건은 Incoterms® 2020의 무역거래조건 중 DAP, DPU, DDP 등이다.

3) 품질 증명 방법

계약물품의 특성상 계약물품의 품질을 입증하기 위해서 제3의 공인검사기관을 통해 검사증명서(certificate of inspection) 또는 품질증명서(certificate of quality)가 요구되는 경우가 있다. 이러한 경우는 품질검사기관 등을 계약서에 특정할 필요가 있다.

2. 수량조건(terms of quantity)

무역계약 물품에 대한 수량조건은 정확한 수량단위 또는 포장단위를 표시해야 한다. 이는 가격 산출에 중요한 기준이 되는 것으로 정확히 표시되어야 한다. 수량조건은 수량표시방법, 검량 기준시기, 수량 증명방법 등에 대해 규정하게 된다.

1) 수량표시방법

계약수량을 표시함에 있어서 계약물품의 특성에 따라 정확한 수량 단위를 표시하는 것이 중요하다. 수량표시방법은 중량, 용적, 개수, 포장단위, 길이 등 다양하며 특히 일반적으로 대량의 1차 산품이며 일정한 포장 단위로 되어 있지 않은 산(散)화물[bulk cargo ; 또는 살물(撒物)]의 경우 과부족용인조항이나 개산수량조건 등이 적절히 사용되어야 한다.

(1) 수량 단위

계약물품에 대한 수량을 측정하는 수량단위를 정확하게 표시할 필요가 있다.

중량의 경우 ton 단위는 Long ton(영국톤), Short ton(미국톤), Metric ton(프랑스톤) 세 가지가 있어서 계약수량 표기시 단순히 '○○ton'이라고 표기하지 말고 Long ton, Short ton, Metric ton 등으로 정확히 표기하거나 1 ton = 1,000kgs 이라고 정확히 ton 중량에 대해 정의하여 분쟁을 예방할 필요가 있다.

용적의 경우 일반적으로 CBM(cubic meter ; ㎥)을 많이 사용하며 그 외에도 다양한 용적 표시 단위들이 있다.

포장단위로 표기하는 경우에 중요한 것은 컨테이너 단위로, 20′ 컨테이너를 세는 단위인 TEU(twenty feet equivalent unit)와 40′ 컨테이너를 세는 단위인 FEU(forty feet equivalent unit)가 있다.

표 3-1 수량 단위

수량단위	종 류
중량(무게) (weight)	kg, lb(pound), ton: Long ton(L/T, English ton : Gross ton)=2,240lbs(1,061Kgs)=영국톤 Short ton(S/T, American ton : Net ton)=2,000lbs(907Kgs)=미국톤 Metric ton(M/T, French ton : Kilo ton)=2,204lbs(1,000Kgs)=프랑스톤
용적(부피) (measurement)	bushel, barrel, liter, cubic meter(CBM), cubic foot(CFT), super foot(S. F)=1 square foot x 1 inch, gallon: English gallon(imperial gallon)=4.546liter American gallon(wine gallon)=3.7853liter
개수 (piece)	piece(개), set, dozen(타=12개), gross(12×12=144개) small gross(12×10=120개) great gross(12×12=1,728개)
포장 (package)	TEU(twenty feet equivalent unit), FEU(forty feet equivalent unit), Keg(나무통), bag(포대), case(나무상자), bale(곤포), carton(종이상자), bundle(다발), drum(드럼통), can(함석통), carboy(채롱에 든 대형 유리병)
길이(length)	meter, yard, inch, foot, piece
면적(square)	square foot(sft.)

(2) 과부족용인조항(過不足容認條項 ; M/L clause)

산(散)화물(bulk cargo)의 경우 물품 인도시 정확한 수량을 맞추기 어려우므로 일정한 범위내에서 과부족을 용인하는 조건인 과부족용인조항(More or less clause ; M/L clause)으로 계약해야 한다.

이러한 과부족용인조항은 일정한 수량의 과부족 범위를 정해 두고 그 범위 내에 화물이 인도되면 계약불이행으로 보지 않도록 한 조항이다.

예를 들면 “3% more or less at seller's option”, “Seller has the option of delivering(or shipping) 3% more or less on the contract quantity” 등과 같은 표현을 계약서에 사용하게 된다.

이러한 경우에는 표시된 수량에서 그 3%에 해당하는 수량이 부족하거나 초과해도 좋다는 것이므로 예컨대 “100 M/T, but 3% more or less at seller's option”이라 표현했다면 97 M/T~103 M/T의 범위 내에서 어느 수량으로 인도(선적)하여도 계약에 일치한 수량으로 보겠다는 것이다.

한편 신용장통일규칙(Uniform Customs and Practice for documentary credits ; UCP 600) 제30조 b항에서는 "신용장에 금지문언이 없는 한 포장단위 또는 개체품목으로 수량이 명시되어 있는 경우를 제외하고는(즉 bulk products의 경우에는) 신용장금액을 초과하지 아니하는 범위 내에서 5%의 과부족(tolerance)을 허용"하는 것으로 규정하고 있다.

과부족용인조항을 사용한 경우 용인 범위내에 있으나 계약수량보다 초과한 수량에 대한 정산을 어떻게 해야 할 것인가에 대한 문제가 발생할 수 있다. 즉, 과부족용인조항의 범위내에 있으나 초과하여 발송된 수량에 대해 계약 가격, 선적일 가격, 도착일 가격 중 어느 가격으로 정산할 것인지가 문제가 될 수 있다. 따라서 계약시 정산기준가격을 정확히 설정해 두어야 분쟁을 예방할 수 있다. 정산기준가격에 대해 아무런 약정을 하지 않은 경우에는 일반적으로 계약 가격으로 정산하게 된다.

(3) 개산(個算)수량조건(approximate quantity term)

bulk cargo의 경우 과부족용인조항을 사용하지 않고 간단히 "약"(about, approximately, circa, around, some 등)이라고 표현하여 계약물품의 수량에 대한 신축성을 부여할 수 있다.

신용장통일규칙(UCP 600) 제30조 a항에서는 "신용장 금액 또는 신용장에서 표시된 수량 또는 단가와 관련하여 사용된 "about" 또는 "approximately"라는 단어는, 그것이 언급하는 금액, 수량 또는 단가에 관하여 10%를 초과하지 않는 범위 내에서 많거나 적은 편차를 허용하는 것으로 해석"하도록 규정하고 있다.

2) 수량결정시기

당해 물품이 약정된 수량을 충족하는가의 여부를 선적시의 수량으로 할 것인가, 아니면 양륙시의 수량으로 할 것인가의 수량결정시기를 계약시 결정해야 한다.

품질결정시기와 동일하게 Incoterms® 2020의 무역거래조건에 따라서 화물에 대한 위험이 선적지에서 매도인에게서 매수인에게 넘어갈 경우에는 선적수량조건, 양륙지에서 위험이 분기될 경우에는 양륙수량조건을 사용하게 된다.

이러한 무역거래조건 결정시 화물의 특성상 운송이나 하역 과정에서 손실, 누손 가능성이 없는 물품은 선적수량조건, 그렇지 않은 경우에는 양륙수량조건에 해당하는 무역거래조건을 선택하게 된다.

(1) 선적수량조건

선적수량조건은 선적시 계약에 일치하는 수량만큼 선적하는 것을 조건으로 한다. 선적수량조건은 Incoterms® 2020의 무역거래조건 중 FAS, FOB, CFR, CIF, FCA, CPT, CIP 등이다.

(2) 양륙수량조건

양륙수량조건은 도착지에서 양륙시 수량이 계약에서 요구하는 수량과 일치할 것을 조건으로 한다. 양륙수량조건은 Incoterms® 2020의 무역거래조건 중 DAP, DPU, DDP 등이다.

3. 가격조건(terms of price)

1) 계약가격의 구성요소

무역거래에서는 무엇보다도 중요하고 핵심적인 것은 단가의 산정(채산)이며, 이러한 단가산정에서는 수출입에 수반되는 각종 비용을 물품의 원가와 이윤에 추가적으로 가산해야 한다.

수출입상품의 판매와 구매가격 즉, 수출입단가(unit price)는『물품의 제조(생산)원가(manufacturing cost) + 이윤(희망이익 ; expected profit) + 부대비용』으로 정해진다.

제조원가와 희망이익을 제외한 수출입 관련 부대비용으로는 포장비(packing charges), 각종검사 및 증명료와 인허가비용, 선적항(port of shipment)까지의 수출(적출)국내에서의 내륙수송비(inland freight), 창고비용(godown rent) 또는 보관료(storage charges), 수출통관비용(cost of export clearance) 및 수출세(export duties), 선적비용(shipping charges 및 stowing charges), 해상운임(ocean freight), 보험료(insurance premium), 양하비용(unloading charges), 항구세(port dues)와 부두사용료(wharfage charges), 수입통관비용(cost of import clearance) 및 관세(import duties), 수입국내에서의 창고료와 보관료(go-down rent, storage charges) 및 각종 행정비용, 그밖에 수출입에 수반되는 이자(interest), 외환비용(cost of exchange), 수출입수수료(commission), Cable Charge를 포함한 여러 가지 영업비용 또는 잡비 등이 있다.

이러한 비용 중 어떤 비용은 매도인이 부담하고, 어떤 비용은 매수인이 부담하는가에 따라 상품의 단가가 달라지게 된다.

가격 = 제조원가
+ 희망이익
+ 부대비용
(포장비, 검사 및 인허가 비용, 내륙운송비, 창고보관비용, 통관 비용, 선적비용, 주 운송비, 보험료, 하역비, 부두사용료, 수입통관비용(관세포함), 환거래 수수료 등)

2) Incoterms 정형무역거래 조건

일반적으로 무역계약에서 가격조건은 정형무역거래조건인 Incoterms의 조건을 통해 표기하게 된다. Incoterms® 2020상의 FOB와 CFR, CIF 규칙의 가격구성요소를 살펴보면 〈표 3-2〉와 같다. 보다 구체적인 Incoterms® 2020 내용은 제3절에서 별도로 자세히 살펴보도록 하겠다.

▌표 3-2▐ Incoterms® 2020 FOB와 CFR, CIF 규칙의 가격구성요소

<table>
<tr><th>구분</th><th>가격 구성 요소</th><th colspan="3">가격 규칙</th></tr>
<tr><td>생산원가</td><td>제조원가
물품검사비
수출포장비
수출허가 등 제세공과금
통신비 및 기타 경비</td><td rowspan="4">FOB</td><td rowspan="5">CFR</td><td rowspan="6">CIF</td></tr>
<tr><td>희망이익</td><td>희망이익(margin)</td></tr>
<tr><td>운송비</td><td>내륙운송비
창고보관료
선적비용
수출통관비용
검수, 검량비</td></tr>
<tr><td>금융비</td><td>금리
은행수수료</td></tr>
<tr><td>주 운송비</td><td>해상운임
부두사용료</td><td></td></tr>
<tr><td>보험료</td><td>해상보험료</td><td></td><td></td></tr>
</table>

가격조건은 매매대상인 물품에 대한 가격과 무역거래규칙 및 통화(currency)가 함께 표기된다. 예를 들어 〈표 3-3〉에서 표기된 바와 같이 단가(Unit price)란에 단가(US $ 20.00, 거래통화 포함)와 함께 무역거래조건 "CIF New York"을 함께 표기하게 된다.

▌표 3-3▐ 무역계약서상의 가격조건 표기 예시

HS Code	Commodity	Quantity	Unit price	Amount
123456 -7890	Cotton Shirt	10,000pcs	CIF New York US$ 20.00	US$200,000

4. 선적조건(terms of shipment)

수출업자가 수입업자에게 계약물품을 정확하게 인도하는 것이 중요하다. 이를 위해 물품의 선적시기, 선적방법 등의 선적조건에 대해 무역계약에 약정해 두어야 한다. 물품인도와 관련해서 양륙지에서 수입업자에게 인도하는 시기를 무역계약에 특정하지 않고 선적시기를 특정하게 된다. 이는 대부분의 무역물품은 선박을 통한 해상운송에 의해 이행되고 이 경우 해상운송구간의 기후 상황, 해상운송수단인 선박의 특수성 등으로 인해 매도인인 수출업자입장에서는 정확하게 물품인도시기를 특정하기가 용이하지 않기 때문에 선적지에서 선적시기를 계약서에 특정하게 된다.

1) 선적시기 표시방법

(1) 특정일 선적조건

최종선적일을 구체적인 연월일로 명기해 표시하는 방법이다.

예를 들어, "Shipment : Not later than November 10, 2020.", "Shipment shall be made by February 14, 2020." 또는 "Shipment shall be made within two months after seller's receipt of credit." 등으로 표기하는 방법이다.

신용장통일규칙(UCP 600) 제3조(해석)에서 선적기간을 정하기 위하여 "to", "until", "till", "from", 그리고 "between"이라는 단어가 사용된 경우 이는 명시된 일자 또는 일자들을 포함하고, "before"와 "after"라는 단어는 명시된 일자를 제외하는 것으로 해석하고 있다.

참고로 만기일 결정에 사용되는 "from", "after"는 해당 일자를 제외하는 것으로 해석한다. 즉, "from"의 경우 선적기간 표기의 경우 해당 날짜가 포함되지만 만기일 결정과 관련해서는 해당 날짜가 제외함으로 유의해야 한다.

☑ 요약 정리

▣ 선적기간 결정에 사용된 경우의 해석 원칙

The words "to", "until", "till", "from" and "between" when used to determine a period of shipment include the date or dates mentioned, and the words "before" and "after" exclude the date mentioned.(UCP 600 Article 3)

예) Shipment : until(till) May 15, 2020
- 2020년 5월 15일까지(5월 15일 포함)

Shipment : between May 10 and June 10, 2020
- 2020년 5월 10일에서 6월 10일까지(해당 날짜 포함)

예) Shipment : before May 5, 2020
- 5월 4일까지 포함, 5월 5일은 포함되지 않음

▣ 만기일 결정에 사용된 from, after의 해석

The words "from" and "after" when used to determine a maturity date exclude the date mentioned.

예) from(after) May 5, 2020
- 5월 5일은 제외하고 그 다음날인 5월 6일부터 적용된다.

(2) 특정월 선적조건

선적시기를 특정월이나 연월(連月)을 표기하는 방식을 사용할 수 있다. 즉, "Shipment : March/April, 2020."은 2020년 3월 1일에서 4월 30일 사이에 선적하면 되는 조건이며 "Shipment shall be made during May, 2020."는 2020년 5월 1일에서 5월 31일 사이에 선적하면 되는 조건이다.

(3) 모일경(某日頃) 선적조건

"Shipment shall be made on or before February 14, 2020."과 같이 표기할

경우 "2020년 2월 14일 경에 선적해야 한다."는 것으로 이때 2월 14일 경을 어떻게 해석할 것인가의 문제가 발생한다. 이에 대해 신용장통일규칙(UCP 600) 제3조(해석)에서 "on or about" 또는 이와 유사한 표현은 어떠한 일의 첫날과 마지막 날을 포함하여 특정 일자의 전 5일부터 후 5일까지의 기간 중에 발생해야 하는 것으로 해석하고 있어서 2월 14일 전 5일, 2월 9일부터, 후 5일 2월 19일까지, 그리고 2월 14일을 포함해야 하므로 2월 9일에서 2월 19일까지 총 11일 사이에 선적해야 하는 것으로 해석된다.

☑ 요약 정리

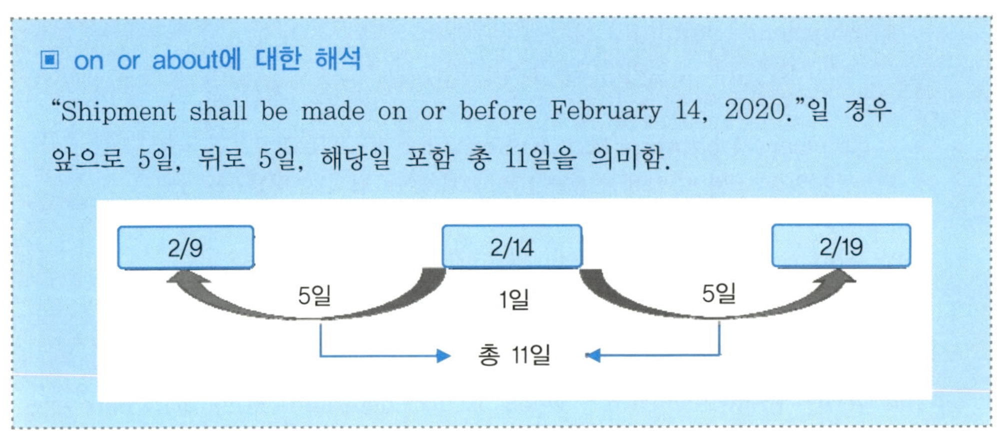

(4) 즉시 선적조건

선적시기와 관련하여 "즉시 선적(immediate shipment)" 또는 "가능한 한 빨리(as soon as possible) 선적"이라는 표현을 사용할 경우에는 정확히 어느 정도가 "즉시"인지 "가능한 한 빨리"인지 해석을 달리 할 수 있으므로 사용하지 않는 것이 좋다.

신용장통일규칙(UCP 600) 제3조(해석)에서도 "서류에 사용하도록 요구되지 않았다면 "신속하게(prompt)", "즉시(immediately)" 또는 "가능한 한 빨리(as soon as possible)"라는 단어들은 무시된다"라고 규정하고 있다.

2) 분할선적(partial shipment)

계약물량을 한 번에 선적해야 하는가 아니면 나누어서 선적할 수 있는가의 여부를 계약서에 명기해야 한다.

분할선적 가능은 "Partial shipment are allowed.", 분할선적이 가능하지 않은 경우에는 "Partial shipment are not allowed." 또는 "Partial shipment are prohibited."라고 명기해야 한다.

신용장통일규칙에서는 명시적으로 분할선적 금지약관이 없는 한 분할선적은 인정되는 것으로 간주하고 있다.

3) 환적(Transshipment)

최초 선적항에서 최종 양륙항까지 운송 중 다른 선박으로 화물을 옮겨 싣고 운송할 수 있는지에 대한 여부를 결정하여 계약서에 명기하게 된다. 환적 가능은 "Transshipment are allowed.", 환적 불가의 경우 "Transshipment are not allowed." 또는 "Transshipment are prohibited."라고 명기해야 한다.

특정 운송수단에서 다른 운송수단으로 환적하기 위해 물품이 하역될 때에 특히 감실이나 손상의 우려가 매우 크므로, 환적을 허용하는 것은 바람직하지 않다. 따라서 일반적으로 "환적금지(Transshipment are prohibited)"라는 환적금지 문언을 계약에 삽입하게 된다. 그러나 컨테이너화물은 상대적으로 환적시 물품손상 위험이 크지 않으므로 환적을 허용해도 큰 문제가 되지 않는다.

4) 선적일의 증명

선적일은 선적선하증권 또는 적재필(積載畢) 운송서류의 경우 실제로 적재된 날짜가 기재된 경우에는 그 날짜를, 별도 기재되어 있지 않은 경우에는 서류 발급일을 선적일, 적재일로 간주한다.

대부분의 일반거래협정서나 매매계약서에서 "선하증권의 발행일을 선적일로 간주한다(The date of bills of lading shall be taken as conclusive proof of the day of shipment)"는 조건을 규정해 두고 있다.

5. 결제조건(terms of payment)

무역계약 체결 시 수출대금 회수를 위한 결제방법에 대해 결정해 두어야 한다.

대금결제는 대금결제수단, 대금결제시기, 대금결제방법에 따라 분류할 수 있다.

대금결제수단은 현물(goods), 현금(cash), 송금환(M/T, T/T), 환어음(bill of exchange) 등으로 나눌 수 있다.

결제시기에 따라 분류하면 선지급방식(advanced payment), 동시지급방식

(concurrent payment), 후지급방식(deferred payment), 분할지급방식(installment payment) 등으로 나눌 수 있다.

대금결제방법은 송금(remittance) 방식, 추심(collection) 방식, 신용장(L/C ; letter of credit) 방식, 기타 특수결제방식 등이 있다.

▮표 3-4▮ 대금결제의 구분

구 분	내 용
대금결제방법	■송금(remittance) 방식 ■추심(collection) 방식 ■신용장(L/C ; letter of credit) 방식 ■기타 특수결제방식
대금결제시기	■선지급방식(advanced payment) - CWO(Cash With Order) - 선(先) T/T ■동시지급방식(concurrent payment) - COD(Cash On Delivery), CAD(Cash Against Documents), at sight base L/C, D/P(Documents against Payment) ■후지급방식(deferred payment) - Usance bill base L/C, - D/A(Documents against Acceptance - Sales on credit base, - Consignment sale base ■분할지급방식(installment payment)
대금결제수단	■현물(goods) ■현금(cash) - CWO(Cash With Order) - COD(Cash On Delivery) - CAD(Cash Against Documents) ■송금환 - T/T(Telegraphic Transfer) - M/T(Mail Transfer) ■환어음(bill of exchange) - documentary bill, clean bill - sight bill, usance bill]

1) 대금결제수단에 따른 분류

(1) 현금결제조건

수출입대금결제를 현금으로 결제하는 방법이다. 대표적인 결제조건으로 주문과 함께 현금으로 결제하는 주문불(CWO ; Cash With Order), 양륙지에서 계약물품과 상환으로 현금으로 결제하는 상품인도결제방식(COD ; Cash On Delivery), 선적지에서 선적서류와 상환으로 현금으로 결제하는 서류인도결제방식(CAD ; Cash Against Documents) 등이 있다.

(2) 환어음 결제조건

환어음은 수출업자가 발행하는 은행 양식의 대금청구서로, 담보유무에 따라 화환어음(documentary bill)과 무담보어음(clean bill), 그리고 결제시기에 따라 일람불어음(sight bill)과 기한부어음(usance bill)으로 나눈다.

(3) 송금환 결제조건

전신환(T/T ; Telegraphic Transfer)과 우편환(M/T ; Mail Transfer)을 통해 송금함으로써 대금결제하는 방법이다.

2) 대금결제시기에 따른 분류

(1) 선지급(advanced payment)

수입업자가 계약물품을 받기 전에 먼저 대금결제하는 경우로 CWO, 선(先) T/T 등이 이에 해당한다.

(2) 동시지급(concurrent payment)

계약물품과 상환으로 또는 계약물품에 대한 유가증권인 선적서류와 상환으로 대금결제가 이루어지는 경우로 COD, CAD, at sight base L/C, D/P(Documents against Payment) 방식 등이 이에 해당한다.

(3) 후지급(deferred payment)

계약물품을 수령한 후 나중에 대금결제하는 경우로 Usance bill base L/C, D/A (Documents against Acceptance), Sales on credit base(외상방식), Consignment sale base(위탁판매 방식) 등이 이에 해당한다.

(4) 분할지급방식(installment payment)

분할지급방식은 일명 할부방식이라고 할 수 있는데, 이는 대금결제를 계약시, 선적시, 물품수령시, 수령후에 각각 대금의 일부를 나누어서 결제하는 경우를 말한다. 일반적으로 결제금액이 큰 플랜트 수출이나 고가의 기계장비 등의 결제에 활용될 수 있다.

3) 결제방법에 따른 분류

(1) 송금결제 방식(remittance basis)

외국환은행을 통해 수입업자가 수출업자에게 계약 대금을 송금함으로써 결제하는 방식이다. 송금결제는 사전, 동시, 사후, 분할 결제 모두 가능하다.

송금결제방식은 수표송금방식(D/D ; Demand Draft), 우편송금환방식(M/T), 전신송금환방식(T/T) 등이 있다.

한편 대금상환도방식인 CAD(Cash Against Documents)와 COD(Cash On Delivery)방식도 송금결제방식에 포함시킬 수 있다.

수출업자가 계약물품을 선적한 후 발급된 선적서류를 선적지에서 수입업자의 대리인에게 제시하며 그와 상환으로 현금으로 대금결제 받는 CAD(Cash Against Documents)와 수입지에서 물품을 수입업자에게 인도하면서 동시에 대금을 현금으로 결제받는 COD(Cash On Delivery) 방식이다.

(2) 추심 결제 방식(collection basis)

추심(推尋 ; collection)은 은행이 소지인의 의뢰를 받아 수표 또는 어음을 지급인에게 제시하여 지급하게 하는 행위를 말한다. 추심 결제 방식은 신용장 없이 매매계약에 의해 수출업자가 계약물품을 선적한 후 선적서류를 포함한 관련 서류를 첨부한 화환어음을 은행을 통해 수입업자에게 제시하면 수입업자가 그 어음에 대해 지급 또는 인수하여 결제하는 방식을 말한다.

추심결제방식에는 지급인도방식(D/P ; Document against Payment)와 인수인도방식(D/A ; Document against Acceptance) 방식이 있다.

(3) 신용장 방식(L/C ; Letter of Credit)

신용장 결제방식은 수입업자의 거래은행이 수출업자를 향해 발행하는 약속장으로, 수입업자가 대금결제하지 못할 경우 책임지고 대금을 결제하겠다는 약속을 담은 서류인 신용장을 통한 결제방식을 말한다.

표 3-5 대금결제시기에 따른 분류

구 분	종 류	내 용
선 불	· 주문불(cash with order) · 송금방식(remittance basis)	· 주문과 동시에 매수인이 매도인에 지급 · 선적전에 매수인이 매도인에게 대금송금
동시불	· 상품인도결제방식(COD) · 서류인도결제방식(CAD) · 지급인도방식(D/P) · 일람불신용장(sight L/C)	· 물품과 상환으로 대금지급 · 선적서류와 상환으로 대금지급 · 무신용장에 의하여 선적서류와 상환으로 어음대금지급 · 신용장에 의하여 선적서류와 상환으로 어음대금 지급
후 불	· 기한부신용장(usance L/C) · 인수인도방식(D/A)	· 신용장에 의하여 일정기간 경과 후 어음대금 지급 · 무신용장에 의하여 일정기간 경과 후 어음대금 지급

4) 대금결제 통화

국제물품매매계약서에 대금결제 통화는 일반적으로 단가(Unit price)를 표시하면서 기재된 통화를 가지고 결제한다. 그리고 일반거래협정서를 협정하는 경우 결제통화에 대한 합의에 의해 필요한 조건을 기재하게 된다.

일반 계약서에는 "US$150 per piece CIF Tokyo" 등으로 표시되어 결제통화는 미 달러화로 결제됨을 알 수 있으며 일반거래협정서 상에는 "Prices : Prices are to be quoted in U.S. Dollars on the basis of CIF Tokyo unless otherwise specified."와 같이 대금결제통화를 확인할 수 있다.

6. 보험조건(terms of insurance)

보험조건과 관련해서 매매계약에서 결정되어야 할 주요사항은 ① 부보(附保)[2]의 무자(보험계약주체, 보험료 납부주체), ② 보험목적물에 대한 담보범위(보험조건), ③ 보험금액(보험사고 발생시 최고보상한도액)이다.

---

2) 부보(附保 ; effect insurance)는 보험에 부치다, 즉 보험을 들다, 보험에 가입하다는 의미로 사용하는 표현이다.

1) 부보의무자

부보의무는 Incoterms 무역거래조건에서 매도인이 부보의무를 갖는 경우는 CIF, CIP이며 나머지 무역거래조건은 의무사항이 아니라 자신의 화물에 대한 위험을 커버하기 위해서 보험을 들게 되는 경우이다. 즉, EXW, FCA, CPT, FAS, FOB, CFR의 경우 매수인이, DAP, DPU, DDP의 경우 매도인이 각각 자기 화물에 대한 위험을 커버하기 위해서 부보하게 된다.

따라서 매도인이 부보의무를 갖는 CIF, CIP의 경우에는 담보조건, 보험금액 등이 매매계약서에 기재되지만 나머지 다른 조건의 경우에는 자기 자신을 위해 부보하는 것이므로 매매계약서에 담보조건이나 보험금액을 약정해 둘 필요가 없다.

2) 담보위험(보험담보조건)

매도인이 부보의무를 지는 CIF, CIP의 경우 매수인을 위해 보험계약을 체결하는 것이므로 매매계약서에 담보범위와 보험금액을 정해 두어야 한다.

현재 해상적하보험은 구협회적하약관과 신협회적하약관을 함께 사용하고 있으므로 신협회적하약관(ICC ; Institut Cargo Clause) (A), (B), (C) 중 하나를 선택하여 결정하거나 구협회적하약관의 A/R(All Risks), WA(With Average), FPA(Free from Particular Average), TLO(Total Loss Only) 중 하나를 담보조건으로 선택하여 부보하게 된다.

3) 보험금액

보험금액은 보험사고 발생시 보험자(보험회사)로부터 피보험자가 보상받는 최고보상한도액으로 무역계약시 매도인이 매수인을 위해 부보의무를 지는 경우 담보조건과 함께 보험금액도 함께 결정하여 기재하게 된다. 일반적으로 보험금액은 송장금액에 10% 희망이익(expected profit), 즉, 수입업자가 수입하여 판매할 경우 기대하는 이익(margin)을 10%로 보고 송장금액에 10%를 추가하여 일반적으로 송장금액의 110%로 부보하게 된다.

7. 포장 및 하인조건(terms of packing & marking)

1) 포장조건

포장의 목적은 판매촉진과 상품보호에 있다. 그러나 수출포장(export packing)의 경우 상품보호에 더 큰 목적이 있다. 즉, 수출포장은 하역, 운송, 보관 등의 과정에서 화물의 보호를 위한 것으로 운송구간의 기후, 운송수단 등에 따라 적절한 포장재료 및 간격 충진재 등을 통해 안전하고 경제적으로 포장되어야 한다.

(1) 화물포장시 주의 사항

수출포장은 가볍고 부피가 작고, 튼튼하고 값싸고 보기 좋은 것으로 하되 상품의 종류, 성질, 도착지, 운송도중의 기후, 환적의 회수, 당사국의 화물포장에 관한 법규, 상거래 관습, 그리고 포장비 및 운임 등을 충분히 고려하여 가장 합리적이고 안전한 포장을 해야 한다.

(2) 수출표준포장(Export Standard Packing)

수출표준포장은 일반적으로 골판지상자(carton box)를 이용한 포장을 의미한다. 일반 공산품의 경우 대부분 골판지 상자에 포장된 후 컨테이너에 담겨 운송되게 된다.

2) 하인(荷印 ; Shipping Mark)

보관 장소에서 또는 운송 중 화물을 쉽게 확인, 식별하도록 하는 각 화물의 외장에 기입하는 특정기호와 포장번호 또는 목적항구 표시 등을 총칭하여 하인(荷印)이라고 한다.

표준하인(Standard Shipping Mark)은 하인에서 가장 중요하다고 할 수 있는 ① 주 하인, ② 목적항 표시, ③ 상자일련번호, ④ 원산지 표시를 말한다.

특히 목적항 표시, 상자일련번호가 없는 화물은 하인이 없는 화물로 간주하여 무하인(無荷印) 화물(NM Cargo ; No Mark Cargo)이라고 한다.

(1) 주 하인(Main Mark)

수입업체의 상호나 기호(symbol)로 다른 화물과 구별하기 용이하도록 표기한다.

(2) 목적항 표시(Port Mark)

화물이 잘못된 장소로 가는 것을 예방하고 정확하게 목적항에 도착할 수 있도록 목적항 또는 도착장소를 표기한다.

(3) 상자의 일련번호(Case Number)

화물포장상자가 하나 이상인 경우 각 상자에 일련번호를 기입하여 구별하도록 하고 전체 상자 수를 확인할 수 있도록 표기한다.

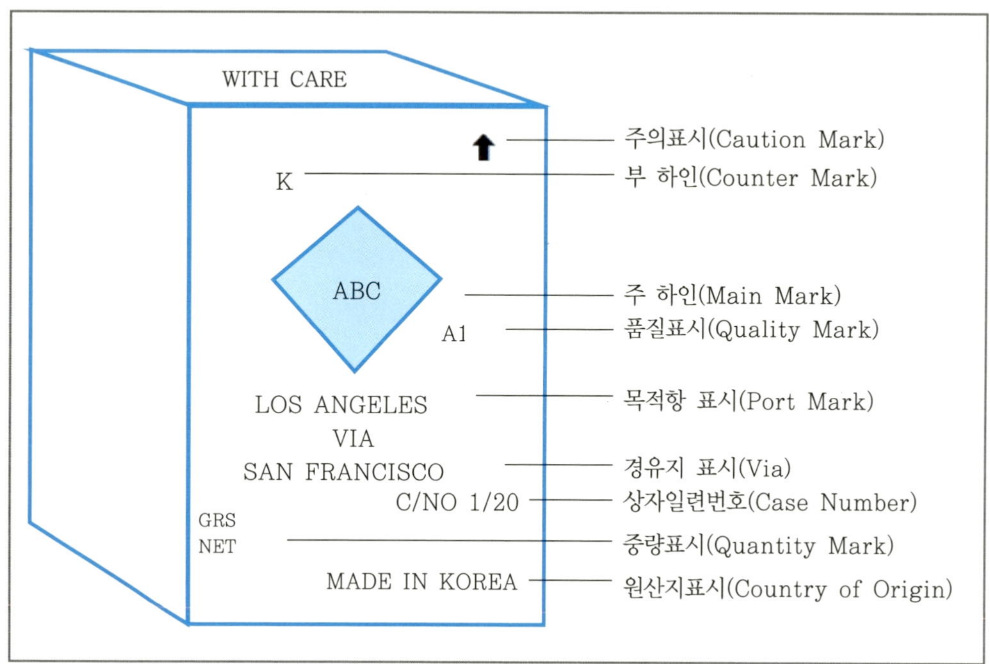

▌그림 3-2▌ 일반적인 수출하인의 내용

(4) 경유지 표시

목적항에 도착하기 위해 경유지를 거칠 경우 경유지를 표기한다. 즉, “LOS ANGELES VIA SAN FRANCISCO”는 SAN FRANCISCO를 경유하여 LOS ANGELES에 도착하는 경우 표기하게 된다.

(5) 원산지 표시(Country of Origin)

해당 화물의 원산지국을 나타내기 위해 표기한다.

(6) 부 하인(Counter Mark)

주 하인에 보조하여 표기한다.

(7) 중량 표시(Quantity Mark)

화물의 총 중량(GRS ; Gross Weight)과 순 중량(NET ; Net Weight)을 표기한다. 총 중량은 포장과 내용 화물의 무게를 합한 중량을 의미하고 순 중량은 포장의 무게를 뺀 화물만의 무게를 의미한다.

(8) 품질 표시(Quality Mark)

화물의 품질을 표시하는 것으로, 동일 종류의 화물이나 품질이 다른 여러 화물이 함께 운송될 경우 식별을 용이하게 하기 위하여 표기한다.

(9) 주의 표시(Caution Mark)

화물의 선적, 하역, 운송, 보관 등에 있어서 화물 취급시 주의해야 할 사항들을 표기한 것이다.

8. 분쟁해결조건(terms of dispute)

무역계약에 따라 문제없이 계약이 이행되면 좋으나 계약 이행상 문제가 발생하여 분쟁이 생길 경우 이를 효과적으로 해결하기 위하여 계약시 클레임(claim : 손해배상청구) 제기기간, 클레임 제기의 근거, 클레임 제기 방법 등에 대해 합의하여 명시해 두어야 한다.

1) 클레임 해결 방법

계약이행상 문제가 발생하여 어느 일방이 클레임을 제기하였을 경우 이를 해결하기 위한 방법으로 계약당사자간의 해결과 제3자의 개입에 의한 해결방법이 있다.

클레임을 해결하는 가장 좋은 방법은 계약당사간에 타협(compromise), 우호적 해결(amicable settlement) 또는 청구권의 포기(waiver of claim)가 있다. 즉, 분쟁이 발생했을 경우 당사자간에 협의하여 해결하는 것이 가장 좋은 해결방법이며 청구권의 포기는 손해의 정도가 크지 않고 향후 지속적인 거래관계 등을 고려하여 손해배상청구하지 않는 경우를 말한다.

만약 계약당사간에 원만하게 해결되지 않을 경우에는 제3자가 개입하는 알선(intermediation), 조정(mediation), 중재(仲裁 ; arbitration), 소송(litigation) 등의 방법으로 해결하게 된다. 알선과 조정은 제3자가 해결방안을 제시하면 그에 대해 계약 양 당사자가 수용하게 되면 그 알선과 조정안에 따라 해결되는 것이고 어느 일방이라도 수용하지 않을 경우 알선과 조정안은 법적 구속력이 없으므로 중재나 소송으로 해결하게 된다. 특히 조정은 중재의 전 단계로 이루어지게 된다.

중재는 단심제로 운영되며 따라서 신속하고 저렴한 비용으로 판결이 이루어지며 무역전문가인 중재인에 의해 판결이 이루어지며 「외국중재판정의 승인 및 집행에 관한 UN 협약(United Nations Convention on the Recognition and Enforcement of Foreign Arbitral Awards ; New York Convention 일명 "뉴욕협약")」에 가입한 국가에서는 어느 나라에서 내려진 중재판결도 그 효력을 보장하도록 하고 있어 중재판결의 효력이 국제적으로 미치게 되는 장점이 있다.

그에 비해 소송은 일반적으로 3심제로, 시간과 비용이 많이 소요되며 판결의 효력이 국내로 국한된다. 무역분쟁발생시 소송으로 해결할 경우 수출국과 수입국에서 모두 소송을 해야 하는 경우도 발생할 수 있다. 일반적으로 클레임 금액이 거액의 경우에는 소송으로 해결하고 중소규모의 금액일 경우 중재로 해결하고 있다.

▮표 3-6▮ 중재와 소송의 비교

	중재	소송
심급	단심제	3심제
판결 주체	중재인(무역전문가)	재판관
주요 판단 기준	실무적 판결	법리적 판결
비용	저 비용	고 비용
기간	단 기간	장 기간
판결의 효력	뉴욕협약 가입국가 내	사법권 내

한국은 상사중재기관으로 대한상사중재원이 있으며 중재판결을 위한 중재법과 상사중재규칙이 제정되어 운영되고 있다.

상사분쟁에 대해 중재로 해결하기 위해서는 반드시 계약서에 중재조항이 담겨져 있어야 한다. 중재조항에는 중재장소, 중재기관, 준거법에 관한 사항이 그 내용으로 들어가 있어야 한다. 대한상사중재원의 표준중재조항(standard arbitration clause)은 다음과 같다.

Arbitration : All disputes, controversies, or differences which may arise between Seller and Buyer, out of or in relation to or in connection with this Contract, or for the breach thereof, shall the finally settled by arbitration in Seoul, Korea accordance with the Commercial Arbitration Rules of The Korean Commercial Arbitration Board. The award rendered by the arbitrator(s) shall be final and binding upon both parties.

한편 양 당사자간의 분쟁을 소송(litigation)을 통해 해결할 경우에는 어느 국가에서 소송을 할 것인지, 어떤 법에 따라 판결할 것인지 등에 대한 사항이 계약서에 담겨 있어야 효과적으로 소송을 통해 분쟁해결이 이루어질 수 있다. 따라서 계약서에 분쟁발생시 재판관할권 및 준거법에 대한 사항을 규정해 둘 필요가 있다.

재판관할권 조항(jurisdiction clause)은 소송을 통해 분쟁해결을 해야 할 경우 어느 특정 국가를 재판을 위한 관할법원으로 인정하기로 당사자 사이에 합의하는 조항이다.

Jurisdiction : The courts the Republic of Korea shall have jurisdiction over all dispute which may arise between the parties with respect to the execution, interpretation and performance of this contract and the parties shall waive any other forum to which they might to entitled by virtue of domicile or otherwise.

준거법조항(governing law clause)은 계약의 성립, 이행, 해석상 분쟁이 발생할 경우 어떤 법률에 따라 판결할 것인지에 대해 합의한 조항이다.

Governing Law : This Contract shall be governed in all respects by the laws of Korea

9. 기타 조건

1) 불가항력 조건(Force Majeure Clause)

무역거래에서 발생할 수 있는 위험 중 수출업자(매도인)의 통제 범위를 벗어나는 천재지변, 소요, 동란, 파업 등 불가항력에 의한 화물 인도 지연 등에 대해 수출업자의 면책을 규정한 조항이다.

Force Majeure Clause : Seller shall not be responsible for delay in shipment of the goods or any part thereof occasioned by any Act of God, strike, lock-out, riot or civil commotion, combination of workman, fire or any cause comprehended in the term "Force Majeure".

2) 권리침해조항(Infringement Clause)

수입업자(매수인)가 지정한 상표, 디자인, 특허 및 기술 등을 채택하여 수출업자(매도인)가 제조·공급한 물품에 대해 수입지에서 향후 예기치 않은 특허침해문제가 발생할 수도 있다. 이 같은 문제를 대비하기 위하여 미리 계약서 내에 명시하여 매도인의 책임을 면제하도록 규정한 조항이 권리침해조항이다. 즉, 수입업자의 주문에 따라 생산하여 수출한 물품에 대하여 수출업자는 당해 물품이 수입지에서 지식재산권 침해가 발생할지 알 수 없으므로 지식재산권 침해 문제가 발생하더라도 수출업자는 이에 대해 면책된다는 조항이다.

The Seller shall not be responsible to the Buyer for any infringement, alleged or otherwise, of patent, utility model, design, trademark or any other industrial property right or copyright, in connection with the products, except for infringement of any Korean patent, utility model, design, trademark or copyright. The Buyer shall, however, hold the Seller harmless from any such infringement of the said Korean rights arising from or in connection with any instruction given by the Buyer to the Seller regarding design, copyright, pattern or specification."

제3절 Incoterms® 2020

1. Incoterms의 제정 배경과 개정 과정

1) Incoterms의 제정 배경

정형화된 무역규칙이 마련되기 전의 무역 거래관습은 거래 당사자간의 계약관계를 그때그때 상호약속에 의한 의무조항을 설정하는 방식으로 이루어졌다.

이러한 무역 거래관습은 시간이 지남에 따라 몇 가지 공통된 형태의 관행을 형성하게 되었으나 공통된 관행에 대한 해석이 서로 달라지는 문제가 발생하였다. 이에 공통된 관행에 대한 통일된 해석 기준이 필요하게 되었다.

1920년에 창설된 국제상업회의소(ICC ; International Chamber of Commerce)가 주도한 여러 작업과정을 통해 세계 각국에서 관용되고 있는 무역조건의 용어나 약어를 잘못 해석함으로써 무역업자간에 발생하는 오해나 분쟁 및 마찰을 미연에 방지하여 국가마다 다른 거래관행에 대한 불안정성을 해소하고 국제무역거래 관습 및 용어의 국제적 통일을 기하기 위한 목적으로 1936년에 "무역거래조건의 해석에 관한 국제규칙[(International Rules for the Interpretation of Trade Terms ; International Commercial Terms(Incoterms)]"을 제정하게 되었다.

2) Incoterms의 개정 과정

1936년에 최초 11종의 조건이 규정된 후 국제무역환경의 변화와 운송기법 및 거래관행의 변화에 부응하여 1953년, 1967년, 1976년, 1980년, 1990년, 2000년, 2010년 그리고 2020년에 각각 개정되어 현재 Incoterms® 2020을 2020년 1월 1일부터 사용하고 있다.

Incoterms는 국제거래를 위한 정형화된 무역규칙이었으나 Incoterms® 2010 개정 때부터 국제거래로 국한하지 않고 국내거래에도 Incoterms가 사용되는 점을 반영하여 "ICC Rules for the use of domestic and International Trade Terms (국내 및 국제무역거래조건의 사용에 관한 ICC규칙)"으로 명칭을 수정하여 사용하고 있다.

3) Incoterms의 역할

Incoterms는 물품매매계약에 사용되는 기업간 거래 관행에 대한 것으로 일반적으로 매도인과 매수인의 의무, 위험의 이전, 비용 부담과 관련된 내용을 규정하고 있다. 그러나 Incoterms는 그 자체로 매매계약이 아니기 때문에, 매매계약을 대체하지도 않으며 매매물품의 소유권/물권의 이전을 다루지 않는다.

(1) Incoterms가 규정하는 사항

① 매도인과 매수인의 의무

매도인과 매수인 사이에 의무관계, 즉 물품의 운송과 보험에 대한 의무, 선적서류 제공의무 및 수출 또는 수입허가 취득 의무 등이 규정되어 있다.

② 위험의 이전

매도인이 어디서, 언제 물품을 인도하고 그로 인해 위험이 매도인에게서 매수인에게 이전되는 시기 및 장소 등의 규정되어 있다.

③ 비용의 이전

운송비용, 보험비용, 포장비용, 적재 및 양하 비용 등 관련 비용에 대한 부담이 매도인에게 있는지, 매수인에게 있는지 규정되어 있다.

(2) Incoterms가 규정하지 않는 사항

매매계약의 존부(存否), 매매물품의 성상(性狀), 대금지급과 관련된 사항, 매매계약 위반에 따른 구제수단, 의무위반에 대한 분쟁해결방법 등, 그리고 가장 중요한 매매물품에 대한 소유권 이전에 대한 사항은 Incoterms에 규정되어 있지 않다.

4) Incoterms® 2020 주요 개정 내용

(1) FCA 조건의 경우 매도인의 선적선하증권 제공 의무

Incoterms® 2020 FCA A6/B6에서는 매수인과 매도인은 매수인이 선적 후에 선적선하증권을 매도인에게 발행하도록 그의 운송인에게 지시할 것을 합의할 수 있고 그럴 경우 매도인은 전형적으로 은행들을 통하여 매수인에게 선적선하증권을 제공할 의무가 있게 된다.

(2) 매도인/매수인 의무 규정 정리

Incoterms는 각 규칙별로 매도인(A1~A10)과 매수인 의무(B1~B10)를 각각 규정하고 있다. Incoterms® 2020에서는 기존의 의무 규칙을 순서를 바꾸고 내용을 정리하는 방향으로 개정되었다. 특히 비용과 관련하여 A9/B9에서 매도인과 매수인의 비용 부담 내용을 모두 열거하여 사용자들에게 비용에 관한 일람표(one-stop list)를 제공하는 목적으로 개정되었다. 물론 비용항목은 그 항목의 본래 조항에도 언급되어 있다.

(3) CIF와 CIP 조건의 적하보험 담보조건 차별화

Incoterms® 2010에서는 CIF와 CIP 조건 모두 보험과 관련하여 매도인의 최소담보제공 의무를 규정하고 있었으나 Incoterms® 2020에서는 CIF는 기존과 동일하게 협회적하약관 C 조건과 같은 최소담보조건으로 부보하도록 하였으나 CIP 조건의 경우 협회적하약관 A 조건과 같은 최대담보조건으로 부보하도록 매도인의 의무를 강화하였다. 물론 두 경우 다 매도인과 매수인의 합의에 따라 부보조건을 증가 또는 감소시킬 수 있다.

(4) FCA, DAP, DPU, DDP 조건에서 매도인 또는 매수인 자신의 운송수단에 의한 운송 허용

Incoterms® 2010에서는 물품이 매도인에게서 매수인에게 운송되어야 하는 경우 매도인 또는 매수인이 운송을 위하여 제3자 운송인(third-party carrier)이 물품을 운송하는 것을 전제로 하였다.

그러나 Incoterms® 2020에서는 물품이 매도인에게서 매수인으로 운송될 때 상황에 따라서 제3자 운송인의 개입이 전혀 없이 매도인이나 매수인이 자신의 운송수단을 통해 운송할 수 있도록 규정하고 있다. 즉, Incoterms® 2020 FCA, DAP, DPU, DDP 조건에서는 운송계약을 체결하도록 허용하는 것 외에도 단순히 필요한 운송을 마련하는 것(스스로 운송하는 경우)을 허용하도록 하였다.

(5) DAT를 DPU로 변경

Incoterms® 2020에서는 DAT를 DPU로 변경하였다. 이는 인도 장소가 터미널뿐만 아니라 어떤 장소에도 가능하다는 현실을 반영한 것이다. 그리고 DAP조건이 앞으로 가고 DPU조건이 그 다음으로 순서가 바뀌었다. DAP와 DPU조건의 차이점은 목적지에 도착한 후 운송수단으로부터 양하할 의무가 DAP 조건의 경우 없으나 DPU 조건의 경우 매도인의 양하의무가 있다는 것이다.

(6) 운송의무 및 비용 조항에 보안 관련 요건 삽입

Incoterms® 2010에서는 보안 관련 우려가 확산된 후 첫 개정으로, 보안 관련 요건을 A2/B2 내지 A10/B10에 걸쳐 삽입하였다. 그러나 보안 관련 우려가 어느 정도 국제운송 등의 관행에 정착됨에 따라서 Incoterms® 2020에서는 보안 관련 의무를 명시적으로 A4에서는 운송 관련 보안 요건 준수의무, A7에서는 수출을 위한 보안 통관 관련 규정 등을 추가하였으며 관련 비용도 A9/B9에 규정하도록 개정되었다.

(7) 사용자를 위한 설명문

Incoterms® 2010의 개별 규칙의 첫머리에 있던 사용지침(Guidance Note)이 Incoterms® 2020에서는 "사용자를 위한 설명문"("Explanatory Notes for Users")이 되었다. 이러한 설명문은 각 규칙이 어떤 경우에 사용되어야 하는지, 위험은 언제 이전하는지 그리고 매도인과 매수인 사이에 비용분담은 어떠한 지와 같은 개별 Incoterms® 2020 규칙의 기초를 설명한다. 이 설명문의 목적은 첫째, 사용자들이 당해 거래에 적합한 Incoterms 규칙을 정확하고 효율적으로 찾도록 돕는 것, 둘째, Incoterms® 2020이 적용되는 분쟁이나 계약에 관하여 결정을 내리거나 조언하는 사람들에게 해석이 필요한 사항에 관하여 지침을 제공하는 것이다. 물론 Incoterms® 2020 규칙 전반을 관통하는 보다 기초적인 쟁점들에 관한 지침은 서문(Introduction)을 참조할 수 있다.

(8) FCA, CPT, CIP, DAP, DPU, DDP 조건에도 조달하여 인도한 때의 개념 삽입

Incoterms® 2010의 해상운송과 내수로 운송에 적용되는 FAS, FOB, CFR, CIF에 처음으로 1차 산품의 연속매매를 전제로 한 "조달(procure)하여 인도한 때"라는 개념이 도입되었다. 그러나 모든 운송에 적용가능한 조건에서는 그와 같은 내용이 없었다.

Incoterms® 2020개정에는 FCA, CPT, CIP, DAP, DPU, DDP 조건에도 "조달(procure)하여 인도한 때"라는 개념이 추가되어 사용하게 되었다.

2. Incoterms® 2020 무역거래규칙의 주요 내용

1) Incoterms® 2020의 구성과 주요 내용

Incoterms® 2020의 무역거래규칙은 총 11개로 구성되어 있으며 이는 크게 어떤 운송수단에도 이용 가능한 규칙(Rules for any mode or modes of transport)과 해상, 내수로 운송에 이용 가능한 규칙(Rules for sea and inland waterway transport)으로 크게 구분할 수 있다.

이 가운데 해상·내수로 운송과 관련된 무역거래규칙은 FAS, FOB, CFR, CIF 4가지 규칙이다. 이들 규칙은 화물이 배송되는 지점과 매수인에게 운반되는 장소가 둘 다 항구이다. 그래서 해상 및 내수로 조건의 표제가 붙어있는 규칙들이다.

한편 Incoterms® 2020의 무역거래규칙 11개 중 복합운송을 포함한 모든 운송수단에 적용가능한 무역거래규칙은 EXW, FCA, CPT, CIP, DAP, DPU, DDP 7가지 조건이다. 이들 조건은 어떤 운송수단도 가능한 규칙(Rules for any mode or modes of transport)으로, 선택된 운송수단 각각을 이용할 수 있으며 하나 또는 그 이상의 운송수단이 적용되든지 관계없다. 해상운송수단이 전혀 없는 경우에도 사용 가능하다. 그러나 이들 규칙들은 운송의 일부를 위해 선박이 사용되는 경우에도 이들 규칙들을 사용할 수 있다.

매도인과 매수인 사이의 거래 가격 산정에 있어서 비용부담과 관련하여 계약시 마다 일일이 정하는 것이 복잡하고 분쟁이 발생할 가능성이 높기 때문에 Incoterms는 비용부담과 위험의 이전시기를 핵심 내용으로 11가지 무역거래조건(trade terms)에 대해 매도인의 의무(A1–A10), 매수인의 의무(B1–B10)를 각각 10가지씩 규정하고 있다.

비용의 분기(A9, B9 Allocation of costs)는 전체 수출에 소요되는 비용 중 어느 부분까지 매도인(수출업자)이 부담하고 그 이후의 비용은 매수인(수입업자)이 부담할 것인가에 대한 내용이며 위험의 분기(A3, B3 Transfer of risks)는 전체 수출과정에서 당해 수출물품에 대한 위험을 어느 부분까지 매도인(수출업자)이 부담하고 그 이후부터는 매수인(수입업자)이 부담할 것인가에 대한 내용이다.

▮표 3-7▮ Incoterms® 2020 무역거래규칙

Group	Trade Terms
모든 운송수단에 이용 가능한 규칙 (Rules for any mode or modes of transport)	EXW(Ex Works)
	FCA(Free Carrier)
	CPT(Carriage Paid To)
	CIP(Carriage and Insurance Paid to)
	DAP(Delivered At Place)
	DPU(Delivered at Place Unloaded)
	DDP(Delivered Duty Paid)
해상과 내수로 운송에 이용 가능한 규칙 (Rules for sea and inland waterway transport)	FAS(Free Alongside Ship)
	FOB(Free On Board)
	CFR(Cost and Freight)
	CIF(Cost, Insurance and Freight)

▮표 3-8▮ Incoterms® 2020 각 규칙의 매도인, 매수인 의무 규정

A. Seller's obligation	B. Buyer's obligation
A1 General obligations	B1 General obligations
A2 Delivery	B2 Taking delivery
A3 Transfer of risks	B3 Transfer of risks
A4 Carriage	B4 Carriage
A5 Insurance	B5 Insurance
A6 Delivery/transport document	B6 Allocation of costs
A7 Export/import clearance	B7 Export/import clearance
A8 Checking/packaging/marking	B8 Checking/packaging/marking
A9 Allocation of costs	B9 Allocation of costs
A10 Notices	B10 Notices

2) 해상운송과 내수로 운송에 이용 가능한 무역거래규칙

(1) 선측인도조건(FAS)

① 주요 내용

"선측인도조건(FAS)[Free Alongside ship ··· (named port of shipment)]"은 지정선적항에서 매수인이 지정한 선박의 선측(예를 들어, 부두 혹은 부선(바지선))에 물품이 놓이는 때, 또는 이미 그렇게 인도된 물품을 조달한 때 매도인이 매수인에게 인도하는 것을 의미한다. 물품의 멸실 또는 손상의 위험은 물품이 선측에 놓인 때에 이전되며, 매수인은 그 시점 이후에 발생하는 모든 비용을 부담하는 조건이다.

지정선적항의 선측까지의 비용 및 관련 화물취급비용이 당해 항구의 관행에 따라 다양하기 때문에 당사자들은 지정선적항내의 적재지점을 가급적 명확하게 명시하는 것이 바람직하며 그러한 지점까지의 비용과 위험을 매도인이 부담한다.

매도인은 물품을 선측에 인도하거나 선적을 위하여 이미 그렇게 인도된 물품을 조달(procure)하여야 한다. 여기서 "조달"은 특히 일차산품거래(sale of commodity)에서 보편적으로 사용되는 복수의 연속매매(string sales)에 대응하기 위함이다. 일차산품매매의 경우 흔히 화물은 운송 중에 연속적으로 수차례 전매된다. 이러한 연속매매의 경우 그 연속거래의 중간에 있는 매도인은 물품을 선적하지 않는다. 왜냐하면 이미 물품은 그 연속거래상의 최초의 매도인에 의해 선적되었기 때문이다. 따라서 연속거래의 중간에 있는 매도인은 물품을 선적하는 대신에 그렇게 선적된 물품을 조달(procure)함으로써 매수인에 대한 의무를 이행하게 된다.

물품이 컨테이너에 적재되는 경우에는 매도인이 물품을 선측이 아니라 터미널에서 운송인에게 교부하는 것이 전형적인데, 이러한 경우에는 FAS 조건은 부적절하며 FCA 조건이 사용되어야 한다.

FAS 조건에서 매도인은 적용가능한 경우 물품을 수출통관할 의무를 부담한다.

② 표기방법

FAS + 선적항("sea port" 또는 내수로 "harbour") Incoterms® 2020의 형태로 표기한다. 예를 들어 "FAS Pusan, Korea Incoterms® 2020"과 같이 표기하게 된다.

③ 위험과 비용의 분기점

FAS 조건은 물품이 지정선적항에서 매수인에 의하여 지정된 본선의 선측(예 : 부두 혹은 바지선)에 놓이는 때 또는 그렇게 인도된 물품을 조달(procure)하여 인도한 때에 위험과 비용이 함께 매도인에게서 매수인에게 이전된다.

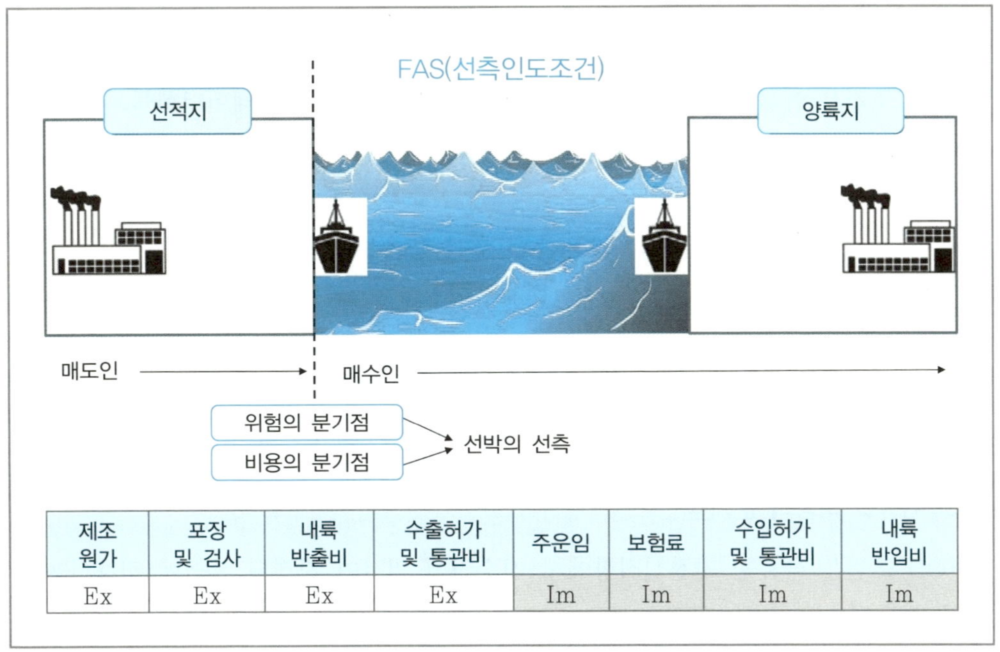

제조 원가	포장 및 검사	내륙 반출비	수출허가 및 통관비	주운임	보험료	수입허가 및 통관비	내륙 반입비
Ex	Ex	Ex	Ex	Im	Im	Im	Im

▮그림 3-3▮ FAS조건의 위험과 비용의 분기점

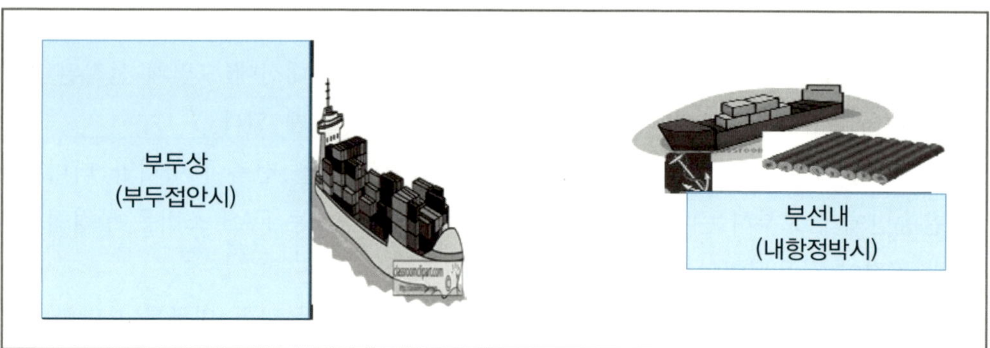

▮그림 3-4▮ FAS조건의 위험의 분기점 선측의 의미

(2) 본선인도조건(FOB)

① 주요 내용

"본선인도조건(FOB)[Free On Board … (named port of shipment)]"은 매도인이 물품을 지정선적항에서 매수인이 지정한 선박에 적재하여 인도하거나 이미 그렇게 인도된 물품을 조달하는 것을 의미한다. 물품의 멸실 또는 손상의 위험은 물품이 본선에 적재된 때에 이전하며, 매수인은 그러한 시점 이후의 모든 비용을 부담한다.

매도인은 물품을 본선에 적재하여 인도하거나 선적을 위하여 이미 그렇게 인도된 물품을 조달하여야 한다.

FOB 조건은 예를 들어 전형적으로 터미널에서 인도되는 컨테이너화물과 같이 물품이 본선에 적재되기 전에 운송인에게 교부되는 경우에는 적절하지 않고 이런 경우 FCA 조건을 사용하여야 한다.

FOB 조건에서 매도인은 적용가능한 경우 물품을 수출통관할 의무를 부담한다.

② 표기방법

FOB + 선적항("sea port" 또는 내수로 "harbour") Incoterms® 2020의 형태로 표기한다. 예를 들어 "FOB Pusan, Korea Incoterms® 2020"과 같이 표기하게 된다.

③ 위험과 비용의 분기점

FOB 조건은 물품을 지정선적항에서 매수인에 의하여 지정된 본선에 적재하여 인도하거나 이미 그렇게 인도된 물품을 조달하여 인도한 때 위험과 비용이 함께 매도인에게서 매수인에게 이전된다.

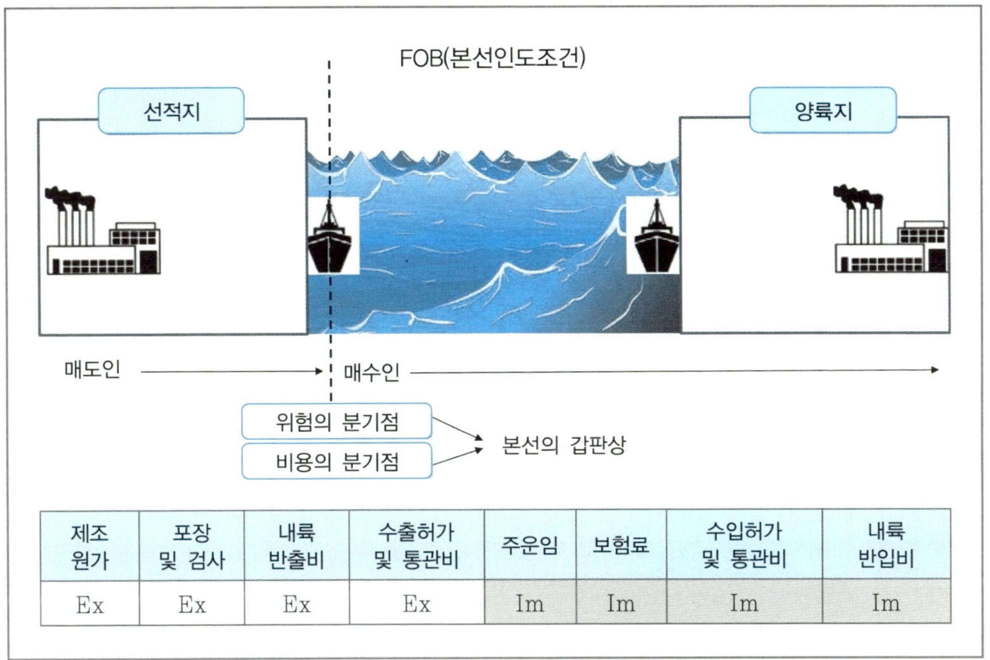

▌그림 3-5▌ FOB조건의 위험과 비용의 분기점

(3) 운임포함조건(CFR)

① 주요 내용

"운임포함조건(CFR)[Cost and Freight … (named port of destination)]"은 매도인이 물품을 본선에 적재하여 인도하거나 이미 그렇게 인도된 물품을 조달하는 것을 의미한다. 물품의 멸실 또는 손상의 위험은 물품을 본선에 적재함으로써 또는 그렇게 인도된 물품을 조달함으로써 매도인에게서 매수인에게 이전된다. 매도인은 물품을 지정목적항까지 운송하는 데 필요한 계약을 체결하고 그에 따른 비용과 운임을 부담하여야 한다.

CPT, CIP, CFR 또는 CIF 조건이 사용되는 경우, 매도인은 물품이 목적지에 도착한 때가 아니라 선택된 당해 조건에 명시된 방법으로 운송인에게 물품을 인도하는 때에 자신의 화물인도의무가 완료되는 것으로 본다.

CFR 조건은 위험과 비용이 서로 다른 장소에서 이전된다. 계약에서 항상 목적항을 명시하면서도 선적항은 명시하지 않지만, 위험은 선적항에서 매수인에게 이전되고 비용은 지정목적항까지 운임을 매도인이 부담하므로 지정목적항까지 비용의 분기점은 확장된다.

당사자들은 합의된 목적항 내의 지점을 가급적 정확하게 특정하는 것이 바람직하다. 그러한 지점까지의 비용은 매도인이 부담하기 때문에 매도인은 이러한 선택을 정확하고 만족할만한 내용으로 운송계약을 체결하는 것이 좋다. 매도인은 자신의 운송계약에 따라 목적항 내의 명시된 지점에서 양륙비용을 지출한 경우에, 당사자간에 달리 합의되지 않았다면 이를 매수인에게 구상할 수 없다. 즉, 지정목적항에서의 양륙비용은 기본적으로 매도인이 부담하게 된다.

예를 들어 전형적으로 터미널에서 인도되는 컨테이너화물과 같이 물품이 본선에 적재되기 전에 운송인에게 교부되는 경우에는 CFR 조건이 적절하지 않고 이런 경우 CPT 조건을 사용하여야 한다.

CFR 조건에서 매도인은 적용가능한 경우 물품을 수출통관할 의무를 부담한다.

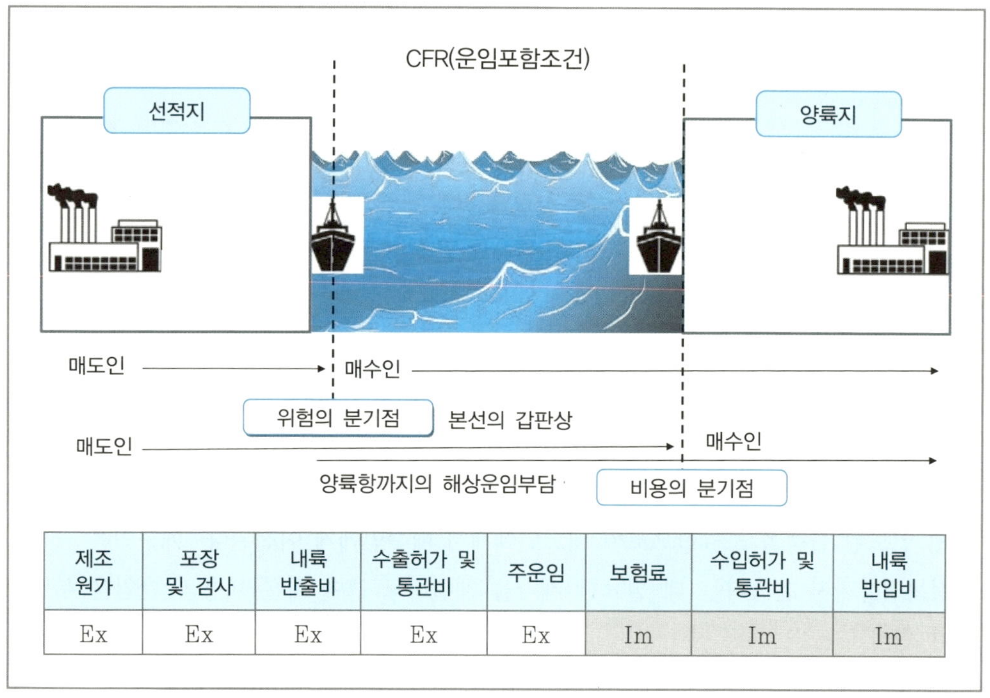

제조 원가	포장 및 검사	내륙 반출비	수출허가 및 통관비	주운임	보험료	수입허가 및 통관비	내륙 반입비
Ex	Ex	Ex	Ex	Ex	Im	Im	Im

▌그림 3-6▐ CFR조건의 위험과 비용의 분기점

② 표기방법

CFR + 목적항("sea port" 또는 내수로 "harbour") Incoterms® 2020의 형태로 표기한다. 예를 들어 "CFR New York, U.S.A. Incoterms® 2020"과 같이 표기하게 된다.

③ 위험과 비용의 분기점

CFR 조건은 위험과 비용이 상이하게 분기된다. 즉, 물품을 선적지에서 본선에 적재함으로써 또는 그렇게 인도된 물품을 조달함으로써 인도한 때 위험이 매도인에게서 매수인에게 이전된다. 그러나 비용은 목적항까지의 주 운송비인 해상운송비용을 매도인이 추가로 부담하게 된다. 물론 보험료를 포함한 그 이후에 발생하는 비용은 매수인이 부담한다. 따라서 위험은 선적지에서 매수인에게 이전되지만 비용은 목적항까지 확대되어 이전하게 된다.

(4) 운임·보험료포함조건(CIF)

① 주요 내용

"운임·보험료포함조건(CIF)[Cost, Insurance and Freight … (named port of destination)]"은 매도인이 물품을 본선에 적재하여 인도하거나 이미 그렇게 인도된 물품을 조달하는 것을 의미한다. 물품의 멸실 또는 손상의 위험은 물품을 본선에 적재함으로써 또는 그렇게 인도된 물품을 조달함으로써 인도한 때에 이전된다. 매도인은 물품을 지정목적항까지 운송하는 데 필요한 계약을 체결하고 그에 따른 비용과 운임을 부담하여야 한다. 또한 매도인은 운송 중 매수인의 물품 멸실 또는 손상의 위험을 대비하여 보험계약을 체결한다. CIF 조건에서 매도인은 협회적하약관(I.C.C.) (C)약관이나 그와 유사한 약관에 따른 제한적인 담보조건으로 부보하여야 한다는 것을 매수인은 유념해야 한다. 보다 넓은 보험 담보를 원한다면 매수인은 매도인과 명시적으로 그렇게 합의하든지 아니면 스스로 추가보험 계약을 체결하는 것이 필요하다.

CIF 조건도 CFR 조건과 마찬가지로 위험과 비용의 분기가 상이하게 이루어진다. CIF 조건은 예를 들어 전형적으로 터미널에서 인도되는 컨테이너화물과 같이 물품이 본선에 적재되기 전에 운송인에게 교부되는 경우에는 적절하지 않고 이런 경우 CIP 조건을 사용하여야 한다.

CIF 조건에서 매도인은 적용가능한 경우 물품을 수출통관할 의무를 부담한다.

② 표기방법

CIF + 목적항("sea port" 또는 내수로 "harbour") Incoterms® 2020의 형태로 표기한다. 예를 들어 "CIF New York, U.S.A. Incoterms® 2010"과 같이 표기하게 된다.

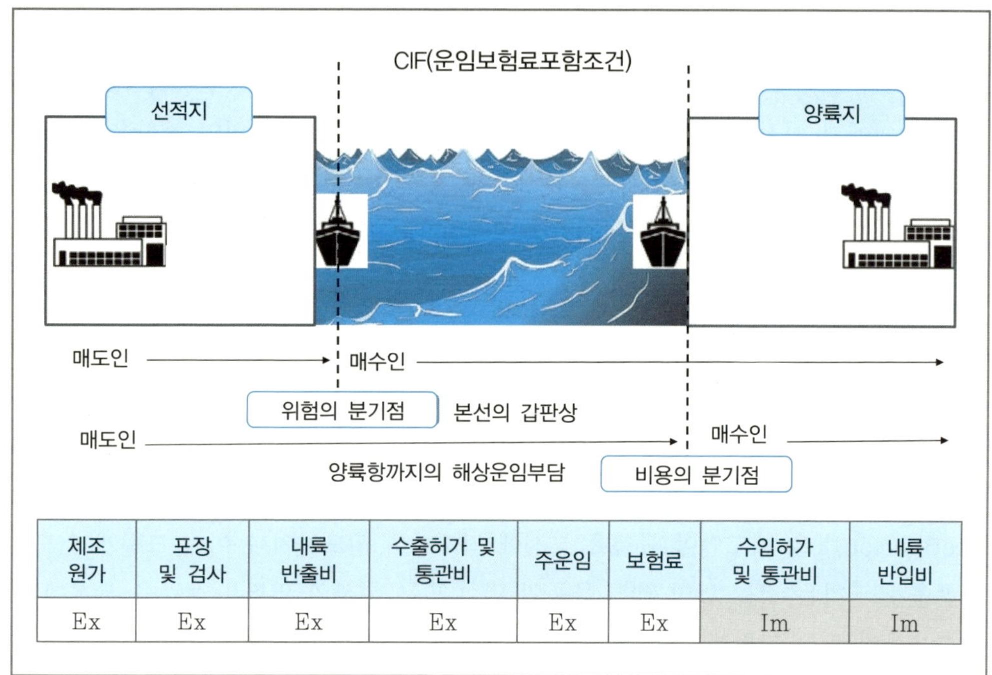

제조 원가	포장 및 검사	내륙 반출비	수출허가 및 통관비	주운임	보험료	수입허가 및 통관비	내륙 반입비
Ex	Ex	Ex	Ex	Ex	Ex	Im	Im

▌그림 3-7▐ CIF조건의 위험과 비용의 분기점

③ 위험과 비용의 분기점

CIF 조건은 매도인이 해상운송비용을 추가로 부담하는 것 이외에는 CFR 조건과 동일하다. 즉, 물품을 본선에 적재함으로써 또는 그렇게 인도된 물품을 조달함으로써 인도한 때에 위험이 매도인에게서 매수인에게 이전된다. 그러나 비용은 목적항까지의 주 운송비인 해상운송비용와 보험료를 매도인이 추가로 부담하고 그 이후에 발생하는 비용은 매수인이 부담한다. 따라서 CIF 조건도 CFR 조건과 마찬가지로 위험과 비용이 상이하게 분기된다.

2) 모든 운송수단에 이용가능한 무역거래규칙

(1) 공장 인도조건(EXW)

① 주요 내용

"공장인도조건[Ex Works … (named place of delivery) ; EXW]"은 매도인이 자신의 영업장구내 또는 기타 지정장소(예를 들어, 작업장, 공장, 창고 등)에서 물품을 매수인의 처분하에 두는 때에 인도하는 것을 의미한다. 매도인은 물품을 수취용 차량에 적재하지 않아도 되고, 물품의 수출통관이 요구되더라도 이를 수행할 필요가 없다.

당사자들은 지정장소내의 지점을 가급적 명확하게 명시하는 것이 바람직하다. 그러한 지점까지 비용과 위험을 매도인이 부담하기 때문이다. 매수인은 지정인도장소에 합의된 지점이 있는 때에는 그 지점부터 물품의 수령에 수반되는 모든 비용과 위험을 부담한다.

EXW 조건은 국내거래에 적합하고, 국제거래에서는 통상 FCA 조건이 보다 적절하다.

EXW 조건은 매도인의 최소 담보조건으로 다음 사항에 주의해야 한다.

첫째, 매도인은 매수인에게 물품적재의무가 없다. 그러나 물품을 적재하기에 매도인이 보다 나은 지위에 있는 경우에는 매도인이 자신의 위험과 비용으로 물품적재의무를 부담하는 FCA 조건이 통상적으로 보다 적절하다.

둘째, 수출을 목적으로 EXW 조건을 이용하는 경우 매도인은 수출을 실행하는 매수인의 요청에 따라 단지 협조를 제공할 의무를 부담할 뿐이고 수출통관을 주도할 의무가 없다.

셋째, 수출통관에 관한 매도인의 참여는 물품수출을 위하여 매수인이 요청할 수 있는 서류와 정보를 취득하는데 협력을 제공하는 것에 한정한다. 매수인이 물품을 수출하기 원하나 수출통관에 어려움이 예상되는 경우에, 매수인은 수출통관을 할 의무와 그에 관한 비용을 매도인이 부담하는 FCA 조건을 선택하는 것이 더 좋다.

② 표기방법

EXW + 지정된 인도장소(factory, plantation, warehouse 등) Incoterms® 2020의 형태로 표기한다. 예를 들어 “EXW XXX factory, Seoul, Korea Incoterms® 2010”과 같이 표기하게 된다.

③ 위험과 비용의 분기점

EXW 조건은 합의된 기일이나 합의된 기간 내에 매도인이 자신의 영업장 구내 또는 기타 지정장소(예 : 작업장, 공장, 창고 등)에서 물품을 매수인의 처분하에 인도한 때 위험이 매도인에게서 매수인에게 이전된다. 이 때 대부분 매수인에게 직접 인도되는 것이 아니라 매수인이 의뢰한 운송인에게 인도하게 된다. 비용은 임의처분하에 둘 때까지의 비용을 매도인이 부담한다. 즉, 수출포장된 상태로 매수인이 가져갈 수 있도록 구분해 둘 때까지의 비용을 매도인이 부담한다. 그 이후에 발생하는 모든 비용은 매수인이 부담한다.

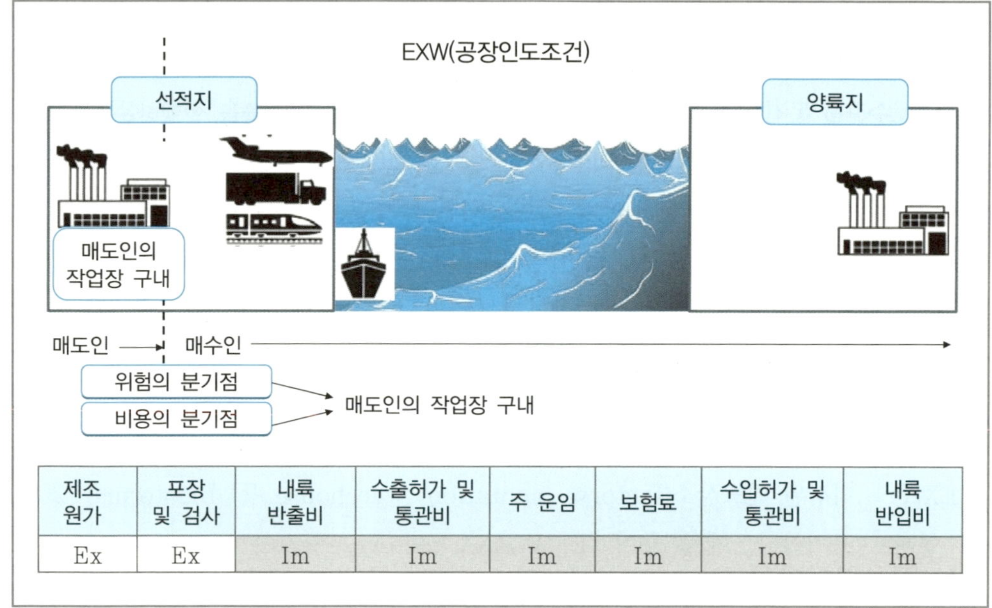

▮그림 3-8▮ EXW조건의 위험과 비용의 분기점

(2) 운송인 인도조건(FCA)

① 주요 내용

"운송인 인도조건[Free Carrier ··· (named place of delivery) ; FCA]"은 매도인이 물품을 매수인에게 첫째, 지정장소가 매도인의 영업장 구내인 경우 물품이 매수인이 마련한 운송수단에 적재된 때, 둘째, 지정장소가 그 밖의 장소인 경우 매도인의 운송수단에 적재되어서 지장장소에 도착하고 매도인의 운송수단에 실린 채 양하 준비된 상태로 매수인이 지정한 운송인이나 제3자의 처분하에 놓인 때, 또는 그렇게 인도된 물품을 조달하여 인도하는 것을 의미한다. 당사자들은 지정인도장소 내의 지점을 가급적 명확하게 명시하는 것이 바람직하다. 왜냐하면 그러한 지점에서 위험이 매수인에게 이전되기 때문이다.

참고 FCA 매매에서 본선적재표기가 있는 선하증권이 필요한 경우

매수인의 도로운송인이 라스베이거스에서 물품을 수거(pick up)한다고 할 때, 라스베이거스에서 운송인으로부터 본선적재표기가 있는 선하증권을 발급받기를 기대하는 것이 오히려 일반적이지 않다. 라스베이거스는 항구가 아니어서 선박이 물품적재를 위하여 그곳으로 갈 수 없기 때문이다. 그럼에도 FCA Las Vegas 조건으로 매매하는 매도인은 때로는 (전형적으로 은행의 추심조건이나 신용장조건 때문에) 무엇보다도 물품이 라스베이거스에서 운송을 위하여 수령된 것으로 기재될 뿐만 아니라 그것이 로스앤젤레스에서 선적되었다고 기재된 본선적재표기가 있는 선하증권이 필요한 상황에 처하게 된다.

Incoterms® 2020 FCA A6/B6에서는 당사자들이 계약에서 합의한 경우에 매수인은 그의 운송인에게 본선적재표기가 있는 선하증권을 매도인에게 발행하도록 지시할 수 있도록 하고 있다. 물론 운송인으로서는 물품이 로스앤젤레스에서 본선적재된 때에만 그러한 선하증권을 발행할 의무가 있고 또 그렇게 할 권리가 있기 때문에 매수인의 요청에 응할 수도 응하지 않을 수도 있다. 그러나 운송인이 매수인의 비용과 위험으로 매도인에게 선하증권을 발행하는 경우에는 매도인은 바로 그 선하증권을 매수인에게 제공하여야 하고 매수인은 운송인으로부터 물품을 수령하기 위하여 그 선하증권이 필요하다.

매도인의 영업장 구내에서 물품을 인도할 경우, 당사자들은 그 영업장의 주소를 지정인도장소로 명시하여야 한다. 그러나 다른 어떤 장소에서 물품을 인도하는 경우 당사자들은 그러한 다른 인도장소를 명시하여야 한다.

FCA 조건에서 매도인은 적용가능한 경우 물품에 대한 수출통관의무를 부담한다.

② 표기방법

FCA + 선적지 지정장소[매도인 작업장구내 또는 운송인이 있는 장소(공항, 항만, 터미널, 역 등)] Incoterms® 2020의 형태로 표기한다. 예를 들어 "FCA Kimpo Airport, Korea Incoterms® 2010"과 같이 표기하게 된다.

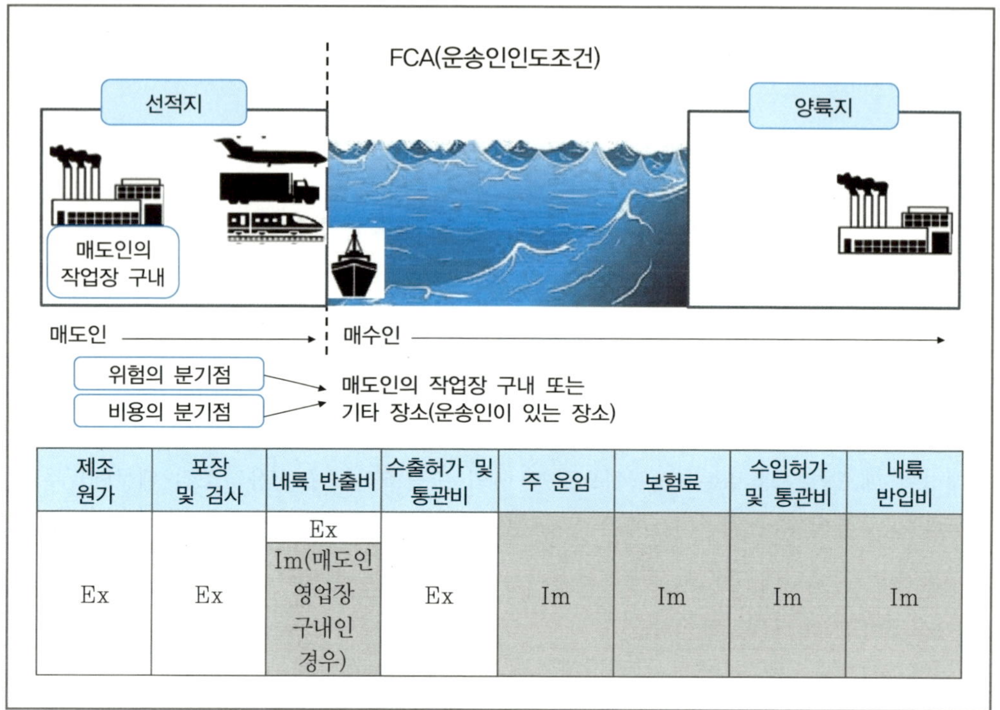

제조 원가	포장 및 검사	내륙 반출비	수출허가 및 통관비	주 운임	보험료	수입허가 및 통관비	내륙 반입비
Ex	Ex	Ex Im(매도인 영업장 구내인 경우)	Ex	Im	Im	Im	Im

▌그림 3-9▐ FCA조건의 위험과 비용의 분기점

③ 위험과 비용의 분기점

FCA 조건은 매도인이 물품을 합의된 기일이나 합의된 기간내에 자신의 영업장구내 또는 기타 지정장소에서 매수인이 지정한 운송인이나 제3자에게 인도한 때 위험과 비용이 함께 매도인에게서 매수인에게 이전된다. 보다 구체적으로 지정장소가 매도인의 영업장구내인 경우 물품이 매수인이 제공한 운송수단에 적재되는 때에 이전되고 기타의 경우에는 물품이 매도인의 운송수단에 실린 채 양하 준비된 상태로 매수인이 지정한 운송인이나 제3자의 처분하에 놓인 때 이전된다.

비용의 분기와 관련하여 지정장소가 매도인의 영업장 구내인 경우 내륙반출비용을 매수인이 부담하게 되지만 기타의 장소 즉, 일반적으로 운송인이 있는 버스터미널, 역, 공항, 항만 등의 경우 내륙반출비용을 매도인이 부담하게 된다.

(3) 운송비지급인도조건(CPT)

① 주요 내용

"운송비지급인도조건[Carriage Paid to … (named place of destination) ; CPT]"은 매도인이 합의된 장소(당사자간에 이러한 장소의 합의가 있는 경우)에서 물품을 자신이 지정한 운송인에게 인도하거나 또는 그렇게 인도된 물품을 조달하여 인도하는 것을 의미한다. 매도인은 사용된 운송수단에 적합한 방법으로 그에 적합한 장소에서 운송인에게 물품의 물리적 점유를 이전함으로써 물품을 인도할 수 있다. 이에 매도인은 물품을 지정목적지까지 운송하는데 필요한 계약을 체결하고 그 운송비용을 부담하여야 한다.

CPT, CIP, CFR 또는 CIF 조건의 경우, 매도인은 물품이 목적지에 도착한 때가 아니라 운송인에게 물품을 교부하는 때에 자신의 화물인도의무가 완료된다.

CPT 조건은 위험과 비용이 상이하게 분기된다. 합의된 목적지까지 운송하는데 여러 운송인이 개입되고 당사자들이 특정한 인도지점에 관하여 합의하지 않은 경우 전적으로 매도인에 의하여 선택되어 매수인으로서는 아무런 통제도 할 수 없는 지점에서 물품이 최초운송인에게 인도되는 때에 이전되는 것이 기본규칙이다. 그 이후 어느 단계(예를 들어, 항구 또는 공항)에서 위험이 이전되기를 원하는 경우, 당사자들은 이를 매매계약에 명시하여야 한다.

CPT 조건에서 매도인은 적용가능한 경우 물품에 대한 수출통관 의무를 부담한다.

② 표기방법

CPT + 지정목적지(항구, 공항, 철도역, 부두터미널, 창고 등) Incoterms® 2020의 형태로 표기한다. 예를 들어 항공운송의 경우 CPT New York Airport, U.S.A. Incoterms® 2020, 해상운송의 경우 CPT Abc Container Terminal, New York, U.S.A. Incoterms® 2020, 철도운송의 경우 CPT Chicago Station, U.S.A. Incoterms® 2020, 도로운송의 경우 CPT Def Cargo Truck Terminal, Chicago, U.S.A. Incoterms® 2020, 복합운송의 경우 CPT Xyz Warehouse(or Customs Warehouse), Chicago, U.S.A. Incoterms® 2020로 표시할 수 있다.

③ 위험과 비용의 분기점

CPT 조건은 위험과 비용이 상이하게 분기된다. 합의된 기일이나 합의된 기간내에 매도인이 선적지의 합의된 장소(당사자간에 이러한 장소의 합의가 있는 경우)에서 물품을 자신이 지정한 운송인에게 인도한 때 또는 그렇게 인도된 물품을 조달하여 인도한 때 위험이 이전된다. 그러나 비용은 매도인이 양륙지의 지정된 장소로 이동하는 주 운임까지 추가로 부담하게 되며 매수인은 주 운송구간의 보험료 및 그 이후에 발생하는 비용을 부담하게 된다. 따라서 위험은 선적지에서 이전되지만 비용은 목적지의 지정된 장소까지 확대되어 이전하게 된다.

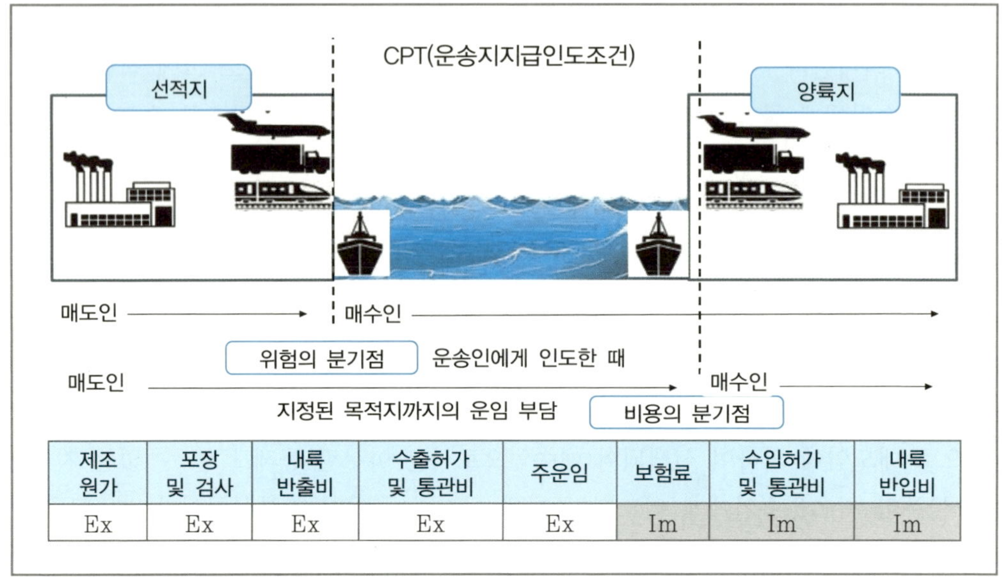

제조 원가	포장 및 검사	내륙 반출비	수출허가 및 통관비	주운임	보험료	수입허가 및 통관비	내륙 반입비
Ex	Ex	Ex	Ex	Ex	Im	Im	Im

▮그림 3-10▮ CPT조건의 위험과 비용의 분기점

(4) 운송비·보험료지급인도조건(CIP)

① 주요 내용

"운송비·보험료지급인도조건[Carriage and Insurance Paid to … (named place of destination) ; CIP]"은 매도인이 합의된 장소(당사자간에 이러한 장소의 합의가 있는 경우)에서 물품을 자신이 지정한 운송인에게 인도하거나 또는 그렇게 인도된 물품을 조달하여 인도하는 것을 의미한다. 매도인은 사용된 운송수단에 적합한 방법으로 그에 적합한 장소에서 운송인에게 물품의 물리적 점유를 이전함으로써 물품을 인도할 수 있다.

매도인이 물품을 지정목적지까지 운송하는 데 필요한 계약을 체결하고 그 운송비용을 부담하여야 한다. 또한 매도인은 운송 중 매수인의 물품 멸실 또는 손상의 위험을 대비하여 보험계약을 체결한다. Incoterms® 2020 CIP 조건에서 매도인은 협회적하약관(I.C.C.) A약관이나 그와 유사한 약관에 따른 광범위한 담보조건으로 부보해야 한다. 그러나 당사자들은 여전히 더 낮은 수준의 담보조건으로 부보하기로 합의할 수 있다. 최대담보조건으로 매도인이 부보해야 한다는 것을 제외하고는 CPT 조건과 일치한다.

② **표기방법**

CIP 조건의 표기방법은 CPT조건과 동일하다. 즉, CIP + 지정목적지(항구, 공항, 철도역, 부두터미널, 창고 등) Incoterms® 2020의 형태로 표기한다.

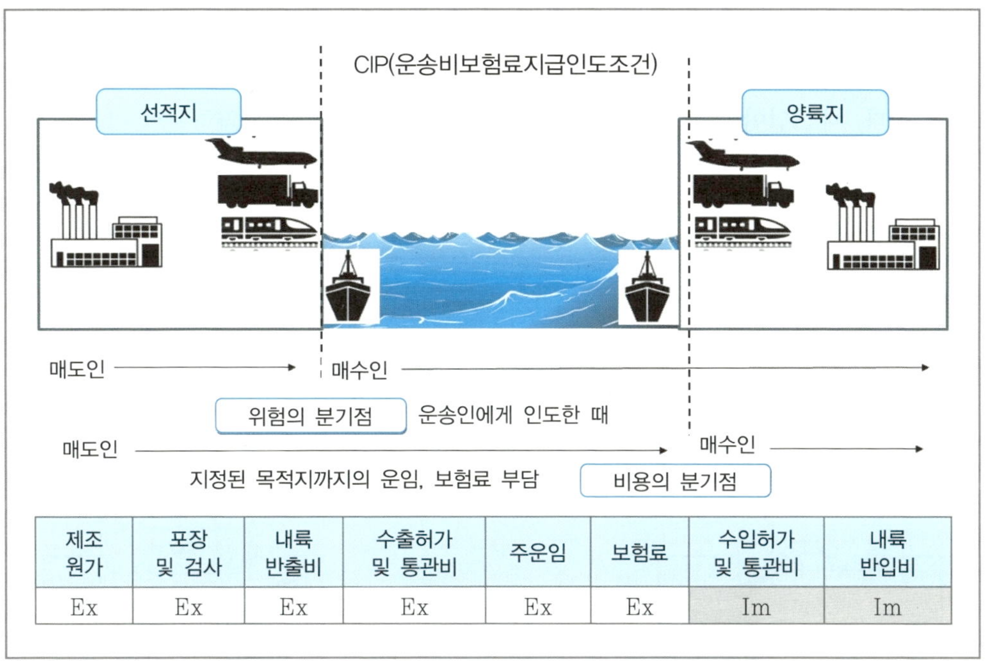

제조 원가	포장 및 검사	내륙 반출비	수출허가 및 통관비	주운임	보험료	수입허가 및 통관비	내륙 반입비
Ex	Ex	Ex	Ex	Ex	Ex	Im	Im

그림 3-11 CIP조건의 위험과 비용의 분기점

③ 위험과 비용의 분기점

CIP 조건은 위험과 비용이 상이하게 분기된다. 위험의 분기는 합의된 기일이나 합의된 기간내에 매도인이 선적지의 합의된 장소(당사자간에 이러한 장소의 합의가 있는 경우)에서 물품을 자신이 지정한 운송인에게 인도한 때 또는 그렇게 인도된 물품을 조달하여 인도한 때 이전된다. 그러나 비용은 매도인이 양륙지의 지정된 장소로 이동하는 주운임과 보험료까지 추가로 부담하게 되며 매수인은 그 이후에 발생하는 비용을 부담하게 된다. 따라서 위험은 선적지에서 이전되지만 비용은 목적지의 지정된 장소까지 확대되어 이전하게 된다.

(5) 도착장소인도조건(DAP)

① 주요 내용

"도착장소인도조건[Delivered At Place … (named place of destination) ; DAP]"은 화물이 지정된 목적지 또는 합의된 경우 지정된 목적지 내의 어떠한 지점에서 도착운송수단에 실린 채 양하 준비된 상태로 매수인의 임의처분하에 둘 때 매도인이 인도하는 것을 의미한다. 또는 그렇게 인도된 물품을 조달하여 인도하는 것을 의미한다. 매도인은 지정된 장소까지 화물을 가져오는데 포함된 모든 위험을 부담한다.

관계당사자들은 합의된 도착지의 장소내의 지점을 가능한한 명확화하는 것이 바람직하다. 매도인은 이 같은 선택에 정확하게 만족하는 내용으로 운송계약을 체결하는 것이 좋다. 매도인이 목적지의 장소에서 양하와 관련하여 운송계약하에서 비용을 지불한다면 매도인은 양당사자 사이에 합의가 없다면 매수인으로부터 그러한 비용을 구상할 수 없다.

DAP 조건은 적용가능한 경우 매도인이 수출 통관해야 한다. 관계당사자들이 매도인이 화물의 수입통관, 수입관세, 또는 어떤 수입에 대한 세관공적절차를 행하길 원한다면 DDP 조건이 사용되어야 한다.

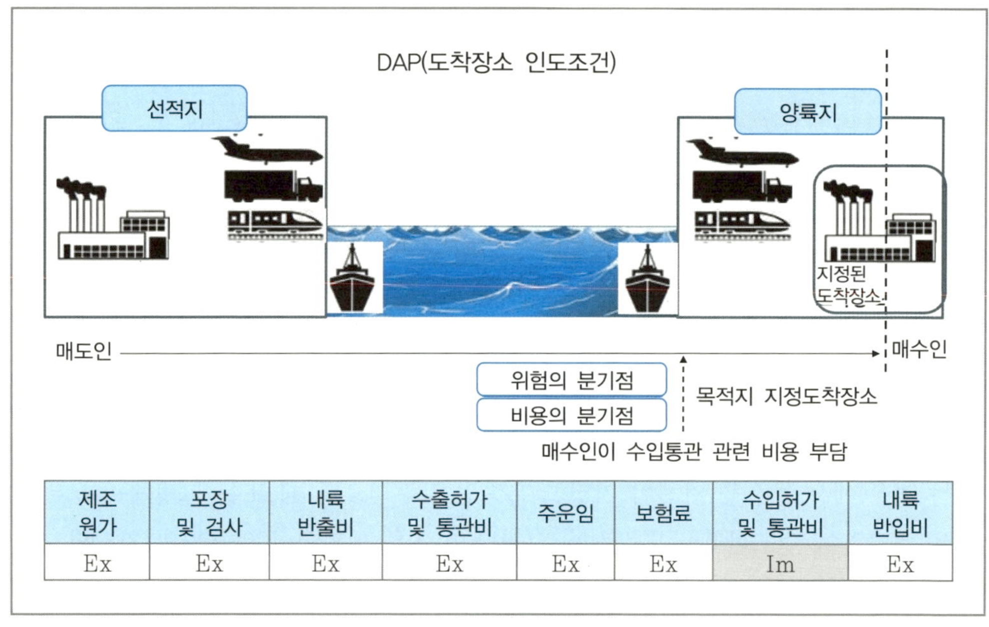

제조 원가	포장 및 검사	내륙 반출비	수출허가 및 통관비	주운임	보험료	수입허가 및 통관비	내륙 반입비
Ex	Ex	Ex	Ex	Ex	Ex	Im	Ex

▌그림 3-12▐ DAP조건의 위험과 비용의 분기점

② 표기방법

DAP + 목적지의 지정된 장소 Incoterms® 2020의 형태로 표기한다. 예를 들어 "DAP XYZ Warehouse, New York, U.S.A. Incoterms® 2010"과 같이 표기하게 된다.

③ 위험과 비용의 분기점

DAP 조건은 합의된 기일이나 합의된 기간내에 물품이 지정목적지에서 또는 그 지정목적지내의 합의된 지점이 있는 때에는 그 지점에서 도착운송수단에 실린 채 양하 준비된 상태로 매수인의 임의처분하에 놓이는 때에 매도인에게서 매수인에게 위험이 이전되며 비용도 같이 분기되나 수입통관 관련 비용은 매수인이 부담한다.

(6) 도착지양하인도조건(DPU)

① 주요 내용

"도착지양하인도조건[Delivered at Place Unloaded … (named place of destination) ; DPU]"은 매도인이 지정목적지 또는 합의된 경우 지정목적지내의 어떠한 지점에서 도착운송수단으로부터 양하된 상태로 물품을 매수인의 임의처분하에 둘 때 인도하는 것을 의미한다. 또는 그렇게 인도된 물품을 조달하여 인도하는 것을 의미한다.

매도인은 물품을 지정목적지까지 가져가서 그곳에서 물품을 양하하는데 수반되는 모든 위험을 부담한다. DPU는 매도인이 목적지에서 물품을 양하하도록 하는 유일한 규칙이다. 따라서 매도인은 자신이 그러한 지정장소에서 양하할 수 있는 입장에 있는지를 확실히 해야 한다. 매도인이 양하의 위험과 비용을 부담하기를 원하지 않는 경우에는 DPU 대신에 DAP를 사용하여야 할 것이다.

DPU 조건에서 매도인은 적용가능한 경우 물품에 대한 수출통관 의무를 부담한다.

② 표기방법

DPU + 목적지의 지정된 장소 Incoterms® 2020의 형태로 표기한다. 예를 들어 "DPU ABC Warehouse, New York, U.S.A. Incoterms® 2020"과 같이 표기하게 된다.

③ 위험과 비용의 분기점

DPU 조건은 합의된 기일이나 합의된 기간내에 물품이 지정목적지에서 도착운송수단으로부터 양하된 상태로 물품을 매수인의 임의처분하에 둘 때 위험과 비용이 함께 분기된다.

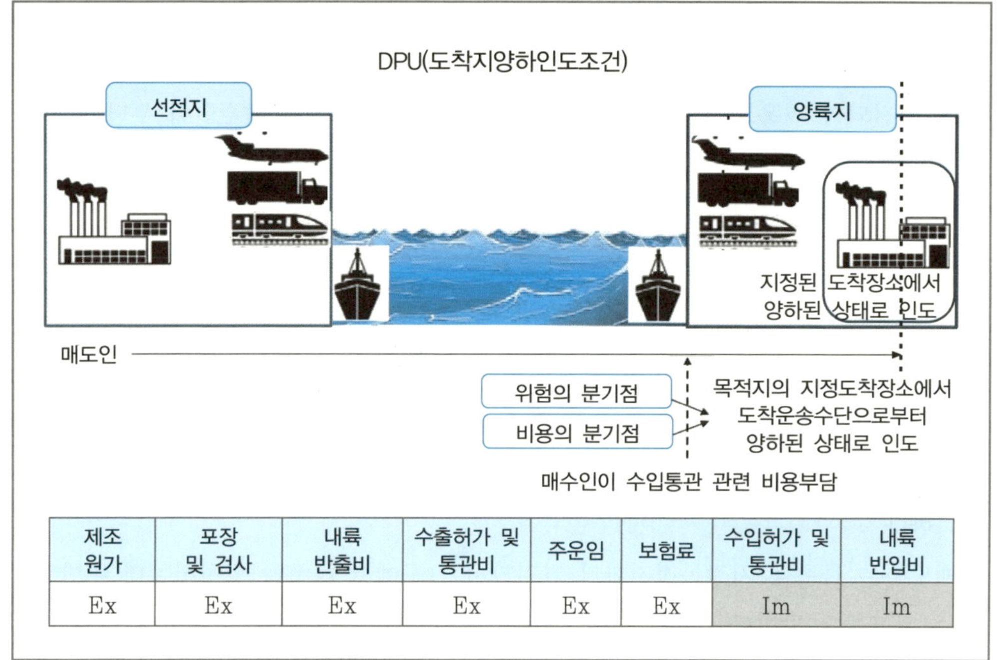

제조 원가	포장 및 검사	내륙 반출비	수출허가 및 통관비	주운임	보험료	수입허가 및 통관비	내륙 반입비
Ex	Ex	Ex	Ex	Ex	Ex	Im	Im

▮그림 3-13▮ DPU조건의 위험과 비용의 분기점

(7) 관세지급인도조건(DDP)

① 주요 내용

"관세지급인도조건[Dlivered Duty Paid … (named place of destination) ; DDP]은 물품이 지정목적지에서 또는 합의된 경우 지정목적지 내의 어떠한 지점에서 수입통관 후 도착운송수단에 실린 채 양하 준비된 상태로 매수인의 임의처분하에 놓이는 때에 매도인이 인도하는 것을 의미한다. 또는 그렇게 인도된 물품을 조달하여 인도하는 것을 의미한다. 매도인은 그러한 목적지까지 물품을 운송하는데 수반되는 모든 위험을 부담하고 또한 물품의 수출통관 및 수입통관을 모두 하여야 하고, 수출관세 및 수입관세를 모두 부담하여야 하며 모든 통관절차를 수행할 의무를 부담한다. 매도인이 직접 또는 간접으로 수입통관을 수행할 수 없는 경우에는 DDP 조건을 사용하지 않는 것이 좋다.

DDP 조건은 매도인의 최대의무조건이다. 당사자들은 합의된 목적지내의 지점을 가능한 명확하게 하는 것이 바람직하다. 그러한 지점까지의 위험은 매도인이 부담하기 때문이다. 매도인은 이러한 선택을 정확하게 만족하는 내용으로 운송계약을 체결하는 것이 좋다. 매도인이 자신의 운송계약에 따라 목적지에서 양하에 관한 비용을 지출한 경우, 당사자간에 달리 합의한 것이 없다면 매도인은 이를 매수인에게 구상할 없다.

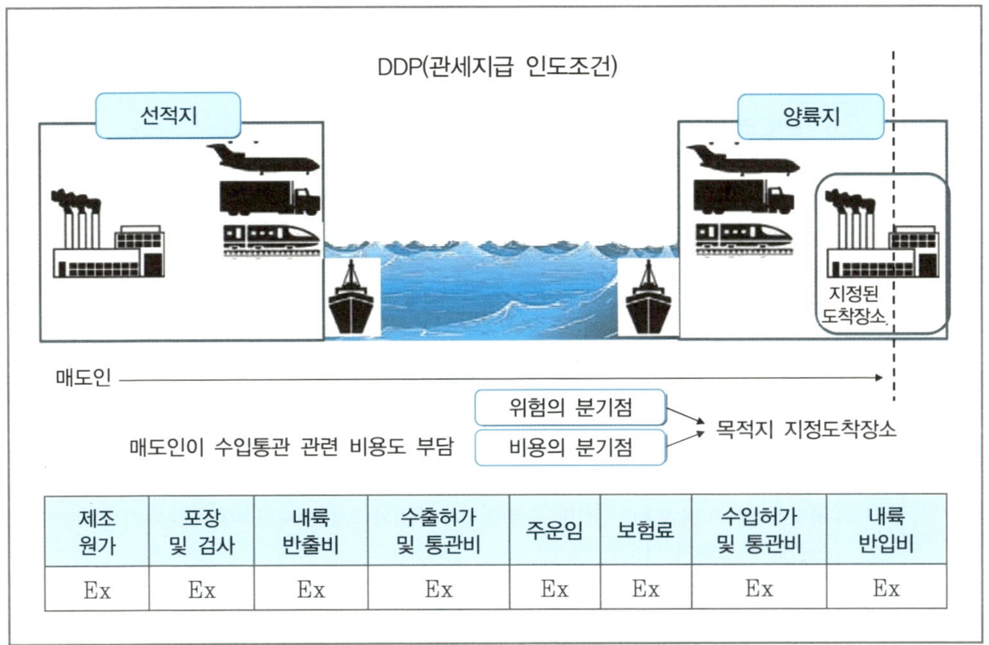

제조 원가	포장 및 검사	내륙 반출비	수출허가 및 통관비	주운임	보험료	수입허가 및 통관비	내륙 반입비
Ex	Ex	Ex	Ex	Ex	Ex	Ex	Ex

▮그림 3-14▮ DDP조건의 위험과 비용의 분기점

② 표기방법

DDP 조건의 표기방법은 DAP 조건과 동일하다. 즉, DDP + 목적지의 지정된 장소 Incoterms® 2020의 형태로 표기한다.

③ 위험과 비용의 분기점

DDP 조건은 합의된 기일이나 합의된 기간내에 지정목적지에서 또는 그 지정목적지내의 합의된 지점이 있는 때에는 그 지점에서 수입통관된 물품을 도착운송수단에 실린 채 양하준비된 상태로 매수인의 임의처분하에 놓이는 때 위험과 비용이 함께 분기된다.

▌표 3-9▌ 각 조건의 위험의 분기점

		위험의 분기점
해상 운송과 내수로 운송	FAS	물품이 지정선적항에서 매수인에 의하여 지정된 본선의 선측(예 : 부두 혹은 바지선)에 놓이는 때 또는 그렇게 인도된 물품을 조달(procure)하여 인도한 때
	FOB	물품이 지정선적항에서 매수인에 의하여 지정된 본선에 적재하여 인도하거나 이미 그렇게 인도된 물품을 조달(procure)하여 인도한 때
	CFR	물품을 본선에 적재함으로써 또는 그렇게 인도된 물품을 조달함으로써 인도한 때
	CIF	물품을 본선에 적재함으로써 또는 그렇게 인도된 물품을 조달함으로써 인도한 때
모든 운송 수단	EXW	합의된 기일이나 합의된 기간내에 매도인이 자신의 영업장 구내 또는 기타 지정장소(예 : 작업장, 공장, 창고 등)에서 물품을 매수인의 처분하에 인도한 때(대부분 매수인에게 직접 인도되는 것이 아니라 매수인이 의뢰한 운송인에게 인도됨)
	FCA	매도인이 물품을 합의된 기일이나 합의된 기간내에 자신의 영업장구내 또는 기타 지정장소에서 매수인이 지정한 운송인이나 제3자에게 인도한 때, 또는 그렇게 인도된 물품을 조달하여 인도한 때 보다 구체적으로 지정장소가 매도인의 영업장구내인 경우 - 물품이 매수인이 제공한 운송수단에 적재되는 때 기타의 경우 - 물품이 매도인의 운송수단에 실린 채 양하준비된 상태로 매수인이 지정한 운송인이나 제3자의 처분하에 놓인 때
	CPT	합의된 기일이나 합의된 기간내에 매도인이 합의된 장소(당사자간에 이러한 장소의 합의가 있는 경우)에서 물품을 자신이 지정한 운송인이나 제3자에게 인도한 때, 또는 그렇게 인도된 물품을 조달하여 인도한 때
	CIP	합의된 기일이나 합의된 기간내에 매도인이 합의된 장소(당사자간에 이러한 장소의 합의가 있는 경우)에서 물품을 자신이 지정한 운송인이나 제3자에게 인도한 때, 또는 그렇게 인도된 물품을 조달하여 인도한 때
	DAP	합의된 기일이나 합의된 기간내에 물품이 지정목적지에서 또는 그 지정목적지내의 합의된 지점이 있는 때에는 그 지점에서 도착운송수단에 실린 채 양하 준비된 상태로 매수인의 임의처분하에 놓이는 때, 또는 그렇게 인도된 물품을 조달하여 인도한 때
	DPU	합의된 기일이나 합의된 기간내에 물품이 지정목적지에서 또는 그 지정목적지내의 합의된 지점이 있는 때에는 그 지점에서 도착운송수단으로부터 양하된 상태로 물품을 매수인의 임의처분하에 둘 때, 또는 그렇게 인도된 물품을 조달하여 인도한 때
	DDP	합의된 기일이나 합의된 기간내에 지정목적지에서 또는 그 지정목적지내의 합의된 지점이 있는 때에는 그 지점에서 수입통관된 물품을 도착운송수단에 실린 채 양하준비된 상태로 매수인의 임의처분하에 놓이는 때, 또는 그렇게 인도된 물품을 조달하여 인도한 때

▮표 3-10▮ 각 규칙의 매수인과 매도인의 비용부담의무

		제조 원가	포장 및 검사	내륙 반출비	수출허가 및 통관비	주운임	보험료	수입허가 및 통관비	내륙 반입비
해상운송과 내수로운송	FAS	Ex	Ex	Ex	Ex	Im	Im	Im	Im
	FOB	Ex	Ex	Ex	Ex	Im	Im	Im	Im
	CFR	Ex	Ex	Ex	Ex	Ex	Im	Im	Im
	CIF	Ex	Ex	Ex	Ex	Ex	Ex	Im	Im
모든 운송수단	EXW	Ex	Ex	Im	Im	Im	Im	Im	Im
	FCA	Ex	Ex	Ex Im (매도인 영업장 구내인 경우)	Ex	Im	Im	Im	Im
	CPT	Ex	Ex	Ex	Ex	Ex	Im	Im	Im
	CIP	Ex	Ex	Ex	Ex	Ex	Ex	Im	Im
	DAP	Ex	Ex	Ex	Ex	Ex	Ex	Im	Ex
	DPU	Ex	Ex	Ex	Ex	Ex	Ex	Im	Ex
	DDP	Ex	Ex	Ex	Ex	Ex	Ex	Ex	Ex

MEMO

제4장

수출계약의 체결

제1절 무역계약의 성립과정
제2절 수출계약의 작성

수출업자와 수입업자 사이의 무역매매계약 체결

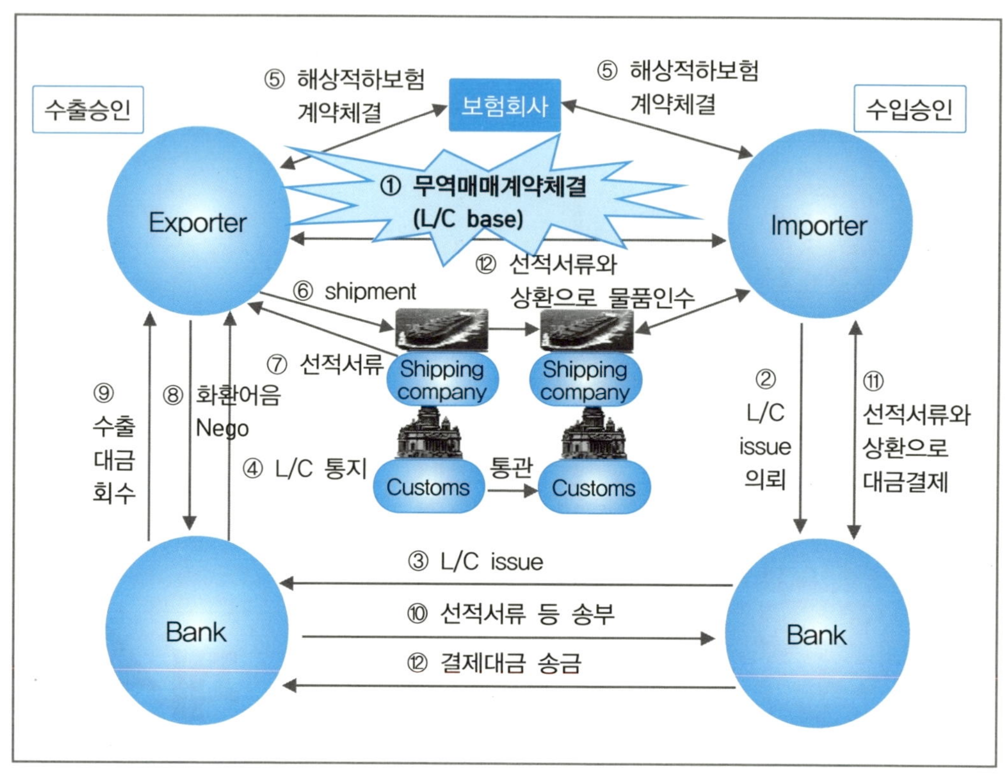

제1절 무역계약의 성립과정

1. 무역계약의 성립과정

일반적인 무역계약의 성립과정을 살펴보면 다음과 같다.

① 매도인인 수출업자는 해외시장조사(oversea market research)를 통해 자신이 거래하고자 하는 물품이 가장 좋은 조건으로, 지속적으로 판매될 수 있는 시장을 물색하게 된다.

② 해외시장조사를 통해 선정한 시장에서 적절한 거래상대방을 물색하여 수출업자는 거래제의(business proposal)를 하게 된다.

③ 거래제의를 받은 수입업자는 해당 물품의 수입에 관심이 있을 경우 보다 구체적인 거래물품과 그에 따른 거래조건 등에 대해 문의(조회 ; inquiry)하게 된다.

④ 수입업자의 조회가 있을 경우 수출업자는 수입업자가 거래상대방으로 계약을 이행하기에 문제가 없음을 확인하기 위한 신용조사(credit inquiry)를 하게 된다. 물론 수입업자도 거래상대방인 수출업자에 대한 신용조사를 하게 된다.

⑤ 신용조사 결과 이상이 없을 경우 무역계약의 주요 내용을 담은 청약(請約 : offer)을 수입업자에게 제시하게 된다.

⑥ 수입업자는 청약 내용에 대해 만족하여 그 내용대로 거래하고자 할 경우 승낙(acceptance)하게 된다. 무역계약은 낙성계약, 합의계약이므로 수출업자의 청약

과 수입업자의 승낙 내용이 완전히 일치하여 의사의 합치가 이루어지면 무역계약은 성립하게 된다.

그러나 청약 내용에 수정이나 추가 등의 내용이 있을 경우 수입업자는 수출업자에게 그러한 내용을 담은 반대청약(counter offer)을 제시할 수 있으며 이러한 반대청약은 수출업자와 수입업자 사이에 계약 내용에 대한 완전한 일치가 이루어질 때까지 반복하여 제시될 수 있다.

⑦ 청약과 승낙에 의해 법적으로 무역계약은 성립되었으나 해당 계약을 문서화하기 위한 매매계약서를 별도로 작성하는 경우도 있다.

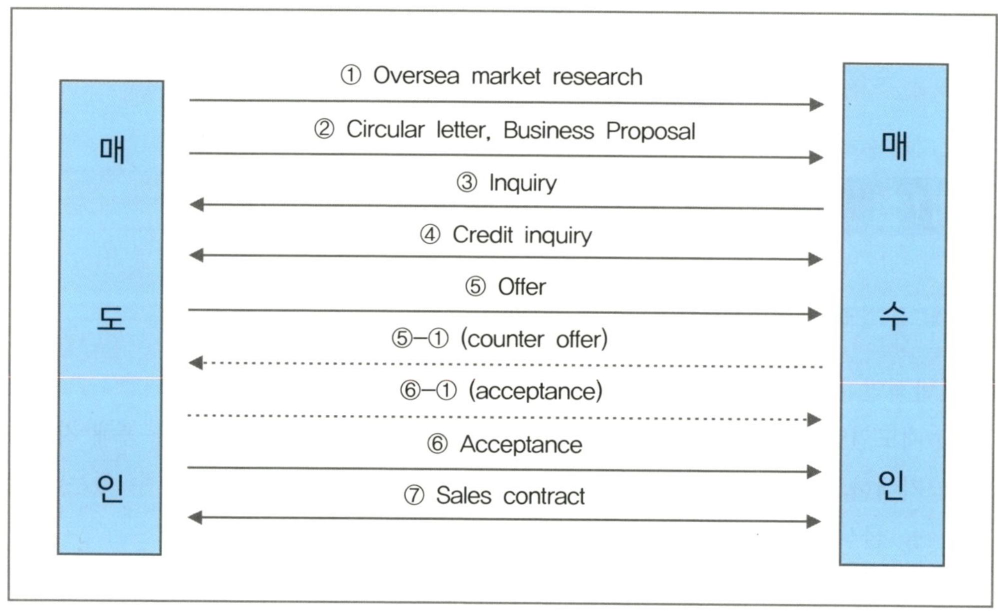

▌그림 4-1▐ 무역계약 체결과정

2. 무역계약 성립의 단계적 분석

1) 해외시장조사(oversea market research)

해외시장조사는 수출업자가 자신의 거래물품에 대한 판매가능성(selling possbility)을 확인하기 위해서 여러 해외시장의 상황을 확인하고 해당 물품에 대한 정보를 수집하는 활동을 말한다. 한편 수입업자 입장에서는 자신이 구매하고자 하는 물품에 대한 구매가능성(purchasing possibility)을 확인하기 위해 필요한 정보를 수집하는 활동을 하게 된다.

(1) 해외조사내용과 목표시장 선정

해당 지역에 대한 정치적 환경 및 정부무역정책, 물가, 환율, 금리 등의 거시경제지표와 거래제품에 대한 수요가능성, 고객 취향 및 요구, 제품수명주기, 현지 가격 등의 거래제품에 대한 정보, 유통물류체계, 경쟁기업, 잠재거래처 그리고 현지 상관습과 관행 등에 대해 조사하여 가장 적합한 시장을 선정한다. 즉, 가장 좋은 조건으로, 그리고 지속적으로 자신의 제품이 판매될 수 있는 목표시장(Target Market)을 선정해야 한다.

(2) 해외조사방법

거시경제지표나 해당 거래 제품 등에 대한 시장 조사를 위한 방법은 다양한 경로를 통해 확인할 수 있으며 대표적인 방법은 다음과 같다.

첫째, 국가기관, 무역유관기관, 국제기구 등의 통계데이터베이스를 활용하는 방법으로, 이를 통해 국별 수출입통계 등의 거시경제지표를 조사할 수 있다.

둘째, 무역지원기관을 활용하는 방법으로, 대한무역투자진흥공사(KOTRA)의 맞춤형 해외시장조사, 중소벤처기업부의 중소기업 수출지원센터의 다양한 맞춤형 서비스 활용, 중소기업진흥공단의 중소기업을 위한 수출마케팅 사업 등을 통해 효과적으로 해외시장조사 서비스를 제공 받을 수 있다.

셋째, 국내외 해외시장조사 전문업체를 활용하여 필요한 정보를 확보할 수 있다.

넷째, 현지출장, 해외사절단 등을 통한 직접 현지조사 방법을 통해 필요한 정보를 수집할 수 있다.

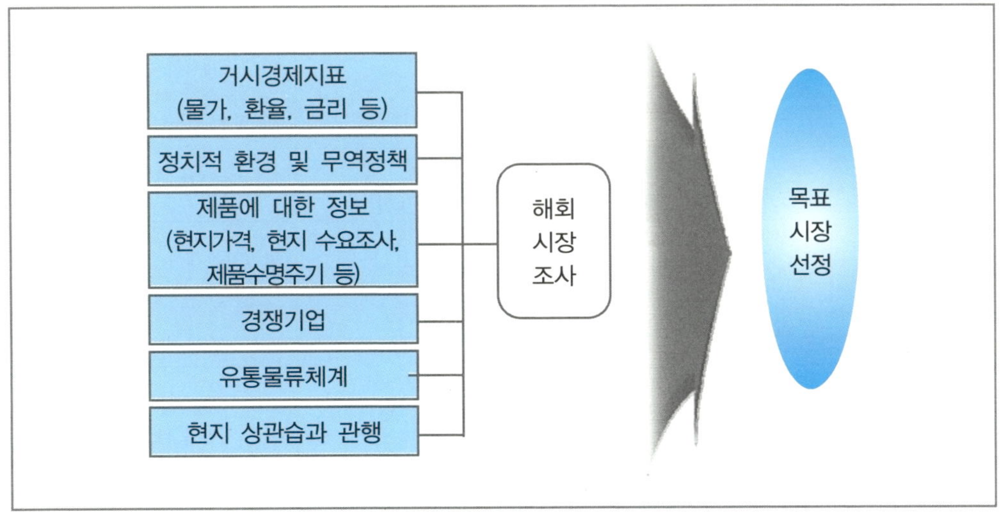

▮그림 4-2▮ 해외시장조사와 목표시장 선정

참고 OTRA 해외시장조사 서비스 사업 안내(www.kotra.or.kr)

▣ 해외시장조사

수출시장을 새로 개척하거나 확대하고 싶은 경우
- KOTRA 해외시장조사 사업이용
- 125개 무역관 활용

▸ 사업 파트너 연결 지원
▸ 해외수입업체 연락처 확인
▸ 거래선 관심도 조사
▸ 맞춤형 심층 조사
▸ 항목별 시장조사
▸ 원부자재 공급선 조사
▸ 화상 상담

▶ 아래 유료 해외시장조사 서비스 신청하시기 전에
(1) 무료 KOTRA 해외기업 DB 검색 서비스
(2) KOTRA 해외무역관 해외마케팅 기초정보, 서한 적성 팁, 바이어 발굴 요령을 먼저 활용
(3) 컨설팅 업체 및 조사대행업체는 동 서비스 신청 불가

▶ 해외시장조사사업
KOTRA 전 세계 해외무역관(84개국 125개 무역관)을 통해 해외 잠재 파트너 발굴, 시장조사 등을 지원하는 서비스

▶ 지원내용 및 수수료

서비스 유형	서비스 내용	수수료(VAT 별도)
사업파트너 연결지원	① 신청 고객의 제품에 관심을 보인 해외 수입업체 조사 ② 발굴 해외 수입업체와의 거래교신 지원(2개월)	30만 원 (2~3개사 발굴 및 교신 지원) *선입금 후 사전 조사 착수
항목별 시장조사	수요동향, 수입동향/수입관세율, 경쟁동향, 수출동향, 소매가격동향/유통구조, 품질인증제도, 생산동향, 기타 등 조사	150,000원/항목 (예 : 수요동향 + 경쟁동향 =300,000원)
해외 수입업체 연락처 확인	기업 존재 여부, 대표 연락처 확인 (※구매담당자 연락처 제공 불가)	연간 6개사까지 무료 *초과 신청 시, 건당 1만원의 별도 수수료 부과
원부자재 공급선 조사	조사 신청 기업의 수출을 위한 완제품 가공 및 제조에 필요한 원부자재 공급업체 발굴(3개사)	300,000원
거래선 관심도 조사	신청 고객이 보유한 해외 바이어리스트에서 귀사 제품 수입에 관심이 있는지 확인	바이어 1개사 당 5만원
수출대금 미결제 조사	무역보험공사(KSURE) 전용 서비스	
맞춤형 심층조사	KOTRA 해외무역관에서 섭외한 현지 전문가(또는 전담인력)를 활용, 고객 요구에 맞게 수행하는 맞춤형 유료 심층조사 서비스	조사 내용 및 조사 방법에 따라 개별 협의를 통해 책정

* 공정거래위원회가 발표한 30대 기업에 해당하는 경우 수수료 2배 적용
* 글로벌 역량 진단을 사전에 시행해야 해외시장조사 신청가능(진단일 기준으로 연1회 시행 필수)

2) 거래처선정(choice of prospective buyer)

자사상품에 대한 시장성이 있는 유망한 목표시장을 선정했으면 그 다음으로는 그 시장에서 잠재적 구매가능성이 있는 고객이나 유능한 거래처를 선정해야 한다.

(1) 거래처 선정 방법

목표시장에 있는 유망한 거래처를 선정하기 위해서는 일단 자사제품을 취급하고 있거나 취급할 가능성이 있는 업체명부를 확보하거나 박람회 등 다양한 경로를 통해 거래처를 선정하게 된다. 구체적인 방법은 다음과 같다.

첫째, 국내외 공공기관을 활용하는 방법으로, 국내주재 각국 영사관, 대사관, 한국무역협회, KOTRA, 대한상공회의소 등에 있는 해외거래업체 정보를 활용하여 적합한 거래처를 수배할 수 있다.

둘째, 각종 박람회, 전시회 등을 참석하는 방법으로, 이러한 행사에서 직접 거래처를 대면할 수 있는 기회를 통해 거래처를 선정할 수 있다.

셋째, 국내외 홍보매체를 통해 광고하는 방법으로, 관련 정기간행물 등의 각종 매체에 자사 제품을 광고하여 거래처와 접촉할 수 있는 방법으로 활용할 수 있다.

넷째, 인터넷을 통한 온라인 무역거래알선 사이트(Electronic Trading Opportunity Site)를 활용하는 방법으로, 중국이 운영하는 알리바바 닷컴(www.alibaba.com), 한국의 EC21(www.ec21.com), Ecplaza(www.ecplaza.net) 등의 무역거래 알선사이트에 자신의 오퍼를 등록하거나 당해 사이트에 등록된 구매주문 내용을 통해 거래처를 확보할 수 있다. 무역거래 알선 사이트를 이용할 경우 굉장히 많은 거래처로부터의 문의와 접촉이 있을 수 있으나 실제적으로 자신에게 적합한 거래처를 구분하여 확보하는 것은 별도의 노력이 요구된다.

3) 거래제의(business proposal)

거래처가 확보되면 선별된 거래처로 거래권유서(circular letter)나 거래제의서(business proposal)를 발송하게 된다.

이 거래제의 서신에는 ① 상대방을 알게 된 경위, ② 거래제의 업종, 취급상품, 거래제의 회사의 자국내에서의 위치, 경험, 생산규모 등의 자사소개, ③ 거래조건 등의 제시를 통한 거래제의, ④ 자신의 신용거래처 제공 등의 내용이 담겨져서 상대거래처에 제시될 필요가 있다.

거래제의서는 이메일, 팩스, 우편 등을 활용해서 송부될 수 있으며 동일한 지역에 여러 거래업체에게 송부할 경우에는 2~3개 업체씩 시차를 두어 송부하는 것이 유리하다.

4) 상품조회(trade inquiry)와 조회답신(replies to inquiry)

거래제의를 받은 상대방이 당해 거래에 관심이 있으며 구매할 의사가 있는 경우 거래 상품에 대한 보다 구체적인 내용과 거래조건 등을 조회하는 서신인 상품조회(trade inquiry)를 송부하게 된다. 상품조회는 수입업자의 최초의 수입의사표시로, 거래 제품에 대한 견본, 카탈로그, 가격표 등을 함께 요구하는 경우가 있는데 이 경우 조회서신을 받은 수출업체는 수입업자의 문의에 적극적으로 회신해야 하며 견본요구에 대해서는 상대가 단순한 견본상인(sample merchant)[1]은 아닌지 확인한 후 발송할 필요가 있다.

5) 신용조회(credit inquiry)

거래제의에 대해 관심을 표명하는 업체에 대해서는 청약(offer)을 하기 전에, 즉 청약을 통해 상대가 승낙함으로써 계약이 성립되기 전에 상대방 업체의 신용조회를 해 두어야 한다. 이는 향후 거래 가능성을 진단하고 위험요소를 사전에 예방하기 위한 조치이다.

(1) 신용조회 내용

거래상대방에 대한 주요 신용조회 내용은 해당 업체의 성격(Character), 거래능력(Capacity), 자본력(Capital) 등의 3C를 중심으로 확인하게 되며 그 외에도 거래상대국의 정치, 경제적 상황(Condition) 등에 대한 조사도 필요하다.

① Character

거래상대방의 개성(character), 성실도(integrity), 정직성(honesty), 평판(reputation), 공정한 거래관행(fair-dealing) 등에 대하여 조사한다. 신용조회에서 가장 중요한 조회 내용이라고 할 수 있다.

② Capacity

거래상대방의 거래능력, 영업능력 등에 대해 조회하는 것이다. 수입업자에 대해서는 해당 계약물품을 수입하여 효과적으로 판매할 수 있는 영업능력을, 수출업자에 대해

---

1) 정식 거래를 위한 견본 요구가 아니라 단순히 견본만 수집하여 그 수집한 견본을 판매하여 수익을 얻는 악덕 상인을 지칭한다.

서는 해당 계약물품을 계약내용대로 제조 또는 조달하여 제공할 수 있는 거래능력을 확인하게 된다.

③ Capital

거래 상대방의 자본력과 재무상태에 대한 조회가 필요하다. 거래할 수 있는 충분한 자본력과 건실한 재무상태는 계약의 성실한 이행과 지속적인 거래관계를 유지하는데 있어서 중요한 요소이다. 따라서 수입업자에 대해서는 계약물품에 대한 충분한 대금결제 능력을 갖추고 있는지, 수출업자에 대해서는 계약물품을 제조 또는 조달할 수 있는 충분한 자본력을 갖추고 있는 등에 대해 조사할 필요가 있다.

(2) 신용조회 방법

신용조회 방법은 은행, 동업자, 전문신용조사기관 등을 활용하여 신용조회 할 수 있다. 은행신용조회(bank reference)는 거래상대방의 거래 은행을 통해 해당 기업의 자금력, 거래관행 등의 성격을 확인하는 방법이며, 동업자 신용조회(trade reference)는 거래상대방의 국가나 지역에서 동종제품 취급업체를 통해 해당 기업의 평판 등에 대해 확인하는 방법이다. 그 외에 전문 신용조사 기관을 통해 필요한 신용조회 내용을 입수할 수 있다. 대표적으로 한국무역보험공사(Korea Trade Insurance Corporation)의 국외기업 신용조사 서비스를 활용할 수 있다.

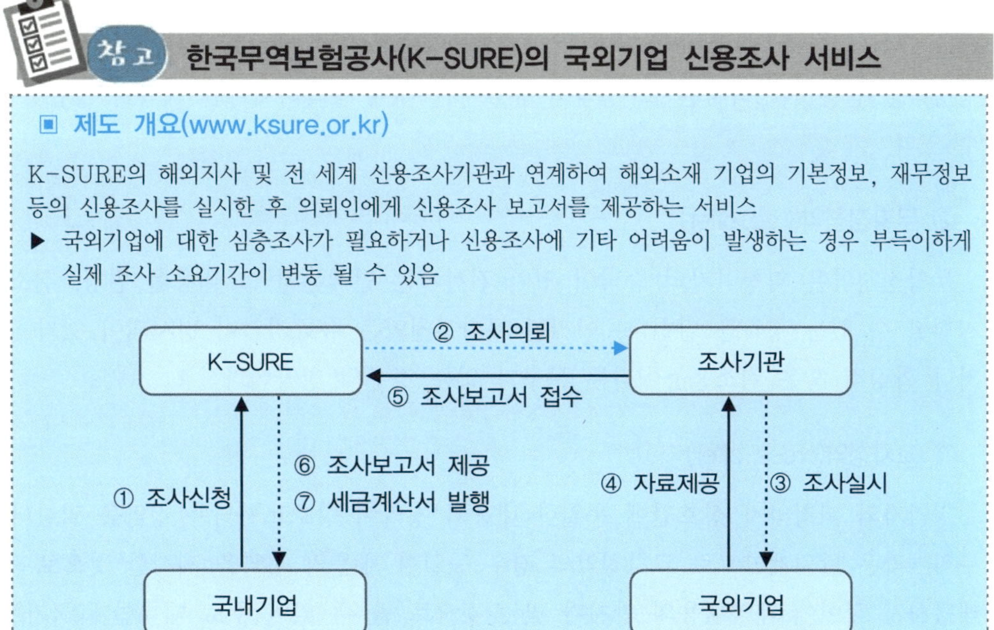

6) 청약(offer)

청약자(offerer)가 상대방인 피청약자(offeree)에 대하여 특정물품을 어떤 가격으로, 얼마만큼, 어떠한 인도조건이나 결제조건 등으로 판매하겠다는 확정적 의사표시를 개진하는 것이 청약(請約, offer)이다.

청약은 매도인이 매수인과 일정한 거래조건으로 계약을 체결하고 싶다는 의사표시로 상대방이 무조건, 무수정, 절대적, 최종적 의사표시인 승낙(acceptance)이 있으면 즉각적으로 계약이 성립되게 하는 법률 행위이다. 무역계약은 낙성계약이므로, 즉 어느 일방이 제시한 조건에 대해 타방이 무조건적으로 승낙하게 되면 계약이 성립되므로 청약을 제시할 때 주의 깊게 거래 조건을 확인, 검토 후 제시해야 한다.

매도인인 수출업자가 제시하는 청약을 매도청약(selling offer)라고 하고 매수인인 수입업자가 제시하는 청약을 매수청약(buying offer)라고 한다. 매수청약은 주문(order)이라고도 한다.

(1) 청약의 종류

① 확정청약(firm offer)

확정청약은 해당 청약의 유효기간 내에 그 내용의 변경, 취소, 철회가 불가능한 청약을 말한다. 확정청약은 유효기간이 명시되어 있으므로 기한부 청약이라고도 한다.

확정청약은 유효기간이 명시되어 있으며 확정적(firm) 또는 취소불능(irrevocable)의 문구가 있어야 하며 여러 가지 거래조건이 확정적으로 제시되어 있어야 한다. 확정청약을 받은 피청약자는 그 청약의 유효기간 내에 승낙하여야만 계약을 성립시킬 수 있다.

② 무확정청약(free offer)

무확정청약은 피청약자의 승낙이 있기 전까지는 언제든지 그 내용을 변경, 취소, 철회할 수 있는 청약을 말한다. 이러한 무확정청약은 유효기간이 명시되어 있지 않거나 확정적 혹은 취소불능이라는 문구가 없는 경우의 청약이다.

③ 교차청약(cross offer)

청약자와 피청약자 상호간에 동일한 내용의 청약이 상호교차되는 청약을 말한다. 무역계약은 합의계약으로 교차청약의 경우 동일한 내용의 청약을 제시한 것으로 거래당사자 사이에 계약내용의 합치가 있는 것으로 볼 수 있어 주로 대륙법계 국가에서는 교차청약을 계약 성립으로 인정하는 반면, 영미법의 경우에는 인정하지 않고 있다.

한국의 경우도 민법 제533조(교차청약)에서 "당사자간에 동일한 내용의 청약이 상호교차된 경우에는 양청약이 상대방에게 도달한 때에 계약이 성립한다."라고 규정하여 교차청약의 계약 성립을 인정하고 있다.

그러나 각국의 교차청약에 대한 계약 성립 여부가 상이하므로 별도의 승낙 과정을 거치는 것이 추후 분쟁을 예방할 수 있는 방편이 된다.

④ 반대청약(counter offer)

반대청약은 원 청약(original offer) 내용 중에 일부를 수정, 변경하여 반대로 새로운 제의를 해오는 청약을 의미한다. 따라서 이 반대청약으로 인해 원 청약은 거절되고 새로운 청약이 제시되게 되는 것이다.

⑤ 특수청약 또는 조건부 청약(conditional offer)

㉠ 무확약청약(offer without engagement ; offer subject to market fluctuation)

무확약청약은 제시된 가격이 시황변동(market fluctuation)에 따라 사전통고 없이 변동될 수 있음을 나타내는 조건이 있는 청약을 의미한다. 즉, 가격은 확정하지 않고 변동될 수 있음을 조건으로 하여 제시되는 청약을 의미한다. 예를 들어 "We are please to offer you without engagement as follows ;"와 같은 조건을 기재한 경우로 가격변동이 심한 물품의 경우에 사용될 수 있다.

㉡ 선착순매매조건부 청약(offer subject to prior sale ; offer subject to being unsold)

선착순매매조건부청약은 청약자가 재고를 정리하기 위하여 다수의 피청약자에게 청약을 하면서 거래제품이 남아 있을 경우에 한해 본 청약이 유효하다는 조건을 붙여 발행한 청약을 말한다. 따라서 먼저 어떤 피청약자가 승낙을 하여 제고가 다 소진된 후 다른 피청약자가 승낙하더라고 이미 제고가 남아 있지 않아 기존 청약 자체가 효력이 없어졌으므로 계약이 성립되지 않는다.

㉢ 매도인 최종확인조건부 청약(offer subject to our final confirmation ; sub-con offer)

매도인 최종확인조건부 청약은 본 청약에 대해 피청약자가 승낙을 하더라도 계약이 성립되는 것이 아니라 최종적으로 매도인의 확인이 있어야 계약이 성립되는 조건의 청약을 말한다. 따라서 최초 발행한 매도인 최종확인조건부 청약은 명칭은 청약이지만 청약을 유인하는 성격을 갖게 되고 피청약자의 승낙이 청약의 성격을 갖고 매도인의 최종 확인(final confirmation)이 승낙의 성격을 가져 비로소 계약이 성립되게 된다.

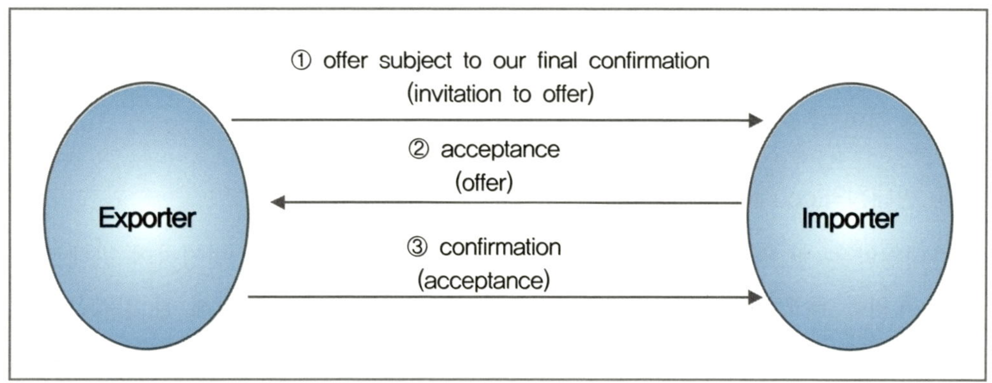

㉣ 점검 후 매매조건부 청약(offer on approval)

점검 후 매매조건부 청약은 청약과 계약물품을 함께 송부하여 피청약자가 이를 점검해 본 후 구매의사가 있으면 대금을 결제하고 그렇지 않으면 물품을 반환할 수 있도록 조건이 있는 청약을 의미한다. 점검 후 매매조건부 청약은 신제품이나 판매부진제품의 판매를 위해 구매자가 직접 물품을 확인할 수 있도록 하기 위해 사용된다.

㉤ 반품허용조건부 청약(offer on sale or return)

반품허용조건부 청약은 청약과 함께 다량의 물품을 송부하여 피청약자가 이를 판매하고 판매되지 않은 잔품은 반품할 수 있는 조건이 달려 있는 청약을 의미한다. 따라서 판매된 부분에 대해서만 계약이 성립되는 청약이다.

(2) 청약의 효력발생시기

기본적으로 청약은 피청약자에게 도달한 때에 효력이 발생한다. 즉, 도달주의를 채택하고 있다. 청약이 도달하지 않는 한, 피청약자가 그 내용을 이미 알고 있거나 승낙의 의사표시를 하더라도 아무 효력이 없다.

이와 같은 청약의 도달주의는 『국제 물품매매계약에 관한 유엔협약(United Nations Convention on Contracts for the International Sale of Goods) ; 일명 '비엔나 협약(Vienna Convention)'』 제15조 제1항에서 "청약은 상대방에게 도달한 때에 효력이 발생한다.(An offer becomes effective when it reaches the offeree.)"라고 규정하고 있으며 한국 민법 제111조(의사표시의 효력발생시기) 제1항에서도 "상대방이 있는 의사표시는 상대방에게 도달한 때에 그 효력이 생긴다."라고 도달주의를 채택하고 있다.

(3) 청약의 효력소멸

청약의 효력은 청약의 철회(withdrawal), 승낙통지 이전의 청약취소(revocation), 청약의 거절(reject)과 반대청약(counter offer), 시간의 경과(passed reasonable time), 후발적 위법(subsequence illegality)의 경우에 소멸된다.

① 청약의 철회(withdrawal)

청약 철회의 의사표시가 청약의 도달 전, 즉 청약으로서의 효력이 발생되기 전 또는 그와 동시에 상대방에게 도달하는 경우에는 청약을 철회(withdrawal)할 수 있다. 이는 비엔나 협약 제15조 제2항에 동일한 내용이 규정되어 있다. 그러나 한국 민법 제527조(계약의 청약의 구속력)에서는 "계약의 청약은 이를 철회하지 못한다."라고 규정하고 있어서 청약의 철회를 인정하지 않고 있다.

② 승낙통지 이전의 청약취소(revocation)

청약의 효력이 발생된 후 상대방으로부터의 승낙의 통지를 받기 이전에, 즉 청약과 승낙에 따른 계약체결 이전에는 청약의 취소(revocation)를 통해 청약의 효력을 소멸시킬 수 있다.

비엔나 협약 제16조 제1항에 동 취지의 내용이 규정되어 있다. 그리고 동시에 동조 제2항에서는 청약을 취소할 수 없는 경우로 "(a) 승낙기간의 지정 그 밖의 방법으로 청약이 취소될 수 없음이 청약에 표시되어 있는 경우, 또는 (b) 상대방이 청약이 취소될 수 없음을 신뢰하는 것이 합리적이고, 상대방이 그 청약을 신뢰하여 행동한 경우"에는 청약을 취소할 수 없도록 규정하고 있다.

③ 청약의 거절(rejection)과 반대청약(counter offer)

청약 거절의 의사표시가 피청약자로부터 청약자에게 도달한 때에는 청약의 효력이 상실된다. 비엔나 협약 제17조에서 "청약이 취소불능의 경우에도 청약은 거절이 청약자에게 도달했을 때 소멸된다."라고 규정하고 있다.

한편 피청약자가 원 청약의 내용을 일부 변경, 수정, 추가하는 등의 의사표시인 반대청약(counter offer)을 청약자에게 제시한 경우에도 원 청약의 효력은 소멸된다.

비엔나 협약 제19조 제1항에서 "승낙을 의도하고 있으나, 부가, 제한 그 밖의 변경을 포함하는 청약에 대한 응답은 청약에 대한 거절이면서 또한 새로운 청약이 된다."라고 규정하고 있어 반대청약이 원 청약의 거절로 해석되어 효력이 소멸됨을 알 수 있다.

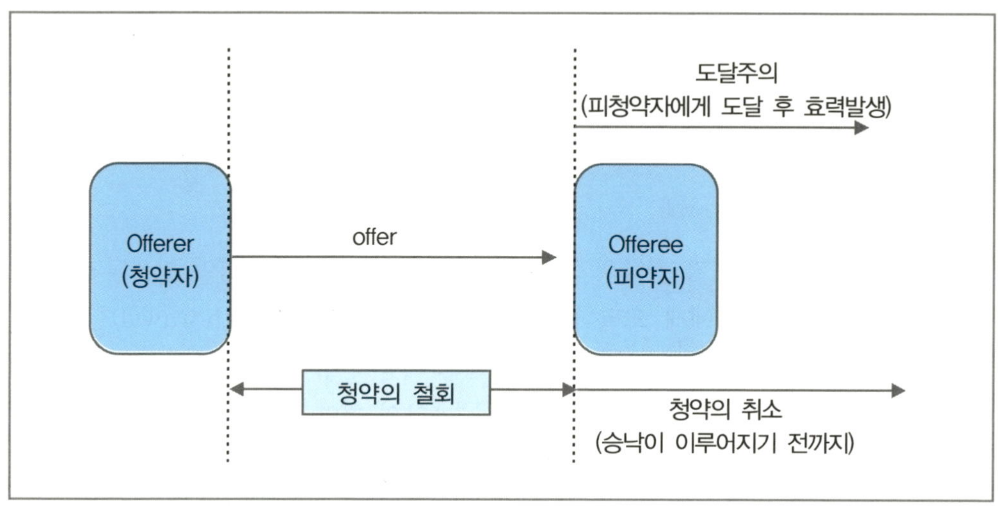

그러나 실질적 조건의 변경이 아닌 부가적 조건 또는 상이한 조건을 포함하는 승낙의 경우에도 청약자가 이의를 제기하는 등의 행위가 없을 경우 계약이 성립된다. 이와 관련하여 비엔나협약 제19조 제2항에서 "승낙을 의도하고 있고, 청약의 조건을 실질적으로 변경하지 아니하는 부가적 조건 또는 상이한 조건을 포함하는 청약에 대한 응답은 승낙이 된다. 다만, 청약자가 부당한 지체 없이 그 상위(相違)에 구두로 이의를 제기하거나 그러한 취지의 통지를 발송하는 경우에는 그러하지 아니하다. 청약자가 이의를 제기하지 아니하는 경우에는 승낙에 포함된 변경이 가하여진 청약 조건이 계약 조건이 된다."라고 규정하고 있음을 확인할 수 있다. 또한 동조 제3항에서 "특히, 대금, 대금지급, 물품의 품질 및 수량, 인도의 장소 및 시기, 상대방에 대한 당사자 일방의 책임의 범위 또는 분쟁의 해결에 관한 추가적 또는 상이한 조건은 청약의 조건을 실질적으로 변경하는 것으로 본다."라고 규정하고 있다.

④ 시간의 경과(passed reasonable time)

청약의 유효기간 또는 승낙기간이 설정되어 있는 경우 그 기간이 경과되면 청약의 효력은 소멸된다. 또한 유효기간이나 승낙기간이 설정되어 있지 않은 경우에는 상당한 기간(reasonable time)이 경과하면 청약의 효력이 소멸된다. 여기서 상당한 기간은 당해 거래의 성질과 통신수단 등을 고려하여 판단되어야 할 것이다.

한국 민법 제529조(승낙기간을 정하지 아니한 계약의 청약)에서도 "승낙의 기간을 정하지 아니한 계약의 청약은 청약자가 상당한 기간 내에 승낙의 통지를 받지 못한 때에는 그 효력을 잃는다."라고 규정하고 있다.

⑤ 후발적 위법(subsequence illegality)

청약이 이루어질 당시에는 해당 청약의 내용이 불법이 아니었는데 추후 위법이 된 경우를 후발적 위법이라고 한다. 이 같이 청약이 후발적 위법이 된 경우에는 청약의 효력이 소멸된다.

예를 들어, 최초 청약이 이루어질 때 해당 청약 물품이 수출가능 품목이었으나 청약 이후 새로운 규정의 시행으로 수출금지품목이 된 경우 이미 발송한 청약대로 계약을 이행하게 되면 불법이 되므로 후발적 위법이 된 순간 청약의 효력은 소멸되게 된다.

7) 승낙(acceptance)

청약자의 상대방인 피청약자가 청약에 응하여 계약을 성립시킬 의사를 갖고 청약자에 대하여 행하는 확정적 의사표시를 승낙이라고 한다.

승낙은 절대적, 무조건일 것을 요구하며 최종적이고 적극적인 행위로 의사표시를 하여야 계약이 성립된다.

비엔나 협약 제18조 제1항에서 "청약에 대한 동의를 표시하는 상대방의 진술 그 밖의 행위는 승낙이 된다. 침묵 또는 부작위는 그 자체만으로 승낙이 되지 아니 한다."라고 규정하여 승낙의 개념을 청약에 대한 동의 표시라고 규정하고 승낙은 침묵 또는 부작위로 되지 아니하고 적극적인 의사표시가 있어야 함을 규정하고 있다.

(1) 승낙의 효력발생시기

승낙은 청약자에게 도달했을 때 효력이 발생한다. 그러나 우편, 전보와 같이 의사표시가 즉각적으로 도달하지 않는 수단을 사용하는 경우에는 일부 발신주의를 채택하고 있다.

비엔나 협약 제18조 제2항에서 "청약에 대한 승낙은 동의의 의사표시가 청약자에게 도달하는 시점에 효력이 발생한다. 동의의 의사표시가 청약자가 지정한 기간 내에, 기간의 지정이 없는 경우에는 청약자가 사용한 통신수단의 신속성 등 거래의 상황을 적절히 고려하여 합리적인 기간 내에 도달하지 아니하는 때에는, 승낙은 효력이 발생하지 아니한다. 구두의 청약은 특별한 사정이 없는 한 즉시 승낙되어야 한다."라고 규정되어 승낙의 도달주의를 채택하고 있다. 또한 승낙기간이 설정되어 있는 경우에는 그 기간 내에, 승낙기간이 설정되어 있지 않은 경우 합리적인 기간 내에 승낙이 도달해야 효력이 발생함을 규정하고 있다.

한국 민법 제531조(격지자간의 계약성립시기)에서 "격지자간의 계약은 승낙의 통지를 발송한 때에 성립한다."라고 하여 격지자간 계약의 경우 승낙의 발신주의를 채택하고 있다.

각국마다 승낙의 효력발생시기가 상이하게 규정되어 있어서 정확하게 거래당사국의 법률이나 관례를 알지 못하므로 실무상에는 Offer Sheet상에 『This offer is subject to acceptance reaching(arriving) here (to us) by December 10, 2020』 등으로 표기하여 명시적으로 도달주의를 채택하는 것이 일반적이다.

(2) 행위에 의한 승낙

비엔나 협약 제18조 제3항에서 "청약에 의하여 또는 당사자 간에 확립된 관례나 관행의 결과로 상대방이 청약자에 대한 통지 없이, 물품의 발송이나 대금지급과 같은 행위를 함으로써 동의를 표시할 수 있는 경우에는, 승낙은 그 행위가 이루어진 시점에 효력이 발생한다. 다만, 그 행위는 승낙기간내에 이루어져야 한다."라고 규정하고 있어 피청약자의 행위에 의한 승낙을 인정하고 있다.

8) 매약서(sales contract) 작성

무역계약은 낙성계약으로 청약에 대해 승낙이 있으면 계약은 성립된다. 그러나 계약 내용이 복잡한 경우 등 계약이행 과정에서 분쟁이 발생할 가능성이 있는 경우에는 이를 미연에 방지하기 위하여 계약내용을 다시 문서화하는 과정이 필요하다.

(1) 무역계약의 문서화 방법

무역계약의 문서화 방법은 다양한 방식으로 이루어질 수 있으나 대표적인 방법은 다음과 같다.

첫째, 매매약정서류인 sales note나 purchase note를 교부함으로써 개별계약을 문서화하여 완결하는 방법이 있다.

둘째, 계약규모가 거액이고 계약내용이 복잡한 경우 정식의 계약서(sales contract, contract sheet)를 작성함으로 문서화하는 방법이 있다.

셋째, 매도인이 발생한 offer sheet에 그대로 매수인이 승낙의 서명을 하거나, 매수인이 발행한 order sheet에 매도인이 서명하는 방법으로 무역계약을 문서화할 수 있다.

(2) 일반거래협정서 활용

한편 동일한 수출업자와 수입업자가 빈번하게 무역계약을 체결하여 거래하는 경우에는 일반거래협정서(Agreement on general terms and conditions of business ; master contract)를 작성해 두고 거래가 이루어질 때마다 세부계약내용만을 약정하고 기타 일반적인 사항을 이미 약정해 둔 일반거래협정서를 거래의 일반적 원칙으로 적용하는 방식으로 계약을 체결할 수 있다.

일반거래협정서는 당사자들이 거래를 할 때마다 구체적으로 약정해야 하는 계약내용에 대한 제반사항을 제외하고 어느 경우에도 공통으로 적용되는 기본적인 거래조건을 양 당사자간에 합의하여 결정하고, 이것을 문서화하여 양당사자가 서명하여 교환, 소지하는 계약의 거래조건에 관한 일반적인 협정서로, 계약이 이루어질 때마다 계약서에 첨부하는 등의 방식으로 적용하게 된다.

■ 서식 4-1 ■ offer sheet

WHITESTONE TRADING CO., LTD.
10 Samseong-dong, Kangnam-gu, Seoul, Korea
TEL No : 02-551-0114 FAX No : 02-550-2222

OFFER SHEET

MESSRS, PERTER & THOMAS TRADING INC. DATE : May 10, 2020
New York, U.S.A.

We are pleased to offer the under-mentioned article(s) as per conditions and details described as follows.

COMMODITY	QUANTITY	UNIT PRICE	AMOUNT
Cotton Shirts	10,000 pieces	CIF New York US$ 50	US$500,000

Origin : Republic of Korea
Packing : Export Standard Carton Packing
Shipment : Within 1 month after receipt of Letter of Credit
Shipping Port : Busan, Korea
Inspection : Our Governmental Inspection to be Final
Destination : New York, U.S.A.
Payment Terms : By an irrevocable & Transferable L/C, in favor of WHITESTONE Trading Co., Ltd.
Validity of Offer : Until May 31, 2020.
Remarks : Subject to our Final Confirmation

We are looking forward to your valued order for the above offer.

Very truly yours,

WHITESTONE TRADING CO. LTD.
Gildong Hong
Gildong Hong
Export Manager

제2절 수출계약의 작성

1. 수출계약서 형태

무역계약은 낙성계약, 합의계약이므로 청약과 승낙을 통해 법적으로 무역계약은 성립하게 된다. 그러나 계약 성립 후에도 양 당사자가 계약내용을 확인하고 문서화하여 서명한 계약서를 작성하는 경우가 있다.

무역계약서를 추후에 별도로 작성하는 이유는 당사자간에 계약내용에 대한 오해를 방지하고 후일에 발생할 수 있는 분쟁에 대비하기 위함이다.

무역계약서는 수출업자와 수입업자 사이에 무역계약의 8대 조건과 기타 필요한 조건에 대해 합의하고 계약서를 작성하여 상호 서명한 후 1부씩 갖게 된다.

무역계약서를 문서화하는 방법은 Sales Note나 Purchase Note 형태, Sales Contract 형태, Offer sheet 형태 등이 있을 수 있다.

1) Sales Note, Purchase Note

매매당사자 어느 일방이 정, 부 2통을 작성하여 서명한 후 이들을 상대방에게 발송하며, 발송 받은 당사자는 이를 점검하고 확인한 후 미비점이나 틀린 점이 없을 때에는 계약서 2통에 각각 서명하고 그 중에 정본을 자신이 보유하고 부본을 상대방에게 발송, 교부하여 정식으로 계약을 성립시키는 방법으로 계약을 문서화하게 된다.

매도인이 작성할 경우에는 Sales note가 되고 매수인이 작성할 경우에는 Purchase note 형태로 이루어진다.

2) Sales Contract

계약규모가 거액이고 계약내용이 복잡한 경우 특히 플랜트 수출입이나 선박, 철도차량, 대형기계류와 같은 연불수출입거래에는 Sales Note, Purchase Note로는 복잡한 거래조건을 충분히 포괄할 수 없으므로 일반적으로 계약서(Sales Contract)를 작성하여 문서화하게 된다.

3) Offer sheet

매도인이 발행한 offer sheet에 그대로 매수인이 승낙의 서명을 하거나 또는 매수인이 발행한 order sheet에 매도인이 서명을 하는 방법으로 계약을 문서화할 수 있다. 단, 이때 반드시 서류를 정, 부 2통으로 작성하여 각각 1통씩 보관해야 한다.

2. 수출계약서 기재내용 실례

〈서식 4-2〉 매매계약서 상의 기재내용을 바탕으로 수출계약서 기재내용을 살펴보면 다음과 같다.

① 수출업자(매도인)의 명칭

– 수출업자의 상호, 주소, 전화번호, 팩스번호, CPO Box 번호 등을 기재

② 계약서 번호

매도인 즉, 수출업자가 계약서를 작성하면서 계약서 일련번호를 붙여놓은 것이다.

③ 발행날짜 기재

매도인이 계약서 작성한 날짜와 장소를 기재한다. 국제거래시에는 지역에 따라 시간이 달라지기 때문에 날짜나 시간 기재시 반드시 장소도 함께 기재하게 된다.

④ 수입업자(매수인)의 명칭

계약서의 수신자인 수입업자, 즉 매수인의 명칭과 주소가 기재된다.

⑤ 매도인과 매수인 사이에 계약조건에 따라 계약물품을 매매함을 확인하는 문구

We as seller confirm having sold you as buyer the following goods on the terms and conditions as stated below and on the back hereof

⑥ 상품에 대한 명세

매매되는 상품의 품명, 수량, 단가, 총액 등을 기재한다.

⑦ 가격조건

CIF New York(뉴욕항 운임보험료 포함조건 ; 미국 뉴욕항까지 운임 및 보험료까지 매도인이 부담하는 조건)과 같이 매매계약에 단가를 표기할 때는 반드시 가격조건을 함께 표기하게 된다. 이는 해당 단가에 어떤 비용까지 포함되어 있는지 확인할 수 있게 한다.

⑧ 원산지 표기

해당 거래 물품의 원산지를 표기한다.

⑨ 선적기일

해당 거래 물품의 선적기일을 기재한다. 즉, “Shipment : Not later than October 25, 2020”은 늦어도 2020년 10월 25일까지 선적하도록 선적기일을 설정한 것이다.

⑩ 선적항

수출물품의 선적항을 기재한다. 즉, “Shipping port : Busan port, Korea”는 한국 부산항을 선적항으로 표기한 것이다.

⑪ 양륙항

수출물품의 양륙항을 기재한다. 즉, “Loading port : New York Port, U.S.A.”는 미국 뉴욕항을 양륙항으로 표기한 것이다.

⑫ 분할선적 여부 기재

해당 거래물품의 분할선적 여부를 기재한다. “Partial shipment : Not allowed”는 분할선적은 불가한 것으로 되어 있다. 만약 분할선적이 가능하도록 기재하고자 할 경우 “Partial shipment : Allowed”로 기재하면 된다.

⑬ 환적 가능 여부 기재

해당 거래물품의 목적항까지 도달할 때까지 환적가능 여부에 대한 사항을 기재하게 된다. “Transshipment : allowed”는 환적이 가능하도록 표시한 것이다. 만약 환적이 불가한 것으로 기재하고자 할 경우 “Transshipment : Not allowed”로 표기하면 된다.

⑭ 보험조건

매도인이 부보의무자일 경우 해상적하보험의 담보조건 및 보험금액 등이 기재되고 매수인이 부보의무자인 경우에는 별도의 담보조건과 보험금액이 기재될 필요가 없다. 매도인이 부보의무자가 되는 경우는 CIF, CIP 조건일 경우에 해당된다.

“Insurance : Seller to cover the C.I.F. price plus 10% against ICC(A) including War and SRCC Risks”는 일단 부보의무자가 매도인이며 담보조건은 전쟁

위험과 동맹파업위험(Strike, Riots and Civil Commotion)을 포함한 ICC(A) 조건이고 보험금액은 CIF 가격에 10%(희망이익 ; expected profit)를 추가한 금액으로 부보해야 함을 표기하고 있다. 즉, 부보의무자 : 매도인(수출업자), 담보조건 : 전쟁위험과 동맹파업위험(Strike, Riots and Civil Commotion)을 포함한 ICC(A) 조건, 보험금액 : CIF 가격에 10%(희망이익 ; expected profit) 추가한 금액임을 알 수 있다.

⑮ 대금결제조건

해당 거래의 대금결제조건을 기재하게 된다. "Payment : By irrevocable documentary L/C at sight to be opened in favour of WHITESTONE TRADING Co., Ltd., Seoul, KOREA"는 한국에 있는 WHITESTONE 무역회사를 수익자로 하여 개설된 일람출급 취소불능 화환신용장에 의하여 대금이 결제되도록 표기한 것이다.

⑯ 포장조건

해당 거래물품의 수출포장조건을 기재한다. "Packing : Export standard packing"은 포장은 수출표준포장 즉, 수출용골판지상자(carton box)를 이용한 포장을 하도록 표기한 것이다.

⑰ 검사 조건

해당 거래물품에 대한 검사조건을 기재한다. "Inspection : Seller's inspection to be final"은 검사는 매도인의 검사가 최종적 검사임을 표기하고 있다.

⑱ 요구 서류(Document Required)

해당 거래에 요구되는 서류에 관한 내용을 기재한다.

본 계약서에서는 선하증권, 보험증권 또는 보험증명서, 상업송장, 포장명세서, 원산지증명서를 요구하고 있으며 구체적인 내용은 아래와 같다.

- Full set of clean on board ocean Bills of Lading, to order of shipper blank endorsed, marked "freight prepaid" and notify PERTER & THOMAS TRADING INC.

  (송하인 지시식으로 발행, 백지배서, 운임선불 기재, 착화통지처 : PERTER & THOMAS TRADING INC.로 된 무고장 선적 해양선하증권 전(全)통(3통))

- Insurance Policy or Certificate for full invoice value plus 10% with claims payable in New York in the same currency as the draft, covering institute Cargo Clauses (A) including War and SRCC risks (송장금액에 10%를 추가한 금액으로 전쟁위험과 동맹파업위험을 포함한 ICC(A)조건으로 된 보험증권 또는 보험증명서, 보험금은 환어음과 동일한 통화로 뉴욕에서 지급됨)
- Signed Commercial Invoice in triplicate (서명된 상업송장 3통)
- Packing list in triplicate (포장명세서 3통)
- Certificate of origin in duplicate (원산지 증명서 2통)

⑲ 상품 명세

상품에 대한 명세를 다시 한 번 표기하고 있다.

Covering : "50,000 pieces of Cotton Shirt US$ 20.00 per price C.I.F. New York as per Sales Contract No.123"

⑳ 하인조건

해당 수출물품의 포장 겉면에 표기하게 되는 하인(荷印)을 표기하게 된다.

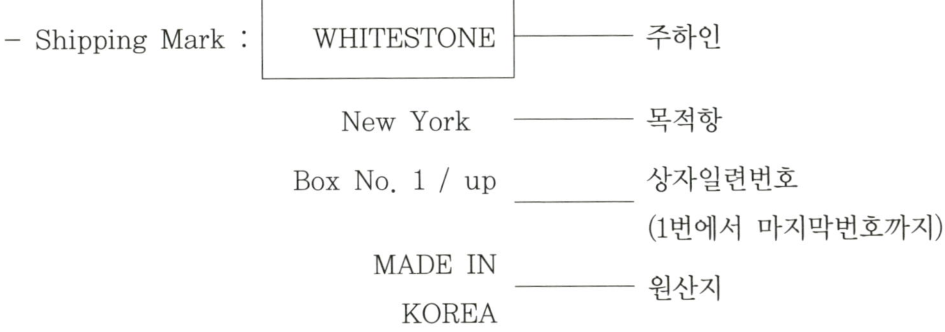

㉑ 매수인의 기명날인

본 계약의 매수인인 수입업자의 명칭, 직위, 성명이 기재되고 서명하게 된다.

㉒ 매도인의 기명날인

본 계약의 매도인인 수출업자의 명칭, 직위, 성명이 기재되고 서명하게 된다.

■ 서식 4-2 ■ 매매계약서 전면

① **WHITESTONE TRADING CO., LTD.**
Manufacturers, Exporter & Importers
123 Nonhyun-Dong, Kangnam-Gu, Seoul, KOREA
TEL : 82-2-123-4567 FAX : 82-2-765-4321

② **SALES CONTRACT NO. 123**

④ Messrs : DAVID TRADING INC.
30 Liberty St. New York,
N.Y. 10005 U.S.A.

③ Date : August 25, 2020.

Gentlemen :

⑤ We as seller confirm having sold you as buyer the following goods on the terms and conditions as stated below and on back hereof

	ITEM	COMMODITY	QUANTITY	UNIT PRICE	AMOUNT
⑥	Cotton Shirt	Men's Cotton Shirt : Style No.10 Women's Cotton Shirt : Style No.20	25,000pcs 25,000pcs	⑦ CIF New York per price @U$20.00	US$500,000. US$500,000.
	TOTAL		50,000pcs		US$1,000,000

⑧ Origin : Republic of Korea
⑨ Shipment : Not later than October 25, 2020.
⑩ Shipping port : Busan port, Korea
⑪ Loading port : New York Port, U.S.A.
⑫ Partial shipment : Not allowed
⑬ Transshipment : allowed
⑭ Insurance : Seller to cover the C.I.F. price plus 10% against ICC(A) including War and SRCC Risks
⑮ Payment : By irrevocable documentary L/C at sight to be opened in favour of WHITESTONE TRADING Co. Ltd., Seoul, KOREA.
⑯ Packing : Export standard packing
⑰ Inspection : Seller's inspection to be final
⑱ Document Required :
1) Full set of clean on board ocean Bills of Lading, to order of shipper blank endorsed, marked "freight prepaid" and notify DAVID TRADING INC.
2) Insurance Policy or Certificate for full invoice value plus 10% with claims payable in New York in the same currency as the draft, covering institute Cargo Clauses (All Risks) including War and SRCC risks
3) Signed Commercial Invoice in triplicate
4) Packing list in triplicate
5) Certificate of origin in duplicate

⑲ Covering : "50,000 pieces of Cotton Shirt US$ 20.00 per price C.I.F. New York as per Sales Contract No.123"
⑳ Shipping Mark : WHITESTONE
New York
Box No. 1 / up
MADE IN KOREA

㉑ BUYER
DAVID TRADING INC.
Michael Jones
Michael Jones
President

㉒ SELLER
WHITESTONE TRADING CO., LTD
Gildong Hong
Gildong Hong
Export Manager

▌서식 4-3▌ 일반거래협정서

The Agreement on General Terms and Conditions of Business

1. Principal to Principal Basis : This Contract Recognizes the fact that it is on a principal to principal basis between Seller and Buyer.
2. Quantity : Quantity is subject to a variation of five percent(5%) plus or minus at Seller's option.
3. Shipment : The date of Bill of Lading shall be taken as the conclusive date of shipment. Partial shipment and / or transshipment shall be permitted, unless otherwise stated on the face hereof. Seller shall not be responsible for non-shipment or late shipment in whole or in part by reason of Force Majeure, such as fires, floods, earthquakes, tempests, strikes, lockouts, and other industrial disputes, mobilization, war, threat of war, riots, civil commotion, hostilities, blockade, requisition vessel, and any other contingencies beyond Seller's control.
4. Price : The price(s) is (are) on the rate of freight and insurance premium prevailing at the time of accepting the order, and any increase in the rate of freight and insurance premium at the time of shipment shall be born by Buyer.
5. Inspection : Inspection performed under the export regulation of Korea is final respect of quality and / or conditions of the contracted goods, unless otherwise stated on the face hereof.
6. Trade Terms : The trade terms used in this contract shall be governed and interpreted by the provisions of Incoterms(2020 edition) unless otherwise specifically stated.
7. Infringement : Buyer shall hold Seller harmless from liability for any infringement with regard to patent, trade mark, design and/or copyright originated or chosen by Buyer.
8. Claim : Any claim by Buyer must be made in writing within fourteen(14) days after arrival of the merchandise at the destination specified in the bill of lading. Certificates by recognized surveyors shall be sent by mail without delay.
9. Arbitration : All disputes, controversies, or differences which may arise between Seller and Buyer, out of or in relation to or in connection with this Contract, or for the breach thereof, shall the finally settled by arbitration in Seoul, Korea accordance with the Commercial Arbitration Rules of The Korean Commercial Arbitration Board. The award rendered by the arbitrator(s) shall be final and binding upon both parties.
10. Governing Law : This Contract shall be governed in all respects by the laws of Korea.

요약 정리

▣ 수출계약 성립과정 중 주요 포인트

▶ **면밀한 해외시장조사 이행**

○ 수출계약 성립과정에 있어서 가장 중요한 것은 자신의 수출물품이 어느 지역, 어떤 소비자 시장(Target market)에 가장 효과적으로 판매될 수 있을 것인가를 결정하는 근거인 해외시장조사이다.

○ 따라서 다음과 같은 방법 등을 활용하여 면밀히 해외시장조사를 이행하는 것이 필요하다.

- 대한무역투자진흥공사(KOTRA)의 맞춤형 해외시장조사 활용
- 중소기업청의 "중소기업 수출도우미" 사이트 활용(www.esnet.go.kr)
- 중소기업진흥공단을 통해 지방자치단체의 지원을 받아 신청하는 방식으로 KOTRA를 통해 해외시장조사 위탁

▶ **거래처 선정시 관련 기관 등 활용**

○ 수출지역과 표적시장이 선정된 후 거래상대방을 물색하기 위해 한국무역협회, KOTRA, 지방자치단체 등의 지원에 의한 해외사절단 등을 활용하여 직접 수입업자를 만나서 선정하는 방법을 활용할 수 있다.

▶ **정확한 계약서 작성**

○ 계약서 내용을 정확하게 작성하는 것이 중요하다.
이는 분쟁을 미리 예방할 수 있을 뿐만 아니라 추후 분쟁이 발생했을 때 효과적으로 해결할 수 있는 근거가 되기 때문이다.

제5장

수출대금의 결제

제1절 수출계약과 대금결제

제2절 송금결제방식(remittance basis)

제3절 추심결제방식(collection basis)

제4절 신용장(Letter of credit ; L/C) 결제방식

제5절 특수결제 방식

신용장 등 대금결제방법

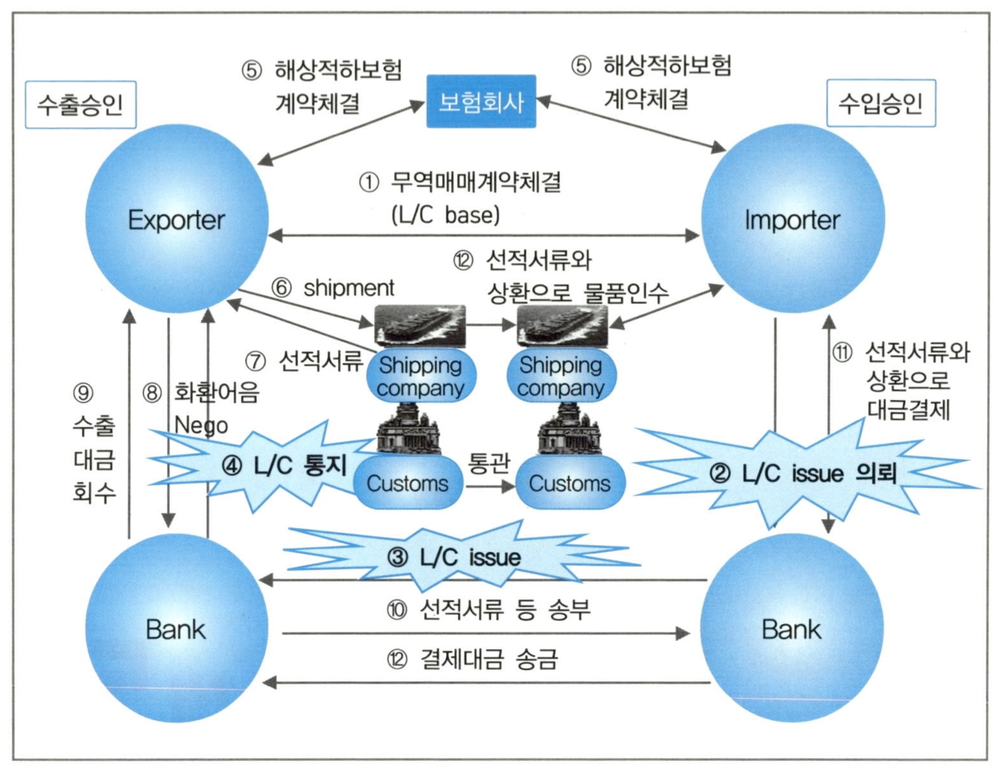

⑤ 해상적하보험 계약체결
보험회사
⑤ 해상적하보험 계약체결
수출승인
수입승인
Exporter
① 무역매매계약체결 (L/C base)
Importer
⑫ 선적서류와 상환으로 물품인수
⑥ shipment
⑦ 선적서류
Shipping company
Shipping company
⑪ 선적서류와 상환으로 대금결제
⑨ 수출 대금 회수
⑧ 화환어음 Nego
④ L/C 통지
Customs
통관
Customs
② L/C issue 의뢰
③ L/C issue
Bank
⑩ 선적서류 등 송부
⑫ 결제대금 송금
Bank

제1절 수출계약과 대금결제

1. 대금결제방법

수출계약을 체결할 때 거래되는 물품에 대한 가격과 명세 등 계약물품의 공급과 관련된 내용과 함께 당해 물품에 대한 대가 지불을 위한 대금결제방법에 대한 조건이 결정되게 된다. 이러한 대금결제방법은 크게 4가지로 구분된다.

1) 송금결제방식(remittance)

송금결제방식은 수입업자가 수출업자에게 은행을 통해 물품대금을 송금하여 결제하는 방식이다. 이 방식에는 송금수표(D/D ; Demand Draft), 우편환(M/T ; Mail Transfer), 전신환(T/T ; Telegraphic Transfer) 등이 있으며 일반적으로 무역거래의 경우 전신환(T/T)을 통해 대부분 결제가 이루어진다.

2) 추심결제방식(collection)

추심결제방식은 수출업자가 수입업자를 지급인으로 하는 환어음(bill of exchange)을 발행하고 은행으로 하여금 이 환어음을 지급인에게 제시하여 해당 대금을 결제하도록 하는 방식이다. 환어음은 대금결제를 청구하기 위해 수출업자가 작성하는 은행 양식의 서류이다. 추심결제방식은 지급인도방식(D/P ; Documents against Payment)과 인수인도방식(D/A ; Documents against Acceptance)이 있다.

3) 신용장 결제방식(L/C ; Letter of Credit)

신용장 결제방식은 수입업자의 거래은행이 수출업자를 향하여 당해 거래에 대한 지급확약을 한 서류인 신용장을 발행하여 대금결제하는 방식이다. 신용장은 서류에 의한 거래로 신용장에서 요구하는 서류가 제시되면 대금을 결제하는 것으로 수출업자 입장에서는 대금결제 받지 못할 위험인 신용위험(Credit Risks)이 제거됨으로 안심하고 물품을 공급할 수 있는 대금결제방식이다.

4) 기타 특수결제방식

위의 세 가지 결제 방식 이외에 기타 특수결제방식으로, 국제팩토링방식(International Factoring)과 포페이팅(Forfaiting) 방식 등이 있다.

2. 수출입 대금결제 현황

한국에서 수출 결제방식으로 현재 가장 많이 이용되는 방식은 송금방식으로, 그 가운데도 전신환을 이용한 송금방식이 가장 많이 이용되고 있다. 이는 수입의 경우도 마찬가지이다.

과거에 신용장방식이 많이 사용되었으나 현재는 그 비중이 점점 더 줄어들고 있는 추세이다. 이는 과거 수출업자가 수입업자를 신뢰할 수 없어서 신용도가 높은 은행이 발행한 신용장이 있어야만 안심하고 거래하였던 반면, 지금은 수입업자에 대한 정보를 쉽게 얻을 수 있어서 수입업자의 신용도를 보다 쉽게 확인할 수 있게 되었다. 또한 신용장거래의 경우 높은 은행 수수료와 거래의 복잡성 등의 문제가 있는 반면 송금방식은 보다 간편하게 결제할 수 있기 때문에 송금방식이 점차로 늘어나서 현재 가장 많이 이용하는 결제방식이 되고 있다.

〈표 5-1〉에서 보는 바와 같이 수출 결제의 경우 신용장 방식은 지속적으로 그 비중이 감소하고 있는 반면, 송금방식 특히 전신환, 우편환을 이용하는 방식이 지속적으로 증가하여 57%이상을 차지하고 있음을 확인할 수 있다.

▌표 5-1▐ 수출 결제방식별 통계

(단위 : 억달러)

구분		'10년	구성비	'12년	구성비	'16년	구성비	'18년	구성비
송금	COD, CAD	618	13.2%	747	13.6%	490	9.9%	672	11.1%
	T/T, M/T	2,190	47%	2,739	50.0%	2,832	57.2%	3,458	57.2%
	소계	2, 808	60.2%	3,486	63.6%	3,322	67.1%	4,130	68.3%
신용장	At sight	553	11.9%	531	9.7%	312	6.3%	350	5.8%
	Usance	173	3.7%	220	4.0%	156	3.1%	221	3.7%
	소계	726	15.6%	751	13.7%	468	9.4%	571	9.4%
추심	D/A	293	6.3%	444	8.1%	417	8.4%	422	7.0%
	D/P	48	1.0%	70	1.3%	51	1.0%	48	0.8%
	소계	341	7.3%	514	9.4%	468	9.4%	470	7.8%
기타		789	16.9%	728	13.3%	696	14.1%	877	14.5%
계		4,664	100%	5,479	100%	4,954	100%	6,048	100.0%

자료 : 관세청

▌표 5-2▐ 수입 결제방식별 통계

(단위 : 억달러)

구분		'10년	구성비	'12년	구성비	'16년	구성비	'18년	구성비
송금	COD, CAD	488	11.5%	591	11.4%	334	8.2%	441	8.2%
	T/T, M/T	2,328	54.7%	3,016	58.0%	2,498	61.5%	3,497	65.3%
	소계	2,816	66.2%	3,607	69.4%	2,832	69.7%	3,938	73.5%
신용장	At sight	369	8.7%	402	7.7%	266	6.6%	312	5.8%
	Usance	632	14.8%	711	13.7%	455	11.2%	503	9.4%
	소계	1,001	23.5%	1,113	21.4%	721	17.8%	815	15.2%
추심	D/A	92	2.2%	124	2.4%	100	2.5%	119	2.2%
	D/P	56	1.3%	40	0.8%	20	0.5%	23	0.4%
	소계	148	3.5%	164	3.2%	120	3.0%	142	2.6%
기타		288	6.8%	312	6.0%	389	9.6%	458	8.6%
계		4,252	100%	5,196	100%	4,062	100%	5,352	100.0%

자료 : 관세청

또한 〈표 5-2〉의 수입 결제방식별 통계에서도 수출과 마찬가지로 신용장 결제방식은 지속적으로 감소하고 전신환, 우편환을 통한 결제방식이 지속적으로 증가하여 65%이상을 차지하고 있음을 확인할 수 있다.

제2절 송금결제방식(remittance basis)

1. 송금결제방식의 개념

송금결제방식은 수입업자가 상품의 인도 전·인도 후 또는 인도와 동시에 수출업자에게 물품대금의 전액을 외화로 송금(remittance)하여 지불함으로써 결제를 완료하는 방법이다.

송금결제방식에는 송금수표(D/D), 우편환(M/T), 전신환(T/T), 대금상환도 방식(COD, CAD) 등이 있다.

송금결제방식은 대금과 환(換)의 이동방향이 둘 다 수입상에서 수출상으로 향한다고 하여 일명 “순환방식(順換方式)”이라고도 한다.

2. 송금결제방식의 종류

송금결제방식은 송금수표(D/D ; Demand Draft), 우편환(M/T ; Mail Transfer), 전신환(T/T ; Telegraphic Transfer), 상품인도결제방식(COD ; Cash On Delivery), 서류인도결제방식(CAD ; Cash against Documents) 등이 있다.

이러한 송금결제방식은 결제시기에 따라 사전송금방식(advance remittance before shipment)과 사후송금방식(deferred remittance after receive goods)으로 나눌 수 있다. 사전송금방식은 물품을 수출하기 전에 미리 물품 대금 전액을 외화로 송금하여 결제하는 방식으로 수출업자에게 유리한 결제방식이다. 즉, 수입업자는 대금의 전액을 물품 선적 전에 외화나 수표 등으로 수출업자에게 미리 송금하고 수출업자는 일정기간 이내에 이에 상응하는 상품을 선적하는 방식이다.

사전송금방식은 추심환 발행이나 신용장 발행, 그리고 선적서류의 준비 등의 복잡한 절차를 피하고자 할 경우 이용되는 것으로 주로 소액물품(견본, 시험용품 등) 결제에 사용된다.

사후송금방식은 사전송금방식과 달리 수출업자가 계약물품을 대금결제 전에 미리 선적해서 보내고 수입업자가 해당 물품을 인수 후에 대금을 결제하는 방식으로, 수입업자가 계약물품을 확인하고 인수 후에 결제함으로 수입업자에게 유리한 결제방식이다.

1) 수표송금방식(D/D ; Demand Draft)

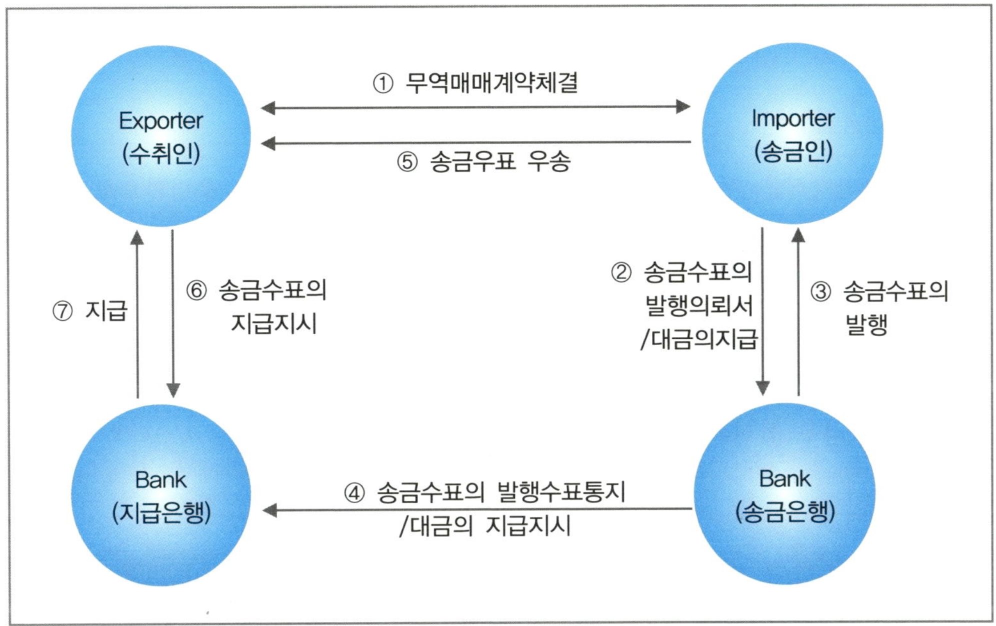

▌그림 5-1▐ 송금수표(D/D)의 결제 과정

수표송금방식은 수입업자가 결제할 대금에 대해 은행에서 송금수표를 발행받아 이를 직접 수출업자에게 송부하여 결제하는 방식이다. 이 결제방식은 송금수표의 우송에 따른 분실 또는 도난 위험으로 인해 소액 결제에 주로 사용된다.

2) 우편환(M/T)과 전신환(T/T) 방식

환(換 ; Exchange)은 격지자간의 채권 채무관계를 직접 현금으로 결제하지 않고 제3자인 금융기관의 중개를 통한 지급위탁의 방법으로 결제하는 수단이나 방법을 의미하며 우편환, 송금환 등이 있다.

송금결제방식은 은행간의 지급지시인 우편환과 전신환을 이용하는 결제방식으로 우편송금환방식과 전신송금환방식이 있다.

(1) 우편송금환방식

우편송금방식은 수입업자의 요청에 따라 송금은행이 송금수표를 발행하는 대신에 지급은행에 대하여 일정한 금액을 지급하여 줄 것을 위탁하는 지급지시서(payment order)에 해당하는 우편환(Mail Transfer : M/T)을 발행하여 이를 송금은행이 직접 지급은행 앞으로 우송하는 방식이다.

(2) 전신송금방식

전신송금환방식은 우편환송금방식과 동일하나, 지급지시서를 우편환으로 발행하는 대신에 전신환(Telegraphic Transfer : T/T)의 형식으로 발행하여 이를 송금은행이 직접 지급은행 앞으로 송신하는 방식이다.

우편환은 우송 중 분실되거나 지연될 가능성이 있는 반면, 전신환은 그런 위험은 없지만 상대적으로 발행 비용이 우편환보다 높다. 따라서 일반적으로 결제금액이 큰 무역거래의 경우 전신환을 이용하게 된다.

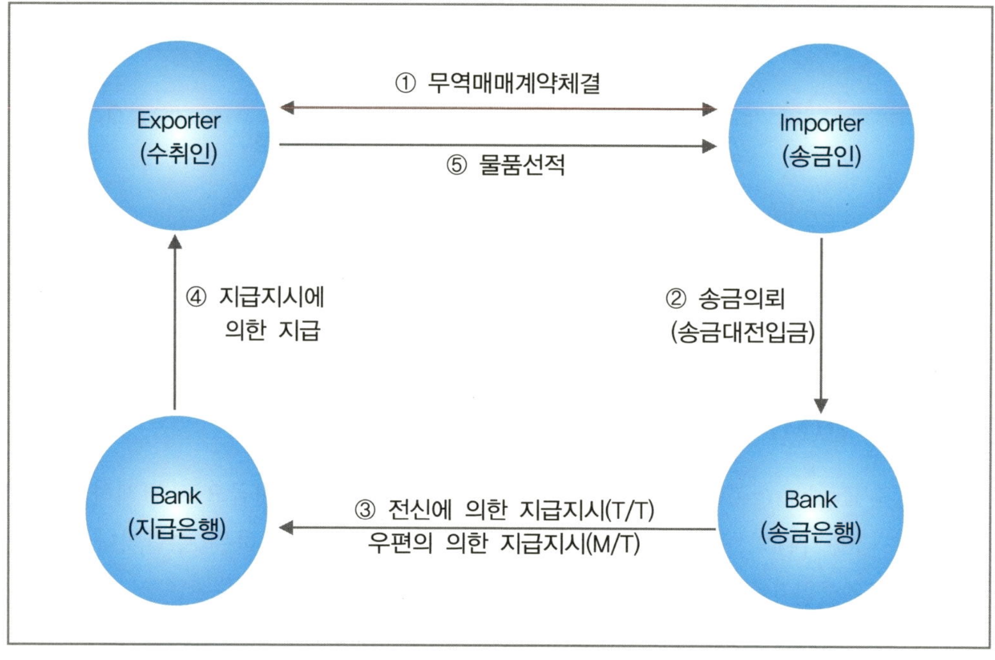

▮그림 5-2▮ 우편환(M/T)과 전신환(T/T)방식의 결제 과정

3) 대금상환도방식(COD, CAD)

대금상환도방식은 상품인도결제방식(COD)과 서류인도결제방식(CAD)이 있다.

상품인도결제방식(Cash On Delivery ; COD)은 수입지에서 수출물품과 상환으로 대금을 현찰로 결제하는 방식으로 수입지에 수출업자의 지사 또는 대리인이 있는 경우에 사용된다.

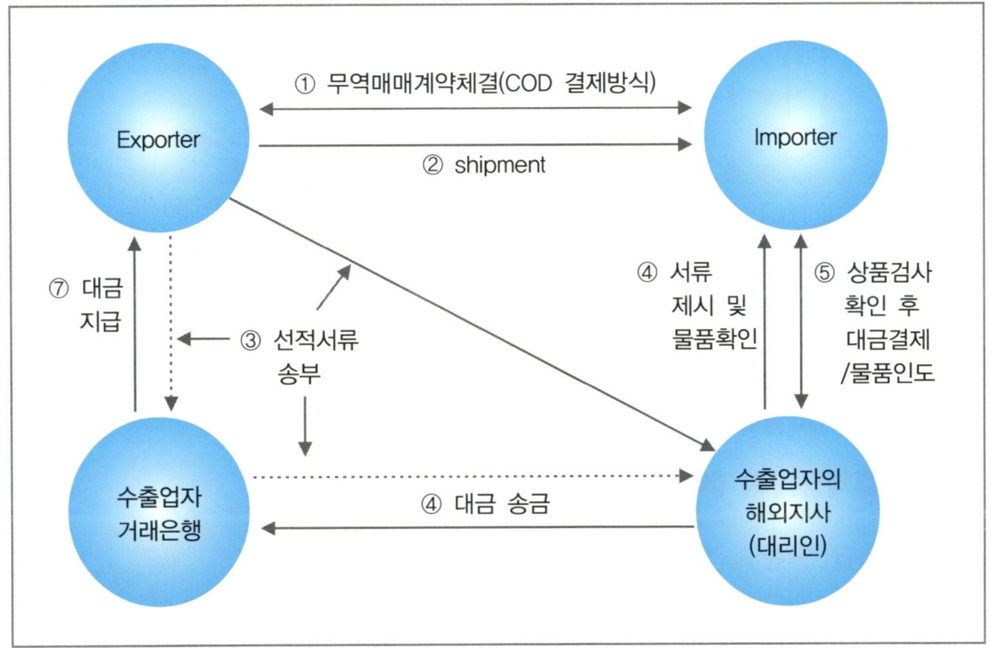

▮그림 5-3▮ 상품인도결제방식(COD)의 결제 과정

서류인도결제방식(Cash against Documents ; CAD)은 수출지에서 선적서류와 상환으로 대금을 현찰로 결제하는 방식으로 수출지에 수입업자의 지사 또는 대리인이 있는 경우에 사용된다.

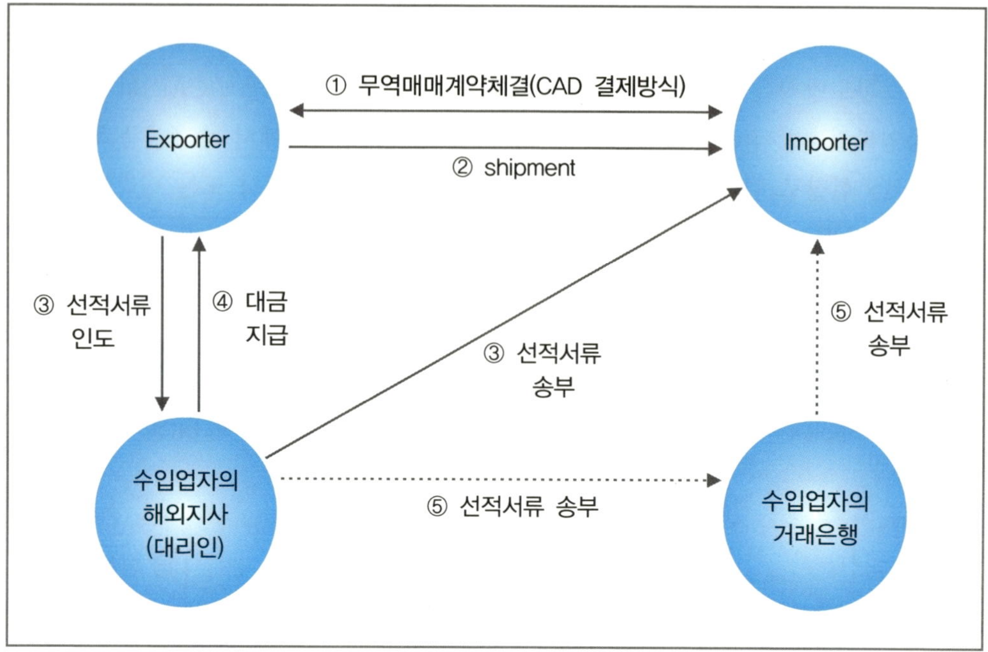

▮그림 5-4▮ 서류인도결제방식(CAD)의 결제 과정

3. 송금결제방식의 한계성

1) 선지급 단순송금방식의 한계

철저한 신용거래를 원칙으로 하지 않는 한, 수입업자 입장에서는 선 지급한 계약물품의 인수가 완벽히 보장되지는 않는다는 한계를 가지고 있다.

2) COD의 한계

계약물품을 수입지로 가져가서 물품과 상환으로 대금결제하기 때문에 수출업자 입장에서는 대금을 지급받는 시기가 CAD에 비해 늦다. 또한 계약물품이 수입지에 도착한 상황에서 수입업자의 이의제기에 따른 물품 인수거절시 대금회수불능 및 해당 물품의 처리 문제 등이 발생하게 된다.

3) CAD의 한계

수출업자 측면에서는 이미 선적된 화물에 대해 수입업자가 여러 가지 이유로 대금지급을 지연하거나 거절하게 될 경우 선적되어 운송된 화물의 회수 및 처리문제가 발생한다.

한편 수입업자 측면에서는 서류를 인수하고 대금을 결제했는데 도착된 물품의 계약된 물품과 일치하지 않을 위험이 상존하게 된다.

제3절 추심결제방식(collection basis)

1. 추심결제방식의 개념

추심결제방식은 취소불능 화환수출입신용장 없이 단순히 매매당사자간의 계약에 의거하여 수출상이 상품을 선적한 후 관련 서류를 첨부한 화환어음을 수입업자에게 제시하면 수입업자가 그 어음에 대한 지급 또는 인수를 하여 결제하는 방법이다.

일반적으로 추심(推尋, collection)은 은행이 소지인의 의뢰를 받아 수표 또는 어음을 지급인에게 제시하여 지급하는 일을 의미한다.

추심결제방식은 결제대금이 수입업자로부터 수출업자에게로 이동하지만 환은 수출업자로부터 수입업자에게로 이동하므로 대금과 환의 이동 방향이 반대이므로 이를 "역환방식(逆換方式)"이라고도 한다.

추심결제방식은 지급인도방식(D/P)과 인수인도방식(D/A)이 있다.

2. 추심결제방식의 종류

1) 지급인도방식(Documents Against Payment ; D/P)

지급인도방식(D/P)은 수출업자가 일람불 환어음(sight bill)을 발행하여 은행을 통해 해당 환어음의 지급인인 수입업자로부터 대금을 추심하도록 하여 결제 받는 방식이다.

2) 인수인도방식(Documents Against Acceptance ; D/A)

인수인도방식(D/P)은 30일, 60일, 120일 등의 만기를 가진 기한부 환어음(usance bill)이 발행되며 이 기한부 환어음이 은행을 통해 수입업자에게 제시되면 일단 인수(acceptance)하고 만기일에 지급하는 방식이다.

3. 추심결제방식의 결제과정

1) 지급인도방식(D/P)의 결제과정

지급인도방식(D/P)에 의한 거래는 〈그림 5-5〉에서 보여주는 바와 같은 절차에 따라 일반적으로 이루어진다.

① 대금결제방식을 지급인도방식(D/P)으로 한 무역매매계약을 체결한다.

② 수출업자는 계약에 일치한 제품을 선적하고 운송서류를 입수한다.

③ 해당 선적서류와 함께 수입업자를 지급인(drawee)으로 한 일람출급 환어음(sight bill)을 발행하여 자신의 거래은행인 추심의뢰은행(remitting bank)에게 이를 제시하여 추심을 의뢰한다.

③-1 수출업자에 대해 거래은행인 추심의뢰은행(remitting bank)이 신뢰하는 경우에는 추심전에도 화환어음을 매입하여 수출대금을 수출업자에게 지급할 수 있다. 이 경우 수출업자는 빨리 수출대금을 회수할 수 있게 되는 편의를 누릴 수 있다.

④ 추심의뢰은행은 해당 화환어음(선적서류 + 환어음)을 수입지의 추심은행(collecting bank)에게 송부하여 추심을 의뢰한다.

⑤ 수입지의 추심은행이 해당 환어음의 지급인인 수입업자에게 일람불 환어음을 제시한다.

⑥ 수입업자는 제시된 일람불 어음을 즉시 지급(payment)하고 선적서류를 인수하게 된다.

⑦ 추심은행이 지급받은 대금을 수출지의 추심의뢰은행에게 송금하게 된다.

⑧ 송금 받은 금액을 추심의뢰은행이 다시 수출업자에게 지급하게 된다.

해당 추심결제절차에 개입된 추심의뢰은행과 추심은행은 단순히 추심업무만 수행할 뿐 해당 선적서류 등에 대한 심사의무가 없다.

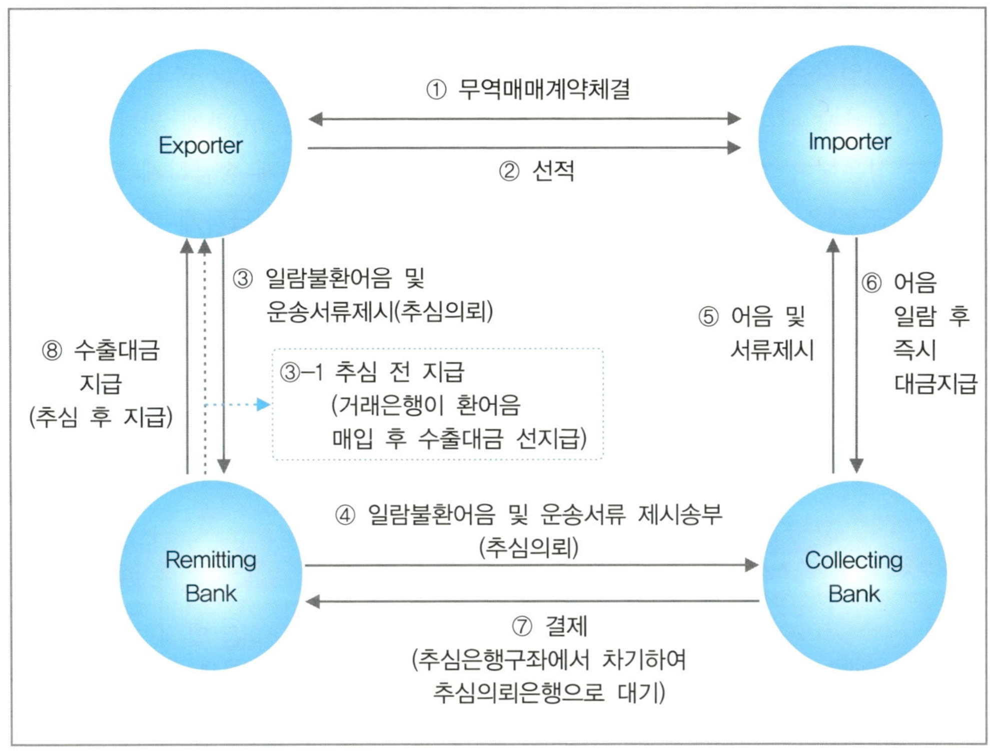

▮그림 5-5▮ 지급인도방식(D/P)의 거래절차

2) 인수인도방식(D/A)의 결제과정

인수인도방식(D/A)에 의한 거래는 〈그림 5-6〉에서 보여주는 바와 같은 절차에 따라 일반적으로 이루어진다.

① 대금결제방식을 인수인도방식(D/A)으로 한 무역매매계약을 체결한다.

② 수출업자는 계약에 일치한 제품을 선적하고 운송서류를 입수한다.

③ 해당 선적서류와 함께 수입업자를 지급인(drawee)으로 한 기한부 환어음(usance bill)을 발행하여 자신의 거래은행인 추심의뢰은행(remitting bank)에게 이를 제시하여 추심을 의뢰한다.

③-1 수출업자에 대해 거래은행인 추심의뢰은행(remitting bank)이 신뢰하는 경우에는 추심전에도 화환어음을 매입하여 수출대금을 수출업자에게 지급할 수 있다. 이 경우 수출업자는 빨리 수출대금을 회수할 수 있게 되는 편의를 누릴 수 있다.

④ 추심의뢰은행은 해당 화환어음(선적서류 + 환어음)을 수입지의 추심은행(collecting bank)에게 송부하여 추심을 의뢰한다.

⑤ 수입지의 추심은행이 해당 환어음의 지급인인 수입업자에게 기한부 환어음을 제시한다.

⑥ 수입업자는 제시된 기한부 환어음을 즉시 인수(acceptance)하고 선적서류를 입수하게 된다. 그리고 환어음의 만기일에 지급(payment)하게 된다.

⑦ 추심은행이 지급받은 대금을 수출지의 추심의뢰은행에게 송금하게 된다.

⑧ 송금 받은 금액을 추심의뢰은행이 다시 수출업자에게 지급하게 된다.

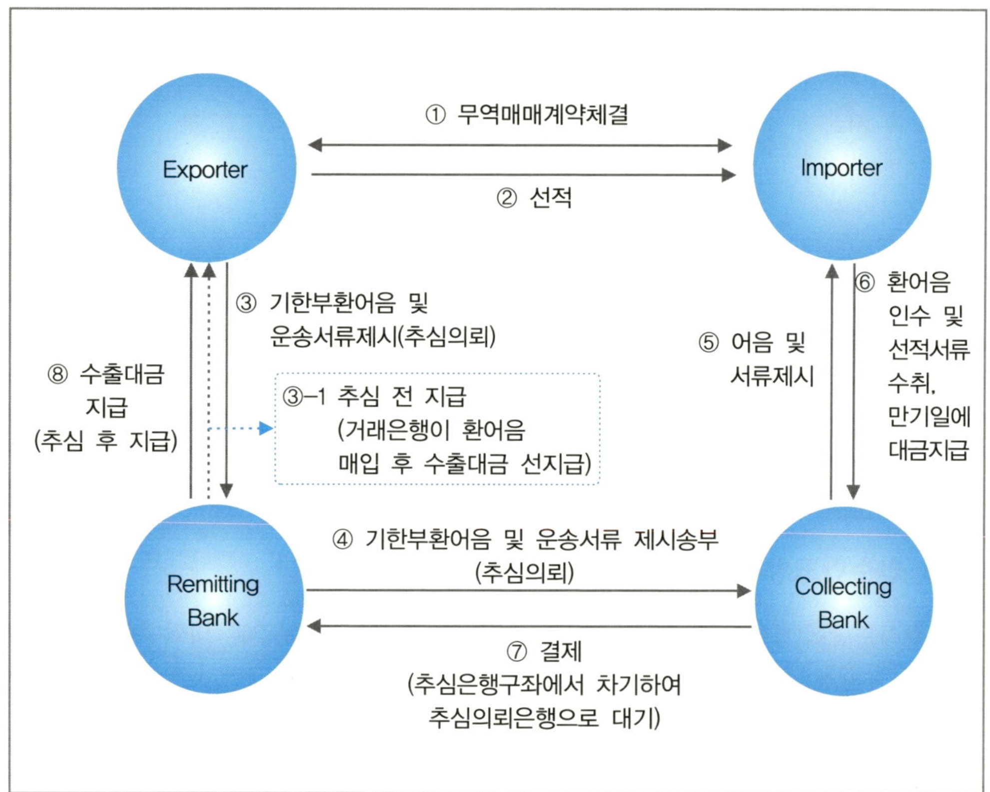

▌그림 5-6▐ 인수인도방식(D/A)의 거래절차

4. 추심결제방식의 관계당사자

1) 추심의뢰인(principal)

계약물품을 선적하고 자신의 거래은행인 추심의뢰은행에게 추심을 의뢰하는 자로, 매도인인 수출업자를 말한다.

2) 추심의뢰은행(remitting bank)

추심의뢰인으로부터 추심을 의뢰받은 수출국의 은행을 말하며 추심의뢰인의 대리인 성격을 갖는다. 추심의뢰인의 거래은행인 추심의뢰은행은 수출업자의 금융상의 편의를 고려하여 당해 선적서류와 환어음에 대해 추심전 매입을 하는 경우도 있다.

3) 추심은행(collecting bank)

추심의뢰은행 이외에 추심과정에 참여하는 은행을 말하는데, 추심의뢰은행이 요청한 추심의뢰서(collection order)에 따라 환어음의 지급인에게 추심하여 대금을 송부하는 은행을 말한다.

4) 제시은행(presenting bank)

환어음의 지급인인 수입업자에게 환어음을 제시하는 수입국의 은행을 말하는데, 일반적으로 추심은행이 제시은행이 된다.

5. 지급인도방식(D/P)과 인수인도방식(D/A)의 차이점

지급인도방식(D/P)과 인수인도방식(D/A)의 차이점은 일람불 환어음(sight bill)과 기한부 환어음(usance bill) 발행의 차이라고 할 수 있다. 즉, D/P방식은 일람불 환어음(sight bill)을 발행하고 D/A방식은 기한부 환어음(usance bill)을 발행하게 된다. 이때 발행하는 환어음의 지급인(drawee)은 모두 수입업자가 된다.

	환어음의 종류	환어음의 처리 방식
D/P	Sight bill	일람 즉시 지급
D/A	Usance bill	인수후 만기일에 지급

6. 추심결제방식의 한계성

1) D/P결제방식의 한계

수출업자 입장에서는 계약물품을 선적해서 수입업자에게 보냈는데 상품가격의 폭락 등의 이유로 수입업자가 제시된 운송서류를 고의적으로 인수하지 않고 대금지급도 하지 않게 될 신용위험(credit risks)을 갖게 된다.

수입업자 입장에서는 일람불 환어음에 대해 즉시 대금 지급을 하게 되나 추후 도착한 화물이 계약과 상이한 물품을 받게 될 상업위험(commercial risks)을 갖게 된다.

2) D/A결제방식의 한계

수출업자 입장에서는 수입업자가 환어음 인수 후 물품을 수령했으나 환어음 만기 전에 수입업자의 파산 등으로 인해 대금회수를 하지 못할 신용위험(credit risks)을 갖게 된다.

3) 한계성 극복 대안

D/P, D/A 결제방식의 한계점인 수출업자의 신용위험을 제거하기 위한 방안으로 신용장 결제방식을 활용할 수 있다. 신용장(L/C ; Letter of Credit)은 수출입 당사자간의 신용상태 불안에 따른 무역거래의 문제점을 해결하기 위한 대안으로 등장한 결제방식이다. 신용장 거래는 신용장 발행은행이 수입업자를 대신하여 수출업자를 위해 대금지급을 확약한 서류이다. 이를 통해 수출업자는 대금영수불능위험(신용위험)을 받지 않게 되고 수입업자는 조건과 일치하는 서류를 인도받으면서 대금지급을 하게 됨으로써 상품 미인도의 위험을 방지할 수 있게 된다.

제4절 신용장(Letter of credit ; L/C) 결제방식

1. 신용장의 개념과 필요성

1) 신용장의 개념

신용장 거래의 시작은 14~15세기 경 불안전한 신용을 보충하기 위해 영국의 은행들이 자신의 지급서장을 수입상에게 발급하면서부터 시작되었다.

신용장은 대금결제의 원활화를 기하기 위하여 신용장의 요구에 일치하는 서류를 제시하면 수입업자를 대신하여 발행은행이 지급의 이행 혹은 신용장에 의하여 발행된 어음의 지급, 인수를 수출업자 또는 어음 매입은행 및 어음의 선의의 소지인에게 확약하는 증서이다.

"화환신용장에 관한 통일규칙 및 관례(Uniform Customs and Practice for Documentary Credits : UCP)[1]" 제2장 정의에서 "신용장(Credit)은 그 명칭과 상관없이 발행은행이 일치하는 제시에 대하여 결제(honour)하겠다는 확약으로서 취소가 불가능한 모든 약정을 의미한다."라고 정의하고 있다.

여기서 '결제(honour)'는 a. 신용장이 일람지급에 의하여 이용가능 하다면 일람출급으로 지급하는 것, b. 신용장이 연지급에 의하여 이용가능하다면 연지급을 확약하고 만기에 지급하는 것, c. 신용장이 인수에 의하여 이용가능하다면 수익자가 발행한 환어음을 인수하고 만기에 지급하는 것을 의미한다.

2) 신용장의 필요성

수출업자는 물품인도 후 대금결제를 받지 못할 위험(신용위험 ; credit risks)으로 인해 물품인도 전에 대금결제 받기를 원하나 수입업자는 계약과 일치하지 않는 물품이 도착할 위험(상업위험 ; commercial risks)으로 인해 물품 수령 후 대금결제를 하고자 원한다.

이러한 수출업자와 수입업자의 상이한 이해관계와 위험을 은행이 양 당사자 사이에 개입하여 수출업자에게는 신용위험을 제거해 주고 수입업자에게는 물품과 동일한 역할을 하는 선적서류 인수 후 대금결제를 할 수 있도록 하여 무역을 원활화하기 위해 도입된 것이 신용장이다.

3) 신용장 거래의 이점

(1) 수출업자 입장

① 신용위험 제거로 거래 안전성 확보

수출업자가 신용장을 입수하게 되면 신용장발행은행의 지급확약을 담보 받게 되는 것으로 만약 수입업자(매수인)가 대금결제를 할 수 없는 상황이 발생하더라고 신용장발행은행이 최종 지급을 약속하였으므로 신용위험이 제거되는 효과가 발생한다. 따라서 거래의 안전성이 확보되는 이점을 수출업자는 누릴 수 있게 된다.

② 화환어음의 매입을 통한 수출대금 조기 회수

일반적으로 신용장은 화환어음의 매입을 이용할 수 있도록 발행된다. 따라서 수출업자는 자신의 거래은행 등 매입은행에게 화환어음의 매입을 의뢰하여 매입은행이 매입함에 따라 수출업자를 매입대금 회수를 통해 수출대금을 조기 회수할 수 있는 이점을 갖는다.

---

1) 일명 '신용장통일규칙' 이라고 하며 현재 2007년도 개정된 UCP 600을 사용하고 있다.

③ 신용장을 담보로 한 대금 융자(무역금융) 가능

신용장은 향후 수출을 통해 수출대금을 받을 수 있는 약속이 담보된 것이므로 수출업자가 일단 신용장을 입수하게 되면 그 신용장을 담보를 무역금융을 받을 수 있어서 자금상의 융통성을 확보할 수 있는 이점이 있다.

(2) 수입업자 입장

① 유리한 계약 협상 지위 확보

신용장 거래는 기본적으로 수익자인 수출업자에게 유리한 대금결제조건이다. 따라서 무역계약 협상시 일단 대금결제조건을 수출업자에게 유리한 신용장조건으로 결정하게 된다면 수입업자는 다른 계약조건 협상에 보다 유리한 지위에서 협상을 이어갈 수 있는 이점을 누릴 수 있다.

② 수출업자의 계약조건 이행 담보

신용장은 서류에 의한 거래로 기본적으로 신용장 조건에 일치한 서류를 제시해야만 대금결제를 받을 수 있다. 따라서 수입업자는 신용장이 발행됨에 따라 수출업자가 신용장에 기재된 조건대로 계약을 이행할 것에 대한 담보를 갖게 되는 이익이 있다.

2. 신용장결제방식의 거래절차

신용장결제방식에 의한 거래는 〈그림 5-7〉에서 보여주는 바와 같은 절차에 따라 일반적으로 이루어진다.

① 수출업자(매도인)와 수입업자(매수인) 사이에 결제조건을 신용장 방식으로 한 무역매매계약을 체결한다.

② 신용장 발행의뢰인인 수입업자가 자신의 거래은행인 신용장 발행은행에게 신용장발행신청서를 통해 신용장 발행을 의뢰하게 된다. 신용장발행신청서에는 발행의뢰인이 수입물품에 관한 모든 권리를 신용장 발행은행에 양도한다는 내용을 담고 있다. 또한 발행의뢰인이 별도로 작성하여 제출한 외국환거래 약정서상에도 신용장 발행과 관련된 약정이 담겨 있다. 이를 근거로 신용장 발행은행은 발행의뢰인의 신용한도 범위 내에서 신용장을 발행하게 된다.

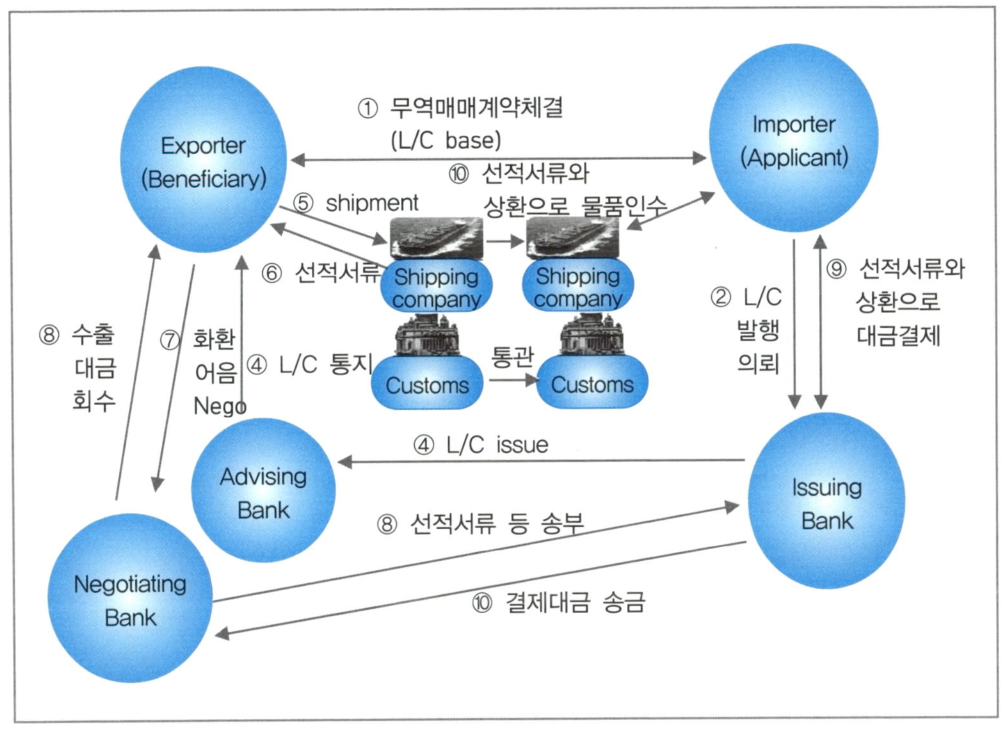

▌그림 5-7▐ 신용장 결제방식의 거래절차

③ 발행은행은 발행의뢰인의 의뢰에 따라 신용장을 발행하여 수출국의 통지은행으로 보낸다. 이때 통지은행은 일반적으로 개설은행의 본 · 지점간의 관계나 환거래취급계약은행(Correspondent Bank)이 된다.

④ 발행된 신용장을 받은 통지은행은 신용장의 수익자인 수출업자에게 신용장의 내도를 통지하게 된다. 통지 받은 수익자는 일정 통지 수수료를 지급하고 원본 신용장을 입수하게 된다.

⑤ 신용장을 입수한 수출업자는 신용위험이 제거되기 때문에 안심하고 계약물품을 선적하게 된다.

⑥ 수익자인 수출업자는 선박회사를 통해 계약물품을 선적 후 선적서류인 선하증권(B/L)을 입수하게 된다.

⑦ 수출업자는 수출대금에 대한 청구서인 환어음(일람불 환어음 또는 기한부 환어음)에 선적서류를 첨부한 화환어음(Documentary Bill)을 자신의 거래은행(매입은행)에 매입(negotiation)을 요청하게 된다.

⑧ 매입은행은 화환어음을 매입 후 해당 매입대금을 수출업자에게 지불하게 된다. 이를 통해 수출업자는 수출대금을 회수하게 된다.

⑨ 매입은행은 해당 화환어음을 신용장 발행은행으로 송부하게 된다.
⑩ 화환어음을 송부받은 신용장 발행은행은 해당 선적서류를 수입업자에게 제시하고 선적서류와 상환으로 대금을 결제 받게 된다.
⑪ 수입업자는 입수한 선적서류를 가지고 계약물품이 수입지에 도착하게 되면 해당 선적서류와 상환으로 물품을 인수하게 된다. 한편 신용장 발행은행은 수입업자로부터 지급받은 대금을 매입은행으로 상환하게 된다.

3. 신용장 거래 당사자

1) Applicant(발행의뢰인)

UCP 600 제2조에서 "발행의뢰인(Applicant)은 신용장 발행을 신청한 당사자를 의미한다"라고 정의하고 있다. 즉, 매매계약하에 수출상 앞으로 신용장을 발행해 줄 것을 자신의 거래은행에 요청하거나 지시하는 당사자로 일반적으로 수입업자(매수인)이다.

2) Issuing Bank(발행은행)

UCP 600 제2조에서 "발행은행(Issuing bank)은 발행의뢰인의 신청 또는 그 자신을 위하여 신용장을 발행한 은행을 의미한다."라고 정의하고 있다. 즉, 신용장을 발행하는 은행으로 신용장의 수익자가 제시한 서류와 상환으로 지급하거나 수익자가 발행한 환어음을 지급 또는 인수할 것을 확약한 은행이다.

3) Beneficiary(수익자)

UCP 600 제2조에서 "수익자(Beneficiary)는 신용장 개설을 통하여 이익을 받는 당사자를 의미한다."라고 정의하고 있다. 즉, 신용장에 의거하여 대금의 지급을 받아 이익을 받게 되는 당사자로 일반적으로 수출업자(매도인)이다.

4) Confirming Bank(확인은행)

UCP 600 제2조에서 "확인은행(Confirming bank)은 발행은행의 수권 또는 요청에 의하여 신용장에 확인을 한 은행을 의미한다."라고 정의하고 있다. 여기서 "확인(Confirmation)"은 일치하는 제시에 대하여 결제(honour) 또는 매입하겠다는 발행은행의 확약에 추가하여 확인은행이 하는 확약을 의미한다.

일반적인 신용장의 경우 확인은행이 없지만, 신용장 발행은행의 신용도에 문제가 있거나 발행은행이 있는 국가의 상황이 불안한 경우 등 발행은행의 지급확약에 문제가 있는 경우에는 제3의 선진국의 은행을 확인은행으로 설정하여 발행은행의 수익자에 대한 지급확약에 추가하도록 신용장에 기재하게 된다.

5) Advising Bank(통지은행)

UCP 600 제2조에서 "통지은행(Advising Bank)은 발행은행의 요청에 따라 신용장을 통지하는 은행을 의미한다."라고 정의하고 있다. 즉, 수익자에게 신용장이 발행된 사실과 신용장의 내용을 통지해주는 은행이다. 일반적으로 발행은행의 지점이거나 환거래취급계약은행(correspondent bank)이다.

6) Negotiating Bank(매입은행)

발행은행이나 발행의뢰인 앞으로 발행된 환어음이나 서류를 매입하도록 수권된 은행을 말하며 신용장에 매입은행이 지정된 경우는 지정은행[2]이, 매입은행이 지정되어 있지 않은 경우에는 어떤 은행도 매입은행이 될 수 있다.

UCP 600 제2조에서 "매입(Negotiation)은 일치하는 제시에 대하여 지정은행이, 지정은행에 상환하여야 하는 대금을 은행영업일 또는 그 전에 지급함으로써 또는 대금지급에 동의함으로써 환어음(지정은행이 아닌 은행 앞으로 발행된) 및/ 또는 서류를 매수(purchase)하는 것을 의미한다."라고 정의하고 있다.

일반적으로 수출업자의 거래은행이 매입은행이 되나 특정은행(일반적으로 통지은행)을 매입은행으로 지정한 신용장의 경우 수출업자의 거래은행이 매입한 후 지정매입은행으로 재매입(Renegotiation)하게 된다.

7) Nominated Bank(지정은행) = Authorized Bank(수권은행) = Paying Bank(지급은행), Accepting Bank(인수은행), Negotiating Bank(매입은행)

UCP 600 제2조에서 "지정은행(Nominated bank)은 신용장에서 권한을 받은 특정한 은행을 의미하고, 모든 은행에 대한 수권이 있는 신용장의 경우에는 모든 은행을 의미한다."라고 정의하고 있다.

또한 UCP 600 제6조 "a. 신용장은 그 신용장이 이용가능한 은행을 명시하거나

---

2) 지정은행(Nominated bank)은 신용장에서 권한을 받은 특정한 은행을 의미하고, 모든 은행에 대한 수권이 있는 신용장의 경우에는 모든 은행을 의미한다(UCP 600 제2조).

모든 은행에서 이용가능한지 여부를 명시하여야 한다. 지정은행에서 이용가능한 신용장은 또한 발행은행에서도 이용할 수 있다. b. 신용장은 그 신용장이 일람지급, 연지급, 인수 또는 매입에 의하여 이용가능한지 여부를 명시하여야 한다."라고 규정되어 있어서 신용장의 이용가능 은행은 모든 은행이 가능하게 하거나 특정은행만 이용하도록 지정할 수 있으며 일람지급, 연지급, 인수 또는 매입 중 어느 방식으로 이용할지를 명시하도록 되어 있다. 이때 지급, 인수, 매입을 수권받은 은행이 지급은행, 인수은행, 매입은행이 되며 발행은행 자신이 스스로 지급, 인수, 매입은행이 될 수 있다.

지급은행(Paying Bank)은 발행은행과 예치환거래계약을 체결하여 자행에 발행은행 명의의 예금계정을 설치하여 두고 신용장의 조건과 일치하는 서류가 제시될 때 또는 그러한 서류가 첨부된 환어음(일람출급)이 자행을 지급인으로 하여 제시될 때 발행은행의 예금계정에서 차감하면서 지급을 이행하는 은행을 말한다.

일반적으로 지급은행은 ① 발행은행 자신, ② 발행은행의 지정을 받은 예치환거래은행(depository correspondent bank), ③ 발행은행이 결제대금의 전액을 미리 위탁시켜 둔 지정은행이 된다.

한편 인수은행(Accepting Bank)은 신용장의 조건에 따라 수익자가 환어음을 발행할 때 기한부환어음을 발행하여 은행에 제시할 경우 이 기한부 환어음을 인수하도록 수권된 은행을 말한다. 기한부환어음이 만기일에 인수은행이 반드시 지급하게 되므로 인수은행은 어음만기일에 지급은행이 된다.

8) Reimbursing Bank(상환은행)

신용장에서 지급, 인수 또는 매입은행에 대해 상환을 발행은행의 본·지점 또는 환거래계약은행인 제3의 은행으로 하여금 청구하게 하는 경우 발행은행을 대신하여 상환업무를 수행하는 은행을 말한다.

일반적으로 상환은행의 지정은 결제통화가 수출국이나 수입국의 통화가 아닌 제3국의 통화일 때 그 제3국에 있는 발행은행의 본·지점이나 예치환거래은행에서 이루어진다.

상환은행은 지급, 매입은행에게 어음 대금을 결제하기 때문에 "결제은행(settling bank)"이라고도 한다.

■ 서식 5-1 ■ 취소불능화환신용장발행신청서

은행용

취소불능화환신용장발행신청서
(Application for Irrevocable Documentary Credit)

담 당	검토자	결재권자

TO : **WOORI BANK** 1. DATE :

*1. Credit no : 용도구분 : (예시: NS, ES, NU 등)

*2. Advising Bank : (SWIFT CODE : ICBCTWTP206

3. Applicant :

4. Beneficiary :

5. Amount : 통 화 USD 금 액 Tolerance 10 10

6. Expiry Date : 11-Apr-11 ☐ in the Beneficiary Country ☐ at the counters of ourseleves 7. Latest date of shipment : BEFORE MAR.31. 2011

8. Tenor of Draft ☐ At Sight (☐ Reimbursement ☐ Remittance)
☐ Usance (☐ Banker's ☐ Shipper's) days ☐ After sight
☐ From B/L date
☐ Other :

9. For % of the invoice value

DOCUMENTS REQUIRED (46A:)

10. ☐ Full set of Clean (☐ on Board Ocean Bills of Lading ☐ Multimodal Transport Document) made out to the order of WOORI BANK marked "Freight ☐ Collect ☐ Prepaid ☐ Payable as per charter party" and notify (☐ Applicant ☐ Other :
☐ Air Waybills consigned to WOORI BANK marked "Freight ☐ Collect ☐ Prepaid" and notify (☐ Applicant ☐ Other :

11. ☐ Insurance Policy or certificate in duplicate endorsed in blank for 110% of the invoice value, stipulating that claims are payable in the currency of the draft and also indicating a claim settling agent in Korea. Insurance must include : the institute Cargo Clause : ☐ All Risks ☐ Other :

12. ☐ Signed commercial invoice in 13. ☐ Certificate of analysis in

14. ☐ Packing list in 15. ☐ Certificate of weight in

16. ☐ Certificate of origin in issued by

17. ☐ Inspection certificate in issued by

18. ☐ Other documents (if any)

19. Description of goods and/or services (45A:) (H.S CODE :) Price Term

Commodity Description	Quantity	Unit Price	Amount
Country of Origin		Total	

20. 해상/항공 Port of loading / Airport of Departure : Port of Discharge / Airport of Destination :
복합운송 Place of Taking in Charge / Dispatch from···/ Place of Receipt :
Place of Final Destination / For Transportation to... / Place of Delivery :

21. Partial Shipment : ☐ Allowed ☐ Prohibited 22. Transhipment : ☐ Allowed ☐ Prohibited

23. Confirmation (☐ Without ☐ May add ☐ With)
Confirmation Charges : ☐ Beneficiary ☐ Applicant

24. Transfer : ☐ Allowed (Transferring Bank :)

25. Documents must be presented within days after the date of shipment of B/L or other transportation documents.

Additional Conditions (47A:)

☐ All banking charges (including postage, advising and payment commission, negotiation and reimbursement commission) outside Korea are for account of ☐ Beneficiary ☐ Applicant
☐ Stale B/L AWB acceptable ☐ Charter Party B/L is acceptable ☐ Third party B/L acceptable
☐ Third party document acceptable
☐ T/T Reimbursement : ☐ Allowed ☐ Prohibited
☐ Bills of lading should be issued by
☐ (House) Air Waybills should be issued by
☐ (10) % More or less in quantity and amount to be acceptable.
☐ The number of this credit must be indicated in all documents.
☑ Other conditions : Usance drafts must be negotiated on at sight basis and Acceptance Commission and discount charges are for buyer's account

* Drawee Bank (42A:) :
* Reimbursement Bank (53A:)

Except so far as otherwise expressly stated, This Documentary credit is subject to the Uniform Customs and Practice for Documentary Credits (2007 Revision) International Chamber of Commerce Publication No. 600

위와 같이 신용장 발행을 신청함에 있어서 따로 제출한 외국환거래약정서의 해당 조항을 따를 것을 확약하며, 아울러 위 수입물품에 관한 모든 권리를 귀행에 양도하겠습니다. 중국 위안화에 의한 거래시에는 현지 정책에 따라 거래제한이 될 수 있음을 인지하였으며, 거래상대방이 위안화 결제 가능 기업에 포함되는지의 여부를 당사에서 사전에 확인하였고 이로 말미암은 문제에 대해서는 당사에 책임이 있음을 확약합니다

승인신청번호	
고 객 번 호	

주 소

신 청 인 (인)

인감 및 원본 확인

수입 (4040031, 210×297) 수입신용장발행신청서 NCR지 2매 1조 (2010.06 개정)

▌서식 5-2▐ 외국환거래 약정서

은행은 본인에게 이 약정서상의 중요한 내용을 설명하여야 하며, 은행여신거래기본약관과 이 약정서의 사본을 교부하여야 합니다.

계	책임자	관리자	부점장

외국환거래 약정서

년 월 일

본 인 (인)

주 소

본인은 하나은행(이하" 은행"이라 합니다)과 수출 · 수입 · 내국신용장발행 · "내국신용장환어음, 판매대금추심의뢰서" 매입(추 심)거래 · 선적통지부 사후송금방식 수출거래에 의한 수출대금채권 매입거래를 함에 있어" 은행여신거래기본 약관"이 적용됨을 승인하고 다음 각 조항을 확약합니다.

제 1 장 공통사항

제1조 정의

이 약정서에서 사용하는 용어의 뜻은 다음과 같다.

①" 화환어음"이란 선적서류를 첨부하여 발행하는 환어음을 말한다.

②" 무화환어음"이란 화환어음에 대응되는 것으로서 환어음에 선적서류가 첨부되지 않고 그 대신 증명서 또는 확인서를 붙이는 조건으로 발행하는 환어음을 말한다.

③" 내국신용장"이란 수출물품 또는 수출용원자재를 국내에서 구매하기 위한 신용장을 말한다.

④" 선적통지부 사후송금방식 수출거래(Open Account Transaction)"란 물품매매계약에 따라서 수출상은 상품선적과 함께 운송서류를 수입상 앞으로 직접 발송하고, 일정기간 경과 후 수출대금을 수출상이 지정한 은행계좌에 수입상이 직접 입금시키는 수출거래를 말한다.

⑤" 대도"란 은행이 수입화물에 대한 소유권을 유지한 채, 고객의 '수입화물대도신청'에 따라 수입거래 관련 대금 결제 전에 당해 수입화물을 처 분할 수 있도록 허용하는 것을 말한다.

⑥" 일람출급"이란 구비한 서류를 은행에 제시하고 대금을 청구하면 즉시 대금을 지급하는 것을 말한다.

⑦" 기한부출급"이란 일람출급에 대칭되는 것으로 30일, 60일, 90일과 같이 일정기간이 지난 후 대금을 지급하는 것을 말한다.

⑧" 차기통지서"란 은행의 예치환거래은행이 지급지시 등에 따라 자금을 출금하였다는 통지서를 말한다.

⑨" 수입화물선취보증서"란 수입물품은 이미 도착했으나 운송서류가 도착하지 않아 운송서류 도착 이전에 선박회사에 선하증권 원본 대신 제출 하고 수입화물을 인도받는 은행이 발행한 보증서를 말한다.

⑩" 확인신용장"이란 개설은행 이외의 제3은행이 신용장에 대한 지급을 확약하는 신용장을 말한다.

⑪" (대고객)전신환매도율"이란 현찰 외 외화를 살 때의 환율 또는 외화로 송금을 보낼 때 적용되는 환율을 말한다.

⑫" (대고객)전신환매입율"이란 현찰 외 외화를 팔 때의 환율 또는 외화로 송금을 받을 때 적용되는 환율을 말한다.

제1조의 2 적용범위

이 약정은 다음 각 항의 현재 및 장래의 모든 거래(전자문서교환방식에 의한 거래를 포함합니다)에 적용하기로 합니다.

① 수출거래
  1. 화환어음(환어음이 첨부되지 않은 선적서류를 포함합니다. 이하 이 약정에서 같습니다.)의 매입 및 추심
  2. 보증신용장 등에 의한 무화환어음(Clean Bill)의 매입
  3. 기타 전 각호에 준하는 거래

② 수입거래
  1. 신용장 발행
  2. 화환어음의 인도 및 결제
  3. 보증신용장에 의한 무화환어음의 인도 및 결제
  4. 기타 전 각호에 준하는 거래

③ 내국신용장 발행 거래

④ 내국신용장환어음 또는 판매대금추심의뢰서(이하" 내국신용장어음등" 이라고 합니다)의 매입(추심)거래

⑤ 선적통지부 사후송금방식 수출거래(Open Account Transaction)에 의한 수출대금채권 매입거래(이하 수출대금채권 매입거래라 합니다)

제2조 권리의 행사
① 수출화환어음 및 내국신용장어음 등 매입대금(은행의 매입대금을 말합니다. 이하 이 약정에서 같습니다) 및 수출대금채권 매입대금에 관하여 은행은 아래 제10조, 제11조, 제23조, 제24조 및 제28조에 의하여 이를 청구하거나 금전소비대차에 의한 대출금으로 보아 어음채권(어음이 발행된 경우에 한함) 또는 여신채권 중 어느 것에 의하여도 청구할 수 있습니다.
② 수입화환어음 및 내국신용장환어음 결제를 위한 대지급금의 경우에는 은행은 어음채권(어음이 발행된 경우에 한함) 또는 여신채권 중 어느 것 에 의하여도 청구할 수 있습니다.

제3조 담 보
본인은 제1조의 2거래에 수반하는 물품 및 관련 서류를 당해 거래와 관련하여 은행에 부담하는 채무와 이에 부수하는 이자, 할인료, 수수료, 지연 배상금, 기타 부대비용 등의 지급을 위한 담보로서 은행에 양도하기로 합니다.

제4조 적용환율
적용환율은 신청서 등을 접수한 날과 관계없이 실제로 지급받거나 지급하는 날의 은행이 정한 해당 환율로 합니다. 다만, 제10조 제1항 제6호 및 제15조 단서의 경우 은행의 미수금계정 처리일 또는 외화지급보증대지급금계정 처리일의 은행이 정한 해당 환율로 할 수 있습니다.

제5조 수수료, 비용 및 손해의 부담
① 본인은 은행의 책임있는 사유로 인하여 추가로 발생한 것이 아닌 한 제1조의 2 거래에 따른 이자, 할인료, 수수료, 지연배상금, 손해배상금, 기 타 부대비용 및 은행의 권리행사, 권리보전, 담보의 취득 및 처분에 따른 비용, 운임, 보험료, 기타 모든 비용 및 손해를 부담하며, 은행이 계산 근거를 구체적으로 기재하여 청구하는 바에 따라 곧 지급하기로 합니다. 다만, 본인이 계산방법 등에 관하여 이의를 제기하는 경우에는 은행은 이를 심사하여 그 결과를 통보합니다.
② 은행은 제1항의 이자, 할인료, 수수료 등 제반비용의 요율 및 계산방법을 성질상 고시하기 어려운 것을 제외하고는 고시토록 합니다.
③ 제1항의 수수료 등을 본인 이외의 자가 부담하기로 되어있는 경우에 본인의 비용으로 은행이 본인이외의 부담자에게 청구하였으나 입금되지 아니하여 본인에게 청구한 때는 본인이 이를 곧 지급합니다. 다만, 은행이 본인이외의 부담자로부터 이를 지급받는 경우에는 반환합니다.

제6조 적용기간
이 약정의 적용기간은 정하지 않기로 합니다. 다만, 부득이한 사유가 있는 경우 은행이나 본인은 이 약정을 해지할 수 있으며 이 경우 해지전에 이 루어진 거래에 대하여는 이 약정을 계속 적용합니다.

제7조 준용규정
본인과 은행은 약정되지 아니한 사항에 대하여 따로 정함이 없는 한 「신용장통일규칙」, 「추심에 관한 통일규칙」, 「은행간 신용장대금상환에 관한 통일규칙」, 기타 국제규약, 「전자무역업무표준약관」 및 은행의 관련 규정에 따르기로 합니다.

제 2 장 수출거래에 대한 특약

제8조 환거래은행 및 송달방법의 선정
신용장 또는 계약서, 매입신청서 등에 구체적으로 기재되어 있지 않은 경우 환거래은행 및 화환어음의 송달방법은 은행이 선정하기로 합니다.

제9조 결제기간의 연장
지급의무자가 결제기간의 연장을 요청한 경우 은행은 본인의 동의를 얻어 승낙할 수 있습니다. 다만, 은행이 부득이하다고 인정하는 때는 본인의 동의없이 승낙할 수 있습니다. 이 경우 은행은 승낙한 사실을 곧 본인에게 통지합니다.

제10조 매입대금상환
① 다음 각 호에서 정한 사유 중 하나라도 발생한 경우 본인은 은행으로부터의 독촉, 통지 등이 없이도 당연히 다음 각 호에서 정한 화환어음 매입 대금 또는 미수금의 상환의무를 지고 곧 갚기로 합니다.
1. 본인에 대하여 은행여신거래기본약관 제7조 제1항(당연 기한전 채무변제의무) 각호에서 정한 사유중 하나라도 발생한 경우에는 모든 화환어음
2. 화환어음의 지급의무자에 대하여 은행여신거래기본약관 제7조 제1항(당연 기한전 채무변제의무) 각 호에서 정한 사유 중 하나라도 발생한 경우에는 그 자가 지급의무자로 되어있는 모든 화환어음
3. 은행의 관련규정이 정하는 기간까지 은행의 매입대금이 입금되지 아니하거나 화환어음의 인수가 이루어지지 아니하는 경우의 그 화환어음
4. 환거래은행 등으로부터 지급 또는 인수거절된 경우의 그 화환어음
5. 본인이 화환어음 만기일 이전에 매입대금을 상환하고자 하는 경우의 그 화환어음
6. 제3호 및 제4호에 해당하는 화환어음이 은행의 관련 규정이 정하는 기간까지 상환되지 아니하여 미수금 계정으로 대체 처리된 경우 및 은행

의 관련 규정에 따른 자산건전성 분류기준에 의거 회수가 불확실하거나 회수 불능이 확실하여 "회수의문" 또는 "추정손실"로 분류되어 미수 금 계정으로 대체 처리된 경우의 그 원화금액
② 본인에 대하여 은행여신거래기본약관 제7조 제4항 및 제5항(은행의 서면독촉에 의한 기한 전 채무변제의무) 각 호에서 정한 사유 중 하나라도 발생한 경우 본인은 은행의 서면독촉통지 도달일로부터 10일 이상으로 은행이 정한 기간이 지나면 모든 화환어음 매입대금의 상환의무를 지 고 곧 갚기로 합니다.
③ 제1항 및 제2항과 관련하여 본인은 환가료 징수기간 만료일 다음날부터 상환일 전날까지 여신연체이율로 계산한 손해배상금을 지급하기로 합니다. 다만, 부도처리가 환가료 징수기간 내에 이루어진 경우에는 부도처리일로부터 손해배상금을 기산합니다.
④ 제1항 및 제2항과 관련하여 본인은 매입신청시 제출한 화환어음 또는 매입신청서에 근거하여 매입대금을 상환하며, 은행은 본인이 매입대금 과 이에 부수하는 손해배상금, 수수료, 비용 등을 변제할 때까지 화환어음 및 수출물품에 대하여 모든 권리를 행사합니다.

제11조 화환어음 등의 반환
① 이 약정에 의하여 은행에 대한 채무의 변제 또는 은행여신거래기본약관 제10조(은행으로부터의 상계 등)에 의한 상계 등의 경우 은행은 본인에게 화환어음 및 수출물품을 채무변제 등의 시점에 반환하지 않아도 됩니다.
② 본인은 은행이 반환하는 화환어음을 은행에서 수령하기로 합니다. 다만, 수출물품은 화환어음을 수령함으로써 되돌려 받은 것으로 합니다.
③ 은행의 책임없는 사유로 인하여 화환어음 및 수출물품의 반환이 불가능한 경우 은행의 반환의무는 없는 것으로 합니다.

제 3 장 수입거래에 대한 특약

제12조 신용장의 발행, 통지 및 환거래은행 등의 선정
① 은행은 본인이 제출하는 신용장발행신청서(조건변경신청서 포함)등의 기재사항에 따라 신용장을 발행, 통지합니다.
② 신용장발행신청서에 명시되어 있지 않은 경우 환거래은행(통지은행, 매입은행, 지급은행, 인수은행, 확인은행, 기타 관련 은행을 말합니다. 이하 같습니다) 및 통지방법은 은행이 선정하기로 합니다.

제13조 대도물품의 처분
① 본인은 대도물품을 입고, 운반, 출고, 가공, 매도 이외의 목적으로 사용하거나 제3자에게 담보로 제공할 수 없으며 또한 기타 은행의 권리를 해 하는 행위도 할 수 없습니다.
② 본인은 대도물품을 매도할 경우 금액, 물품의 인도, 대금의 영수방법 등에 관하여 미리 은행의 동의를 받기로 합니다.
③ 본인은 대도물품의 매도대금 영수 후 곧 은행에 지급하며 매도대금을 어음, 기타 유가증권 등으로 받는 경우에는 이를 곧 은행에 양도하기로 합니다.

제14조 신용장 조건과 불일치하는 화환어음
① 은행이 채권보전을 위하여 필요하다고 인정하는 경우 은행은 신용장 조건과 불일치하는 화환어음에 대하여 본인의 동의없이 지급 또는 인수를 거절할 수 있습니다. 이 경우 은행은 본인에게 사후통지 하기로 합니다.
② 화환어음이 은행에 도착하기 전 신용장조건과의 불일치를 사유로 환거래은행 등으로부터 지급 또는 인수 등의 동의 여부에 대한 조회를 받은 경우에도 제1항과 같습니다.
③ 은행이 본인에게 신용장조건 불일치에 관한 조회를 하였으나 본인의 회보가 은행의 관련 규정이 정한 기간내에 도착하지 않은 경우 은행은 화 환어음의 지급 또는 인수에 대한 동의 또는 거절여부를 결정할 수 있습니다.

제15조 결제일
본인은 대금의 결제조건이 일람출급인 경우에는 화환어음(차기통지서가 먼저 도착하는 경우에는 그 차기통지서) 도착 후 은행의 관련 규정이 정 한 기일이내에 결제하고, 기한부 출급인 경우에는 만기일에 결제하기로 합니다. 다만, 기일이내에 결제하지 못한 경우에는 은행의 관련 규정에 따 라 외화지급보증대지급금계정으로 처리하여 결제하며 본인은 그 원화금액을 상환하기로 합니다.

제16조 수입물품선취보증서에 의한 수입물품 인도
① 본인은 화환어음 도착 전에 운송회사로부터 수입물품을 인도받고자 하는 경우 은행에 수입화물선취보증서(항공화물운송장에 의한 수입물품 인도승락서를 포함합니다. 이하 같습니다.) 발급을 신청하여 은행의 사전승낙을 받아야 합니다.
② 본인은 수입화물선취보증서의 발급을 신청하는 경우 은행의 관련 규정이 정하는 바에 따라 수입결제대금을 적립하기로 합니다.

제17조 신용장의 취소 및 조건변경
① 은행은 본인이 신청한 경우에 한하여 신용장을 취소 또는 조건변경할 수 있습니다. 다만, 그 효력은 신용장의 취소 또는 조건변경의 당사자(발행은행, 수익자, 확인신용장의 경우는 확인은행) 전원의 동의가 있어야 비로소 발생합니다.
② 제1항 본문에 불구하고 유효기간 경과 등 상당한 사유가 있는 경우 은행은 신용장을 취소할 수 있습니다. 이때 은행은 본인에게 사후 통지합니다.

제18조 제3자 명의의 신용장발행
본인이 제3자 명의의 신용장발행을 은행에 본인명의로 신청한 경우에는 모든 부분에 있어서 이 약정이 적용됩니다.

제 4 장 내국신용장발행에 대한 특약

제19조 지급금액
본인은 은행의 내국신용장 발행에 따라 은행에 지급할 해당금액은 다음 각 항에서 정하는 바에 따르기로 합니다.
① 원화표시 외화부기 내국신용장발행의 경우에는 발행당시의 내국신용장 원화금액에 불구하고 내국신용장 부기외화금액에 매입(추심)은행이 내국신용장어음 등을 매입(추심)하는 날의 매매기준율을 곱하여 청구한 금액
② 순수외화표시 내국신용장발행의 경우에는 해당 외화금액
③ 순수원화표시 내국신용장발행의 경우에는 해당 원화금액

제20조 구매물품의 처분
구매물품의 처분에 관하여는 제13조를 준용합니다.

제21조 신용장의 취소 및 조건변경
은행은 본인이 관계당사자(발행은행, 수익자)의 동의를 얻어 신청한 경우에 한하여 내국신용장을 취소 또는 조건변경 할 수 있습니다. 다만, 유효 기일 경과 등 상당한 사유가 있는 경우에는 은행이 신용장을 취소할 수 있습니다. 이때 은행은 본인에게 사후 통지합니다.

제22조 결제일
내국신용장의 결제일에 관하여는 제15조를 준용합니다. 다만, 제15조 '화환어음'은 '내국신용장어음 등'으로 대체합니다.

제 5 장 내국신용장어음 등 매입(추심)에 대한 특약

제23조 매입대금상환
① 다음 각 호에서 정한 사유중 하나라도 발생한 경우 본인은 은행으로부터의 독촉, 통지 등이 없어도 당연히 다음 각 호에서 정하는 내국신용장어 음등 매입대금의 상환의무를 지고 곧 갚기로 합니다.
1. 본인에 대하여 은행여신거래기본약관 제7조 제1항(당연 기한전 채무변제의무) 각호에서 정한 사유 중 하나라도 발생한 경우의 모든 내국신용장어음 등
2. 내국신용장 발행은행에 의하여 지급거절되는 경우의 그 내국신용장어음 등
② 본인에 대하여 은행여신거래기본약관 제7조 제4항 및 제5항(은행의 서면독촉에 의한 기한전 채무변제의무) 각 호에서 정한 사유 중 하나라도 발생한 경우 본인은 은행의 서면독촉통지 도달일로부터 10일 이상으로 은행이 정한 기간이 경과하면 모든 내국신용장어음 등 매입대금의 상환 의무를 지고 곧 갚기로 합니다.
③ 제1항 및 제2항과 관련하여 본인은 매입이자 징수기간 만료일 다음날부터 상환일 전날까지 원화여신연체이율로 계산한 손해배상금을 지급하기로 합니다.
④ 제1항 및 제2항과 관련하여 본인이 매입대금과 이에 부수하는 손해배상금, 수수료, 비용 등을 변제할 때까지 은행은 매도물품에 대하여 모든 권리를 행사합니다.

제24조 내국신용장어음 등의 반환
① 이 약정에 의하여 은행에 대한 채무의 변제 또는 은행여신거래기본약관 제10조(은행으로부터의 상계)에 의한 상계 등의 경우 은행은 내국신용장어음 등 및 이에 첨부된 서류를 채무변제 등의 시점에 반환하지 않아도 됩니다.
② 본인은 은행이 반환하는 내국신용장어음 등 및 이에 첨부된 서류를 은행에서 수령하기로 합니다.
③ 은행의 책임없는 사유로 인하여 내국신용장어음 등 및 이에 첨부된 서류의 반환이 불가능한 경우 은행의 반환의무는 없는 것으로 합니다.

제 6 장 수출대금채권 매입거래에 대한 특약

제25조 선적서류의 발송
수출대금채권 매입거래와 관련한 "선적서류"(운송서류, 보험서류, 상업송장 및 수출계약서에 의해 요구되는 서류를 포함합니다. 이하 같습니다) 는 본인의 책임하에 발송하고 그 증빙서류를 매입신청시 은행에 선적서류 사본과 함께 제출합니다.

제26조 수출대금채권의 양도
본인은 수출대금채권 매입 의뢰시 은행이 정한 양식인 "수출대금채권 양도에 따른 대금지급지시서(STANDING PAYMENT INSTRUCTION)"를 수출대금채권의 지급의무자(이하 지급의무자라 합니다.)에게 송부한 후 지급의무자로부터 이에 대한 동의서를 받아 은행에 제출합니다.

제27조 수출대금의 회수 등
① 본인은 지급의무자에게 수출대금을 은행에 직접 또는 은행이 지정한 계좌에 입금하도록 지시합니다.
② 다음 각 호에서 정한사유 중 하나라도 발생한 경우 본인은 은행으로부터의 독촉, 통지 등이 없이도 당연히 다음 각 호에서 정한 수출대금채권 매입대금의 상환의무를 지고 곧 갚기로 합니다.
1. 수출대금채권 만기일로부터 은행이 정한 기일까지 수출대금이 입금되지 아니하는 경우의 당해 수출대금채권
2. 지급의무자가 만기일 이전이라도 수출대금을 지급할 의사가 없음을 명백히 한 경우의 당해 수출대금채권

제28조 이자 등
수출대금이 수출대금채권 만기일에 회수되지 아니하는 경우 본인은 은행이 정한 계산방법, 지급시기 및 방법에 따라 입금지연이자 또는 부도이 자를 지급합니다.

제29조 준용규정
본 장에서 따로 정하지 않은 사항은 "제2장 수출거래에 대한 특약"에 따릅니다.

본인은 은행여신거래기본약관 및 이 약정서 사본을 확실히 수령하고, 주요내용에 대하여 충분한 설명을 듣고 이해하였습니다.	
본인	(인)

4. 신용장의 종류

1) 운송서류 첨부 여부에 따른 분류

(1) 화환신용장(Documentary Credit)

수출업자가 발행한 환어음에 선하증권 등의 운송서류를 첨부할 것을 요구하는 신용장을 말한다.

(2) 무화환신용장(Clean Credit)/무담보신용장

수출업자가 발행한 환어음에 운송서류의 첨부를 요구하지 않는 신용장을 말한다.

이 신용장은 환어음은 은행을 통해 결제하도록 발행은행으로 송부되고 운송서류는 직접 수출업자가 수입업자에게 송부하는 형태로 이용된다. 만약 수입업자가 송부된 운송서류를 통해 화물을 인수한 후 부도가 나서 대금을 결제할 수 없게 될 경우

발행은행은 운송서류가 수입업자에게 직접 송부됨에 따라 운송서류상의 화물에 대한 담보권이 없어지는 결과가 초래되므로 운송서류가 첨부되지 않은 신용장을 무담보신용장이라고도 한다.

따라서 이 신용장은 보통 수출입거래의 결제에는 사용되지 않고 무역거래에 수반되는 용역 등 부대비용 즉, 운임, 보험료의 지급이나 수수료, 차입금의 상환 등 무역외 거래의 결제에 사용된다.

2) 취소가능 여부에 따른 분류

(1) 취소가능신용장(Revocable Credit)

신용장상에 "취소가능"(revocable)이란 표시가 있는 신용장으로, 발행은행이 신용장을 발행한 후 수익자에게 사전통고 없이 언제라도 신용장의 조건을 변경하거나 취소할 수 있는 신용장을 말한다. 그러나 2007년부터 적용되는 UCP 600에서는 "신용장은 취소불능이라는 표시가 없더라도 취소가 불가능하다"라고 규정하고 있어서 사실상 모든 신용장은 취소불능신용장으로 간주된다.

(2) 취소불능신용장(Irrevocable Credit)

신용장이 일단 발행된 후에는 발행은행, 확인은행(있는 경우) 및 수익자 등 신용장 관계 당사자 전원의 합의 없이는 결코 그 조건을 변경하거나 취소할 수 없는 신용장을 말한다. 여기서 신용장 관계 당사자 전원에는 수입업자(매수인)은 포함되지 않는다. 왜냐하면 신용장은 신용장 발행은행이 수익자(수출업자)에게 신용장 조건에 일치하는 제시에 대해 결제하도록 확약한 서류로, 신용장 발행은행과 수익자 사이의 계약관계를 나타내는 서류이기 때문이다.

3) 타은행의 확인(Confirmation) 여부에 따른 분류

(1) 확인신용장(Confirmed Credit)

발행은행의 요청에 따라 제3의 은행이 수익자가 발행한 어음의 인수, 지급 또는 매입에 대한 추가적 확약을 한 신용장을 말한다. 일반적인 경우에는 사용되지 않으나 발행은행의 신용도 등에 문제가 있거나 발행은행이 속한 국가에 전쟁 등 비상사태가 발생할 위험이 있는 경우 제3국의 선진국의 은행을 확인은행으로 설정하여 해당 신용장에 확인을 추가하게 된다. 이 경우 만약 발행은행이 지급불능상태에 빠지면 확인은행이 발행은행을 대신하여 수익자에게 지급 등을 행하여야 하므로 수익자는 이중의 지급확약을 받게 되는 것이다.

(2) 미확인 신용장(Unconfirmed Credit)

신용장 발행은행 이외의 제3은행에 의한 확인이 없는 신용장, 즉 확인은행이 없는 신용장을 말한다. 대부분의 상업신용장은 미확인신용장이다.

4) 상환청구권 요구에 따른 분류

(1) 상환청구가능신용장(With Recourse Credit)

수익자가 발행한 환어음을 매입한 매입은행이 환어음의 지급인인 발행은행에게 해당 환어음을 제시하였으나 대금지급을 거절 받았을 경우 이미 지불한 매입대금을 환어음의 발행인인 수익자에게 상환청구할 수 있는 신용장을 말한다.

여기서 "상환청구"는 환어음의 발행인인 수익자에 대한 매입은행의 상환청구이지, 발행은행이나 확인은행이 수입상의 대금지급거절에 대해 환어음의 발행인인 수익자에게 상환청구하는 것을 의미하지는 않는다.

(2) 상환청구불능신용장(Without Recourse Credit)

수익자가 발행한 환어음을 매입한 매입은행이 환어음의 지급인인 발행은행에게 해당 환어음을 제시하였으나 대금지급을 거절 받았을 경우 이미 지불한 매입대금을 환어음의 발행인인 수익자에게 상환청구할 수 없도록 규정된 신용장을 말한다.

우리나라의 경우 어음법에 따라 상환청구가능 또는 불능 여부에 관계없이 상환청구권을 인정하고 있다.[3] 그러나 영미법에서는 어음상에 "without recourse"의 표시가 있는 것은 원칙적으로 상환청구권을 인정하지 않는 것으로 하고 있다. 따라서 ICC에서는 "without recourse"의 문언이 명시되어 있는 어음은 매입하지 말 것을 권고하고 있다.

---

3) 어음법 [시행 2010.3.31.] [법률 제10198호, 2010.3.31., 일부개정] 제43조(상환청구의 실질적 요건)
만기에 지급이 되지 아니한 경우 소지인은 배서인, 발행인, 그 밖의 어음채무자에 대하여 상환청구권(償還請求權)을 행사할 수 있다. 다음 각 호의 어느 하나에 해당하는 경우에는 만기 전에도 상환청구권을 행사할 수 있다.
1. 인수의 전부 또는 일부의 거절이 있는 경우
2. 지급인의 인수 여부와 관계없이 지급인이 파산한 경우, 그 지급이 정지된 경우 또는 그 재산에 대한 강제집행이 주효(奏效)하지 아니한 경우
3. 인수를 위한 어음의 제시를 금지한 어음의 발행인이 파산한 경우

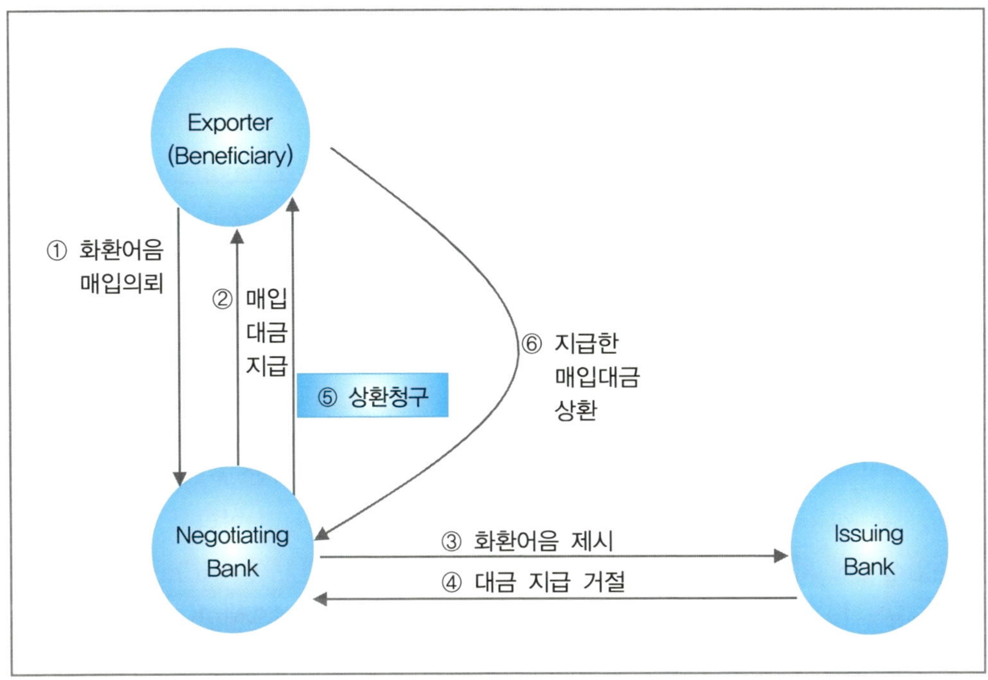

▌그림 5-8▐ 상환청구가능신용장의 상환청구절차

5) 신용장 사용방법에 따른 분류

(1) 일람지급신용장(Sight Payment Credit)

신용장에 의하여 발행된 환어음이 일람출급인 신용장으로, 환어음이 지급인에게 제시되면 서류상의 하자가 없는 한 즉시 지급이 이루어지는 신용장을 말한다. 그러나 환어음 발행없이 서류제시만으로 즉시 지급이 이루어지는 경우도 있다.

일람지급신용장의 경우 신용장에 다음과 같은 형식으로 기재된다.

"…… which is available with us by sight payment against presentation of the following documents"(발행은행의 일람지급 신용장)

"…… which is available with XXX bank by sight payment against presentation of the following documents"(수출지 일람지급 은행에 의한 일람지급 신용장)

(2) 연지급신용장(Deferred Payment Credit)

환어음의 발행을 요구하지 않고 서류제시만으로 신용장조건에 따른 일자, 즉 기한부로 지급을 이행할 것을 확약하는 신용장을 말한다.

연지급신용장의 경우 신용장에 다음과 같은 형식으로 기재된다.

"...... which is available with us by deferred payment at 30 days after the date of shipment against the following documents"(발행은행의 연지급 신용장)

"...... which is available with XXX bank by deferred payment at 30 days after the date of shipment against the following documents"(수출지 연지급 은행에 의한 연지급 신용장)

(3) 인수신용장(Acceptance Credit)

신용장에 의해 발행된 어음이 기한부인 신용장을 말하며, 이는 기한부신용장(Usance L/C)이라고도 한다. 즉, 수입상에게 일정기간이 지난 후에 대금을 지불할 수 있도록 허용해주는 신용장을 기한부신용장(Usance Credit)이라고 한다.

수입상에게 외상기간 동안의 신용을 공여해 주는 주체가 수출상(Shipper)인 경우 Shipper's Usance Credit이라고 하고 매입은행 또는 발행은행인 경우 Banker's Usance Credit이라고 한다.

Shipper's Usance Credit은 수출상이 직접 수입상에게 신용을 공여하여 일정기간 대금결제를 유예하여 주는 방식의 신용장이다. 그러나 대부분 수출상은 거래은행에 해당 화환어음의 매입(Negotiation)을 의뢰하여 만기까지의 할인료(환가료)를 거래은행에 지불하고 신속히 현금화하게 된다.

Banker's Usance Credit은 어음인수의 주체가 해외에 있는 매입은행인 때에는 이를 해외은행 인수신용장(Overseas Banker's Usance Credit)이라 하고 국내에 있는 발행은행인 때에는 이를 국내은행 인수신용장(Domestic Banker's Usance Credit) 또는 내국수입유전스 신용장이라 부른다.

Overseas Banker's Usance Credit은 수출상에게는 일람불로 즉시 수출대금을 지급하고 수입상에게는 일정기간 수입대금 결제를 유예하는 형태의 신용장이다. 즉, 개설은행의 요청에 따라 해외의 신용공여은행이 약정된 신용장에 근거하여 발행된 수출환어음을 인수, 할인한 후 수출상(매입은행)에게는 일람불 형태로 대금을 지급하는 한편 수입상(개설은행)에게는 일정기간 후에 자금을 회수하는 형태이다. 여기서 이러한 인수, 할인금융을 해외의 은행이 아닌 개설은행이 직접 제공하는 경우 Domestic Banker's Usance Credit이라 한다.

인수신용장의 경우 신용장에 다음과 같은 형식으로 기재된다.

"...... which is available with us by acceptance of beneficiary's draft at

30 days after sight drawn on us accompanied by the following documents"(발행은행의 인수 신용장)

"…… which is available with XXX bank by acceptance of beneficiary's draft at 30 days after sight drawn on XXX bank accompanied by the following documents"(발행은행이 아닌 수출지 인수은행에 의한 인수 신용장)

(4) 매입신용장(Negotiation Credit)

수익자가 발행한 환어음이 매입될 것을 예상하여 발행은행이 환어음의 발행인(drawer) 뿐만 아니라 배서인(endorser) 및 선의의 소지인(bona fide holder)에게도 지급확약을 확대하고 있는 신용장을 말한다.

매입신용장의 경우 일반적으로 신용장에 발행은행의 지급확약문언을 다음과 같이 명시한다.

"We hereby agree with the drawers, endorsers and bona fide holders of drafts drawn under and in compliance with the terms of this credit that such drafts will be duly honored on due presentation and on delivery of documents as specified to the drawee bank."

매입신용장의 경우 신용장에 다음과 같은 형식으로 기재된다.

"…… which is available with any bank by negotiation of beneficiary's draft at sight drawn on us accompanied by the following documents"(어떤 은행에서도 매입가능한 신용장)

"…… which is available with XXX bank by negotiation of beneficiary's draft at sight drawn on us accompanied by the following documents"[특정 은행(XXX bank)을 매입은행으로 지정한 신용장]

6) 매입은행의 지정여부에 따른 분류

(1) 매입은행 지정신용장(Restricted Credit, Special Credit)

신용장에 매입은행이 지정되고 그 지정은행을 통해서만 매입이 허용되는 신용장을 말한다.

이 경우 보통 신용장상에 "This credit is available with XXX bank by negotiation ……" 또는 "Negotiation under this credit is restricted to XXX bank" 등으로 기재된다.

매입은행 지정신용장의 경우 신용장에서 지정한 특정은행을 통해서만 매입하도록 되어 있고 이 특정은행은 보통 통지은행이 되는데 이 통지은행은 보통 수입지의 신용장 발행은행과의 본·지점간의 관계이거나 환거래취급은행으로, 수출업자의 거래은행이 아닐 경우가 많다. 그래서 수출업자는 일단 자신의 거래은행을 통해 매입(negotiation)하고 매입한 거래은행이 지정된 매입은행으로 재매입(renegotiation)하게 된다.

(2) 매입은행개방신용장(Open Credit, General Credit)

신용장에 매입은행에 대한 제한이나 지정이 없는 신용장을 말한다. 이 경우 보통 신용장상에 "This credit is available with any bank by negotiation ……" 등으로 기재된다.

7) 양도가능성 여부에 따른 분류

(1) 양도가능 신용장(Transferable Credit)

원신용장의 수익자인 최초의 수익자가 제3자에게 신용장의 전부 또는 일부를 사용하는 권리를 양도하는 것을 인정하고 있는 신용장을 말한다. 양도가능신용장은 신용장 상에 "Transferable"이라는 문구가 명확하게 있어야 하며, 1회에 한해 양도될 수 있으며 분할양도는 분할선적이 허용된 경우에 한해 가능하다.

(2) 양도불능 신용장(Non-transferable Credit)

신용장상에 "transferable"이라는 명시적인 문언이 없고 다른 당사자에게 신용장의 권리를 양도할 수 없는 신용장을 말한다. 따라서 양도불능 신용장의 경우 오직 신용장상에 지정된 원수익자만이 이를 사용할 수 있다. 양도가능의 명시가 없거나 불명확한 경우 양도불능 신용장이 되며 대부분의 신용장이 양도불능 신용장이다.

8) 구상무역(Compensation Trade)과 관련된 신용장

(1) 동시개설신용장(Back to Back Credit)

수입업자의 의뢰에 의해 수출업자에게 발행된 신용장상에 반대방향으로 동액의 신용장이 개설될 경우에 한해 당해 신용장이 유효하다는 조건이 있는 신용장을 말한다. 동시개설신용장이 발행되면 수출국과 수입국 사이에 동액의 수출과 수입이 발생하게 되므로 구상무역이 이루어지는 결과가 발생하게 된다.

(2) 토마스신용장(Tomas Credit)

수입업자의 의뢰에 의해 수출업자에게 발행된 신용장상에 일정한 기간 후에 반대방향으로 동액의 신용장을 발생하겠다는 보증서를 발행할 경우에 한해 당해 신용장이 유효하다는 조건이 있는 신용장을 말한다. 동시개설신용장과 같이 구상무역에 관련된 신용장으로 차이점은 동시개설신용장은 반대방향으로 동액의 신용장이 발행되는 경우라면 Tomas credit은 반대방향으로 동액의 신용장을 발행하겠다는 보증서가 있으면 당해 신용장이 유효하게 된다는 측면에서 차이가 있다.

(3) 기탁신용장(Escrow Credit)

수출업자가 수출한 물품에 대한 수출대금을 수입업자로부터 지급받는 것이 아니라 이를 기탁계정(escrow account)에 기탁하여 두었다가 수입업자로부터 다른 물품을 수입할 때 그 결제대금으로만 사용하도록 지정한 신용장을 말한다. 기탁계정에 있는 수출대금을 회수하기 위해서는 수입업자로부터 물품을 수입해야 하므로 기탁신용장도 구상무역과 관련된 신용장이다.

9) 기타 특수신용장

(1) 회전신용장(Revolving Credit)

수출업자와 수입업자 사이에 동종의 상품거래가 상당기간 계속하여 이루어질 것이 예상되는 경우 거래 때마다 신용장을 발행한다거나 한꺼번에 금액을 모두 발행하는 것은 비용도 많이 들고 보증금의 적립을 과중하게 하거나 신용공여한도의 초과 등 많은 문제점과 불편이 따른다. 이러한 부담을 덜기 위하여 일정 기간 동안 신용장금액이 자동적으로 갱신되어 다시 사용할 수 있도록 하는 조건으로 발행된 신용장을 회전신용장이라고 한다.

갱신 시기를 정하는 방법은 발행된 환어음의 지급통지가 있을 때, 환어음이 매입된 후 상당한 기간이 경과하도록 부도통지가 없을 때, 일정한 기간마다 정기적으로 갱신의 시기를 정하는 방법 등이 있다.

(2) 전대신용장(Packing Credit)

수출업자가 수출물품의 생산, 가공, 집하 및 구입자금으로 사용할 수 있도록 신용장 발행의뢰인(수입업자)이 통지은행에 일정한 조건하에 수출업자(수익자)에게 수출대금을 선불(advance payment) 해 주도록 허용한 신용장을 말한다.

이 선불허용 약관이 붉은 색으로 표시가 되어 있어 Red Clause Credit 이라고도 한다. 수출업자가 신용장에 의하여 수출할 경우 수출물품의 생산, 가공, 집하자금을 자기 자금으로 충당하지 못할 때에는 거래은행으로부터 차입을 해야 하는데, 이 차입이 항상 순조롭게 되지는 않는다. 따라서 수출업자의 생산, 가공, 집하자금 조달을 용이하게 하기 위하여 신용장 발행은행이 수입업자의 의뢰에 의하여 통지은행에게 수익자에 대한 수출대금을 선지급할 것을 인정하고 그 지급을 보증하는 내용을 신용장상에 규정하고 있는 신용장을 전대신용장이라고 한다.

(3) 보증신용장(Stand-by Credit)

보증신용장은 상품의 대금결제를 목적으로 하는 신용장이 아니고 주로 금융이나 보증을 위해 발행되는 특수한 신용장이다. 보증신용장은 주로 현지금융을 보증하거나 국제입찰 시 계약보증금, 이행보증금 등을 조달할 때 이용된다.

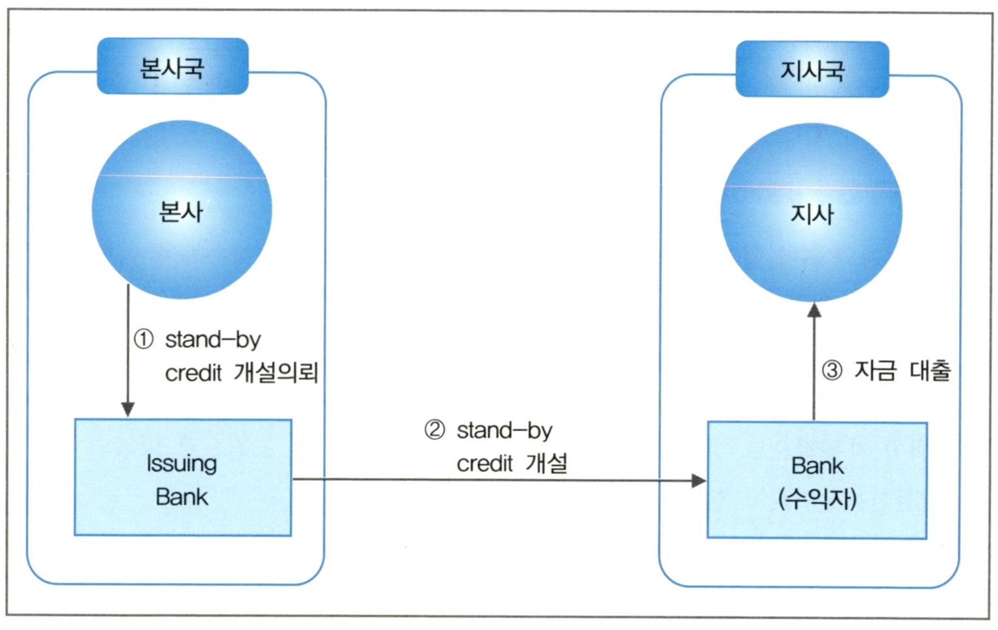

▮그림 5-9▮ Stand-by credit 거래 절차

예를 들어 〈그림 5-9〉에서 보는 바와 같이 지사국에 있는 지사가 지사의 신용도로는 충당할 수 없는 대량 자금을 조달하고자할 경우 본사국의 거래은행(발행은행)이 본사(발행의뢰인)의 의뢰에 따라 지사국의 은행(수익자)을 향해 발행한 신용장으로, 지사에게 자금을 대출할 경우 지사가 채무불이행시 본사국의 보증신용장 발행은

행이 지급을 확약하는 채무보증용으로 사용되는 신용장이다.

운송서류 없이 단지 채무불이행에 관한 사실 서류와 환어음에 의해서 대금지급이 확약되므로 일종의 무담보신용장(Clean L/C)이다.

5. 신용장거래의 특성

1) 독립성

신용장이 일단 은행에 의하여 발행되면 그 신용장은 그 근거가 되었던 매매계약으로부터 완전히 독립되어 그 자체로 별도의 법률관계를 형성하게 되는 독립성을 갖게 된다.

UCP 600 제4조(신용장과 원인계약)에서는 "a. 신용장은 그 본질상 그 기초가 되는 매매 또는 다른 계약과는 별개의 거래이다. 신용장에 그러한 계약에 대한 언급이 있더라도 은행은 그 계약과 아무런 관련이 없고, 또한 그 계약 내용에 구속되지 않는다. 따라서 신용장에 의한 결제(honour), 매입 또는 다른 의무이행의 확약은 발행의뢰인 또는 수익자와 발행의뢰인의 사이의 관계에서 비롯된 발행의뢰인의 주장이나 항변에 구속되지 않는다. 수익자는 어떠한 경우에도 은행들 사이 또는 발행의뢰인과 발행은행 사이의 계약관계를 원용할 수 없다. b. 발행은행은 발행의뢰인이 원인계약이나 견적송장 등의 사본을 신용장의 일부분으로 포함시키려는 어떠한 시도도 하지 못하게 하여야 한다."라고 규정하고 있다.

이와 같이 신용장 거래는 발생은행과 수익자 사이의 계약관계로 수출업자와 수입업자 사이의 무역계약, 수입업자(발행의뢰인)와 발행은행 사이의 어떠한 계약 내용에 대해서도 구속받지 않고 그 자체로써 독립적인 계약관계를 형성하게 된다.

2) 추상성

신용장 거래는 신용장에서 제시한 조건에 일치하는 서류를 기반으로 거래하는 것이지 그 서류에 관련된 상품, 용역 또는 기타 매매계약 이행상의 거래를 하는 것이 아니다. 즉, 현실거래 물품이 아닌 그것이 추상화된 서류에 의한 거래라는 측면에서 추상성을 갖는다.

UCP 600 제5조(서류와 물품, 용역 또는 의무이행)에서는 "은행은 서류로 거래하는 것이며 그 서류가 관계된 물품, 용역 또는 의무이행으로 거래하는 것은 아니다." 라고 규정하면서 신용장의 추상성을 밝히고 있다.

3) 한계성

신용장 거래의 이점에도 불구하고 수입업자는 실제로 계약물품과 다른 물품이 선적되어 오더라도 신용장의 추상성의 원칙에 따라 신용장에 일치된 선적서류가 제시되면 대금을 지급해야 한다.

한편 수출업자 입장에서는 계약에 일치된 물품을 선적했으나 서류의 사소한 조건 불일치가 발생하면 대금지급이 거절되는 한계가 발생한다.

6. 신용장 통일규칙(UCP)과 국제표준은행 관행(ISBP)

1) 신용장 통일규칙(UCP)

(1) UCP의 제정 배경

신용장은 14～15세기 경 불안전한 신용을 보충하기 위해 영국의 은행들이 자신의 지급서장을 수입상에게 발급하면서부터 시작되었다. 그 후 19세기 들어서면서 국가간 무역거래가 활발해지자 상업신용장의 성질, 당사자간의 권리와 의무 등을 규정해 적용하기 시작했다. 그러나 무역거래가 활발해지면서 신용장 사용은 증가하였으나 신용장의 통일성이 결여됨에 따라 무역거래에 많은 혼란이 야기되었다. 이에 신용장의 국제적인 통일규칙이 절실히 요구되었다.

(2) UCP의 제정 및 개정

국제상공인들의 민간단체인 국제상업회의소(International Chamber of Commerce ; ICC)는 1933년 '화환신용장에 관한 통일규칙 및 관례(Uniform Customs and Practice for Documentary Credits ; UCP)'을 제정하여 채택하게 되었다.

UCP는 국제무역환경 및 관행의 변화를 수용하여 1951년 1차 개정 이후, 1962년, 1974년, 1983년, 1993년 5차 개정, 그리고 2006년 6차 개정하였다. 현재는 2006년 개정되어 2007년 7월부터 시행에 되고 있는 UCP 600을 사용하고 있다.

(3) UCP의 적용 특징

UCP는 민간단체인 국제상업회의소(ICC)에서 제정한 것으로 강행적으로 적용되지 않고 거래당사자 상호간에 사전 합의에 의해 적용된다. UCP규정이 해당 적용국의 법규와 다른 경우에는 법규가 우선 적용되며 거래당사자간에 일부 규정을 배제하거나 변경하여 적용할 수도 있는 특징이 있다.

2) 국제표준은행 관행(ISBP)

(1) ISBP의 제정 배경

UCP 500이 제정된 후 신용장통일규칙의 적용에 있어서 국제적으로 은행들이 구체적으로 어떻게 적용하고 있는지에 대한 의문이 급증하게 되었다. 이러한 의문에 대해 구체적인 국제표준은행관행을 정리하여 적용하게 된다면 국제거래 대금결제수단으로서의 신용장의 사용에 있어서 수출상을 보호하고 분쟁을 감소시켜 신용장 적용을 원활화할 수 있다고 판단하였다.

이에 2002년 10월 ICC 은행위원회(the ICC Banking Commission)에서 "International Standard Banking Practice for the Examination of Documents under Documentary Credits (ISBP)"를 승인하여 공식문서로 채택하게 되었다.

(2) ISBP의 특징

ISBP는 UCP의 적용에 관한 실무상의 보완서이며 UCP가 실무에 어떻게 적용되어야 하는지에 대한 설명서이다.

UCP 600으로 개정됨에 따라 ISBP도 2007년 개정되었으며 현재 2013년도 개정판을 사용하고 있다.

7. 추심결제방식과 신용장 결제방식의 차이점

1) 대금지금기간

추심결제방식은 은행을 통해 환어음이 추심되어 올 때까지의 기간만큼 수출업자에 대한 대금지급 지연이 발생하는 반면, 신용장 결제방식의 경우 일반적으로 수출지 매입은행을 통해 화환어음이 매입되어 수출대금을 신속하게 회수할 수 있다.

물론 추심결제방식의 경우에도 추심의뢰은행이 수출업자를 신뢰하는 경우에 추심전 매입을 통해 수출대금을 미리 회수할 수 있으나 일반적이진 않다.

2) 은행의 대금지급 의무

추심결제방식에 관계된 추심의뢰은행과 추심은행은 단지 추심업무만 수행할 뿐 대금지급에 대한 확약을 담보하지 않는다. 그에 비해 신용장 결제방식은 신용장 발행은행이 수출업자(수익자)에 대해 대금지급확약을 하고 있어서 대금 회수 불능 위험인 신용위험(credit risks)이 존재하는 추심결제방식과는 달리 신용위험이 제거되는 효과가 있다.

3) 은행의 서류 심사 의무

추심결제방식에 관계된 추심의뢰은행과 추심은행은 환어음 발행인인 수출업자의 추심대리인 역할만 하고 있어서 환어음과 함께 제출된 서류에 대한 심사의무를 부담하지 않는다. 그에 비해 신용장 결제방식은 신용장 조건에 일치하는 서류가 제시되는 것을 조건으로 대금결제가 이루어짐으로 지정은행, 발행은행, 그리고 확인은행이 있는 경우 확인은행은 제시된 서류가 신용장 조건에 일치하는지 여부를 결정하기 위하여 제시일의 다음날로부터 기산하여 최장 5 은행영업일이 각각 서류심사 기간으로 주어진다.[4)]

4) 환어음의 지급인

수출업자에 의해 발행된 환어음에 대한 지급의무를 지는 당사자인 지급인(drawee)은 추심결제방식의 경우에는 수입업자, 신용장 결제방식의 경우에는 발행은행이 된다. 신용장 결제 방식은 발행은행의 지급확약을 전제로 하는 것으로 환어음의 지급인을 발행은행으로 하게 되는 것이며 추심결제방식의 경우 추심의뢰은행과 추심은행은 단순히 추심대리인의 역할만 하게 되므로 수입업자가 환어음의 지급인이 되어 결제 책임을 지게 된다.

▮표 5-3▮ 추심결제방식과 신용장 결제방식의 차이점

구분	추심결제방식(D/P, D/A)	신용장 결제방식
대금지급기간	추심기간 만큼 대금지급의 지연이 발생함	매입을 통해 선지급 가능함
은행의 대금지급의무	▸ 은행은 대금추심업무만 수행, 대금지급을 보장하지 않음 ▸ 대금회수 불능의 위험 상존	발행은행의 수출업자에 대한 대금지급확약
은행의 서류심사의무	추심의뢰은행이나 추심은행은 수출업자의 추심대리인 역할만 할 뿐 서류심사 의무가 없음	관련 은행은 신용장에서 요구하는 서류에 대한 심사 의무가 있음
환어음의 지급인(drawee)	수입업자	발행은행

4) 신용장통일규칙 제14조(서류심사의 기준) b. 지정에 따라 행동하는 지정은행, 확인은행이 있는 경우의 확인은행 그리고 발행은행에게는 제시가 일치하는지 여부를 결정하기 위하여 제시일의 다음날로부터 기산하여 최장 5 은행영업일이 각자 주어진다. 이 기간은 유효기일 내의 제시일자나 최종제시일 또는 그 이후에 발생하는 사건에 의해서 단축되거나 달리 영향을 받지 않는다.

8. 신용장 기재 사항

신용장의 기재 내용은 크게 6가지로 구분할 수 있다. ① 신용장 자체에 관한 사항, ② 환어음에 관한 사항, ③ 서류에 관한 사항, ④ 상품에 관한 사항, ⑤ 선적에 관한 사항, ⑥ 특수조건에 관한 사항으로 구분할 수 있다.

▮표 5-4▮ 신용장 기재 사항

(1) 신용장 자체에 관한 사항	(4) 상품에 관한 사항
1. 발행은행과 발행일자 2. 신용장의 종류 3. 통지은행과 통지번호 4. 수익자와 발행의뢰인 5. 신용장 금액과 신용장 번호 6. 신용장의 유효기간 7. 신용장의 사용방법	1. 상품명 2. 수량 3. 단가 4. 가격조건 5. 하인
(2) 환어음에 관한 사항	**(5) 선적에 관한 사항**
1. 발행인 2. 지급인 3. 환어음 금액 4. 환어음의 결제기간	1. 선적항 2. 양륙항 3. 최종선적일 4. 분할선적여부 5. 환적 여부 6. 선적 통지 7. 착화 통지
(3) 서류에 관한 사항	**(6) 특수조건에 관한 사항**
1. 상업송장 2. 운송서류 3. 보험서류 4. 기타 서류 5. 서류제시 기한	1. 은행수수료 2. 지급확약문언 3. 서류발송방법 4. 매입은행의 상환방법 5. 통지방법지시 6. 신용장통일규칙 준거문언

서식 5-3 취소불능화환신용장

The Bank of Tokyo-Mitsubishi UFJ.
INTERNATIONAL DEPARTMENT
2-7-1, Marunouchi, Chiyoda-ku, Tokyo, Japan
Cable Address : BTM UFJ, Tokyo
SWIFT : UFJ JPJS
Place and date of Issue : FEB, 14, 2020.

IRREVOCABLE DOCUMENTARY CREDIT
CREDIT NUMBER : 080 - 110 - 002006
DATE AND PLACE OF EXPIRY MARCH 31, 2020 in SEOUL

ADVISING BANK WOORI BANK 51 Sogong-ro(Hoehyeon-dong 1-ga), Jung-gu, Seoul 100-792, Korea		**APPLICANT** SACURA CO., Ltd. C.P.O. BOX 1234, TOKYO, JAPAN
BENEFICIARY WHITE STONE TRADING CO., LTD. 222-31 CHUNGDAM-DONG, KANGNAM-GU SEOUL, KOREA		**AMOUNT** US$53,000.00(SAY US DOLLARS FIFTY THREE THOUSAND ONLY)
PARTIAL SHIPMENTS ☒ allowed ☐ not allowed	TRANSHIPMENT ☐ allowed ☒ not allowed	Credit available with ANY BANK by NEGOTIATION against presentation of the documents detailed herein and of beneficiary's draft(s) AT SIGHT for full invoice cost drawn on The Bank of Tokyo-Mitsubishi UFJ, TOKYO, JAPAN.
SHIPMENT/DESPATCH/TAKING IN CHARGE FROM/AT PUSAN, KOREA NOT LATER THAN MARCH 25, 2020. FOR TRANSPORTATION TO TOKYO, JAPAN		

DOCUMENTS REQUIRED : A-4501-703-00185

☒ SIGNED COMMERCIAL INVOICE IN TRIPLICATE.
☒ FULL SET OF CLEAN ON BOARD OCEAN BILLS OF LADING MADE OUT TO ORDER WITHOUT ENDORSEMENT MARKED FREIGHT COLLECT SHOWING SACURA CO., Ltd. TOKYO, JAPAN AS NOTIFY PARTY.
☒ PACKING LIST IN TRIPLICATE, WHICH MUST INDICATE WEIGHT(NET & GROSS) AND MEASUREMENT PER EACH PACKAGE.
☒ CERTIFICATE OF ORIGIN IN TRIPLICATE ISSUED BY KOREA CHAMBER OF COMMERCE AND INDUSTRY.
☒ CERTIFICATE OF ORIGIN IN TRIPLICATE.
☒ INSURANCE IS TO BE EFFECTED BY BUYER.

COVERING : FLASHLIGHTS 300,000 PACKS
TRADE TERMS : F.O.B. Pusan.

SPECIAL INSTRUCTIONS :
- SHIPPER'S NAME ON BILL OF LADING MUST BE : WHITE STONE TRADING CO., LTD. SEOUL, KOREA
- CONSIGNEE'S NAME ON CERTIFICATE OF ORIGIN MUST BE : SACURA CO., Ltd. TOKYO, JAPAN.
- L/C NO. SHOULD NOT BE INDICATED ON BILL OF LADING AND CERTIFICATE OF ORIGIN
- DATE OF CERTIFICATE OF ORIGIN MUST BE PREVIOUS OR IDENTICAL TO THE B/L DATE
- TELEX OR FACSIMILE COPY TO APPLICANT INDICATING SHIPPING DATA AFTER SHIPMENT IS REQUIRED.
- COPIES OF EACH SHIPPING DOCUMENTS MUST BE SENT DIRECT TO APPLICANT IMMEDIATELY AFTER SHIPMENT AND BENEFICIARY'S CERTIFICATE TO THIS EFFECT IS REQUIRED.
- THE NEGOTIATING BANK MUST SEND ALL DOCUMENTS DIRECT TO US IN ONE LOT BY SPEED POST OR D.H.L.
- T.T. REIMBURSEMENT IS NOT ACCEPTABLE.

Unless otherwise expressly stated all banking commissions and charges outside issuing country are for account of beneficiary.

Documents to be presented within 10 days after the date of issuance of the transport documents but within the validity of the credit.

All documents must be forwarded to issuing bank in two lot(s) by registered airmail.

We hereby engage with the drawers, endorsers and bona fide holders of drafts drawn under and in compliance with the terms of this credit that such drafts will be duly honored upon presentation to the drawee.
The amount of each drawing under this credit must be endorsed by the negotiating bank on the reverse hereof.
It is subject to Uniform Customs and Practice for Documentary Credits(2007 Revision), International Chamber of Commerce, Paris, France, Publication No. 600.

The Bank of Tokyo-Mitsubishi UFJ.
INTERNATIONAL DEPARTMENT

YAMAMOTO, S. Authorized signature

1) 신용장 자체에 관한 사항

(1) 발행은행(issuing bank)과 발행일자(issuing date)

발행은행은 통상적으로 신용장의 상단에 나타나며, 발행은행의 명칭과 주소, 텔렉스번호, 전신약호 등이 기재된다.

발행일자는 실제 신용장이 발행된 날짜가 기재되며 일반적으로 발행은행명과 주소 옆이나 하단에 표기된다.

(2) 신용장의 종류(type of credit)

신용장의 상단부분에 보통 "IRREVOCABLE DOCUMENTARY CREDIT(취소불능화환신용장)"라고 표기된다. UCP 600부터는 취소가능신용장이 인정되지 않으므로 모든 신용장은 취소불능신용장이다.

(3) 통지은행(advising bank)과 통지번호(advice number)

통지은행은 신용장을 통지하는 수출국의 은행명이 기재되며 일반적으로 신용장의 상단부분에 통지은행과 주소가 함께 표시되며, 날짜도 병기된다. 통지번호는 통지은행이 통지할 때마다 부여하는 번호이다.

(4) 수익자(beneficiary)와 발행의뢰인(applicant)

수익자와 발행의뢰인은 신용장 자체에 관한 사항 중에서도 매우 중요한 사항이므로 일반적으로 발행은행과 함께 신용장의 상단에 주소와 함께 명기된다.

(5) 신용장금액(amount)과 신용장번호(credit number)

일반적으로 신용장에서 금액(Amount)이라고 표시된 란에 숫자와 문자를 병기하게 된다.

신용장 번호는 각국이나 각 은행에 따라 달리 표기된다.

(6) 신용장의 유효기간(expiry date)

신용장의 유효기간은 신용장 발행일로부터 이 유효기간까지 발행은행의 지급확약이 담보되는 기간을 말하며 일반적으로 유효기간과 장소가 함께 표기된다.

신용장 유효기간의 표기방법은 다음과 같다.

– Expiry date : September 30, 2020., Seoul, Korea.

- This credit expires in Korea on……2020.
- This credit is valid until … 2020 for presentation of documents.

(7) 신용장의 사용방법(method of availability)

신용장 사용방법은 일람지급, 연지급, 인수, 매입 등의 사용방법에 대해 표시하게 된다. 일반적으로 "This credit available by" 다음에 "( ) sight payment", "( ) deferred payment", "( ) acceptance", "( ) negotiation" 을 표시하여 그중 하나를 표시하는 형식으로 표시된다. 이에 관한 선택이 없는 경우에는 신용장은 지급에 의해서만 사용할 수 있는 것으로 본다.

2) 환어음에 관한 사항

> Credit available with ANY BANK by NEGOTIATION
> against presentation of the documents detailed herein
> and of ① beneficiary's draft(s) ④ AT SIGHT ③ for full invoice cost
> ② drawn on The Bank of Tokyo-Mitsubishi UFJ, TOKYO, JAPAN.

(1) 발행인(drawer)

환어음의 발행인은 수출업자(수익자)이며 일반적으로 환어음에 관한 사항의 표기 내용 중 "① beneficiary's drafts(수익자가 발행한 환어음)"라고 되어 있어 수익자가 환어음의 발행인임을 표기하게 된다.

(2) 지급인(drawee)

환어음의 지급인은 신용장 발행은행으로 일반적으로 환어음에 관한 사항 중 "② drawn on" 다음에 기재되게 된다.

(3) 환어음 금액

환어음의 금액은 일반적으로 대개 상업송장금액과 동일하지만 거래형태에 따라 가감될 수 있다. "③ for full invoice cost"와 같이 "for" 다음에 표기된다.

(4) 환어음의 결제기간

환어음의 결제기간은 다양한 형태로 표기될 수 있다. 일람불로 결제될 경우 "④ AT SIGHT", 기한부로 결제될 경우 "at 90 days after sight", 일부 후 "at 90 days from shipment date" 등으로 표기된다.

3) 서류에 관한 사항

(1) 상업송장(commercial invoice)

일반적으로 상업송장은 "Signed commercial invoice in triplicate(서명된 상업송장 3통)"과 같이 상업송장과 그 발행통수가 기재된다. 일반적으로 상업송장은 수익자에 의하여 발행되기 때문에 발행자를 특별히 지정하지 않는다.

(2) 운송서류(transport documents)

운송서류는 그 운송형태에 따라 종류가 달라질 수 있다. 해상운송의 경우 해상선하증권(bills of lading ; B/L), 복합운송의 경우 복합운송증권(combined transport document), 항공운송의 경우 항공화물운송장(air waybill) 등의 서류가 기재된다.

신용장에서는 각 서류마다 발행형식, 기재 내용, 발행통수 등을 특정하여 요구하게 된다.

① 해상선하증권 – "Full set of clean on board ocean bills of lading made out to the order of shipper, marked freight prepaid, notify applicant"

② 복합운송증권 – "Full set of clean combined transport documents issued to the order of issuing bank indicating place of taking in charge of the goods XXX, port of loading XXX, port of discharge XXX, place of final destination XXX·····"

③ 항공화물운송장 – "Clean air waybill consigned to us showing freight collect notify accountee"

(3) 보험서류(insurance document)

보험서류는 수익자가 보험에 부보할 의무가 있는 CIF나 CIP 규칙의 경우에 요구된다. 보험자가 발행한 보험증권(Insurance policy ; I/P)이나 보험증명서(insurance certificate)를 일반적으로 요구하게 된다.

보험서류는 부보금액을 표시하여야 하고 신용장과 동일한 통화로 표시되어야 한다. 신용장에 부보금액이 물품의 가액, 송장가액 또는 그와 유사한 가액에 대한 백분율로 표시되어야 한다는 요건이 있는 경우, 이는 요구되는 부보금액의 최소한으로 본다. 신용장에 부보 범위에 부보금액에 대한 명시가 없는 경우, 부보금액은 최소한 물품의 CIF 또는 CIP 가액의 110%가 되어야 한다. 서류로부터 CIF 또는 CIP 가액을 결정할 수 없는 경우, 부보금액의 범위는 요구된 결제(honor) 또는 매입 금액 또는 송장에 나타난 물품에 대한 총가액 중 더 큰 금액을 기준으로 산출되어야 한다.[5)]

"Insurance policy or certificate in duplicate blank endorsed for 110% of the invoice value covering Institute Cargo Clause (C), Including War Clause and SRCC Clause"

(4) 기타서류(other documents)

포장명세서(packing list), 원산지증명서(certificate of origin), 영사송장(consular invoice), 검사증명서(certificate of inspection), 특혜원산지증명서(generalized system of preference certificate of origin ; GSP C/O FORM A), 세관송장(customs invoice) 등이 있다.

(5) 서류제시 기한

신용장에서 요구하는 서류에 대한 제시기한이 표시된다. 일반적으로 "Documents to be presented for negotiation within 10 days after the date of issuance of the transport documents but within the validity of the credit"와 같이 표기된다.

이 경우 수출업자는 운송서류발행일로부터 10일 이내에 서류를 매입은행에 제시하여야 하고 그 제시일자는 동시에 유효기일 이내의 날짜이어야 한다.

만일 신용장에 서류의 제시기한에 관한 약정이 없을 경우에는 서류는 신용장의 유효기일 이내이면서 실제 선적일로부터 21일 이전에 제시하여야 한다. 선적서류 발행 후 21일이 경과한 서류는 은행에서 수리하지 않고 이때의 서류를 Stale B/L(기한경과선하증권)이라 한다.

---

5) 신용장통일규칙 UCP 600 제28조 보험서류와 부보 범위(Insurance Document and Coverage) f. i), ii)

4) 상품에 관한 사항

상품에 관한 사항은 신용장에 ① 상품명(commodity name), ② 수량(quantity), ③ 단가(unit price), ④ 가격조건(price terms), ⑤ 하인(cargo mark) 등이 표기된다.

> "Covering
> 55 Percent Silk 45 Percent Acrylic Mixed Fancy Yarn,
> 2,000LBS At US$6.40 FOB OSAKA Japanese Origin."

5) 선적에 관한 사항

(1) 선적항(shipping point, port of loading)

해상운송으로 이루어진 경우는 당연히 선적항이 표기되며, 내륙운송을 포함하는 복합운송증권(combined transport document)의 경우에는 발송지(place of dispatch), 수탁지(place of taking in charge) 등이 기재된다.

"44A Loading on Board/Dispatch/Taking in Charge at/from… : PUSAN, KOREA."

(2) 양륙항(discharging port, port of unloading)

해상운송의 경우 양륙항(port of discharge), 복합운송에서는 양륙항과 구별되어 최종목적지(place of final destination)를 표시한다.

"44B For transportation to … : KEELUNG, TAIWAN."

(3) 최종 선적일

계약물품의 최종 선적일을 표시하게 된다. 만약 신용장에 선적일자의 지정이 없으면, 신용장의 유효일자를 최종선적기일로 본다.

이 경우 유효일자가 은행휴무일에 도래하면 이후 최초 영업일까지 연장되지만, 최종선적기일은 연장되지 않는다. 왜냐하면 선적은 공휴일에도 이루어지기 때문이다.

"44C Latest Date of shipment : 18/05/01"

(4) 분할선적과 환적 여부

분할선적(Partial Shipments)과 환적(Transshipment)을 허용하는 경우에는 "allowed", "permitted" 등으로 표시하고, 금지하는 경우에는 "not allowed", "not permitted" 또는 "prohibited" 등으로 표시한다. 그러나 신용장에 분할선적 또는 환적의 허용이나 금지의 표시가 없으면, 이를 허용하는 것으로 해석한다.

"43P Partial Shipments : ALLOWED"
"43T Transshipment : PROHIBITED"

(5) 선적 통지

선적이 이행되었음을 알리는 선적통지를 발행의뢰인(수입업자)에게 하도록 신용장에 표기하게 된다.
"TELEX OR FACSIMILE COPY TO APPLICANT INDICATING SHIPPING DATA AFTER SHIPMENT IS REQUIRED."

(6) 착화 통지

착화통지는 운송서류를 통해 일반적으로 표기하게 된다. 즉, 신용장에서 요구되는 서류 중 선하증권에서 착화통지처(notify party)를 일반적으로 발행의뢰인(applicant)으로 하도록 지시하는 형식으로 표기된다.

6) 특수조건에 관한 사항

(1) 은행수수료 관련

은행수수료를 누가 부담할 것인지에 대한 조건이다. 일반적으로 신용장을 개설한 국가 외에서 발생하는 모든 은행비용을 신용장의 수익자 부담으로 요구하는 경우가 많다.
"all banking charge outside U.S.A. are for account of beneficiary(or applicant)"

(2) 지급확약문언

발행은행의 지급확약문언은 신용장의 종류에 따라 달라지나 일반적으로 매입을 통해 이용가능한 신용장의 경우 "We hereby engage with the drawers, endorsers and bona fide holder of drafts drawn under and in compliance with the terms of this credit that such drafts will be duly honored upon presentation to the drawee."로 표기된다.

(3) 서류발송방법

일반적으로 서류발송방법은 통상 2묶음(two lots)으로 발행은행 앞으로 특송이나 항공우편 등을 통해 발송하도록 요구하는 경우가 많다.

"All documents must be forwarded to us in two consecutive registered airmail."

"All documents must be sent to us in one lot."

(4) 매입은행의 상환방법(Reimbursement method)

신용장에서 매입은행이 상환받는 방법은 대개 아래와 같이 표시한다.

① "Please claim reimbursement on our account with XXX bank N.Y"

② "Please draw on account with …."

③ "In reimbursement please debit our account with you"

④ "Please claim reimbursement by drawing our account no 1234 with XXX bank"

(5) 통지방법지시

일반적으로 통지 방법에 대한 지시는 통지은행용 사본에만 표기되고 원본신용장 상에는 표기되지 않는다.

"Please notify beneficiary by mail(or phone, ets) adding (or without adding) your confirmation"

(6) 신용장통일규칙 준거문언

신용장통일규칙은 당사자간의 사전합의에 의해서 적용되므로 신용장통일규칙의 적용을 받기 위해서는 신용장상에 반드시 신용장통일규칙 준거문언을 표기해야 한다.

신용장통일규칙 제1조(신용장통일규칙의 적용범위)에서는 "제6차 개정 신용장통일규칙(2007년 개정, 국제상업회의소 간행물 제600호, "신용장통일규칙")은 신용장의 문면에

이 규칙이 적용된다는 것을 명시적으로 표시한 경우 모든 화환신용장(이 규칙이 적용 가능한 범위 내에서는 보증신용장(standby letter of credit)을 포함)에 적용된다. 이 규칙은 신용장에서 명시적으로 수정되거나 그 적용이 배제되지 않는 한 모든 당사자를 구속한다."라고 규정하고 있다.

신용장통일규칙은 당사자의 합의에 따라 적용되는 것으로 이러한 신용장통일규칙 준거문언이 없는 경우에는 해당 규칙을 적용할 수 없다. 그러나 SWIFT에 의한 신용장의 경우에는 별도의 명시가 없어도 일반적으로 신용장통일규칙을 준거하는 것으로 본다.

일반적으로 신용장통일규칙 준거문언은 "This credit is subject to Uniform Customs and Practices for Documentary Credits(2007 Revision), ICC Publication No.600"와 같이 표기된다.

현재 가장 많이 사용되고 있는 SWIFT로 전송되는 신용장의 경우에는 신용장 통일규칙 준거 문언을 다음과 같이 표시하고 있다.

"40E/APPLICABLE RULE : UCP LATEST VERSION"

국제은행간 자금결제통신망(SWIFT ; Society for Worldwide Inter-bank Financial Telecommunication)은 국제은행 간 자금결제통신망은 국제은행 간 자금결제를 위한 정보통신망으로 국제금융기관의 대차업무, 즉 국제자금결제(international financial system)를 종전의 전통적인 결제방법(예컨대 mail or paper, facsimile, telex 등)에서 탈피하여 보다 신속하고 정확·안전한 자금결제업무처리를 위한 EDI방식에 의한 문서전달체제이다.

▌서식 5-4▌ 취소불능화환신용장(SWIFT CREDIT : USANCE CREDIT)

수출신용장통지서

(Export Document Credit Advice)

Except so far as otherwise expressly stated, this documentary credit is subject to the "uniform customs and practice for documentary credit"(2007 revision) international chamber or commerce(publication no.600)

문서/전자문서번호 : 8PH2-01440W-116 구분 : ORIGINAL

〈일반정보〉

통지일자	: 20/03/28
통지번호	: A066880123530
SWIFT 전문발신은행	: BKTWTIPI BANK OF TAIWAN, TAIPE, TAIWAN
SWIFT 전문수신은행	: KOREA EXCHANGE BANK 729-8525/8562
기타정보	: 15,000WON WILL BE CHARGED FOR COMMISSION

〈스위프트〉

40A Form of Documentary Credit	: IRREVOCABLE
20 Documentary Credit Number	: 8PH2-01440W-116
31C Date of Issue	: 20/03/28
40E Applicable Rules	: UCP LATEST VERSION
31D Date and Place of Expiry	: (date) 18/05/24 (place) IN THE BENEFICIARY'S COUNTRY
50 Applicant	: Delta Electronics No. 186, Ruiguang Road, Neihu District, Taipei City, TAIWAN.
59 Beneficiary	: WHITESTONE Electronics CO., LTD. 554, SHINSA-DONG, SEOCHO-GU, SEOUL, KOREA
32B Currency Code, Amount	: USD 350,000.00
41a Available with by …	: ANY BANK IN THE BENEFICIARY'S COUNTRY BY NEGOTIATION
42 Drafts at …	: DRAFTS DRAWN AT 30 DAYS AFTER SIGHT
42a Drawee	: BANK OF TAIWAN, No.120, Sec. 1, Chongqing S. Rd., Zhongzheng Dist., Taipei City 10007, TAIWAN.
43P Partial Shipments	: ALLOWED
43T Transshipment	: PROHIBITED
44A Loading on Board/Dispatch/Taking in Charge at/from…	: PUSAN, KOREA
44B For transportation to …	: KEELUNG, TAIWAN
44C Latest Date of shipment	: 20/05/01
45A Description of goods and/or service	: DVD DECK MECHANISM 4,000 PCS AT USD57.00 PER PC CIF KEELUNG, TAIWAN
46A Documents Required	:

+SIGNED COMMERCIAL INVOICE IN 3 COPIES INDICATING THIS CREDIT NUMBER
+PACKING LIST IN 1 ORIGINAL AND 2 COPIES
+FULL SET OF CLEAN ON BOARD OCEAN BILL OF LADING MADE OUT TO ORDER OF SHIPPER, MARKED "FREIGHT PREPAID" AND THIS CREDIT NO., NOTIFY APPLICANT.
+BENEFICIARY'S CERTIFICATE STATING THAT 3/3 ORIGINAL B/L AND ONE SET OF NON-NEGOTIABLE DOCUMENTS HAVE BEEN SENT DIRECTLY TO APPLICANT BY REGISTERED AIRMAIL.

* * * * This advice to be continued on page 2/2

* * * * This is a constituent and integral part of advice No : A-0668-801-23530
==

+INSURANCE POLICY OR CERTIFICATE IN DUPLICATE IN NEGOTIABLE FROM FOR AT LEAST 110 PERCENT INVOICE VALUE, BLANK ENDORSED AND WITH CLAIMS PAYABLE IN TAIWAN, COVERING : INSTITUTE CARGO CLAUSES (C).

47A Additional Conditions

+IF DOCUMENTS PRESENTED UNDER THIS L/C ARE FOUND TO BE DISCREPANT WE SHALL GIVE ITS NOTICE OF REFUSAL AND SHALL HOLD DOCUMENTS AT YOUR DISPOSAL. HOWEVER, SHOULD WE RECEIVE APPLICANT'S APPROVAL OF DISCREPANCIES PRIOR TO YOUR INSTRUCTION ON DISPOSAL OF DOCUMENTS, WE WILL RELEASE THE SAID DOCUMENTS TO APPLICANT.

71B Charges : +ALL BANKING CHARGES AND COMMISSIONS OUTSIDE OPENING BANK, INCLUDING REIMBURSEMENT COMMISSION, ARE FOR ACCOUNT OF BENEFICIARY.

48 Period for Presentation :+DOCUMENTS TO BE PRESENTED FOR NEGOTIATION WITHIN 10 DAYS AFTER DATE OF SHIPMENT, BUT NOT LATER THAN L/C EXPIRY DATE.

49 Confirmation Instructions : WITHOUT

78 Instructions to the Paying/Accepting/Negotiating Bank :

+DISCOUNT CHARGES AND ACCEPTANCE COMMISSION ARE FOR BENEFICIARY'S ACCOUNT. WE WILL REMIT THE PROCEEDS AS INSTRUCTED AT MATURITY UPON RECEIPT OF DOCUMENTS ALONG WITH DRAFT(S) STRICTLY COMPLYING WITH THE TERMS AND CONDITIONS OF THIS CREDIT.

+ALL REQUIRED DOCUMENTS MUST BE SENT DIRECTLY TO BANK OF TAIWAN, No.120, Sec. 1, Chongqing S. Rd., Zhongzheng Dist., Taipei City 10007, TAIWAN. IN ONE LOT BY COURIER SERVICE.

+A DISCREPANCY FEE OF USD 60 OR EQUIVALENT WILL BE DEDUCTED FROM PROCEEDS OF ANY DRAWING IF DOCUMENTS ARE PRESENTED WITH DISCREPANCIES.

PLEASE NOTE THAT THE DISCREPANCY FEE IS ALWAYS FOR BNF'S ACCOUNT.

57a "Advise Through " Bank : KOREA EXCHANGE BANK SEOCHO BRANCH

72 Sender to Receiver : SUBJECT TO U.C.P.(2007 REVISION) I.C.C. PUBLICATION NO.600

THIS IS THE OPERATIVE INSTRUMENT, NO MAIL CONFIRMATION WILL FOLLOW.

〈전자서명〉

통지은행 전자서명 : KOREA EXCHANGE BANK, L/C ADVICE SECT. 1113009019

이 전자문서는 무역자동화촉진에관한법률 제2조 제7항, 제10조, 제1항 및 동법 시행령 제 12조에 의거 발행된 전자문서입니다.

제5절 특수결제 방식

1. 국제팩토링 결제방식

1) 국제팩토링의 개념

팩토링(Factoring)은 판매자가 구매자에게 상품과 서비스를 제공함에 따라 발생하는 외상매출채권(account receivable)을 팩토링회사(factor)에게 일괄양도하고 팩토링회사로부터 양도채권 금액 범위내에서 금융지원, 구매자에 대한 신용조사 및 신용위험 인수, 채권의 관리 및 대금회수, 기타 사업처리대행 등의 서비스를 제공하는 금융기법이다.

팩토링 거래의 예를 들어 보면 자동차를 구매할 때 36개월 동안 30만원씩 할부로 구매하는 경우 자동차 회사는 목돈이 필요하여 36개월 동안 30만원씩 받게 되는 채권을 Factoring 회사에게 양도하면서 이자를 공제하고 대금을 지급 받게 된다. 그에 따라 Factoring 회사는 자동차 구매자에게 매달 30만원씩을 받게 된다. 이 경우 Factoring 회사는 자동차 구매자에 대한 신용을 잘 점검해야 한다.

이와 같은 일반적인 팩토링 업무 범위가 국제간의 무역거래로 확대, 적용된 것이 국제팩토링(International Factoring) 결제방식이다. 무역거래에 사용되는 국제팩토링 결제방식은 그 적용 범위를 상거래로 축소한 것으로, 수출입업체간에 서로의 신용을 바탕으로 신용장 발행없이 팩토링 금융기관이 대금지급을 보증하는 일종의 외상무역결제방식을 의미한다.

2) 국제팩토링 결제방식의 거래 절차

국제팩토링 결제방식은 〈그림 5-10〉에서 보여주는 바와 같은 절차에 따라 일반적으로 이루어진다.

① 수입업자가 수출업자에게 수입 주문을 하게 된다.

② 수출업자가 수출 factor(금융회사)와 수출팩토링 계약을 체결한다.

③ 수출업자가 수출 factor에게 신용승인신청서를 통해 수입업자의 신용조사를 의뢰한다.

④ 수출 factor는 수입국의 수입 factor에게 수입업자에 대한 신용조회 및 신용승인을 재의뢰하게 된다.

⑤ 수입 factor는 14일 이내에 수입업자의 신용승인 여부를 결정하고 신용승인시 신용승인 한도 결정하여 수출 factor에게 통보한다.

⑥ 수출 factor는 전달받은 수입업자의 신용승인 한도를 수출업자에게 통지한다.

⑦ 수출업자는 통지받은 수입업자의 신용한도 범위 내에서 수입업자와 국제팩토

링 결제방식에 의한 무역매매 계약을 체결한다.

⑧ 계약에 근거하여 수출업자가 수입업자에게 물품을 선적해 보낸다.

⑨ 수출업자는 수출 factor에게 운송서류의 매입을 의뢰하게 된다. 즉, 운송서류인 수출채권을 양도하고 전도금융을 신청하여 전도금융을 제공 받게 된다.

⑩ 수출 factor는 수입 factor에게 운송서류 등의 매출채권을 재 양도하게 된다.

⑪ 수입 factor는 양도 받은 운송서류를 수입업자에게 인도해 주게 된다.

⑫ 수입업자는 입수한 운송서류를 가지고 물품도착시 화물을 인수하게 되고 수입Factor에게 대금을 결제하게 된다.

⑬ 수입 factor는 수출 factor에게 수입업자로부터 받은 수입대금을 송금하게 된다.

⑭ 수출 factor는 송금받은 수입대금을 전도금융과 상계하여 처리하게 된다.

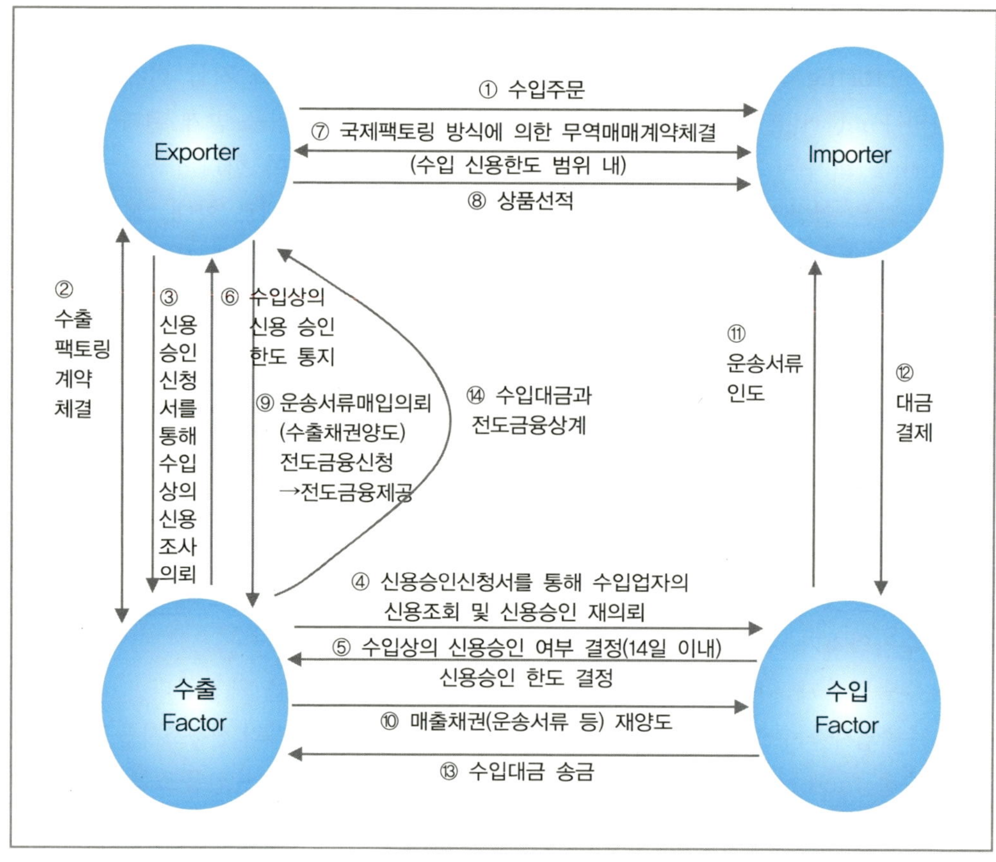

▌그림 5-10▌ 국제팩토링 결제방식의 거래절차

3) 국제팩토링 결제방식의 이점

(1) 수출업자의 이점

① 신용위험의 제거

해당 물품에 대한 수입업자의 Claim이 없는 경우 수입업자의 파산 또는 지급불능 시 수입국의 팩토링회사가 채권금액의 100%를 대신 지급하므로 수출대금의 안전한 회수가 가능하다. 즉, 신용위험이 제거되는 효과가 발생한다.

② 수출채권의 즉시 현금화

상품선적 후 팩토링회사에서 수출채권(선적서류)을 매입해 주므로 외상수출대금을 즉시 현금화할 수 있다.

③ 채권관리의 효율화

해외 팩토링회사가 수입자에 대한 신용조사와 외상수출대금관리를 대신해 주므로 해외지사 설치 효과를 거둘 수 있다.

④ 새로운 시장의 개척

부실채권을 방지할 수 있고, 신용장개설이 필요 없으므로 수입자의 부담을 경감할 수 있어 보다 나은 조건으로 상담이 가능하여 새로운 시장개척에 도움이 될 수 있다.

(2) 수입업자의 이점

① 외상구매 가능

신용이 우수한 기업은 팩토링회사가 수입대금의 지급을 보증하므로 수출자로부터 외상으로 손쉽게 물품을 구입할 수 있다.

② 자금부담의 경감

물품수령 후 일정 기간내에 수입대금을 결제하면 됨으로 자금부담이 경감된다.

③ 금융비용 절감

신용장 결제방식에 비해 신용장개설비용 및 부대비용을 절감할 수 있다.

④ 물품의 품질 확인 가능

서류에 의한 거래인 신용장 결제방식과 달리 수입대금 결제 전 물품의 품질을 확인할 수 있다.

4) 국제팩토링과 신용장 비교

국제팩토링 결제방식과 신용장 결제방식을 비교하면 〈표 5-5〉와 같다.

▮표 5-5▮ 국제팩토링과 신용장 비교

구분	국제팩토링	신용장
담보되는 금액	송장금액의 100%	송장금액의 100%
담보되는 위험	해외수입업체의 신용위험 (지급지연, 지급불능)	선적서류가 신용장 조건과 일치할 경우 수입업체의 지급불능, 비상위험, 시장위험(통상, 사소한 문언상이를 이유로 부도가 많음)
거래 가능한 기업 및 금액	해외팩토링회사가 승인한 기업 및 금액	신용장을 수령한 기업
신용공여 결정 소요 기간	해외팩토링회사가 늦어도 14일 이내에 회신	해외수입업자 소재국의 신용도에 따라 상이함
수수료	송장금액의 1.2%	은행이 정한 수수료
수입자 부도시 대금수령일	송장 만기일후 90일	신용장의 만기일
부도대금 청구절차	없음	없음

2. Forfaiting 결제방식

1) Forfaiting의 개념

Forfaiting은 금융기관이 국제무역에서 발생하는 환어음 등을 수출자나 이전소지자에게 소구권(遡求權)을 행사하지 않는 조건하에 고정금리로 할인매입하는 무역금융기법을 말한다.

Forfating은 매입(Negotiation)과는 달리 은행이 소구권(상환청구권)을 포기하는 조건(Without Recourse)으로 채권을 수출상으로부터 매입하므로 수출상은 상환청구 당할 염려가 없으며 모든 위험을 은행이 부담하게 된다.

Forfaiting의 어원은 원래 "채권을 포기한다"는 뜻을 가진 "à forfait"에서 유래되었다.

연불수출과 관련하여 획득한 채권(약속어음 또는 환어음)을 Fortaiter가 수출업체의 연대보증 없이 수입자의 신용으로 매입하는 결제방식이다.

연불조건이 요구되는 기계, 중장비, 산업설비 및 건설장비의 구매시 사용되는 중요한 금융기법 가운데 하나이다.

2) Forfaiting의 특징

Forfaiting 결제방식의 특징은 다음과 같다.

① 수출자나 어음배서인에 대한 소구권(상환청구권)이 없다.
② 수입자가 일류기업이 아닐 경우 은행의 지급보증이 필요하다.
③ 할인매입시 고정금리가 적용된다.
④ 환어음 또는 약속어음이 거래대상이므로 거래절차가 간편, 신속하다.
⑤ 연불기간이 통상 1개월에서 최장 10년까지이다.
⑥ 건당 거래금액은 US$10만~2억이다.
⑦ 거래통화는 모든 주요통화가 가능하다.

3) Forfaiting 결제방식의 거래절차

Forfaiting 결제방식은 〈그림 5-11〉에서 보여주는 바와 같은 절차에 따라 일반적으로 이루어진다.

① 수출업자와 수입업자 사이에 무역매매계약을 체결한다.
② 수출업자는 금융회사인 forfaiter와 forfaiting 약정을 체결한다.
③ 수출업자는 forfaiting 약정 후 수입업자에게 계약물품을 선적해서 보낸다.
④ 수입업자는 수입국 보증은행에 환어음의 보증을 요청한다.
④-1 수출업자는 수입국의 보증은행에 어음이나 환어음을 제출하면
④-2 수입국 보증은행은 별도의 지급보증서를 발급하거나 또는 제출한 환어음에 취소불능의 무조건 보증의 뜻(AVAL)을 기재하여 송부하게 된다.
⑤ 수출업자는 forfaiter에게 수입국 보증은행의 무조건 보증이 담긴 어음을 매각하게 된다.
⑥ forfaiter는 어음 매각 대금을 현금으로 지급하게 된다.
⑦ forfaiter가 수입국 보증은행에게 어음을 제시하면
⑧ 수입국 보증은행은 수입업자에게 어음을 제시하고
⑨ 수입업자는 만기에 어음금액을 지급하게 된다.
⑩ 수입국 보증은행은 수입업자로부터 지급받은 어음금액을 forfaiter에게 송금하게 된다. 만일 수입업자가 만기에 어음대금을 결제하지 못할 경우 수입국 보증은행은 지급보증서 또는 어음에 AVAL을 한 것을 근거로 forfaiter에게 수입업자의 미결제금액을 지급하게 된다.

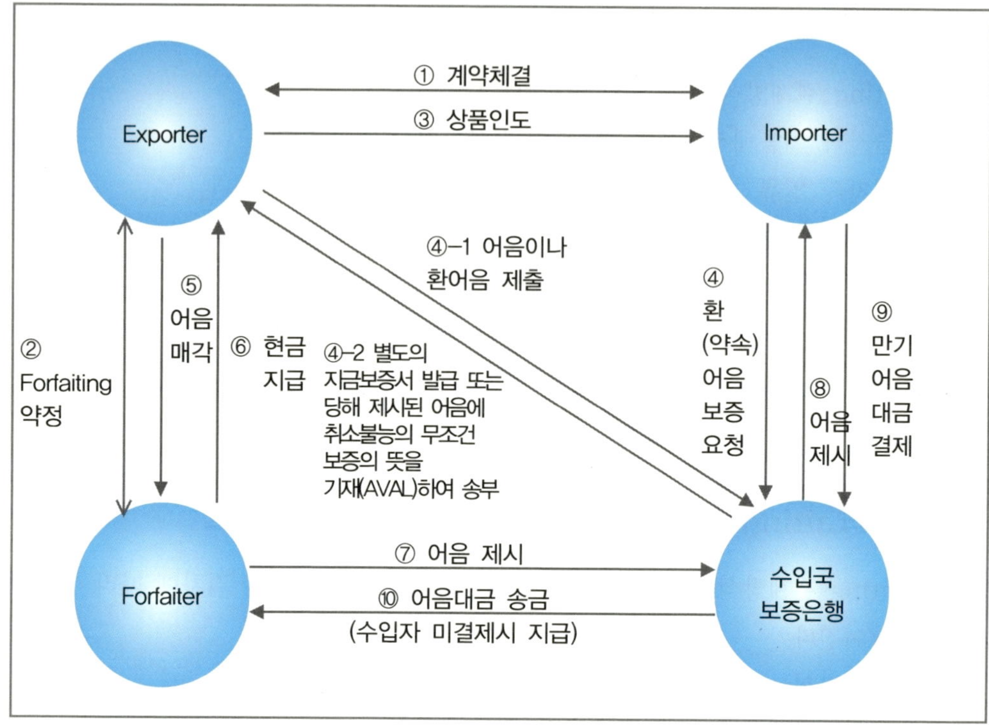

▮그림 5-11▮ Forfaiting 결제방식의 거래절차

제6장

수출승인과 수출물품의 확보

제1절 수출승인
제2절 수출물품의 확보

수출승인과 수출물품확보

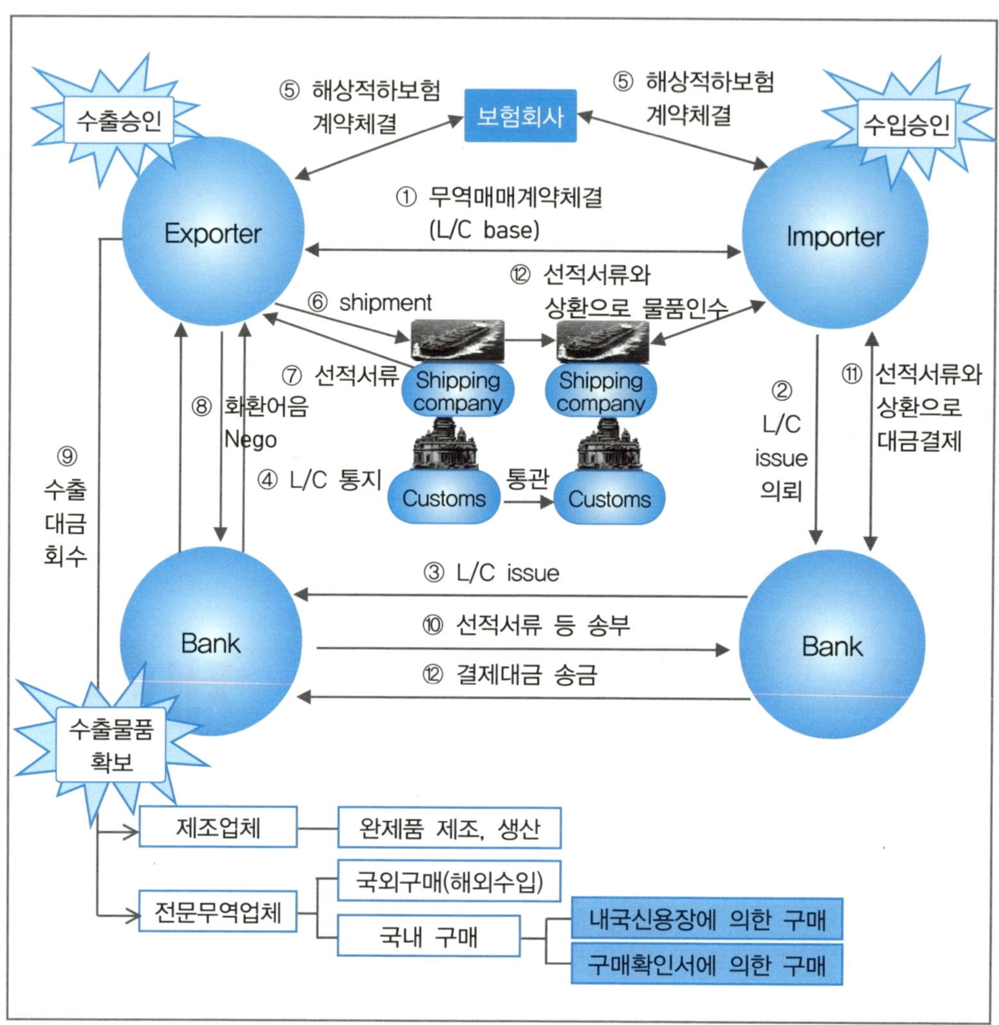

제6장 수출승인과 수출물품의 확보

제1절 수출승인

1. 수출입의 원칙

우리나라에서 대외무역은 원칙적으로 자유이며 예외적으로 최소한의 제한을 통해 관리하고 있다. 즉, 대외무역을 진흥하고 공정한 거래질서를 확립하여 국제수지의 균형과 통상의 확대를 도모함으로써 국민경제 발전에 이바지 한다는 대외무역법의 목적에 벗어나면 물품의 수출입 및 그에 따른 대금의 영수와 지급이 제한 될 수 있다는 것으로, 원칙적으로 자유이며 예외적으로 최소한의 관리가 이루어질 수 있도록 하고 있다.

또한 이러한 무역의 완전자유화를 위한 각종 조치가 이루어짐에 따라 무역업자 스스로 자기 책임하에 수출입거래를 성실히 이행하도록 하고 있다. 이 같은 원칙은 무역거래자가 대외신용도를 확보하면서 자유무역질서를 유지하기 위해 설정된 것으로 수출입 거래에 대한 무역거래자의 신의·성실 원칙이다.

대외무역의 원칙적 자유 및 예외적 관리하에서 대외무역법에서는 거래물품, 거래형태, 거래지역 등을 관리대상으로 하고 있다. 거래물품의 관리는 수출입승인제도를 통해, 그리고 거래지역의 관리는 수출입승인대상물품 수출입요령에서 지역제한을 통해 관리하고 있다.

한편 거래형태의 관리는 특정거래형태의 수출입 인정제도가 있었으나 현재는 특정거래형태 개념만 남아 있고 인정제도는 폐지되었다.

2. 수출입 승인의 의의

수출입승인대상물품의 선정방법은 「원칙자유·예외제한」의 네가티브제(Negative List System)로 운영되고 있다. 한편 승인대상물품 중 긴급을 요하는 물품, 기타 수출입의 절차 간소화를 위하여 필요한 물품의 경우에는 예외를 인정하여 승인없이 수출입이 가능하도록 수출입승인제도를 완화하고 있다.

수출입승인은 예외적으로 제한하는 품목에 대해 승인절차라는 방법으로 그 품목의 수출입이 가능하도록 해 주는 제도이다.

☑ 요약 정리

▣ 수출입승인대상물품

- 수출입승인대상물품은 구체적으로 수출입공고 제5조(수출제한품목) 별표 2와 제6조(수입제한품목) 별표 3에 게기한 물품을 말한다.

◈ **수출입공고(대외무역법 제11조)**

산업통상자원부장관이 승인대상물품등의 품목별수량, 금액, 규격 및 수출 또는 수입지역 등의 한정등 물품의 수출 또는 수입 및 절차 등을 정하여 공고하는 것으로서 수출입품목관리를 위한 기본공고라 할 수 있다. 다시 말해 수출입 공고란 수출입 물품에 대한 제한여부에 관한 공고라 할 수 있다. 즉, 수출입공고상에 기재되어 있는 물품들이 수출입승인대상물품들이다.

◈ **수출입공고의 품목표시방법**

수출입공고는 수출입 품목관리 체계의 기본이 되는 것으로 우리나라는 현재 "원칙자유, 예외적 제한"의 원칙을 담고 있는 Negative List System 방식을 1967년 7월 25일부터 시행하고 있다. 이는 1967년 우리나라가 GATT에 가입하면서 수출입품목관리체계를 종전의 "원칙제한, 예외적 자유"인 Positive List System에서 전환된 것이다.

· Positive List System

- 수출입 공고에 수출 또는 수입이 허용되는 품목만 표시하고 여기에 표시되지 않은 품목은 원칙적으로 수출 또는 수입이 제한 또는 금지되도록 하는 수출입공고의 품목 표시 방법으로 국내 산업이 아직 타국과의 경쟁상태에 이르지 못한 국가에서 자국의 산업보호를 위해 실시하고 있다.

· Negative List System

– 수출입 공고에 수출 또는 수입의 제한내지 금지품목만을 표시하고 여기에 표시되지 않은 기타 품목은 수출 또는 수입 허용되도록 하는 수출입 공고의 품목표시 방법으로서, 다음과 같은 목적에 따라 시행하고 있다.

▶ 무역의 자유화

▶ 국내상품과 외국상품과의 경쟁으로 국내산업의 체질개선

▶ 일반대중의 소비생활 향상

3. 수출입 승인의 성질

"승인(承認)"은 공법상, 국가 또는 지방자치 단체의 기관이 다른 기관이나 개인의 특정한 행위에 대하여 부여하는 동의·승낙 등의 뜻으로 사용되고 있다.

수출입승인제에서의 승인은 허가적인 것으로, 상대적 금지를 특정한 경우에 해제하여 적법하게 수출입거래행위를 할 수 있도록 자유상태로 회복시켜 주는 행정행위이다.

이러한 수출입 승인의 법적 성질을 살펴보면 다음과 같다.

1) 수출입행위의 전제요건

승인대상물품은 수출 또는 수입하고자 할 때에는 승인을 얻어야 한다. 따라서 승인을 얻지 않은 상태에서는 수출입을 할 수 없으므로 승인은 수출입 이행의 전제가 되어야 한다.

2) 기속행위(羈束行爲)

수출입승인행위는 법령에 규정한 요건을 충족할 경우 이를 승인하여야 하는 기속행위(羈束行爲)[1)]이다. 허가와 같이 행정기관에게 주어진 재량행위(裁量行爲)가 아니며 특정한 행위에 대하여 부여하는 동의라고 볼 수 있다. 따라서 수출입의 승인을 거부할 이유가 없음에도 불구하고 거부하는 경우 위법이 된다.

1) 기속행위는 법규의 집행에 대하여 행정청의 재량이 전혀 허용되지 않는 행정처분을 말한다.

3) 산업통상자원부장관의 전속권한

수출입승인은 산업통상자원부장관이 가지고 있는 전속권한이다. 그러나 대외무역법령에 의하여 관계행정기관, 단체의 장, 세관장 등에게 그 권한을 위임 및 위탁을 하고 있다.

4) 대인대물(對人對物)의 혼합적 성질

수출입을 승인할 때에는 물품의 수출입을 할 수 있는 자격이 있는지의 여부를 당해 수출입품목 및 거래방법 등과 함께 심사하므로 대인적 관리와 대물적 관리의 혼합심사의 성격을 갖는다. 이것은 수출입을 승인하고자 할 때에는 국세법에 의해 사업자등록을 한 자인지 또는 개별행정법에 의해 특정 물품의 취급을 인가 받은 자인지 등의 대인적 사실을 심사하는 한편, 수출입하고자 하는 물품이 수출입공고상 수출입이 허용되는 품목인지 또는 기타의 조건(규격, 수량)에 해당하는지의 여부를 심사하는 대물적 심사를 행하므로 대인대물이 혼합되는 성격을 갖는다.

5) 거래이행의 강제성

무역업자는 수출입 승인을 받아 거래를 이행할 때에 승인 받은 내용대로 이행해야 한다. 즉, 수출입 승인에는 유효기간을 두어 각각 수출대금의 회수 및 수입대금의 지급을 유효기간 내에 이행해야 하며, 그렇지 않을 시에는 수출입 승인은 무효가 되는 동시에 제재를 받게 된다.

한편 당초 승인된 내용에 변경이 있을 경우 유효기간내에 변경승인을 받고 이행해야 하며 경미한 경우[2]에는 변경신고를 해야 한다.

4. 수출입 승인의 대상물품과 승인기관

1) 수출입 승인 대상물품

산업통상자원부장관이 헌법에 따라 체결·공포된 조약과 일반적으로 승인된 국제법규에 따른 의무의 이행, 생물자원의 보호 등을 위하여 지정하는 물품등을 수출하거나 수입하려는 자는 산업통상자원부장관의 승인을 받아야 한다. 다만, 긴급히 처리하여야 하는 물품등과 그 밖에 수출 또는 수입 절차를 간소화하기 위한 물품등으

2) 여기서 경미한 경우란 원산지, 도착항(수출에만 해당), 규격, 수출입 물품의 용도(단, 수출입 승인 용도가 지정된 경우)등의 변경으로, 이는 당초 승인기관장에게 변경신고하면 된다.

로서 대통령령으로 정하는 기준에 해당하는 물품등의 수출 또는 수입은 그러하지 아니한다.(대외무역법 제11조 2항)

이상과 같은 근거에서 수출입 승인대상물품은 다음에 해당되는 물품등으로서 산업통상자원부장관이 수출 또는 수입승인 대상으로 지정·고시한 물품등을 말한다.(대외령 제17조)

① 헌법에 따라 체결·공포된 조약이나 일반적으로 승인된 국제법규에 따른 의무를 이행하기 위하여 산업통상자원부장관이 지정·고시하는 물품등
② 생물자원을 보호하기 위하여 산업통상자원부장관이 지정·고시하는 물품등
③ 교역상대국과의 경제협력을 증진하기 위하여 산업통상자원부장관이 지정·고시하는 물품등
④ 방위산업용 원료·기재, 항공기 및 그 부분품, 그 밖에 원활한 물자 수급과 과학기술의 발전 및 통상·산업정책상 필요하다고 인정하여 산업통상자원부장관이 해당 품목을 관장하는 관계 행정기관의 장과 협의를 거쳐 지정·고시하는 물품등

이상의 수출 또는 수입 승인대상물품은 구체적으로 수출입공고에서 정한 물품등을 말한다. 단, 중계무역물품, 외국인수수입물품, 외국인도수출물품, 선용품은 제외한다.(관리규정 제9조)

☑ 요약 정리

▣ 수출입승인과 관련된 수출입품목 구분

◈ 수출입 제한승인품목

- 수출제한품목 : 수출입공고 [별표 2]에 게기되어있는 품목
- 수입제한품목 : 수출입공고 [별표 3]에 게기되어있는 품목

수출입 제한승인품목은 각 품목별 수출 또는 수입요령에 따라 수출 또는 수입승인을 받아야 한다.

◈ 수출입금지품목

- 수출입공고 [별표 1]에 게기되어있는 품목

한편, 플랜트수출 승인물품 및 전략물자수출입고시 대상물품은 승인으로 간주처리[3]하고 별도관리하고 있다.(대외무역법 제11조 8항)

또한 통합공고 대상물품은 대외무역법상 수출입 승인대상에서 제외하여 각 개별법에 의해서만 관리되도록 하고 있다. 즉 대외무역법 이외의 60 여개 개별법에 의한 수출입제한내용을 통합하여 고시하는 통합공고에 따라 요건확인 등을 받아야 하는 물품은 수출입 승인대상에 포함되지 않는다.

따라서 해당 개별법에서 정하고 있는 바에 따라 요건확인 등을 받은 후 곧바로 세관에 수출신고나 수입신고를 함으로써 수출입을 이행하면 된다.

참고 통합공고제도

대외무역법 이외의 60여개 개별법이 정하는 수출입요령 및 절차를 관계행정기관으로부터 제출받아 산업통상자원부장관이 통합하여 공고함으로써 무역거래자로 하여금 수출입요령의 변동내용을 쉽게 이해하도록 하는 제도이다.

통합공고는 대외무역법 제15조의 규정에 의하여 동법 이외의 다른 법령에서 해당물품의 수출입의 요건 및 절차 등을 정하고 있는 경우에 수출입 요건확인 및 통관 업무의 간소화와 무역질서 유지를 위하여 다른 법령이 정한 물품의 수출입의 요건 및 절차에 관한 사항을 조정하고 이를 통합 규정함을 목적으로 하고 있다.

따라서 수출입을 하고자 하는 자는 먼저 무역을 할 수 있는 요건을 얻은 후 그 당해 품목이 수출입에 제한이 있는지의 여부(수출입공고, 통합공고, 전략물자수출입 고시 등 확인)에 대해 사전점검 후 만일 그 해당품목이 규제조치에 해당할 경우 이 규제를 해제할 수 있는 요건을 갖추어야 적법하게 수출입할 수 있다.

2) 승인기관

수출입의 승인을 하는 기관은 산업통상자원부장관이다.(대외무역법 제11조 2항) 그러나 산업통상자원부장관은 무역관리의 효율성을 도모하기 위하여 수출입의 승인에 관한 대부분

3) 전략물자의 수출허가등(대외무역법 제19), 플랜트수출의 촉진 등(법 32조)에 의하여 수출허가를 받거나 수출승인을 얻은 자는 본 수출입승인의 규정에 의한 수출승인을 얻은 것으로 본다(대외무역법 제11조 8항). 이것은 수출승인의 의제(擬制)로서 특정한 물품수출의 경우 별도의 승인절차 없이도 수출승인으로 간주한다. 한편 의제란 본질이 전혀 다른 것을 법률상 동일한 것으로 간주하여 동일한 법률상의 효과를 부여하는 것을 말한다.

의 권한(수출입 승인, 수출입승인변경의 승인, 수출입승인변경사항 신고의 수리)을 수출입공고에서 산업통상자원부장관이 지정·고시한 기관·단체(승인기관, 즉 관계행정기관 또는 단체의 장 등(대외령 제91조 3항))의 장에게 위탁하고 있다.(관리규정 제8조)

3) 수출입 승인요건

수출입 승인기관의 장은 수출·수입의 승인을 하고자 할 때에는 다음의 각 요건에 합당한지 여부를 확인하여야 한다.(관리규정 제11조)

여기에는 인적요건(거래주체), 물적요건(제한요건충족), HS코드적용 등이 해당된다.

(1) 인적요건 확인

수출·수입하려는 자가 승인을 받을 수 있는 자격이 있는 자인지를 확인해야 한다.

(2) 물적요건 확인

수출·수입하려는 물품등이 수출입 공고 및 대외무역관리규정에 따른 승인요건을 충족한 물품등인지 확인해야 한다.

(3) HS 코드 적용 확인

수출·수입하는 물품등의 품목분류번호(HS)의 적용이 적정하게 되어 있는지 확인해야 한다.

HS 제도

◈ HS 제도의 개념

WCO(World Customs Organization ; 세계관세기구)가 국제통일상품분류체계인 "국제통일상품명 및 코딩시스템(The Harmonized Commodity Description and Coding System)"을 제정하였는데, 이를 통상 Harmonized System(조화제도, 약칭 HS)이라고 한다.

HS제도는 WCO가 1973년 개발을 선언한 후 1983년 6월 정식으로 국제협약(International Convention on the Harmonized Commodity Description and Coding System ; 통일상품명 및 부호체계에 관한 국제협약, 약칭 HS협약)의 부속서(Annex)로 The Harmonized Commodity Description and Coding System(Harmonized System)가 채택되었으며 이

협약은 1988년 1월 1일부터 시행되었다.
우리나라를 비롯한 대다수의 국가가 시행하고 있으며, 체약국들에게 자국의 관세율표와 통계품목표를 HS에 일치시킬 의무를 부과하고 있다.
우리나라는 HS를 HSK(Harmonized System of Korea)로써 운용하고 있으며, HS code 공통 6단위 하에 4단위를 추가하여 사용하고 있다.

◈ HS 협약의 궁극적 목적
국제무역의 촉진에 있으며, HS 협약은 전문 및 본문 총 20조와 부속서인 품목분류표로 구성되어 있다. HS 협약 원문은 영어와 불어로 작성되어 벨기에의 브뤼셀에 본부를 둔 관세협력이사회(Customs Co-operation Council ; CCC)에 기탁 되어있다.

5. 수출입 승인 절차

1) 수출입 승인 신청서류

수출·수입의 승인을 얻고자 하는 자는 수출의 경우 수출승인(신청)서, 수입의 경우에는 수입승인(신청)서, 그리고 수출입이 공히 이루어지는 경우에는 수출입승인(신청)서[업체용, 세관용, 승인기관용(산업통상자원부용) 및 사본(신청자가 신청한 경우에 한한다)]에 다음의 서류를 첨부하여 수출입승인기관의 장에게 신청하여야 한다.(관리규정 제10조 1항)

① 수출신용장, 수출계약서 또는 주문서(수출의 경우만 해당)
② 수입계약서 또는 물품등 매도확약서(수입의 경우만 해당)
③ 수출 또는 수입대행계약서(공급자와 수출자가 다른 경우 및 실수요자와 수입자가 다른 경우만 해당)
④ 수출입공고에서 규정한 요건에 충족하는 서류(단, 해당 승인기관에서 승인요건의 충족 여부를 확인할 수 있는 경우 제외)

2) 수출입 승인서의 발급

수출입의 승인신청이 승인요건에 합당한 경우 수출입 승인기관의 장은 수출승인서, 수입승인서, 수출입승인서를 각각 업체용, 세관용, 승인기관용(산업통상자원부용) 및 사본(신청자가 요청한 경우에 한한다) 등으로 발급하여야 한다. 다만, 수출입 물품등을 분할하여 발급할 수 있다.(관리규정 제10조 2항)

3) 수출입의 복수승인

하나의 수출 또는 수입에 대하여 둘 이상의 승인을 받아야 하는 경우 각각의 승인은 상호 독립적으로 받아야 한다. 이 경우 두 번째 이후의 승인기관의 장은 수출입승인서상의 여백에 승인사항을 표시한다.(관리규정 제13조)

6. 수출입 승인의 유효기간

대외무역법에서는 대외신용의 유지로 수출을 촉진하고 물자수급의 원활화를 도모하고자 수출입에 대한 유효기간을 채택하고 있다. 이것은 수출입의 승인을 얻은 자가 당해물품의 수출대금 회수 또는 수입대금 지급까지를 수출입의 유효기간[4]내에 이행해야 함을 의미한다.

수출 또는 수입 승인[수출승인의 의제(전략물자의 수출허가등(대외무역법 제19), 플랜트수출의 촉진 등(법 32조)에 의하여 수출허가를 받거나 수출승인을 받은 것으로 간주)에 의해 수출승인을 받은 것으로 보는 경우를 포함]의 유효기간은 1년으로 한다. 다만, 산업통상자원부장관은 국내의 물가 안정, 수급 조정, 물품등의 인도 조건 및 거래의 특성을 고려하여 대통령령으로 정하는 바에 따라 유효기간을 달리 정할 수 있다.(대외무역법 제11조 3항)

따라서 다음 어느 하나에 해당하는 경우에는 해당 물품등의 수출 또는 수입 승인의 유효기간을 1년 미만으로 하거나 최장 2년의 범위에서 정할 수 있다. 다만, 전략물자 수출허가의 유효기간[제42조의2 제2항에 따른 허가의 유효기간(법 제19조 제2항에 따른 수출허가의 유효기간만 해당한다)]이 2년을 초과하는 경우에는 그 기간까지 수출 승인의 유효기간을 정할 수 있다.(대외령 제18조 2항)

① 국내의 물가안정이나 수급 조정을 위하여 수출 또는 수입 승인의 유효기간을 1년 보다 단축할 필요가 있는 경우

② 수출입계약 체결 후 물품등의 제조·가공 기간이 1년을 초과하는 경우

③ 수출입계약 체결 후 물품등이 1년 이내에 선적되거나 도착하기 어려운 경우

④ ①부터 ③까지의 규정 외에 수출입 물품등의 인도 조건 및 거래의 특성을 고려하여 수출 또는 수입 승인의 유효기간을 1년보다 단축하거나 늘릴 필요가 있다고 인정되는 경우

4) 유효기간의 기산일을 수출입 승인 받은 다음날로 하고, 종료시점은 기간의 마지막 날로 한다. 다만, 마지막날이 공휴일이면 그 다음날로 정한다(민법 제157조, 159조, 161조).

수출 또는 수입 승인의 유효기간은 대통령령으로 정하는 바에 따라 1년을 초과하지 아니하는 범위에서 산업통상자원부장관의 승인을 받아 연장할 수 있다.(대외무역법 제11조 4항)

7. 수출입 승인의 면제

전술한 바와 같이 우리나라의 무역관리는 원칙자유·예외제한으로 하고 있다. 따라서 무역거래를 하고자 하는 자는 당해물품이 예외적으로 수출입승인 대상으로 지정·고시된 물품인 때에는 수출입 승인을 받아야 한다. 그러나 예외적인 제한대상인 경우에도 긴급히 처리하여야 하는 물품등과 그 밖에 수출 또는 수입 절차를 간소화하기 위한 물품등으로서 대통령령으로 정하는 기준에 해당하는 물품등의 수출 또는 수입에 대하여 그 적용상의 특례를 인정하여 수출입 승인을 면제하고 있다.(대외무역법 제11조 2항 단서)

▌서식 6-1▐ 수출승인(신청)서

[별지 제3호 서식]

수출승인(신청)서
Export License(Application)

처리기간 : 1일 Handling Time : 1 Day

① 수출자 무역업고유번호 (Exporter) (Trade Business Code) 상호, 주소, 성명 (Name of Firm, Address, Name of Rep.) (서명 또는 인) (Signature)	④ 구매자 또는 계약당사자 (Buyer or Principal of Contract) ⑤ 신용장 또는 계약서 번호(L/C or Contract No.)
② 위탁자 사업자등록번호 (Requester) (Business No.) 상호, 주소, 성명 (Name of Firm, Address, Name of Rep.) (서명 또는 인) (Signature)	⑥ 금액(Total Amount) ⑦ 결제기간(Period of Payment) ⑧ 가격조건(Terms of Payment)
③ 원산지(Origin)	⑨ 도착항 (Port of Dispatch)

⑩ HS 부호 (HS Code)	⑪ 품명 및 규격 (Description/Size)	⑫ 단위 및 수량 (Unit / Quantity)	⑬ 단 가 (Unit Price)	⑭ 금 액 (Amount)

⑮ 승인기관 기재란(Remarks to be filled out by an Approval Agency)

⑯ 유효기간(Period of Approval)

⑰ 승인번호(Approval No.)

⑱ 승인기관 관리번호(No. of an Approval Agency)

⑲ 위의 신청사항을 「대외무역법」 제11조제2항 및 동법 시행령 제18조제1항에 따라 승인합니다.
(The undersigned hereby approves the above-mentioned goods in accordance with Article 11(2) of the Foreign Trade Act and Article 18(1) of the Enforcement Decree of the said Act.)

년 월 일

승인권자 (인)

※승인기관이 둘 이상인 경우 ⑮ – ⑱의 기재사항은 이면에 기재하도록 합니다.

※이 서식에 의한 승인과는 별도로 대금결제에 관한 사항에 대하여는 외국환거래법령이 정하는 바에 따라야 합니다.

2812-281-01611민210㎜ × 297㎜
'98.1.12.승인 일반용지 60g/㎡

제2절 수출물품의 확보

1. 수출물품의 확보 방법

물품매매계약에 따라 수출업자는 계약 물품을 확보해야 한다. 수출업자가 해당 수출물품의 제조업체라면 당해 수출물품을 확보하기 위해서 자사의 생산파트에서 직접 제조, 생산하게 되며 전문 무역업체의 경우 완제품을 국내외에서 구매하게 된다.

수출업자가 제조업체인 경우 수출물품을 제조, 생산하기 위해서는 당해 물품의 생산에 소요되는 원료를 확보하여야 하는데 그 원료를 확보하는 방법으로 외국에서 원료를 수입하는 방법(외화획득용 원료의 수입)과 동 원료를 국내에서 내국신용장이나 구매확인서를 통해 구매하는 방법이 있다.

한편 전문 무역업체의 경우 완제품을 해외에서 수입하여 확보하거나 국내에서 내국신용장이나 구매확인서를 통해 구매하게 된다.

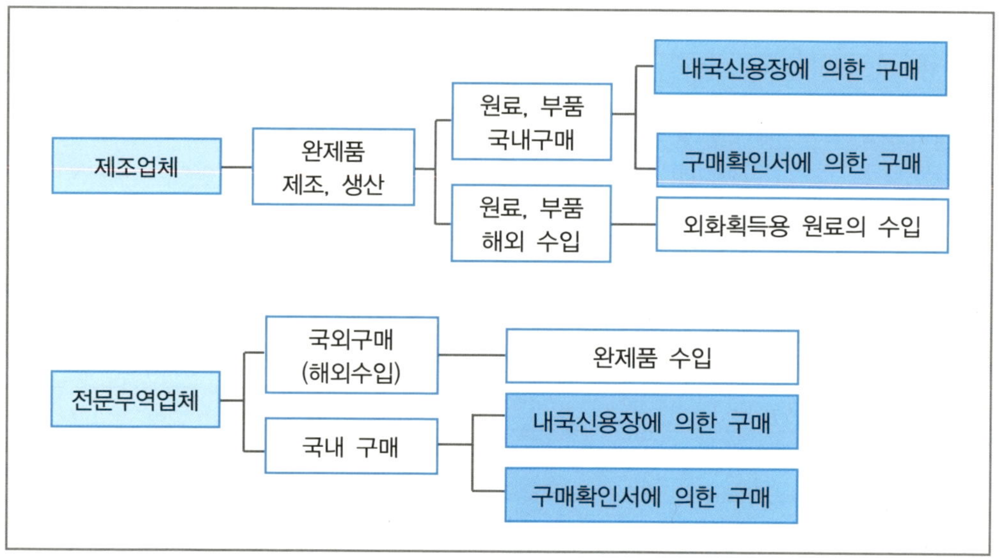

그림 6-1 수출물품 확보 방법

수출물품에 사용하게 되는 원료나 부품 등을 국내에서 구매하거나 수출할 완제품을 국내에서 구매하는 경우는 모두 수출을 통해 외화를 획득하게 됨으로 정부차원에서 수출진흥을 위해 여러 가지 혜택을 부여하게 된다. 이러한 수출에 공해지는 완제품이나 원료, 부품의 국내구매는 반드시 내국신용장이나 구매확인서를 사용해야만 부가세 영세율의 적용, 수출실적 인정 등의 혜택을 부여받을 수 있다.

2. 내국신용장(Local Credit)

1) 내국신용장의 개념

내국신용장은 외국의 수입상으로부터 신용장을 받은 수출상이 국내에서 물품을 조달하고자 할 때 자신의 거래은행에게 원신용장을 견질(見質 ; backed)로 하여(반드시 수출신용장을 견질로 하여 개설되는 것은 아니며, 이 외에도 선수출계약서, 외화표시 물품공급계약서 또는 다른 내국신용장을 견질로 하여 개설될 수 있음) 국내의 원료공급자 또는 하청업자 앞으로 별도의 새로운 신용장을 발행하도록 요청하여 발행된 신용장을 말한다.

이러한 내국신용장은 한국은행총재가 정하는 바에 따라 외국환은행의 장이 발급하여 국내에서 통용되는 신용장이다.

내국신용장의 용도는 수출용 수입원자재와 국내에서 생산된 수출용원자재 또는 완제품의 구매(임가공위탁을 포함)에 사용된다. 즉, 외국환은행은 수출용 수입원자재와 국내에서 생산된 수출용원자재 또는 완제품을 구매하고자 하는 업체의 신청을 받아 내국신용장을 개설할 수 있다.

2) 내국신용장의 목적과 이익

내국신용장의 주 목적은 수출용 원자재의 국내구입을 촉진시키기 위해서 마련되었다. 내국신용장을 이용하게 될 경우 수출업체(수출용 원자재 구매자) 및 국내물품공급업체에 다양한 이익이 발생한다.

(1) 수출업자의 편익

내국신용장이 수출업자에게 주는 편익은 다음과 같다.

① 은행금융의 이용

수출업자는 내국신용장의 발행의뢰인으로서 원자재나 완제품의 구매대금을 미리 지급할 필요가 없으며 구매 대금 결제를 위한 서류가 수출업자에게 제시될 때까지 은행금융을 이용할 수 있다.

② 물품 납품계약 위반의 불안 제거

내국신용장상에 자신이 원하는 납품기일과 물품 명세를 지정함으로써 공급업자가 납품기일을 어기거나 납품계약을 위반하는 불안을 피할 수 있다.

③ 발행은행의 지급확약제공에 따른 유리한 납품계약 체결 가능

내국신용장 발행은행의 지급확약이 있는 내국신용장을 물품공급업체에게 제공해줌에 따라 자신에게 유리한 납품계약을 맺을 수 있다.

(2) 국내물품공급업자의 편익

내국신용장이 국내물품공급업자에게 주는 편익은 다음과 같다.

① 신용위험 제거

내국신용장 발행은행이 지급 확약한 내국신용장을 발급 받기 때문에 대금결제를 받지 못할 위험인 신용위험(credit risks)을 회피할 수 있다.

② 무역금융 수혜 가능

내국신용장을 근거로 무역금융을 받을 수 있다.

③ 부가세 영세율 적용 등 수출상과 동일한 혜택 부여

부가가치세의 영세율(零稅率)을 적용받아 영업세와 물품세의 면제, 법인세의 감면, 수출실적의 인정 등 원신용장에 의한 수출상과 똑같은 특혜를 받을 수 있다.

3) 내국신용장 거래의 전자화

내국신용장의 개설신청과 내국신용장 개설은 「전자무역촉진에 관한 법률」에서 정하는 바에 따라 전자무역기반시설을 이용한 전자무역문서(이하 "전자문서교환방식"이라 한다)로 하여야 한다.

내국신용장을 개설한 외국환은행은 내국신용장을 전자문서로 개설하였다는 사실을 내국신용장 수혜자에게 통지하고, 개설된 내국신용장을 수혜자에게 전자문서교환방식으로 전달하여야 한다.

산업통상자원부와 한국은행은 무역업체 및 중소기업의 경쟁력 강화를 위하여, 20여개 시중은행과 공동으로 내국신용장 전면 전자화를 시행하게 되었다.

내국신용장 개설/통지, 그리고 매입추심 관련 업무까지 내국신용장 전체 업무가 은행방문 없이 전자무역기반시설을 통해 전자적으로 진행할 수 있게 되었다.

구분	내 용	시행 시기	근거규정
개설/통지	기업의 내국신용장 개설 신청과 이에 따른 외국환은행의 개설, 통지를 전자무역기반시설을 통한 전자문서방식으로 일원화	2013. 2.1.	한국은행 무역금융 취급세칙 제12조, 제15조
매입/추심	내국신용장 결제를 위해 발행되는 **환어음을 폐지하고** 내국신용장 **결제**가 **판매대금 추심의뢰서를 통해 전자적으로만 처리**	2014. 2.14.	한국은행 무역금융 취급세칙 제16조

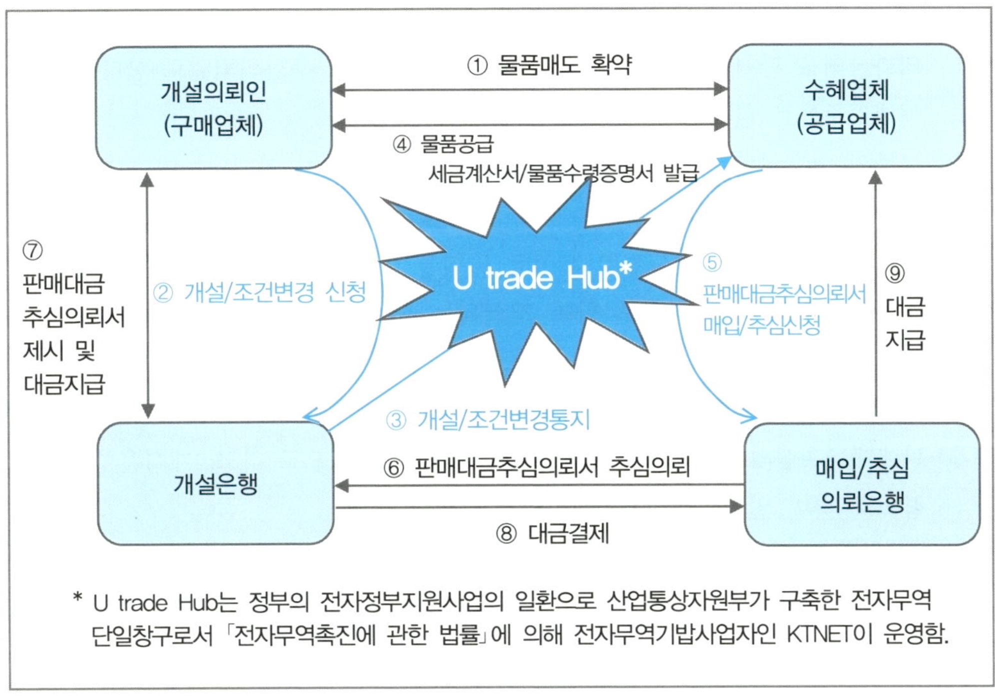

▮그림 6-2▮ 전자화된 내국신용장 거래 절차

4) 내국신용장을 근거로 한 내국신용장 발급

내국신용장은 수출신용장, 수출계약서(D/P, D/A 등), 외화표시물품공급계약서, ④ 외화표시건설, 용역공급계약서, 내국신용장, 당해업체의 과거 수출실적 등을 근거로 발행된다.

특히, 내국신용장 수혜자는 해당 내국신용장을 근거로 수출용 원자재 및 완제품을 구매하기 위하여 또 다른 내국신용장의 개설을 의뢰할 수 있다.

5) 내국신용장의 발행조건

외국환은행은 내국신용장 개설의뢰인의 신청 내용이 다음 각 조건에 일치하는 경우에 한정하여 내국신용장을 개설할 수 있다.

① 내국신용장은 양도가 불가능한 취소불능신용장이어야 한다.

② 내국신용장의 표시통화는 “원화”, “외화” 또는 원화로 하되 개설일 현재 매매기준율로 환산한 외화금액을 부기(附記)할 수 있다.

③ 내국신용장의 금액은 물품대금 전액으로 하고, 원화로 하되 개설일 현재 매매기준율로 환산한 외화금액을 부기(附記)한 내국신용장의 경우에는 금액은 부기외화금액을 판매대금추심의뢰서의 매입일(추심시는 추심의뢰일로 한다) 현재의 매매기준율로 환산한 금액으로 한다.

④ 물품의 인도기일은 대응수출 또는 물품공급이 원활히 이행되는데 지장이 없도록 책정되어야 한다.

⑤ 유효기일은 물품의 인도기일에 최장 10일을 더한 기일 이내이어야 한다. 다만, 원수출신용장 등을 근거로 하여 개설되는 내국신용장의 유효기일은 대응되는 원수 출신용장 등의 선적 또는 인도기일 이전이어야 한다.

⑥ 서류제시기간은 물품수령증명서 발급일부터 최장 5영업일 범위에서 책정되어야 한다.

⑦ 판매대금추심의뢰서의 형식은 개설의뢰인을 지급인으로 하고, 개설은행을 지급장소로 하며 일람출급식을 발행한다.

⑧ 판매대금추심의뢰서의 대금결제방식은 개설의뢰인이 자체자금으로 결제하는 방식인 일람불 내국신용장이거나 개설은행이 융자하여 결제하는 방식인 기한부 내국신용장으로 할 수 있다.

⑨ 판매대금추심의뢰서의 발행조건은 원수출신용장 매입조건부 결제 등 수혜자에게 불리한 조건이 아니어야 한다. 다만, 선박 또는「대외무역법」에서 정하는 산업설비의 수출을 위하여 개설되는 완제품내국신용장의 경우에는 원수출신용장 등의 대금결제조건에 따른 제조공정별 분할지급조건으로 할 수 있다.

⑩ 위의 ①부터 ⑨까지의 사항 외의 조건은 국제상공회의소(ICC) 제정「화환신용장에 관한 통일규칙 및 관례」를 준용한다는 신용장통일규칙 준거문언이 기재되어야 한다.

6) 내국신용장의 결제

전자문서교환방식 내국신용장을 개설한 은행은 다음 어느 하나에 해당하는 지급

거절사유가 있는 경우를 제외하고는 지급제시를 받은 날부터 3영업일 이내에 판매대금추심의뢰서에 따라 결제하여야 한다.

① 판매대금추심의뢰서의 추심의뢰일이 전자문서교환방식 내국신용장의 유효기일을 경과한 경우
② 전자문서교환방식 물품수령증명서상의 물품명세가 전자문서교환방식 내국신용장상의 대표물품명세와 불일치한 경우
③ 판매대금추심의뢰서와 전자문서교환방식 물품수령증명서가 전자문서교환방식 내국신용장상의 기타 조건 등과 불일치한 경우

개설은행은 위의 어느 하나에 해당하는 지급거절사유가 있는 경우라도 그 내국신용장의 관계당사자 전원이 동의하는 경우에는 그 판매대금추심의뢰서에 따라 결제할 수 있다.

7) 내국신용장의 거래 절차

내국신용자의 거래 절차는 〈그림 6-3〉에 있는 바와 같다.

① 내국신용장 개설의뢰인과 국내물품 공급업체 사이에 물품 공급 계약을 체결한다.
② 내국신용장 개설의뢰인은 자신의 거래은행인 내국신용장 개설은행에 내국신용장 발행을 의뢰한다.
③ 개설은행은 수혜업체인 국내물품 공급업체에게 내국신용장을 발행한다.
④ 내국신용장의 수혜자인 국내물품 공급업체는 개설의뢰인에게 계약에 따른 물품을 공급한다.
⑤ 물품을 공급받은 개설의뢰인은 국내물품 공급업체에게 물품수령증명서를 발급해 준다.
⑥ 국내물품 공급업체는 자신의 거래은행(추심의뢰은행)에게 물품수령증명서, 공급자 발행세금계산서 등을 서류를 갖추어 판매대금추심을 의뢰하게 된다.
⑦-① 만약 국내물품 공급업체가 자신의 거래은행인 추심의뢰은행에게 추심을 의뢰하지 않고 판매대금추심의뢰서 매입을 요청하는 경우에는 그 거래은행(이 경우 매입은행이 됨)이 매입하고 대금을 지급하게 된다.
⑦ 추심의뢰은행은 내국신용장 개설은행으로 판매대금추심의뢰서 추심을 의뢰하게 된다.
⑧ 개설은행은 개설의뢰인에게 판매대금추심의뢰서를 제시하게 된다.
⑨ 판매대금추심의뢰서를 제시 받은 개설의뢰인은 그에 따른 대금을 결제하게 된다.

⑩ 대금을 결제 받은 개설은행은 지급제시 받은 날로부터 3영업일 이내에 추심의뢰은행으로 대금을 결제하게 된다.

⑪ 대금을 결제 받은 추심의뢰은행은 내국신용장의 수혜자인 국내물품 공급업체에게 대금을 지급하게 된다.

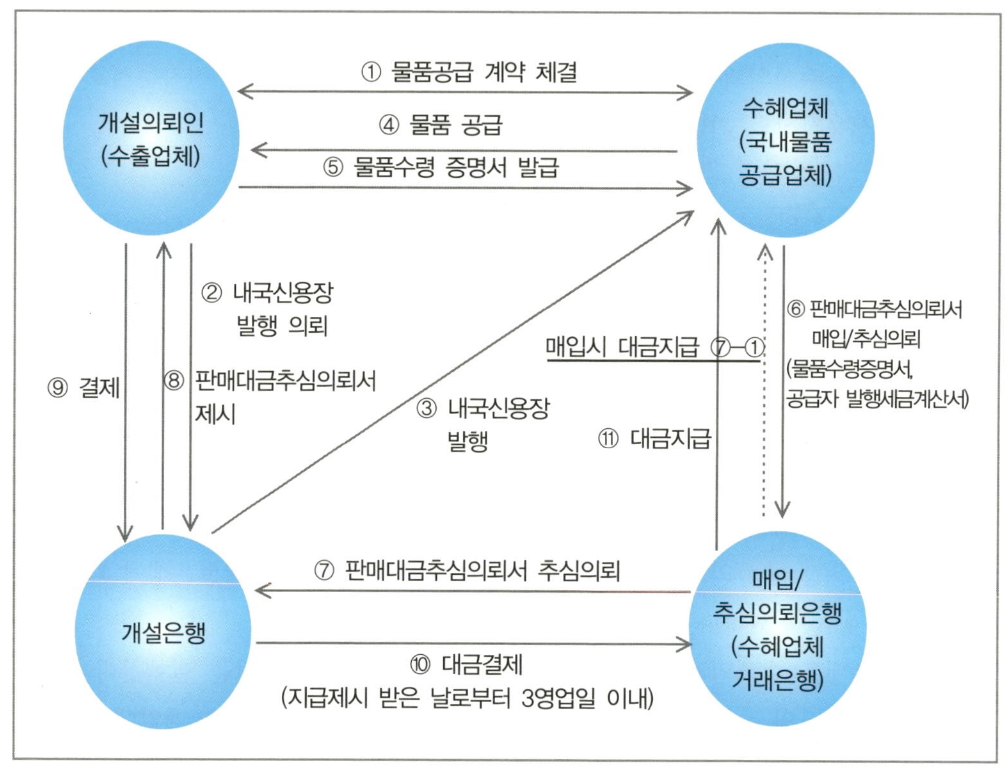

▮그림 6-3▮ 내국신용장 거래 절차

▌서식 6-2▌ 내국신용장(Local L/C)

〈별지 제4-3호 서식〉

취소불능 내국신용장

전자문서 번호 : 통지일자 :

------------------------〈 개 설 내 역 〉----------------------

개설은행 :
개설일자 :
신용장번호 :
개설의뢰인(상호, 주소, 대표자, 전화번호, 사업자등록번호) :
수혜자(상호, 주소, 대표자, 전화번호, 사업자등록번호) :
내국신용장 종류 :
개설외화금액 :
개설원화금액 :
매매기준율 :
물품매도확약서 번호 :
물품인도기일 :
유효기일 :
제출서류 : 물품수령증명서 통
공급자발행 세금계산서 사본 통
공급자발행 물품매도확약서 사본 통
본 내국신용장 사본 통

기타 구비서류

당행은 귀하(사)가 위 금액의 범위에서 상기의 서류를 첨부하여 물품대금 전액의 일람출급식 판매대금추심의뢰서를 발행할 수 있는 취소불능내국신용장을 개설합니다. 당행은 이 신용장에 의하여 발행된 판매대금추심의뢰서가 당행에 제시된 때에는 이를 이의없이 지급할 것을 판매대금추심의뢰서의 발행인에게 확약합니다.

대표공급물품명 : **(HS부호 :)**
분할인도 허용여부 :
서류제시기간 : 물품수령증명서 발급일로부터 영업일 이내
개설근거별 용도 :
기타 :

---------------------------------〈 원수출신용장 등 내역〉

개설근거서류 종류 :
신용장(계약서) 번호 :

---------------------------------〈 발신기관 전자서명 〉

발신기관 전자서명 :

1. 이 전자문서는 「전자무역 촉진에 관한 법률」에 따라 발행된 내국신용장으로서 이 문서를 전송받은 개설의뢰인 또는 수혜자는 같은 법률 시행규정 제12조제3항의 별표4에 따라 신용장 여백에 정당발급문서임을 표시하는 적색 고무인을 날인하여야 합니다.
2. 이 신용장에 관한 사항은 다른 특별한 규정이 없는 한 국제상공회의소 제정 화환신용장 통일규칙 및 관례에 따릅니다.

▌서식 6-3▐ 판매대금추심의뢰서

〈별지 제4-1호 서식〉

판매대금추심의뢰서
(내국신용장용)

전자문서번호 : 신청일자 :

아래와 같이 귀 행에 판매대금의 추심을 의뢰합니다.

〈 신 청 내 용 〉

추심은행 : ____은행 ____지점
추심금액 :
원화환산금액 :
적용환율 :

추심 관련 서류	전자문서번호	발급은행	발급번호	발급일
– 내국신용장				
– 물품수령증명서		–		
– 세금계산서		–		

〈추심대금 지급 관련〉

지급받을 은행명 : ____은행 ____지점
계좌번호 :
금액 :
예금주 :
* 해당사항이 있는 경우만 기재

〈 신 청 인 〉

신청인 :
주소 :
전자서명 :

▌서식 6-4▐ 내국신용장 물품수령증명서

〈별지 제4-2호 서식〉

내국신용장 물품수령증명서(전자문서교환방식)

전자문서 번호 : 　　　　　통지일자 :
발급번호 : 　　　　　인수일자 :
발급일자 : 　　　　　인수금액 :
공 급 자 :

〈 인수물품 내역 〉

대표공급물품의 HS부호 :

물품/규격	수량	단가	금액
TOTAL			

〈관련 내국신용장 내역〉

개설은행 : 　　　　　인도기일 :
개설은행 전자서명 : 　　　　　유효기일 :
신용장 번호 : 　　　　　참조사항 :
신용장 금액 :

〈 물 품 수 령 인〉

기 관 명 :
대표자명 :
전자서명 :

〈세금계산서 내역〉

승인번호 : 　　　　　작성일 :
공급가액 : 　　　　　세액 :

〈세칙 제16조제2항 동의사항 〉

* 동내용은 나머지 관계당사자(수혜자 및 개설은행) 전원동의 시에만 유효함

* 유의사항
1. 이 물품수령증명서는 관련 세금계산서 건별로 발급하여야 함
   다만, 내국신용장 조건에 따라 수출용원자재 또는 완제품을 분할 공급받는 경우에는 매 반월 또는 월을 단위로 하는 경우에 한정하여 동 기간 중 분할공급 시마다 교부된 세금계산서상의 공급가액을 일괄하여 물품수령증명서를 발급할 수 있음
2. 이 물품수령증명서는 공급자의 세금계산서 발행일로부터 10일 이내에 발급하여야 함
   다만 중소기업이 대기업으로부터 물품을 인수하는 경우에는 예외로 함
3. 이 물품수령증명서의 물품명세는 관련 내국신용장상의 대표물품명세와 일치하여야 함
   다만, 일치 여부 확인은 HS부호를 기준으로 함
4. 이 물품수령증명서의 물품 인수일자는 관련 세금계산서상의 공급일자를 모두 기재하여야 함

이 전자문서는 「전자무역촉진에 관한 법률」에 따라 발행된 전자문서교환방식 물품수령증명서로서 이 문서를 전송받은 수혜자는 같은 법률 시행규정 제12조제3항의 별표4에 따라 물품수령증명서 여백에 정당발급문서임을 표시하는 적색 고무인을 날인하여야 합니다.

3. 구매확인서

1) 구매확인서의 의의

구매확인서는 외화획득용 원료·기재를 구매하려는 경우 또는 구매한 경우 외국환은행의 장 또는「전자무역 촉진에 관한 법률」 제6조에 따라 산업통상자원부장관이 지정한 전자무역기반사업자(이하 "전자무역기반사업자"라 한다)가 내국신용장에 준하여 발급하는 증서 (구매한 경우에는 구매확인서 신청인이 세금계산서를 발급받아「부가가치세법 시행규칙」 제21조[5]에서 정한 기한 내에 신청하여 발급받은 증서에 한한다)를 말한다.(대외무역관리규정 제2조 18호)

즉, 구매확인서는 무역금융 융자한도가 부족하거나 단순송금방식에 의한 수출의 경우, 내국신용장 발행이 어려운 상황에 수출용 원자재나 완제품의 구매를 원활히 하기 위해 국내에서 생산된 물품을 수출용원자재나 완제품으로 구매하는 경우 외국환은행의 장 또는 전자무역기반사업자가 내국신용장에 준하여 발급하여 주는 증서이다.

외화획득용 원료·기재를 구매하려는 자 또는 구매한 자는 외국환은행의 장 또는 전자무역기반사업자에게 구매확인서의 발급을 신청할 수 있다(대외무역관리규정 제37조 1항)

국내에서 외화획득용 원료 또는 물품을 구매하려면 내국신용장을 발행 받든가 아니면 구매확인서를 발급받아야 한다. 이는 국내에서 국내로 구매하는 것이지만 외화획득에 공해지는 거래이므로 이 경우 부가세의 영세율 적용과 수출실적으로 인정되는 등의 혜택을 받게 된다. 따라서 이러한 혜택을 받기 위해서는 반드시 내국신용장이나 구매확인서를 통해 거래해야 한다.

내국신용장과 구매확인서 제도는 궁극적으로 외화획득용 원료 또는 물품을 외국으로부터 수입하지 않고 국내에서 구매함으로써 국내산업 발전을 도모할 수 있다.

구매확인서 제도는 내국신용장을 개설할 수 있는 근거자료가 없거나(송금방식수출

---

5) 제21조(내국신용장 등의 범위) 법 제21조 제2항 제3호와 영 제31조 제2항 제1호 및 제33조 제2항 제4호에서 "기획재정부령으로 정하는 내국신용장 또는 구매확인서"란 다음 각 호의 내국신용장 또는 구매확인서를 말한다. 〈개정 2014.10.31.〉

1. 내국신용장: 사업자가 국내에서 수출용 원자재, 수출용 완제품 또는 수출재화임가공용역을 공급받으려는 경우에 해당 사업자의 신청에 따라 외국환은행의 장이 재화나 용역의 공급시기가 속하는 과세기간이 끝난 후 25일(그 날이 공휴일 또는 토요일인 경우에는 바로 다음 영업일을 말한다) 이내에 개설하는 신용장
2. 구매확인서:「대외무역법 시행령」 제31조 및 제91조 제11항에 따라 외국환은행의 장이나 전자무역기반사업자가 제1호의 내국신용장에 준하여 재화나 용역의 공급시기가 속하는 과세기간이 끝난 후 25일(그 날이 공휴일 또는 토요일인 경우에는 바로 다음 영업일을 말한다) 이내에 발급하는 확인서

등) 무역금융한도부족 등으로 내국신용장을 사용할 수 없을 때에도 외화획득용 원료 등을 구매할 수 있도록 하기 위해 마련된 제도이다. 이 제도는 1970년에 상공부고시에 의하여 처음 신설되었으며 무역금융을 이용할 수는 없으나 수출실적인정, 외화획득용 원료 사후관리, 관세환급 등의 용도에 사용된다.

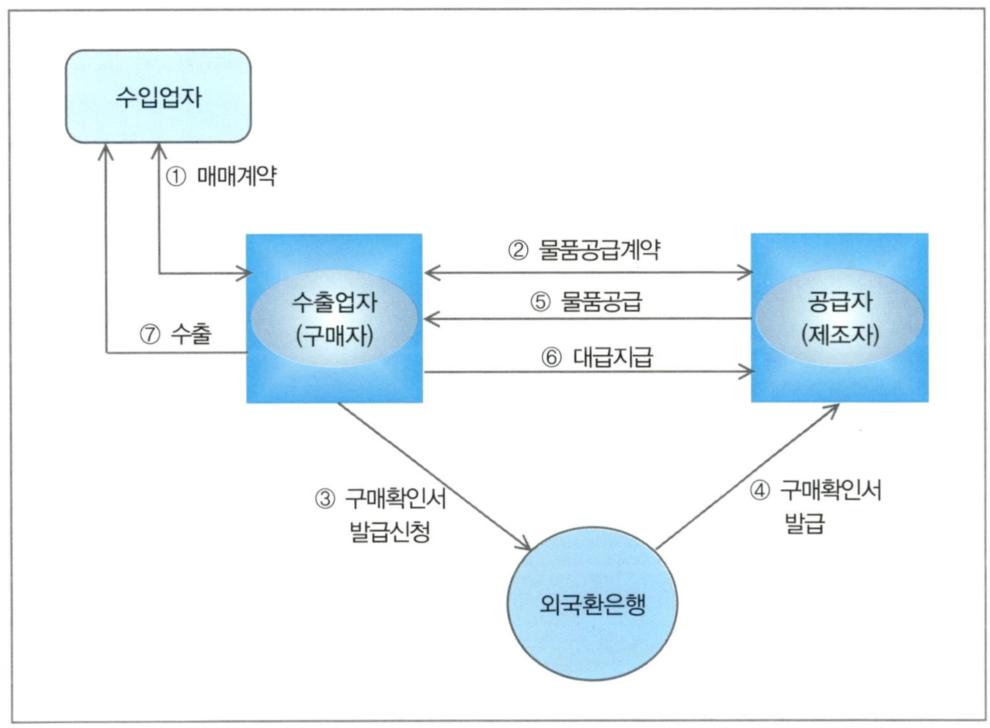

▌그림 6-4▌ 구매확인서 거래 절차

2) 구매확인서 발급신청

구매확인서를 발급받으려는 자는 구매확인신청서에 다음 서류를 첨부하여 산업통상자원부장관에게 제출하여야 한다.(대외령 제31조 1항)

① 구매자·공급자에 관한 서류

② 외화획득용 원료·기재의 가격·수량 등에 관한 서류

③ 외화획득용 원료·기재라는 사실을 증명하는 서류

"외화획득용 원료·기재라는 사실을 증명하는 서류"란 다음 서류의 어느 하나를 말한다.(대외무역관리규정 제37조 1항)

- 수출신용장

- 수출계약서(품목·수량·가격 등에 합의하여 서명한 수출계약 입증서류)
- 외화매입(예치)증명서(외화획득 이행 관련 대금임이 관계 서류에 의해 확인되는 경우만 해당한다)
- 내국신용장
- 구매확인서
- 수출신고필증(외화획득용 원료·기재를 구매한 자가 신청한 경우에만 해당한다)
- 외화획득에 제공되는 물품 등을 생산하기 위한 경우임을 입증할 수 있는 서류

▌서식 6-5▐ 외화획득용 원료 · 기재 구매확인신청서

[별지 제13호 서식]

외화획득용원료·기재구매확인신청서

① 구매자
(상호)
(주소)
(성명)
(사업자등록번호)

② 공급자
(상호)
(주소)
(성명)
(사업자등록번호)

1. 구매원료·기재의 내용

③ HS부호	④ 품명 및 규격	⑤ 단위 및 수량	⑥ 구매일	⑦ 단가	⑧ 금액	⑨ 비고

2. 외화획득용 원료·기재라는 사실을 증명하는 서류

⑩ 서류명 및 번호	⑪ HS부호	⑫ 품명 및 규격	⑬ 금액	⑭ 선적기일	⑮ 발급기관명

3. 세금계산서(외화획득용 원료 · 기재를 구매한 자가 신청하는 경우에만 해당)

⑯ 세금계산서 번호	⑰ 작성일자	⑱ 공급가액	⑲ 세액	⑳ 품목	㉑ 규격	㉒ 수량

㉓ 구매원료·기재의 용도명세 : 원자재구매, 원자재 임가공위탁, 완제품 임가공위탁, 완제품구매, 수출대행 등 해당용도를 표시하되, 위탁가공무역에 소요되는 국산원자재를 구입하는 경우는 "(위탁가공)" 문구를 추가표시

* 한국은행 총액한도대출 관련 무역금융 취급절차상의 용도표시 준용

위의 사항을 대외무역법 제18조에 따라 신청합니다.

신청일자　　　년　　월　　일
신 청 자
전자서명

⑳ 내지 ㉒은 1. 구매원료 · 기재의 내용과 금액이 다른 경우에는 반드시 기재하여야 합니다.

210㎜ × 297㎜
일반용지 60g/㎡

1/총페이지수

■서식 6-6■ 외화획득용 원료·기재 구매확인서

[별지 제13-1호 서식]

외화획득용원료·기재구매확인서

※ 구매확인서번호 :

① 구매자	(상호) (주소) (성명) (사업자등록번호)
② 공급자	(상호) (주소) (성명) (사업자등록번호)

1. 구매원료·기재의 내용

③ HS부호	④ 품명 및 규격	⑤ 단위 및 수량	⑥ 구매일	⑦ 단가	⑧ 금액	⑨ 비고

2. 세금계산서(외화획득용 원료 · 기재를 구매한 자가 신청하는 경우에만 해당)

⑩ 세금계산서 번호	⑪ 작성일자	⑫ 공급가액	⑬ 세액	⑭ 품목	⑮ 규격	⑯ 수량

⑰ 구매원료·기재의 용도명세 : 원자재구매, 원자재 임가공위탁, 완제품 임가공위탁, 완제품구매, 수출대행 등 해당용도를 표시하되, 위탁가공무역에 소요되는 국산원자재를 구입하는 경우는 "(위탁가공)" 문구를 추가표시

* 한국은행 총액한도대출 관련 무역금융 취급절차상의 용도표시 준용

위의 사항을 대외무역법 제18조에 따라 확인합니다.

확인일자 년 월 일
확인기관
전자서명

이 전자무역문서는 「전자무역 촉진에 관한 법률」에 따라 전자문서교환방식으로 발행된 것으로서 출력하여 세관 또는 무역유관기관 등 제3자에게 제출하려는 경우 업체는 동 법률 시행규정 제12조제3항에 따라 적색고무인을 날인하여야 합니다.

210㎜ × 297㎜
일반용지 60g/㎡

1/총페이지수

4. 구매확인서와 내국신용장의 비교

구매확인서와 내국신용장의 근본적인 차이점은 발행(발급)은행의 지급확약유무에 있으며, 주요내용을 비교하면 〈표 6-1〉과 같다.

▮표 6-1▮ 구매확인서와 내국신용장 비교

구 분	내국신용장	구매확인서
관련 법규	한국은행 금융중개지원대출 관련 무역금융지원 프로그램 운용세칙	대외무역관리규정
개설(발급)기관	외국환은행	외국환은행, 전자무역기반사업자
수출실적	공급업체의 수출실적 인정	좌 동
부가세	영세율 적용	좌 동
지급확약	개설은행이 지급확약	발급은행의 지급확약 없음
개설(발급)조건	수출신용장 등의 금액 또는 원자재자금 및 완제품구매자금의 융자범위 내에서 개설(무역금융* 수혜대상)	업체의 거래증빙서류 보유범위 내에서 제한 없이 발행 (업체의 실적기준으로 무역금융을 받을 수 있음)
개설(발급)근거	① 수출신용장 ② 수출계약서(D/P, D/A 등) ③ 내국신용장 ④ 당해업체의 과거 수출실적	① 수출신용장 ② 수출계약서(품목 · 수량 · 가격 등에 합의하여 서명한 수출계약 입증서류) ③ 외화매입(예치)증명서(외화획득 이행 관련 대금임이 관계 서류에 의해 확인되는 경우만 해당한다) ④ 내국신용장 ⑤ 구매확인서 ⑥ 수출신고필증(외화획득용 원료 · 기재를 구매한 자가 신청한 경우에만 해당한다) ⑦ 대외무역법 시행령 제26조 각 호에 따른 외화획득에 제공되는 물품등을 생산하기 위한 경우임을 입증할 수 있는 서류
발행제한	차수제한 없이 순차적으로 발급 가능 (완제품내국신용장은 3차까지 가능)	제한없음 (단, 1차 구매확인서의 수혜자가 유통업자인 경우 추가로 1차에 한해 발급)

*) 국내 수출업체 또는 국내 수출물품 생산업체를 대상으로 수출물품의 선적전에 필요한 자금을 지원하는 무역 관련 원화자금대출제도를 말하며, 무역금융 관련 지급보증을 포함한다.

구매확인서는 은행의 대급지급보증이 없으며 수출금융의 융자대상이 되지 못한다는 점이 내국신용장과 다르며 외국환은행 발생, 부가세 영세율 적용, 차수제한없이 순차적으로 발급가능, 관세환급가능, 공급자의 수출실적인정, 외화획득용 원료의 사후관리 원자재 또는 수출용 완제품의 구매 등에 사용되는 점은 내국신용장과 동일하다.

5. 외화획득용 원료 등의 수입

1) 외화획득용 원료·기재 수입의 의의

수출품을 제조하기 위해서 필요한 원료 등을 국외에서 수입하여 사용할 경우 외화획득용 원료·기재의 수입승인제도를 활용하게 된다.

일반적으로 수출입승인제도는 승인대상 품목에 대하여 국가에서 통제하기 위한 관리제도이나, 외화획득용 원료·기재의 수입승인제도는 수출을 포함한 광의의 외화획득행위를 대상으로 이에 합당한 제반지원제도를 시행하여 외화획득행위를 지원하기 위한 것이다.

외화획득용 원료·기재의 수입에 대해서는 수출입공고상의 수입제한품목이라 할지라도 별도의 제한없이 수입을 승인할 수 있다.(수출입공고 제6조 2항)

외화획득용 원료·기재를 수입한 자와 수입을 위탁한 자는 그 수입에 대응하는 외화획득을 하여야 한다. 다만, 대외무역법 제17조(외화획득용 원료·기재의 목적을 벗어난 사용 등)에 따라 산업통상자원부장관의 승인을 받은 경우에는 그러하지 아니한다.(대외무역법 제16조 3항)

2) 외화획득용 원료의 수입승인

(1) 외화획득용 원료의 수입승인 원칙

외화획득용 원료의 수입승인에 관한 권한을 위임·위탁받은 기관·단체(이하 “외화획득용 원료의 승인기관”이라 한다)의 장은 외화획득용 원료의 수입에 대하여는 수량제한을 받지 아니하고 승인할 수 있다.(대외무역관리규정 제33조 1항 본문)

또한 외화획득용 원료의 승인기관의 장은 유통업자가 구매확인서 또는 내국신용장을 근거로 수출품생산자에게 직접 공급하기 위하여 외화획득용 원료를 수입하려는 경우에는 위와 같이 수량제한을 받지 아니하고 그 수입을 승인할 수 있다.(대외무역관리규정 제33조 2항)

(2) 외화획득용 원료의 수입에 대한 제한

국산의 원료·기재의 사용을 촉진하기 위하여 필요한 경우에는 비록 외화획득용 원료라 할지라도 수입을 제한할 수 있다.(대외무역법 제16조 1항 단서)

그리고 산업통상자원부장관은 국산의 원료·기재의 사용을 촉진하기 위하여 외화획득용 원료의 수입을 제한하려는 경우에는 그 제한하려는 품목 및 수입에 필요한 절차를 따로 정하여 고시하여야 한다.(대외령 제24조 2항)

특별히 농림수산물의 경우에는 농림수산물 중 해당 품목을 관장하는 중앙행정기관의 장 또는 그 중앙행정기관의 장이 지정하는 기관의 장이 위의 규정(대외령 제24조 2항)에 의하여 정하는 품목, 즉, 국산의 원료·기재의 사용을 촉진하기 위하여 외화획득용 원료·기재의 수입을 제한하려는 경우에는 그 제한하려는 품목 및 수입에 필요한 절차를 따로 정하여 고시한 품목은 해당 기관의 장이 정하는 수입승인요령에 따라 승인을 받아야 수입할 수 있다.(관리규정 제34조)

(3) 외화획득용 원료의 수입승인시 확인

외화획득용 원료의 승인기관의 장은 외화획득용 원료의 수입승인을 할 때에는 외화획득용 원료 수입승인신청서(관리규정 별지 제12호 서식)에 다음의 사항 등 기재사항이 적정한지 여부를 확인하여야 한다.(대외무역관리규정 제35조)

① 외화획득 이행의무자의 사후관리기관(수입대행의 경우에는 실수요자의 사후 관리기관)

② 농수산물의 경우 농림수산물 중 해당 품목을 관장하는 중앙행정기관의 장 또는 그 중앙행정기관의 장이 지정하는 기관의 장이 정하는 국산원료·기재의 사용을 촉진하기 위하여 외화획득용 원료·기재의 수입을 제한하는 품목은 해당 기관의 장이 정하는 수입승인요령에 따른 수입승인여부

3) 외화획득용 원료·기재의 정의

외화획득용 원료·기재는 외화획득용 원료, 외화획득용 시설기재, 외화획득용 제품, 외화획득용 용역 및 외화획득용 전자적 형태의 무체물을 말한다.(대외령 제2조 5호)

(1) 외화획득용 원료

외화획득용 원료는 외화획득에 제공되는 물품과 대외무역법시행령 제3조에 따른 용역 및 동 시행령 제4조에 따른 전자적 형태의 무체물(이하 “물품등”이라 한다)을

생산(제조·가공·조립·수리·재생 또는 개조하는 것을 말한다. 이하 같다)하는 데에 필요한 원자재·부자재·부품 및 구성품을 말한다.(대외령 제2조 6호)
이는 그 원료에 노동, 기술, 원료 등이 부가되어 새로운 형태의 생산물로 변형될 수 있다는 것이다.

(2) 외화획득용 시설기재

외화획득용 시설기재는 외화획득에 제공되는 물품등을 생산하는 데에 사용되는 시설·기계·장치·부품 및 구성품[물품등의 하자(瑕疵)를 보수하거나 물품등을 유지·보수하는 데에 필요한 부품 및 구성품을 포함한다]을 말한다.(대외령 제2조 7호)
그 자체는 제품으로 변형되지 않지만 외화획득용 물품을 생산할 수 있는 설비를 말한다.

(3) 외화획득용 제품

외화획득용 제품은 수입한 후 생산과정을 거치지 아니한 상태로 외화획득에 제공되는 물품등을 말한다.(대외령 제2조 8호) 이는 수입한 물품을 국내에서 가공하거나 변형하지 않은 상태에서 그대로 사용되는 것을 뜻하며, 요리 등에 의한 단순변형은 제외한다. 예를 들면 외국인을 대상으로 특급관광호텔에서 사용되기 위한 관광용품과 선용품, 군납용 물품등이 있다.

(4) 외화획득용 용역

외화획득용 용역은 외화획득에 제공되는 물품등을 생산하는 데에 필요한 대외무역법시행령 제3조에 따른 용역을 말한다.(대외령 제2조 9호)

(5) 외화획득용 전자적 형태의 무체물

외화획득용 전자적 형태의 무체물은 외화획득에 제공되는 물품등을 생산하는 데에 필요한 대외무역법시행령 제4조에 따른 전자적 형태의 무체물을 말한다.(대외령 제2조 10호)

4) 외화획득의 범위

외화획득의 범위는 다음의 하나에 해당하는 방법에 따라 외화를 획득하는 것으로 한다.(대외령 제26조 1, 2항 관리규정 제31조)

① 수출
② 주한 국제연합군이나 그 밖의 외국군 기관에 대한 물품 등의 매도
③ 관광
④ 용역 및 건설의 해외진출
⑤ 국내에서 물품 등을 매도하는 것으로서 지식경제부장관이 정하여 고시하는 것
⑥ 무역거래자가 외국의 수입업자로부터 수수료를 받고 행한 수출 알선(이 같은 행위는 외화획득행위에 준하는 행위로 봄)

5) 외화획득의 이행의무자

외화획득용 원료·기재의 수입과 관련하여 다음의 행위를 한 자는 산업통상자원부장관으로부터 외화획득용 원료·기재의 목적을 벗어난 사용 등에 따른 승인을 얻은 경우를 제외하고, 그 수입에 대응하는 외화획득을 하여야 한다.(대외무역법 제16조 3항 및 제17조 3항)

① 외화획득용 원료·기재를 수입한 자
② 외화획득용 원료·기재의 수입을 위탁한 자
③ 외화획득용 원료·기재 또는 원료·기재로 제조된 물품 등을 양수한 자

6) 외화획득의 이행기간

외화획득의 이행기간은 다음의 구분에 따른 기간의 범위에서 산업통상자원부장관이 정하여 고시하는 기간으로 한다.(대외령 제27조 1항)

① 외화획득용 원료·기재를 수입한 자가 직접 외화획득의 이행을 하는 경우 : 수입신고수리일 또는 공급일부터 2년
② 다른 사람으로부터 외화획득용 원료·기재 또는 그 원료·기재로 제조된 물품 등을 양수한 자가 외화획득의 이행을 하는 경우 : 양수일(구매일)부터 1년
③ 외화획득을 위한 물품 등을 생산하거나 비축하는 데에 2년 이상의 기간이 걸리는 경우 : 생산하거나 비축하는데 걸리는 기간에 상당하는 기간
④ 수출이 완료된 기계류의 하자 및 유지 보수를 위한 외화획득용 원료·기재인 경우 : 하자 및 유지 보수 완료일부터 2년

7) 외화획득용 원료·기재의 목적외 사용

원료·기재를 수입한 자는 그 수입한 원료·기재 또는 그 원료·기재로 제조된 물품 등을 부득이한 사유로 인하여 당초의 목적 외의 용도로 사용하려면 대통령령으로

정하는 바에 따라 산업통상자원부장관의 승인을 받아야 한다. 다만, 대통령령으로 정하는 원료·기재 또는 그 원료·기재로 제조된 물품 등에 대하여는 그러하지 아니한다.(대외무역법 제17조)

8) 사후관리 필요성과 대상

외화획득용 원료·기재의 수입은 일반 내수용 수입에 비하여 우대조치를 받고 있는데 이는 수출증대를 통한 국제수지균형과 국민경제의 성장을 도모하기 위한 것이다.

따라서 이러한 우대조치는 외화획득용으로 수입된 원자재를 제조, 가공하여 일정 기일내에 외화획득행위를 이행할 것을 전제로 부여되고 있는 것이므로 외화획득용 원료·기재를 수입한 자의 이행여부를 사후적으로 관리할 필요가 있다.

외화획득용 원료·기재의 사후 관리는 외화획득 이행의무자별 및 품목별로 매 분기에 수입한 총량을 대상으로 행하되, 사후 관리의 방법 등에 관하여 필요한 사항은 산업통상자원부장관이 정하여 고시한다.(대외령 제28조 3항)

▮서식 6-7▮ 외화획득용원료수입승인(신청)서

[별지 제12호 서식]

외화획득용원료수입승인(신청)서

Import for Re-Export License(Application)

처리기간 : 1일
Handling Time : 1 Day

<table>
<tr><td colspan="2">① 수입자 무역업고유번호
(Exporter) (Trade Business Code)

상호, 주소, 성명
(Name of Firm, Address, Name of Rep.)
(서명 또는 인)
(Signature)</td><td colspan="3">⑥ 송하인 (Consignor)

상호, 주소, 성명
(Name of Firm, Address, Name of Rep.)</td></tr>
<tr><td colspan="2" rowspan="3">② 위탁자 사업자등록번호
(Requester) (Business No.)
상호, 주소, 성명
(Name of Firm, Address, Name of Rep.)
(서명 또는 인)
(Signature)</td><td colspan="3">⑦ 금액 (Total Amount)</td></tr>
<tr><td colspan="3">⑧ 결제기간(Period of Payment)</td></tr>
<tr><td colspan="3" rowspan="2">⑨ 가격조건(Terms of Payment)</td></tr>
<tr><td>③ 원산지(Origin)</td><td>④ 선적항(Port of Loading)</td></tr>
<tr><td>⑤ 사후관리 기관명</td><td colspan="4"></td></tr>
<tr><td>⑩ HS부호
(HS Code)</td><td>⑪ 품명 및 규격
(Description/Size)</td><td>⑫ 단위 및 수량
(Unit/Quantity)</td><td>⑬ 단 가
(Unit Price)</td><td>⑭ 금 액
(Amount)</td></tr>
<tr><td colspan="5">⑮ 승인기관 기재란(Remarks to be filled out by an Approval Agency)</td></tr>
<tr><td colspan="5">⑯ 유효기간(Period of Approval)</td></tr>
<tr><td colspan="5">⑰ 승인번호(Approval No.)</td></tr>
<tr><td colspan="5">⑱ 승인기관 관리번호(No. of an Approval Agency)</td></tr>
<tr><td colspan="5">* 위의 신청사항을 「대외무역법」 제11조제2항 및 동법 시행령 제24조제1항에 따라 승인합니다.
(The undersigned hereby approves the above-mentioned goods in accordance with Article 11(2) of the Foreign Trade Act and Article 24(1) of the Enforcement Decree of the said Act.)

년 월 일

승 인 권 자 (인)</td></tr>
<tr><td colspan="5">※ 이 서식에 의한 승인과는 별도로 대금결제에 관한 사항에 대하여는 외국환거래법령이 정하는 바에 따라야 합니다.</td></tr>
</table>

2812-281-01911민 210㎜ × 297㎜
'98.1.12. 승인 일반용지 60g/㎡

MEMO

제7장

수출입통관

제1절 수출통관
제2절 수입통관
제3절 통관절차의 특례
제4절 수출입 안전관리 우수 공인업체

계약물품 선적전 수출통관

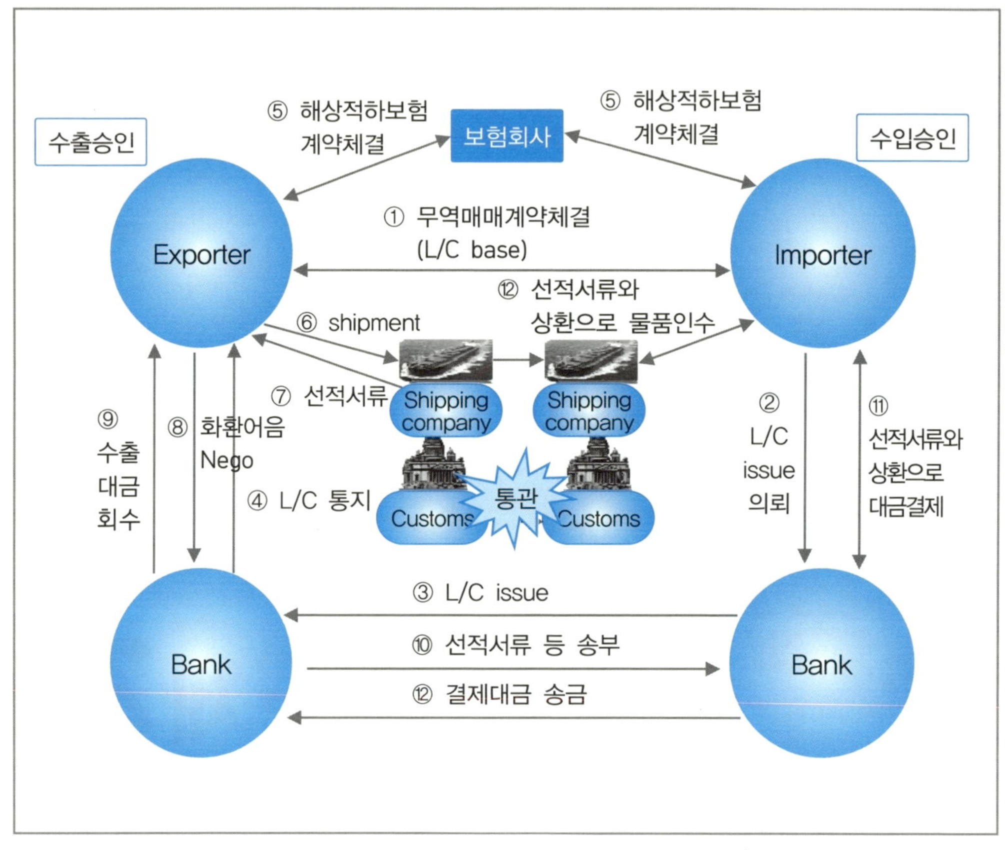

제7장 수출입통관

제1절 수출통관

1. 수출통관의 개념

"통관"(通關)이란 관세법에 따른 절차를 이행하여 물품을 수출·수입 또는 반송[1]하는 것을 말한다.(관세법 제2조 13호) 즉, 신고, 검사, 심사, 신고처리 등에 대한 세관 절차라 할 수 있다.

신고는 물품내용에 관하여 수출입업자가 그 내용을 과세관청에 알리는 것이며 검사는 신고에 따라 신고내용과 물품이 일치하는지 여부를 확인하는 과정이며 심사는 신고내용이 정확한 것인지를 확인하는 과정이며 신고처리는 신고에 대하여 이를 받아들이는 것이다.

수출통관은 내국물품을 관세법에서 규정한 절차를 이행하여 외국으로 반출하는 것이며 수출통관절차는 수출하고자 하는 물품을 세관에 수출신고를 한 후 신고수리를 받아 물품을 우리나라와 외국간을 왕래하는 운송수단에 적재하기까지의 절차를 말한다.

---

1) "반송"이란 국내에 도착한 외국물품이 수입통관절차를 거치지 아니하고 다시 외국으로 반출되는 것을 말한다(관세법 제2조(정의) 3호).

2. 수출통관절차

수출신고는 P/L(Paperless)통관이 이루어지고 있기 때문에 일반적으로 보세구역 등에 화물을 반입한 후 세관검사 등의 절차를 거쳐 수출신고가 수리되는 것이 아니라 EDI(Electronic Data Interchange)나 인터넷을 통해 관세청 전자통관시스템(UNI-PASS)에 전자문서를 전송하는 방식으로 자유롭게 신고가 가능하다.

간략히 수출통관절차를 살펴보면 다음과 같다.

1) 수출신고

신고는 물품내용에 관하여 수출입업자가 그 내용을 과세관청에 알리는 것이다. 수출통관의 맨 첫 절차는 세관장에게 EDI나 인터넷을 통해 관세청 전자통관시스템에 수출신고 자료를 전송하는 수출신고[2]를 하는 것이다.

2) 수출신고 물품 검사

검사는 신고에 따라 신고내용과 물품이 일치하는지 여부를 확인하는 과정이다. 수출통관의 두 번째 절차는 신고된 내용과 실제 수출되는 물품과의 동일성을 확인하기 위한 검사를 실시하는 것이다. 그러나 수출의 경우 원칙적으로 현품 검사를 생략하고 있으나 우범화물 등 세관장이 검사가 필요하다고 판단될 경우 현품검사가 실시된다.

3) 신고의 형식적 요건 심사 및 신고처리

심사는 신고내용이 정확한 것인지를 확인하는 과정으로 수출신고된 내용에 대해 형식적 요건이 정확히 신고되었는지를 확인하는 요건 심사가 이루어진다. 그리고 이상이 없을 경우 신고가 수리되어 수출신고필증이 교부된다.

수출신고 된 물품에 대한 신고서의 처리방법은 자동수리, 심사후 수리, 검사후 수리 세 가지 처리방법으로 이루어진다.[3]

---

2) 물품을 수출·수입 또는 반송하려면 해당 물품의 품명·규격·수량 및 가격과 그 밖에 대통령령으로 정하는 사항을 세관장에게 신고하여야 한다.(관세법 제241조 1항)
휴대품·탁송품 또는 별송품, 우편물, 입출항보고 및 국경출입차량 출발/도착 보고 또는 허가의 대상이 되는 운송수단, 국제운송을 위한 컨테이너, 기타 면세품의 경우 대통령령으로 정하는 바에 따라 수출·수입 또는 반송신고를 생략하게 하거나 관세청장이 정하는 간소한 방법으로 신고하게 할 수 있다.(관세법 제241조 2항)

3) www.customs.go.kr

(1) 자동수리(수출신고서의 작성 및 수리)

전산에 의하여 자동으로 수리되는 것을 말한다. 검사대상 또는 서류제출대상이 아닌 물품은 수출통관시스템에서 자동수리된다.

(2) 심사후 수리

자동수리대상이 아닌 물품 중 검사가 생략되는 물품으로 세관직원이 신고내용을 심사하고 수리를 하는 방법이다.

참고 수출신고시 수출신고서를 세관에 제출하여야 하는 물품(서류제출 대상물품)

- 법 제 226조(허가·승인 등의 증명 및 확인)의 규정에 의한 세관장 확인물품 및 확인방법 지정 고시 중 수출신고 수리 전에 요건구비의 증명이 필요한 물품. (다만, 수출승인기관과 전산망이 연계되어 수출요건내역을 전산망으로 확인할 수 있는 경우는 제외)
- 계약내용과 상이한 물품의 재수출 또는 재수출조건부로 수입통관된 물품의 수출
- 수출자가 재수입시 관세 등의 감면, 환급 또는 사후관리 등을 위하여 서류제출로 신고하거나 세관검사를 요청하는 물품(다만, 단순반복 사용을 위한 포장용기는 제외)
- 수출통관시스템에서 서류제출대상으로 통보된 물품

(3) 검사후 수리

현품검사가 필요한 신고물품에 적용되는 수리방법이다. 수출물품에 대하여는 검사생략이 원칙이나 수출시 현품의 확인이 필요한 경우와 우범물품으로 선별된 물품 중 세관장이 검사가 필요하다고 판단한 물품에 대하여 수출물품을 실제로 검사하고 수출신고를 수리하는 방법이다.

3. 수출신고인

수출신고는 수출물품의 화주(완제품공급자 포함), 관세사, 관세법인, 통관취급법인이 할 수 있다.(관세법 제242조)

참고 **관세법인과 통관취급법인 요건**

* 관세법인 : 5명 이상의 관세사, 자본금 2억원 등

* 통관취급법인 :

① 운송, 보관, 하역을 업으로 하는 법인
② ①의 법인이 자본금의 100분의 50이상을 출자하여 설립한 법인
③ 물류정책기본법에 따라 인증받은 종합물류기업 중 대통령령으로 정하는 기업
통관업을 하려는 사무소마다 관세사 1인을 두어야 함.

4. 수출신고시기

수출물품이 확보된 후 적재하기 전까지 수출물품이 장치된 물품소재지를 관할하는 세관장에게 신고하여야 한다.

5. 수출신고 수리물품의 적재기간

수출신고가 수리된 날로부터 30일 이내에 우리나라와 외국간을 왕래하는 운송수단에 선(기)적하여야 한다. 다만, 일정변경 등 부득이한 사유가 있는 경우에는 적재기간 연장승인을 받을 수 있다.

참고 **관세청 전자통관시스템(UNI-PASS)**

※ 관세청 전자통관시스템(UNI-PASS)

관세청 전자통관시스템의 새로운 브랜드 명으로서 세계 최초 100% 전자 수출입통관, 관세환급, 선박·항공기 입출항 및 출입국 여행자 관리 등은 물론 보세화물 추적관리와 수출입에 필요한 요건확인까지도 세관신고로 통합(Uni)하여 원스톱 처리(Pass)가 가능한 전자통관포탈시스템이다.

제2절 수입통관

1. 수입통관의 개념

수입하고자 하는 자가 우리나라에 수입될 물품을 선적한 선박(항공기)가 (① 출항하기 전, ② 입항하기 전, ③ 입항 후 물품이 보세구역에 도착하기 전, ④ 보세구역에 장치한 후) 중에 선택하여 세관장에게 수입신고 하고, 세관장은 수입신고가 관세법 및 기타 법령에 따라 적법하고 정당하게 이루어진 경우에 이를 신고수리하고 신고인에게 수입신고필증을 교부하여 수입물품이 반출될 수 있도록 하는 일련의 과정을 말한다.

2. 수입통관 절차

수입통관 절차는 출항전신고, 입항전신고, 보세구역 도착전신고, 보세구역 장치후신고의 방법 중 선택하여 신고하게 된다. 그 구체적인 내용은 다음과 같다.[4)]

1) 출항전신고

항공기로 수입되는 물품이나 일본, 중국, 대만, 홍콩으로부터 선박으로 수입되는 물품을 선(기)적한 선박과 항공기(이하 "선박 등" 이라 한다)가 해당물품을 적재한 항구나 공항에서 출항하기 전에 수입신고하는 것을 말한다.

2) 입항전신고

수입물품을 선(기)적한 선박 등이 물품을 적재한 항구나 공항에서 출항한 후 입항(「관세법」 제140조에 따라 항공화물은 하기신고시점, 해상화물은 하선신고시점을 기준으로 한다. 이하 같다)하기 전에 수입신고하는 것을 말한다.

3) 보세구역 도착전신고

수입물품을 선(기)적한 선박 등이 입항하여 해당물품을 통관하기 위하여 반입하려는 보세구역(부두 밖 컨테이너 보세창고와 컨테이너 내륙통관기지를 포함한다. 이하 같다)에 도착하기 전에 수입신고하는 것을 말한다.

---

4) 수입통관 사무처리에 관한 고시(관세청고시 제2019-19호('19.5.20.)) 제3조(용어의 정의)

4) 보세구역 장치후신고

수입물품을 보세구역에 장치한 후 수입신고하는 것을 말한다.

수입하거나 반송하려는 물품을 지정장치장 또는 보세창고에 반입하거나 보세구역이 아닌 장소에 장치한 자는 그 반입일 또는 장치일부터 30일 이내(제243조 제1항에 해당하는 물품[5]은 관세청장이 정하는 바에 따라 반송신고를 할 수 있는 날부터 30일 이내)에 수출·수입 또는 반송신고를 하여야 한다.(관세법 제241조 3항)

▮표 7-1▮ 수입신고

구분		출항전 신고	입항전 신고	보세구역 도착전 신고	보세구역 장치후 신고
신고시기		우리나라 입항 5일전 (항공기는 1일전)으로 물품을 적재한 선박(항공기)이 적재항 출항전	우리나라 입항 5일전(항공기의 경우 1일전)으로 선박(항공기) 출항후 입항(하선[기]신고)전	입항후 당해물품이 반입될 보세구역 도착 전	당해물품의 보세구역 장치 후
신고대상 물품		항공기로 수입되는 물품 일본·중국·대만·홍콩으로부터 선박으로 수입되는 물품	제한없음	제한없음	제한없음
신고세관		입항예정지 세관	입항예정지세관	도착예정 보세구역 관할세관	장치물품 보세구역 관할세관
검사대상 여부 통보 시기		선박(항공기)이 출항하였음을 입증하는 자료제출(출항신고서 및 적하목록)하는 시점	수입신고일	수입신고일	수입신고일
신고수리시기	검사생략	적하목록 제출후	적하목록 제출후	보세구역 도착보고후	수입신고후
	검사대상	물품검사 종료후	물품검사 종료후	물품검사 종료후	물품검사 종료후

자료 : 관세청(www.customs.go.kr)

---

5) 필요한 허가·승인·표시 또는 그 밖의 조건이 갖추어지지 아니한 것으로 세관장이 유치한 여행자 휴대품

3. 수입 또는 반송 신고 기간내 신고하지 않은 경우의 가산세

세관장은 대통령령으로 정하는 물품을 수입하거나 반송하는 자가 신고기간 내에 수입 또는 반송의 신고를 하지 아니한 경우에는 해당 물품 과세가격의 100분의 2에 상당하는 금액의 범위에서 대통령령으로 정하는 금액을 가산세로 징수한다.(관세법 제241조 4항)

4. 신고 누락에 따른 가산세

세관장은 다음 어느 하나에 해당하는 경우에는 해당 물품에 대하여 납부할 세액(관세 및 내국세를 포함한다)의 100분의 20(아래 ①의 경우에는 100분의 40으로 하되, 반복적으로 자진신고를 하지 아니하는 경우 등 대통령령으로 정하는 사유에 해당하는 경우에는 100분의 60)에 상당하는 금액을 가산세로 징수한다.(관세법 제241조 5항)

① 여행자나 승무원이 휴대품(관세법 제96조 제1항 제1호 및 제3호에 해당하는 물품은 제외한다)을 신고하지 아니하여 과세하는 경우

② 우리나라로 거주를 이전하기 위하여 입국하는 자가 입국할 때에 수입하는 이사물품(관세법 제96조 제1항 제2호에 해당하는 물품은 제외한다)을 신고하지 아니하여 과세하는 경우[6]

5. 신고시 서류 제출

1) 신고시 제출 서류

관세법 제241조(수출·수입 또는 반송의 신고) 또는 제244조(입항전수입신고)에 따른 수출·수입 또는 반송의 신고를 하는 자는 과세가격결정자료 외에 대통령령으로 정하는 서류를 제출하여야 한다.(관세법 제245조 1항)

여기서 "대통령령으로 정하는 서류"란 다음의 서류를 말한다.(시행령 제250조 1항)

---

6) 제96조(여행자 휴대품 및 이사물품 등의 면세) ① 다음 각 호의 어느 하나에 해당하는 물품이 수입될 때에는 그 관세를 면제할 수 있다.

1. 여행자의 휴대품 또는 별송품으로서 여행자의 입국 사유, 체재기간, 직업, 그 밖의 사정을 고려하여 기획재정부령으로 정하는 기준에 따라 세관장이 타당하다고 인정하는 물품
2. 우리나라로 거주를 이전하기 위하여 입국하는 자가 입국할 때 수입하는 이사물품으로서 거주 이전의 사유, 거주기간, 직업, 가족 수, 그 밖의 사정을 고려하여 기획재정부령으로 정하는 기준에 따라 세관장이 타당하다고 인정하는 물품
3. 외국무역선 또는 외국무역기의 승무원이 휴대하여 수입하는 물품으로서 항행일수, 체재기간, 그 밖의 사정을 고려하여 세관장이 타당하다고 인정하는 물품. 다만, 기획재정부령으로 정하는 물품은 제외한다.

① 선하증권 사본 또는 항공화물운송장 사본
② 원산지증명서(관세법시행령 제236조(원산지증명서의 제출 등) 제1항[7])이 적용되는 경우로 한정한다)
③ 기타 참고서류

수출입신고를 하는 물품이 관세법 제226조(허가·승인 등의 증명 및 확인)의 규정에 의한 증명을 필요로 하는 것인 때에는 관련 증명서류를 첨부하여 수출입신고를 하여야 한다. 다만, 세관장은 필요없다고 인정되는 때에는 이를 생략하게 할 수 있다.(시행령 제250조 2항)

6. 수입물품검사[8])

1) 수출·수입 또는 반송하려는 물품의 검사(관세법 제246조)

세관공무원은 수출·수입 또는 반송하려는 물품에 대하여 검사를 할 수 있다.

관세청장은 검사의 효율을 거두기 위하여 검사대상, 검사범위, 검사방법 등에 관하여 필요한 기준을 정할 수 있다.

화주는 수입신고를 하려는 물품에 대하여 수입신고 전에 관세청장이 정하는 바에 따라 확인을 할 수 있다.

2) 신고하지 않은 물품에 대한 검사

수입하거나 반송하려는 물품을 지정장치장 또는 보세창고에 반입하거나 보세구역이 아닌 장소에 장치한 자는 그 반입일 또는 장치일부터 30일 이내(제243조 제1항에 해당하는 물품[9])은 관세청장이 정하는 바에 따라 반송신고를 할 수 있는 날부터

---

7) 제236조(원산지증명서의 제출 등) ① 다음 각호의 1에 해당하는 자는 해당 물품의 수입신고시에 해당 물품의 원산지를 증명하는 서류(이하 "원산지증명서"라 한다)를 세관장에게 제출하여야 한다. 다만, 제1호에 해당하는 자로서 수입신고 전에 원산지증명서를 발급받았으나 분실 등의 사유로 수입신고 시에 원산지증명서를 제출하지 못한 경우에는 제4항에 따른 원산지증명서 유효기간 내에 해당 원산지증명서 또는 그 부본을 제출할 수 있다
1. 법·조약·협정 등에 의하여 다른 국가의 생산(가공을 포함한다)물품에 적용되는 세율보다 낮은 세율을 적용받고자 하는 자로서 원산지확인이 필요하다고 관세청장이 정하는 자
2. 관세율의 적용 기타의 사유로 인하여 원산지확인이 필요하다고 관세청장이 지정한 물품을 수입하는 자

8) 수입통관 사무처리에 관한 고시(관세청고시 제2019-19호('19.5.20.)) 제2장 일반통관절차 제3절 물품검사 규정에 구체적으로 규정하고 있음.

9) 필요한 허가·승인·표시 또는 그 밖의 조건이 갖추어지지 아니한 것으로 세관장이 유치한 여

30일 이내)에 수출·수입 또는 반송신고를 하여야 한다는 관세법 제241조 제3항의 규정에 따른 신고를 하지 아니한 물품에 대하여는 세관장은 관세청장이 정하는 바에 의하여 직권으로 이를 검사할 수 있다.(시행령 제251조 1항)

3) 검사 장소(관세법 제247조)

보세공장에 반입된 물품을 그 사용 전에 세관장에게 사용신고하는 경우 세관공무원의 물품 검사(관세법 제186조 제1항) 또는 수출·수입 또는 반송하려는 물품에 대한 검사(관세법 제246조)는 관세법 제155조 제1항[10]에 따라 장치할 수 있는 장소에서 한다. 다만, 수출하려는 물품은 해당 물품이 장치되어 있는 장소에서 검사한다.

세관장은 효율적인 검사를 위하여 부득이하다고 인정될 때에는 관세청장이 정하는 바에 따라 해당 물품을 보세구역에 반입하게 한 후 검사할 수 있다.

검사 장소가 지정장치장이나 세관검사장이 아닌 경우 신고인은 기획재정부령으로 정하는 바에 따라 수수료를 납부하여야 한다. 다만, 검사 장소가 보세창고인 경우로서 신고인이 운영인과 다른 경우 또는 검사 대상이 수출물품인 경우에는 수수료를 납부하지 아니한다.(관세법 제247조) 즉, 보세창고는 일반적인 수입물품이 가장 많이 장치되는 특허보세구역으로, 운영인이 자신의 물품을 검사하는 경우에만 수수료를 납부한다.

7. 수입신고 처리[11]

1) 신고 수리 및 신고필증 발급

세관장은 「관세법」 제241조(수출·수입 또는 반송의 신고) 또는 제244조(입항전수입신고)에 따른 신고가 관세법에 따라 적합하게 이루어졌을 때에는 이를 지체 없이

행자 휴대품

10) 제155조(물품의 장치) ① 외국물품과 제221조 제1항에 따른 내국운송의 신고를 하려는 내국물품은 보세구역이 아닌 장소에 장치할 수 없다. 다만, 다음 각 호의 어느 하나에 해당하는 물품은 그러하지 아니하다.
   1. 제241조 제1항에 따른 수출신고가 수리된 물품
   2. 크기 또는 무게의 과다나 그 밖의 사유로 보세구역에 장치하기 곤란하거나 부적당한 물품
   3. 재해나 그 밖의 부득이한 사유로 임시로 장치한 물품
   4. 검역물품
   5. 압수물품
   6. 우편물품

11) 수입통관 사무처리에 관한 고시(관세청고시 제2019-19호('19.5.20.)) 제18조(신고의 취하), 제19조(신고의 각하), 제25조(보완요구), 제26조(통관보류)에 구체적으로 규정하고 있음.

수리하고 신고인에게 신고필증을 발급하여야 한다. 다만, 제327조(국가관세종합정보망의 구축 및 운영) 제2항[12]에 따라 국가관세종합정보망의 전산처리설비를 이용하여 신고를 수리하는 경우에는 관세청장이 정하는 바에 따라 신고인이 직접 전산처리설비를 이용하여 신고필증을 발급받을 수 있다.(관세법 제248조 1항)

2) 관세 담보의 제공

세관장은 관세를 납부하여야 하는 물품에 대하여는 신고를 수리할 때에 다음 어느 하나에 해당하는 자에게 관세에 상당하는 담보의 제공을 요구할 수 있다.(관세법 제248조 2항)

① 「관세법」 또는 「수출용원재료에 대한 관세 등 환급에 관한 특례법」 제23조[13]를 위반하여 징역형의 실형을 선고받고 그 집행이 끝나거나(집행이 끝난 것으로 보는 경우를 포함한다) 면제된 후 2년이 지나지 아니한 자

② 「관세법」 또는 「수출용원재료에 대한 관세 등 환급에 관한 특례법」 제23조를 위반하여 징역형의 집행유예를 선고받고 그 유예기간 중에 있는 자

③ 「관세법」 제269조(밀수입죄), 제270조(관세포탈죄 등), 제271조(밀수입 및 관세포탈 등의 미수범 등), 제274조(밀수품의 취득죄 등), 제275조의2(체납처분면탈죄 등), 제275조의3(타인에 대한 명의대여죄) 또는 「수출용원재료에 대한 관세 등 환급에 관한 특례법」 제23조에 따라 벌금형 또는 통고처분을 받은 자로서 그 벌금형을 선고받거나 통고처분을 이행한 후 2년이 지나지 아니한 자

④ 「관세법」 제241조 또는 제244조에 따른 수입신고일을 기준으로 최근 2년간 관세 등 조세를 체납한 사실이 있는 자

---

12) ② 세관장은 관세청장이 정하는 바에 따라 국가관세종합정보망의 전산처리설비를 이용하여 이 법에 따른 신고·신청·보고·납부 등과 법령에 따른 허가·승인 또는 그 밖의 조건을 갖출 필요가 있는 물품의 증명 및 확인신청 등(이하 "전자신고등"이라 한다)을 하게 할 수 있다.

13) 제23조(벌칙) ① 거짓이나 그 밖의 부정한 방법으로 관세등을 환급받은 자는 3년 이하의 징역 또는 환급받은 세액의 5배 이하에 상응하는 벌금에 처한다.
② 다음 각 호의 어느 하나에 해당하는 자는 3년 이하의 징역 또는 2천만원 이하의 벌금에 처한다.
1. 제10조 제1항에 따른 소요량계산서를 거짓으로 작성한 자
2. 거짓이나 그 밖의 부정한 방법으로 제12조 제1항 또는 제2항에 따라 세관장 또는 관세사로부터 기초원재료납세증명서 또는 수입세액분할증명서를 발급받은 자
3. 제12조 제2항에 따라 기초원재료납세증명서 또는 수입세액분할증명서를 발급하는 자로서 기초원재료납세증명서 또는 수입세액분할증명서를 거짓으로 발급한 자
③ 정당한 사유 없이 제20조 제1항을 위반한 자는 2천만원 이하의 벌금에 처한다.
④ 정당한 사유 없이 제20조 제3항에 따라 관세청장이나 세관장이 요청한 서류나 그 밖의 관계 자료를 제출하지 아니한 자는 1천만원 이하의 벌금에 처한다.
⑤ 세관장은 제1항이나 제2항에 해당하는 자에 대하여는 그가 환급받은 관세등을 즉시 징수한다.

⑤ 수입실적, 수입물품의 관세율 등을 고려하여 대통령령으로 정하는 관세채권의 확보가 곤란한 경우에 해당하는 자

3) 신고의 취하 및 각하[14](관세법 제250조)

신고는 정당한 이유가 있는 경우에만 세관장의 승인을 받아 취하할 수 있다. 다만, 수입 및 반송의 신고는 운송수단, 관세통로, 하역통로 또는 관세법에 규정된 장치 장소에서 물품을 반출한 후에는 취하할 수 없다.

수출·수입 또는 반송의 신고를 수리한 후 신고의 취하를 승인한 때에는 신고수리의 효력이 상실된다.

세관장은 신고가 그 요건을 갖추지 못하였거나 부정한 방법으로 신고되었을 때에는 해당 수출·수입 또는 반송의 신고를 각하할 수 있다.

제3절 통관절차의 특례

1. 수입신고 수리 전 반출

수입신고를 한 물품을 세관장의 신고 수리 전에 해당 물품이 장치된 장소로부터 반출하려는 자는 납부하여야 할 관세에 상당하는 담보를 제공하고 세관장의 승인을 받아야 한다. 다만, 정부 또는 지방자치단체가 수입하거나 담보를 제공하지 아니하여도 관세의 납부에 지장이 없다고 인정하여 대통령령으로 정하는 물품에 대하여는 담보의 제공을 생략할 수 있다.(관세법 제252조)

2. 수입신고전의 물품 반출

1) 즉시반출신고

수입하려는 물품을 수입신고 전에 운송수단, 관세통로, 하역통로 또는 관세법에 따른 장치 장소로부터 즉시 반출하려는 자는 대통령령으로 정하는 바에 따라 세관장에게 즉시반출신고를 하여야 한다. 이 경우 세관장은 납부하여야 하는 관세에 상당

14) * 각하 : 요건을 갖추지 못하여 본안 심사를 거절하는 것
* 취하 : 신청하거나 제출한 것을 철회하는 것
* 취소 : 하자있는 의사표시나 법률행위의 효력을 소급하여 소멸시키는 일

하는 담보를 제공하게 할 수 있다.(관세법 제253조 1항)

2) 즉시반출 가능자 및 물품의 지정

위의 규정에 따라 즉시반출을 할 수 있는 자 및 물품은 다음 어느 하나에 해당하는 것 중 「관세법」 제226조 제2항의 규정에 의한 허가·승인·표시 또는 그 밖의 조건을 갖춘 것임을 증명하는 구비조건의 확인에 지장이 없는 경우로서 세관장이 지정하는 것에 한한다.(시행령 제257조 2항)

① 관세 등의 체납이 없고 최근 3년 동안 수출입실적이 있는 제조업자 또는 외국인투자자가 수입하는 시설재 또는 원부자재

② 기타 관세 등의 체납우려가 없는 경우로서 관세청장이 정하는 물품

3) 즉시반출신고 후 수입신고

즉시반출신고를 하고 반출을 하는 자는 즉시반출신고를 한 날부터 10일 이내에 수입신고를 하여야 한다.(관세법 제253조 3항)

세관장은 즉시반출신고를 하고 반출을 한 자가 즉시반출신고를 한 날부터 10일 이내에 수입신고를 하지 아니하는 경우에는 관세를 부과·징수한다. 이 경우 해당 물품에 대한 관세의 100분의 20에 상당하는 금액을 가산세로 징수하고, 세관장이 지정한 즉시반출을 할 수 있는 자 또는 물품의 지정을 취소할 수 있다.(관세법 제253조 4항)

3. 전자상거래물품 등의 특별통관

관세청장은 전자문서로 거래되는 수출입물품에 대하여 다음 사항을 따로 정할 수 있다.(관세법 제254조)(시행령 제258조)

① 특별통관 대상 거래물품 또는 업체

② 수출입신고 방법 및 절차

③ 관세 등에 대한 납부방법

④ 물품검사방법

⑤ 기타 관세청장이 필요하다고 인정하는 사항

4. 탁송품의 특별통관

관세법 제241조(수출·수입 또는 반송의 신고) 제2항 제1호에 따라 대통령령으로

정하는 바에 따른 신고 생략 또는 간소 신고할 수 있는 탁송품으로서 기획재정부령으로 정하는 물품 즉, 자가사용물품 또는 면세되는 상용견품 중 물품가격이 미화 150달러 이하인 물품(시행규칙 제79조의2 1항)은 탁송품 운송업자[제222조(보세운송업자등의 등록) 제1항 제6호(외국무역선·외국무역기 또는 국경출입차량을 이용하여 상업서류나 그 밖의 견본품 등을 송달하는 것을 업으로 하는 자)에 따라 관세청장 또는 세관장에게 등록한 자]가 다음 사항이 적힌 목록(이하 "통관목록"이라 함)을 세관장에게 제출함으로써 제241조 제1항에 따른 수입신고를 생략할 수 있다.(관세법 제254조의2 1항)

① 물품의 송하인 및 수하인의 성명, 주소, 국가
② 물품의 품명, 수량, 중량 및 가격
③ 탁송품의 통관목록에 관한 것으로 운송업자명, 선박편명 또는 항공편명, 선하증권 번호, 그 밖에 관세청장이 정하는 사항(시행규칙 제79조의2 2항)

탁송품 운송업자는 통관목록을 사실과 다르게 제출해서는 안 된다.(관세법 제254조의2 2항)

탁송품 운송업자는 위의 규정에 따라 제출한 통관목록에 적힌 수하인의 주소지(제241조 제1항에 따른 수입신고를 한 탁송품의 경우에는 수입신고서에 적힌 납세의무자의 주소지)가 아닌 곳에 탁송품을 배송하거나 배송하게 한 경우(「우편법」 제31조 단서에 해당하는 경우는 제외한다)에는 배송한 날이 속하는 달의 다음달 15일까지 실제 배송한 주소지를 세관장에게 제출하여야 한다.(관세법 제254조의2 3항)

세관장은 탁송품 운송업자가 위의 제2항 또는 제3항을 위반하거나 관세법에 따라 통관이 제한되는 물품을 국내에 반입하는 경우에는 수입신고의 생략이라는 통관절차의 적용을 배제할 수 있다.(관세법 제254조의2 4항)

관세청장 또는 세관장은 탁송품에 대하여 세관공무원으로 하여금 검사하게 하여야 하며, 탁송품의 통관목록의 제출시한, 실제 배송지의 제출, 물품의 검사 등에 필요한 사항은 관세청장이 정하여 고시한다.(관세법 제254조의2 5항)

세관장은 관세청장이 정하는 절차에 따라 별도로 정한 지정장치장에서 탁송품을 통관하여야 한다. 다만, 세관장은 탁송품에 대한 감시·단속에 지장이 없다고 인정하는 경우 탁송품을 해당 탁송품 운송업자가 운영하는 보세창고 또는 시설(「자유무역지역의 지정 및 운영에 관한 법률」 제11조에 따라 입주계약을 체결하여 입주한 업체가 해당 자유무역지역에서 운영하는 시설에 한정한다)에서 통관할 수 있다.(관세법 제254조의2 6항)

제4절 수출입 안전관리 우수 공인업체

1. 수출입 안전관리 우수업체의 안전관리 기준

관세청장은 수출입물품의 제조·운송·보관 또는 통관 등 무역과 관련된 자가 시설, 서류 관리, 직원 교육 등에서 「관세법」 또는 「자유무역협정의 이행을 위한 관세법의 특례에 관한 법률」 등 수출입에 관련된 법령에 따른 의무 또는 재정건전성 등 대통령령으로 정하는 안전관리 기준을 충족하는 경우 수출입 안전관리 우수업체(Authorized Economic Operator ; AEO)로 공인할 수 있다.(관세법 제255조의2 1항)

구체적인 안전관리 기준은 다음과 같다.(관세법시행령 제259조의2 1항)

① 「관세법」, 「자유무역협정의 이행을 위한 관세법의 특례에 관한 법률」, 「대외무역법」 등 수출입에 관련된 법령을 성실하게 준수하였을 것
② 관세 등 영업활동과 관련한 세금을 체납하지 않는 등 재무 건전성을 갖출 것
③ 수출입물품의 안전한 관리를 확보할 수 있는 운영시스템, 거래업체, 운송수단 및 직원교육체계 등을 갖출 것
④ 그 밖에 세계관세기구에서 정한 수출입 안전관리에 관한 표준 등을 반영하여 관세청장이 정하는 기준을 갖출 것

2. 수출입 안전관리 우수업체 공인을 위한 심사

관세청장은 수출입 안전관리 우수업체로 공인받으려고 심사를 요청한 자에 대하여 대통령령으로 정하는 절차에 따라 심사하여야 한다. 이 경우 관세청장은 대통령령으로 정하는 기관이나 단체에 안전관리 기준 충족 여부를 심사하게 할 수 있다.(관세법 제255조의2 2항)

관세청장은 심사를 할 때 「국제항해선박 및 항만시설의 보안에 관한 법률」 제12조에 따른 국제선박보안증서를 교부받은 국제항해선박소유자 또는 같은 법 제27조에 따른 항만시설적합확인서를 교부받은 항만시설소유자에 대하여는 안전관리 기준 중 일부에 대하여 심사를 생략할 수 있다.(관세법시행령 제259조의2 2항)

관세청장이 안전관리 기준 충족 여부에 대한 심사업무를 위탁할 수 있는 기관이나 단체는 다음 요건을 모두 갖춘 기관이나 단체 중에서 관세청장이 정하여 고시한다.(관세법시행령 제259조의2 3항)

① 「민법」 제32조에 따라 설립된 비영리법인일 것
② 안전관리 기준의 심사에 필요한 전문인력 및 전산설비를 갖추고 있을 것

심사업무의 위탁절차 및 위탁받은 기관에 대한 지휘·감독에 관한 사항은 관세청장이 정한다.(관세법시행령 제259조의2 4항)

3. 수출입 안전관리 우수 공인업체에 대한 혜택

수출입 안전관리 우수업체로 공인된 업체, 즉, 수출입 안전관리 우수 공인업체에 대하여는 관세청장이 정하는 바에 따라 통관절차상의 혜택을 제공할 수 있다.(관세법 제255조의2 3항)

여기서 "통관절차상의 혜택"이란 수출입 물품에 대한 검사의 완화 또는 수출입 신고 및 납부 절차의 간소화를 말하며 그 세부내용은 관세청장이 정한다.(관세법시행령 제259조의2 5항)

관세청장은 다른 국가의 수출입 안전관리 우수 공인업체에 대하여도 상호 조건에 따라 통관절차상의 혜택을 제공할 수 있다.(관세법 제255조의2 4항)

▌서식 7-1▐ 수출통관사무처리에 관한 고시 [별지 1]

수출신고필증(수출이행, 갑지)

※ 처리기간 : 즉시

제출번호 99999-99-9999999 ①신 고 자 XXXXXXXXXXXXXXX	⑤신고번호 999-99-99-999	⑥신고일자 YYYY/MM/DD	⑦신고구분 X	⑧C/S구분 X

②수 출 대 행 자 XXXXXXXXXXXXXXXXXXXXXXXXXXXXX (통관고유부호) XXXXXXXX-9-99-9-99-9 수출자구분 X 수 출 화 주 XXXXXXXXXXXXXXXXXXXXXXXXXXXXX (통관고유부호) XXXXXXXX-9-99-9-99-9 (주소) XXXXXXXXXXXXXXXXXXXXXXXXXX (대표자) XXXXXXXXXXXXX (소재지) XXX (사업자등록번호) 999-99-99999	⑨거래구분 XX	⑩종류 X	⑪결제방법 XX
	⑫목적국 XXXXXXX	⑬적재항 XXXXXXXX	⑭선박회사 (항공사) XXXXXX
	⑮선박명(항공편명) XXXXXXX	⑯출항예정일자 XXXXXX	⑰적재예정보세구역 XXXXXXX
	⑱운송형태 XX XXX		⑲검사희망일 YYYY/MM/DD
	⑳물품소재지 XXX XXXXXXXXXXXXXXXXXXXXXX		
③제 조 자 XXXXXXXXXXXXXXXXXXXXXXXXXXXXX (통관고유부호) XXXXXXXX-9-99-9-99-9 제조장소 XXX 산업단지부호 XXX	㉑L/C번호 XXXXXXXXXXXXX		㉒물품상태 X
	㉓사전임시개청통보여부 X		㉔반송 사유 XX
④구 매 자 XXXXXXXXXXXXXXXXXXXXXXXXXXX (구매자부호) XXXXXXXXXX	㉕환급신청인 X (1:수출대행자/수출화주, 2:제조자) 간이환급 XX		

· 품명 · 규격 (란번호/총란수: 999/999)	
㉖품 명 XXXXXXXXXXXXXXXXXXXXXXXXXXXXXXXXXXXXXXXX ㉗거래품명 XXXXXXXXXXXXXXXXXXXXXXXXXXXXXXXXXXXXXXXX	㉘상표명 XXXXXXXXXXXXXXXXXXXXXX

㉙모델 · 규격	㉚성분	㉛수량	㉜단가(XXX)	㉝금액(XXX)
XXXXXXXXXXXXXXXXXXXXXXXXXXXXXXXXXXXXXXXXXXXXXXXXXXXX XXXXXXXXXXXXXXXXXXXXXXXXXXXXXXXXXXXXXXXXXXXXXXXXXXXX XXXXXXXXXXXXXXXXXXXXXXXXXXXXXXXXXXXXXXXXXXXXXXXXXXXX XXXXXXXXXXXXXXXXXXXXXXXXXXXXXXXXXXXXXXXXXXXXXXXXXXXX XXXXXXXXXXXXXXXXXXXXXXXXXXXXXXXXXXXXXXXXXXXXXXXXXXXX XXXXXXXXXXXXXXXXXXXXXXXXXXXXXXXXXXXXXXXXXXXXXXXXXXXX XXXXXXXXXXXXXXXXXXXXXXXXXXXXXXXXXXXXXXXXXXXXX 모델 · 규격의 갯수 및 길이에 따라 세로길이 가변적.	XXXXXXXXXXXX XXXXXXXXXXXX XXXXXXXXXXXX XXXXXXXXXXXX XXXXXXXXXXX	999,999(XXX)	999,999.99	999,999,999

㉞세번부호	9999.99-9999	㉟순중량	999,999(XX)	㊱수량	999,999(XX)	㊲신고가격(FOB)	₩999,999
㊳송품장번호	XXXXXXXXXXX	㊴수입신고번호	XXXXX-XX-XXXXXXX-X(XXX)	㊵원산지	XX-X-X	㊶포장갯수(종류)	999,999(XX)

㊷수출요건확인 (발급서류명)	X-XXXXXXXXXX (XXXXXXXXXXXXXX)	X-XXXXXXXXXX (XXXXXXXXXXXXXX)	X-XXXXXXXXXXXX (XXXXXXXXXXXXXX)	X-XXXXXXXXXXXX (XXXXXXXXXXXXX)

㊸총중량	999,999,999(XX)	㊹총포장갯수	999,999 (XX)	㊺총신고가격(FOB)	$ 999,999 ₩ 999,999,999
㊻운임(₩)	999,999,999	㊼보험료(₩)	999,999	㊽결제금액	XXX-XXX-999,999,999
㊾수입화물 관리번호	XXXXXXXXXXXXXXXXXX	X	㊿컨테이너번호	XXXXXXXXXXX	X

※신고인기재란	(51)세관기재란
XXXXXXXXXXXXXXXXXXXXXXXXXXXXXXXXXXXXXXXXXX XXXXXXXXXXXXXXXXXXXXXXXXXXXXXXXXXXXXXXXXXX XXXXXXXXXXXXXXXXXXXXXXXXXXXXXXXXXXXXXXXXXX XXXXXXXXXXXXXXXXXXXXXXXXXXXXXXXXXXXXXX	XXXXXXXXXXXXXXXXXXXXXXXXXXXXXXXXXXXXXXXXXXXXXX XXXXXXXXXXXXXXXXXXXXXXXXXXXXXXXXXXXXXXXXXXXXXX XXXXXXXXXXXXXXXXXXXXXXXXXXXXXXXXXXXXXXXXXXXXXX XXXXXXXXXXXXXXXXXXXXXXXXXXXXXXXXXXXXXXXXXXXXXX XX

(52)운송(신고)인 XXXXXXXXXXXXXXX (53)기간 YYYY/MM/DD 부터 YYYY/MM/DD 까지	(54)적재의무기한	YYYY/MM/DD	(55)담당자	XXXXXX(XXXXXX)	(56)신고수리일자	YYYY/MM/DD

(1) 수출신고수리일로부터 30일내에 적재하지 아니한 때에는 수출신고수리가 취소됨과 아울러 과태료가 부과될 수 있으므로 적재사실을 확인하시기 바랍니다. (관세법 제251조, 제277조) 또한 휴대탁송 반출시에는 반드시 출국심사(부두, 초소, 공항) 세관공무원에게 제시하여 확인을 받으시기 바랍니다.

(2) 수출신고필증의 진위여부는 관세청 인터넷통관포탈에 조회하여 확인하시기랍니다. (http://portal.customs.go.kr)

제8장

수출물품의 선적과 운송

제1절 수출물품의 선적
제2절 국제해상운송
제3절 국제항공운송
제4절 컨테이너 운송
제5절 국제복합운송

선박회사와 해상운송계약체결 및 선적

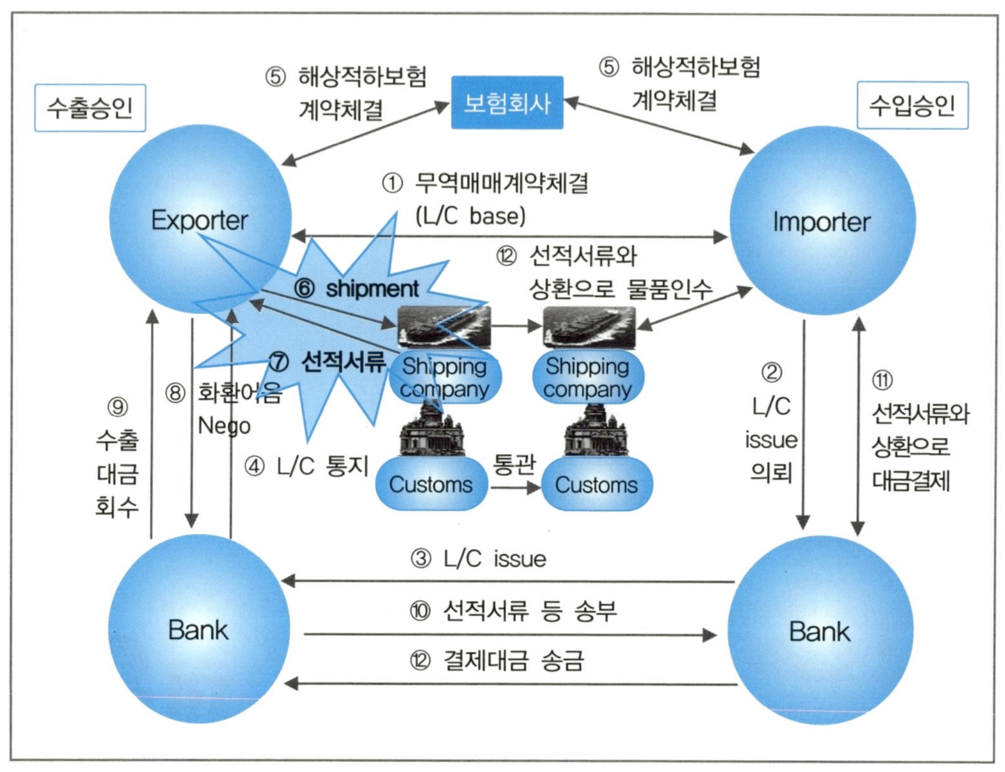

제8장 수출물품의 선적과 운송

제1절 수출물품의 선적

1. 수출물품 운송의 의의

무역거래에서 두 가지 중요한 흐름이 있는데 그 하나는 일반적으로 수출지에서 수입국으로의 물품의 흐름이고 또 하나는 그 반대 방향으로 대금의 흐름이 있다.

무역계약에 일치한 물품의 이동은 국제간 운송을 통해 이루어진다. 국제운송에는 국제해상운송, 국제항공운송, 국제육상운송 그리고 국제복합운송이 있다. 수출물품은 대부분 대량이며 원거리 운송이므로 대량화물의 장거리운송에 가장 경제적인 수단은 선박을 이용한 해상운송이다. 따라서 수출물품 운송의 대부분은 해상운송을 통해 이루어지고 있다.

〈표 8-1〉에서 보는 바와 같이 한국의 경우 2018년 기준 수출화물의 경우 중량기준으로 해상운송이 99.6%, 항공운송이 0.4%를 차지할 정도로 거의 대부분의 국제화물운송이 해상운송을 통해 이루어지고 있음을 확인할 수 있다.

따라서 대부분의 수출물품은 화주와 선박회사 사이의 해상운송계약을 통해 수출통관된 물품이 선적되고 목적지로 운송된다.

그러나 금액 기준으로는 항공운송 비중이 수출의 경우 33.7%로 상당 부분 차지하고 있음을 확인할 수 있다. 이는 반도체 등 고가의 소량 화물들이 항공운송을 통해 상당 부분 수출되고 있음을 반영할 결과이다.

▌표 8-1▌ 한국의 운송수단별 수출입 비중(2018년, 금액 및 중량 기준)

(단위 : 억 달러, 천톤)

	수출		수입	
	금액	중량	금액	중량
해상운송	3,966(66.3%)	199,760(99.6%)	3,830(72.8%)	571,985(99.9%)
항공운송	2,015(33.7%)	868(0.4%)	1,429(27.2%)	685(0.1%)
합계	5,981(100%)	200,628(100%)	5,259(100%)	572,670(100%)

* : ( ) 내는 비중, 합계는 일부 기타 포함 / 자료 : 한국무역협회(kita.net), 관세청

2. 해상운송과 선적절차

1) 재래선(在來船)에 의한 선적절차

현재 대부분의 화물이 컨테이너를 이용하여 운송되기 때문에 컨테이너선에 의한 선적절차가 중요하다. 그러나 재래선에 의한 선적절차가 보다 간단하고 기본적인 흐름에 있어서 컨테이너선에 의한 선적절차와 유사하므로 재래선에 의한 선적절차를 먼저 살펴보는 것이 컨테이너선에 의한 선적절차를 이해하는데 도움이 된다. 따라서 우선 재래선에 의한 선적절차를 살펴보도록 하겠다.

(1) 수출업자(화주)가 선박회사에 S/R을 제출

수출화물을 싣기 위한 공간, 즉 선복(船腹 ; ship's space)을 확보하기 위하여 선박회사에 상품에 관한 명세와 선적지, 양륙지 등을 기재한 S/R(shipping request ; 선복신청서(船腹申請書)/선적의뢰서)을 선박회사에 제출한다. 이 경우 보통 S/R을 송부할 때 포장명세서(Packing List)와 함께 송부하게 된다. 왜냐하면 Packing List에 선적품의 중량, 용적 등이 상세히 적혀 있기 때문에 선박회사가 신청한 선복을 확보하는 데 도움이 되기 때문이다.

(2) 선박회사의 인수확약서 교부

선박회사가 S/R을 승낙 또는 인수하면 인수확약서(引受確約書 ; booking note)를 교부하여 운송계약을 성립시킨다.

즉, 당해 수출화물을 운송할 선박명과 항차번호, 선적항 등을 기재한 인수확약서를 선박회사가 화주에게 교부하게 된다. 일반적으로 S/R상에 선박명과 항차번호를 기재하여 전송하는 경우가 많다.

(3) 본선으로 화물 이동 및 S/O 발행

화주는 수출화물을 선적하기 위해 본선으로 화물을 이동시킨다. 한편 선박회사는 본선의 선장을 향해 당해 화물의 선적을 지시하는 서류인 선적지시서(S/O ; Shipping Order)를 송부하게 된다.

화주는 본선에 수출화물을 선적하기 전에 반드시 해당 선적품에 대한 수출통관을 이행해야 한다. 즉, 수출화물이 제조되거나 확보된 후부터 선적 전까지 기간 동안에 수출통관을 완료해야 한다. 수출통관은 현재 P/L(Paperless) 통관, 즉 서류없는 통관으로 인터넷이나 EDI망을 통해 세관에 접속하여 수출신고서를 전송하게 되면 전산에 의해 자동수리되거나 세관원이 수출신고 내용을 심사하고 이상이 없을 경우 수출신고를 수리하게 된다.[1] 전송되어온 수출신고 수리서류는 화주가 출력하여 수출신고필증으로 사용하게 된다.

일반적으로 수출신고 물품은 현품검사가 생략되나 우범화물 등 필요한 경우 일부 실제로 검사를 실시하고 수출신고를 수리하게 된다.

(4) 본선에서 화물 수령 후 M/R 발생

본선에서는 선장을 대신하여 일등항해사(Chief Mate)가 선적지시서(S/O)에 따라 화주가 가져온 화물을 본선에서 수령하게 된다. 일등항해사가 선적지시서(S/O)에 따라 화물을 수령한 후 본선수취증[本船受取證 ; Mate's Receipt(M/R)]을 수출업자에게 발행하게 된다.

본선수취증(M/R)은 본선에서 당해 화물을 수령하였다는 영수증으로 본선의 일등항해사가 선장을 대신하여 화주에게 발행하는 서류이다.

(5) 선박회사로부터 B/L 발급

화주는 본선에 화물을 인계한 후 받은 M/R을 선박회사에 제시하여 선하증권(B/L ; Bills of Lading)을 발급 받게 된다.

실무상에는 화주에게 M/R이 발행되지 않고 전산으로 본선과 선박회사간의 정보교환을 통해 당해 수출화물의 인수를 확인할 수 있게 됨으로 화주는 M/R없이 선박회사에서 자신이 화주임을 입증하고 B/L을 발급 받을 수 있다.

1) 수출신고시 수출신고서를 세관에 제출해야 하는 서류제출 대상물품의 경우에는 관련 서류를 제출하여 수출신고해야 한다.

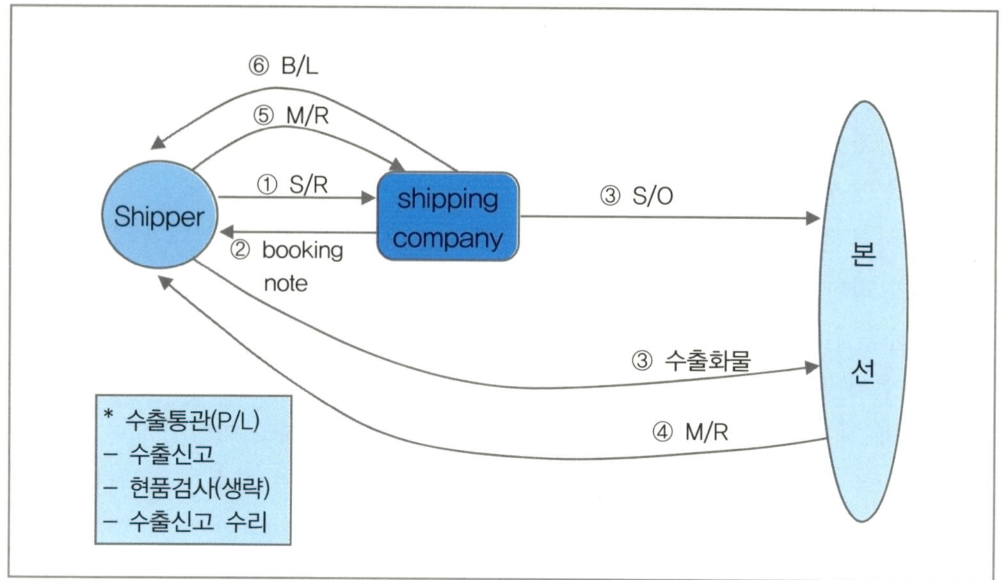

▮그림 8-1▮ 재래선에 의한 선적절차

참고 파손화물보상장(破損貨物補償狀 ; Letter of Indemnity(L/I)) 발행

일반적으로 본선에서 화물을 수령한 후 선적지시서(S/O)상의 내용과 상호 대조한 후 아무런 이상이 없을 경우 무사고부 본선수취증(clean M/R)을 화주에게 발행하게 된다. 그러나 상호 대조 후 인계받은 화물에 이상이 있을 경우 즉, 수량 부족, 파손 등의 이상이 있을 경우 본선수취증 발행시 비고(remarks)란에 그와 같은 하자 사항을 기재하여 본선수취증을 발행하게 되는데 그 같은 하자사항이 기재된 본선수취증을 사고부 본선수취증(dirty M/R 또는 foul M/R)이라고 한다.

사고부 본선수취증이 발행되게 되면 선박회사에서 발행하는 선하증권 면에도 그와 동일한 하자사항이 기재된 선하증권인 사고부 선하증권(dirty B/L 또는 foul B/L)을 발행하게 된다. 이 경우 사고부 선하증권을 가지고는 일반적으로 대금결제를 받을 수 없다. 왜냐하면 계약서나 신용장 등에게 요구하는 선하증권은 무사고부 선하증권(clean B/L)이므로 화주는 선적을 하고도 대금결제를 받지 못하게 되는 문제가 발생할 수 있다.

따라서 이러한 문제를 해결하기 위하여 파손화물보상장(破損貨物補償狀 ; Letter of Indemnity(L/I))이 사용된다. 파손화물보상장(L/I)은 화주가 선박회사에게 당해 선적된 화물의 하자사항과 관련하여 야기될 수 있는 모든 책임과 손해배상 청구에 대해 책임을 부담한다는 각서로 발행하는 서류로, 이 서류를 근거로 선박회사는 foul B/L을 clean B/L로 바꿔 발행하게 된다.

- S/R(shipping request ; 船腹申請書, 선적의뢰서)
  화주가 선박회사에 제출하는 운송의뢰서로서 선적을 의뢰하는 선박명, 품명, 수량, 목적항 등을 기재하여 당해 화물을 선적할 수 있는 선박의 공간을 확보하기 위한 서류이다.

- S/O(Shipping Order ; 船積指示書, 선적지시서)
  화주의 선복신청서(S/R)에 따라서 선박회사가 운송할 선박의 선적책임자(일등항해사) 앞으로 발행되는 화물적재 지시서이다. 선적책임자는 수화한 화물을 S/O별로 shipping order list를 작성하여 본선 적하계획 선적작업준비용으로 쓰며, 이것에 의하여 본선적재를 하고 본선수취증(M/R)을 작성 하주에게 교부한다.

- M/R((Mate's Receipt ; 本船收取證, 본선수취증)
  본선에서 화물을 수령한 후 화물을 수령하였다는 영수증으로, 본선의 일등항해사(chief mate)가 본선의 선장을 대신하여 발행하는 서류

- L/I(Letter of Indemnity ; 破損貨物補償狀)
  화주(수출업자)가 선박회사를 향해 발행하는 서류로 화물이 후일 문제가 되더라도 선박회사에 책임을 전가시키지 않는다는 취지의 각서

▮서식 8-1▮ S/R(shipping Request)

Shipper
KANG NAM TRADING CO., LTD.
SEOUL, KOREA

Nedlloyd Lines

Consignee
TO ORDER.

Notify Party
NIRU AMERICAN CORP.
95 MONTGOMERY STREET,
SAN FRANCISCO95 CA 54420

S/O No. 25

B/L No.

Vessel
"N. KAT"

Voyage No.
V- 58

B/L No.

Port of Loading
PUSAN KOREA

Port of Discharge
VALPARAISO

Shipment expiring date on L/C

B/L to be issued at

Bill of lading required: original Copy FULL SET

Marks and Numbers	No. & Kind of Pkgs	Description of Goods	Gross Weight	Measurement
C. A. A TUMAN PEDIDO I. D 129 VALPARAISO, CHILE REEL NO. : 1-8 MADE IN KOREA	8 REELS	SAID TO BE 8 REELS OF UNGALV. STEEL WIRE ROPE CIF VALPARAISO L/C NO. : 02-305	8,256 KGS	27,081CBM

Freight & Charges	Revenue tons	Rate Per	Prepaid	Collect
	27,081CBM			

Accepted

2020. 12. 30.

EASTERN SHIPPING CO., LTD

By : ______________________

Please arrange to ship cargoes as described above :

Applicant
Add : (Tel)
Name :

Forwarder at the port of loading
Add : (Tel)
Name :

▮서식 8-2▮ S/O(Shipping Order)

<table>
<tr><td colspan="3">Shipper
KANG NAM TRADING CO., LTD.
SEOUL, KOREA</td><td colspan="3" rowspan="4">No. B-24

Nedlloyd Lines

To Chief Officer,
Please receive on board under-mentioned cargo and sign attached mate's receipt upon completion of loading.</td></tr>
<tr><td colspan="3">Consignee
TO ORDER</td></tr>
<tr><td colspan="3">Notify address
NIRU AMERICAN CORP.
95 MONTGOMERY STREET,
SAN FRANCISCO CA 54420</td></tr>
<tr><td>(Ocean)vessel
"N. KAT" V-58</td><td colspan="2">Port of loading
PUSAN, KOREA</td></tr>
<tr><td>Port of discharge
VALPARAISO,
CHILE</td><td colspan="2">Final port of destination
(if carriage)
CHILE</td><td colspan="2">Freight payable at
SEOUL, KOREA</td><td>Number of original B/L
THREE</td></tr>
<tr><td>Marks & Nos.
C. A. A TUMAN
PEDIDO I. D 129
VALPARAISO,
CHILE
REEL NO. : 1-8
MADE IN KOREA</td><td>Number and kind of packages :
8 REELS</td><td colspan="2">Description of goods
SAID TO BE: 8
REELS OF UNGALV.
STEEL WIRE ROPE
CIF
VALPARAISO

L/C NO. : 02-305</td><td>Gross weight
8,256KGS</td><td>Measurement</td></tr>
<tr><td>Total number
of packages②</td><td colspan="5">(EIGHT REELS ONLY)</td></tr>
<tr><td colspan="3">Please mention whether packed in bags, cases, bales, crates, cartons, etc.
The world packages is not allowed by Customs Authorities at port of destination.
Measurement and weight must be stated for each item separately.
The Company not to be held responsible for cargo shut out.

B/L No.…………Signed by………………
Full set original bills of lading received by ………………………………………

AGENTS COPY</td><td colspan="3"></td></tr>
</table>

▮서식 8-3▮ M/R(Mate's Receipt)

Shipper
KANG NAM TRADING CO., LTD.
SEOUL, KOREA

No.……………

Consignee
TO ORDER

Nedlloyd Lines

Notify address
NIRU AMERICAN CORP.
95 MONTGOMERY STREET,
SAN FRANCISCO CA 54420

Received on board, unless otherwise stated the under-mentioned cargo in apparent good order and condition, subject to the conditions of Company 's bill of lading.

(Ocean) vessel
"N. KAT" V-58

Port of loadings
PUSAN, KOREA

Port of discharge
VALPARAISO,
CHILE

Final port of destination (if carriage)
CHILE

Freight payable at
SEOUL, KOREA

Number of original B/L
THREE

Marks & Nos.	Number and kind of packages :	Description of goods	Gross weight	Measurement
C. A. A TUMAN PEDIDO I. D 129 VALPARAISO, CHILE REEL NO. : 1-8 MADE IN KOREA	8 REELS	SAID TO BE: 8 REELS OF UNGALV. STEEL WIRE ROPE CIF VALPARAISO L/C NO. : 02-305	8,256KGS	

Total number of packages② (EIGHT REELS ONLY)

Please mention whether packed in bags, cases, bales, crates, cartons, etc.
The world packages is not allowed by Customs Authorities at port of destination.
Measurement and weight must be stated for each item separately.
The Company not to be held responsible for cargo shut out.

Stowed in Hold No. TH 3-2 ……………………

Received ………………package(in figures)

(in letters)…………………………………
…………………………………

…………………… ……………………
(Checker) (Chief Officer)

B/L No.…………Signed by………………
Full set original bills of lading received by ……………………………………………

AGENTS COPY

▌서식 8-4▌ L/I(Letter of Indemnity)

Letter of Indemnity

____ 20_____

To The _______ Lines, Ltd.

Dear Sir,

In consideration of your issuing us (me) clean Bills of Lading for the undermentioned goods, for which exceptions have been inserted in the relative Mate's Receipt as indicated below, we (I), the undersigned, hereby undertake and agree to pay, on demand, any claims that may arise on the goods made by the consignee, or by any person to whom the documents are endorsed, and also to indemnify you against all consequences arising therefrom.

We (I) consent to this Letter of Indemnity being disclosed to underwriters on application.

Yours faithfully,

____

The Ship " " Voy. No.	Sailing on
Port of Loading	Port of Discharge
B/L No.	Shippers
Mark & Nos.	
Description of Goods	
Numbers of Packages	
Weight or Measurement	
Exceptions inserted in the M/R	

2) 컨테이너선에 의한 선적절차

컨테이너선에 의한 선적절차는 재래선에 의한 선적절차와 기본적인 구조는 동일하나 컨테이너라는 특수한 포장 용기를 사용하므로 그에 따른 부수적인 서류와 절차가 개입하게 된다.

컨테이너선에 의한 선적절차의 경우는 컨테이너에 가득 적재되어 운송되는 화물인 FCL(Full Container Load) 화물과 컨테이너에 완전히 적재할 수 없는 소량의 화물인 LCL(Less than Container Load) 화물로 나누어 살펴볼 수 있다.

(1) FCL(Full Container Load) 화물의 경우

① 선박수배

CFR이나 CIF 조건의 경우 수출업자가 수출물품의 선적을 위해 선박을 수배하게 된다. 선적 스케줄을 선사 및 대리점을 통해 확인하고 적절한 선박을 수배하게 된다. 선적 스케줄을 확인할 때 선박 입출항일 및 시간, 운송기일(transit time), 직항 또는 환적항 기항 여부, 선박 출항예정시간(ETD : estimated time of departure), 선박 도착예정시간(ETA : estimated time of arrival), CY 화물인 경우 화물수취 마감시간 (closing time)을 확인하여 선박을 수배하게 된다.

② 선복예약 (Booking)

재래선의 선적절차와 동일하게 수출업자(화주)는 선박회사에 S/R을 발송하고 선복을 예약(booking)하게 된다.

③ 공(空)컨테이너(Empty Container) Door Order 요청

화주가 CY Operator(CY 운영업자 ; 선사나 이와 계약관계에 있는 운송회사)에게 수출화물이 있는 화주의 공장이나 창고로 화물을 싣기 위해 필요한 만큼의 공 컨테이너 반입을 요청한다.

이는 대부분 선박회사 컨테이너를 사용하기 때문에 물품을 적입하기 위하여 공 컨테이너가 야적되어 있는 CY에 공 컨테이너 반입을 요청하게 된다.

④ 생산 공장 또는 보세창고로 공 컨테이너 반입

컨테이너 Tractor 기사를 통해 공 컨테이너와 함께 기기수도증(器機受渡證 ; EIR : Equipment Interchange Receipt)과 선사 봉인(船社封印 ; Carrier's Seal)을 전

달받게 된다. 화주는 공 컨테이너 확인 후 EIR 상에 인수 서명 후 Tractor 기사에게 전달하고, Tractor 기사는 공 컨테이너를 반입하고 CY로 돌아가게 된다.

기기수도증은 컨테이너 용기 자체를 화주에게 전달하면서 컨테이너 인수를 증명하는 서류로 사용된다.

⑤ 컨테이너에 화물 적입 및 봉인

수출업자는 반입된 공 컨테이너에 화물을 적입한 후 선사봉인을 하게 된다. 봉인을 하는 이유는 일반적으로 컨테이너 화물의 경우 물품이 적입되어 봉인된 후에는 양륙지에 도착할 때까지 컨테이너가 개장되지 않기 때문에 이동 중 컨테이너의 개폐 상태를 확인할 수 있도록 하기 위해서이다. 봉인의 훼손 여부에 따라 컨테이너 내 화물의 이상 유무를 즉각적으로 확인할 수 있게 된다.

일반적으로는 선사봉인을 하게 되나 불성실한 업체의 경우나 신용장상에 문제가 있는 경우 등 세관에서 당해 수출화물을 직접 조사할 필요가 있는 경우에는 컨테이너에 화물을 적입하는 장소를 세관장으로부터 지정받아 세관원의 파출을 요청하여 그 입회하에 적입하고 세관봉인을 하게 된다.

화물을 컨테이너에 적입하게 될 때 화주가 CLP(Container Load Plan ; 컨테이너내 화물의 적치표)를 작성하게 된다.

CLP는 FCL 화물의 경우 송하인이 작성하고 LCL 화물의 경우 CFS 운영업자가 작성하는 서류이다. 이는 컨테이너내의 화물의 종류, 적입상태 등을 표시하는 서류로 컨테이너에 화물을 반입한 자가 작성하는 서류이다. 즉, FCL화물은 송화인이 컨테이너에 화물을 적입하고, LCL화물의 경우는 CFS 운영업자가 컨테이너에 화물을 적입하여 FCL화물로 만들기 때문에 각각 FCL화물로 만든 당사자가 CLP서류를 작성하게 되는 것이다.

⑥ 컨테이너 Pick-up 요청

컨테이너에 화물적입과 봉인이 완료되면 선적을 위해 CY나 선사에 통보하여 컨테이너 Pick-up을 요청하게 된다.

⑦ 선적지로 컨테이너 운송(내륙운송)

적입된 컨테이너가 Pick-up되어 선적지로 운송된다.

수출 컨테이너화물을 선적항 CY 혹은 터미널로 마감시간(closing time) 전에 반입해야 한다. 특히 미국행 해상화물은 적재 24시간 전 적하목록(manifest)을 제출해야 하기 때문에 기타 행선지 화물보다 마감시간을 앞당겨 운영하고 있다.

⑧ D/R과 CLP 제출

화주의 대리인인 통관업자는 D/R(Dock Receipt ; 부두수취증)과 CLP (Container Load Plan ; 화물의 적치표)를 Terminal Operator에게 제출하게 된다.

⑨ B/L 수령 및 수출대금회수

Terminal Operator에게 제출된 D/R에 화물 수령에 대한 확인서명을 받게 되고 수출업자는 그렇게 서명된 D/R을 선박회사에 제출하고 그와 상환으로 B/L을 발급받게 된다. 수출업자는 B/L과 다른 서류들이 첨부된 화환어음(documentary bills)의 매입(negotiation)을 자신의 거래은행에 요청하여 수출대금을 회수하게 된다.

⑩ 선적완료

CY Operator는 화물과 함께 D/R사본(S/O에 해당됨)과 CLP를 본선선장에게 제출하여 서명을 받아 선적을 완료하게 된다.

※ 이론상 M/R이나 D/R을 화주가 수취한 후 선박회사에 B/L과 교환하게 된다. 그러나 실무상 재래선의 경우 본선에서 선박회사로 M/R을 보내고 컨테이너선의 경우 CY/CFS Operator가 D/R을 CLP, 수출신고필증 등의 타 서류와 Cross-Checking 하고 서명한 후 선박회사에 송부하고 있다. 따라서 재래선이나 컨테이너선 공히 선박회사가 B/L 발급시 화주에게 M/R이나 D/R을 요청하는 일은 없다.

특히 최근에는 선적 과정상의 모든 서류들이 전자화되어 운송회사, 컨테이너터미널, 선박회사, 포워더 등 상호간에 전달되고 있어서 실제 종이서류를 통해 거래가 이루어지는 경우는 거의 없다.

(2) LCL(Less than Container Load) 화물의 경우

LCL 화물의 경우 CFS(Container Freight Station)에 화물 반입 후 통관절차를 필한 다음 Terminal Operator가 Container에 적입하거나 검량 및 통관이 끝난 화물을 CFS에 반입하여 Container에 적입하게 된다. LCL 화물은 CFS에서 동일한 지역으로 가는 비슷한 화물끼리 혼재하여 FCL 화물로 바뀌게 된다. 이 때 CFS 운영업자가 CLP를 작성하게 된다. 그 후 CY로 이동하고 CY 반입이후의 절차는 FCL 화물의 경우와 동일하다.

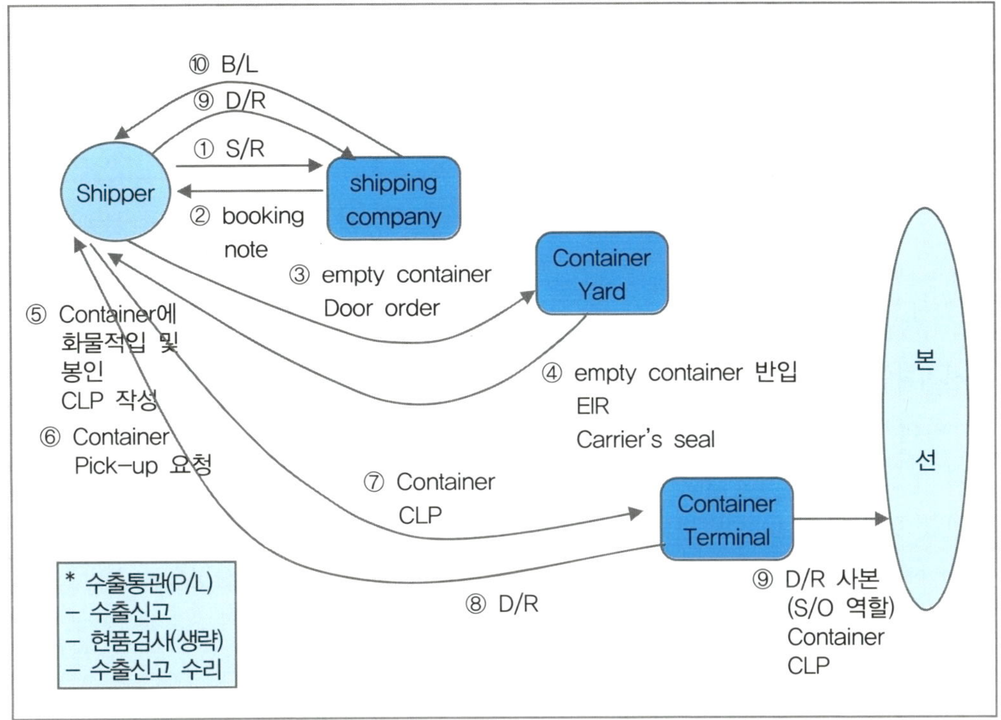

▌그림 8-2▌ 컨테이너선에 의한 선적절차

용어정리 - CLP, D/R

- CLP(Container Load Plan ; 컨테이너내의 화물의 적치표)
  FCL 화물의 경우 송하인이 작성하고 LCL 화물의 경우 CFS 운영업자가 작성하는 서류이다. 이는 컨테이너내의 화물의 종류, 적입상태 등을 표시하는 서류로 컨테이너에 화물을 반입한 자가 작성하는 서류이다. 컨테이너는 한번 봉인되고 나면 양륙지에 도착할 때까지 열리지 않기 때문에 CFS→CY, CY→본선, 양륙지 컨테이너 보세운송 또는 화물의 반출작업시 필요한 서류이다.

- D/R(Dock Receipt ; 부두수취증)
  선박회사가 화물의 수취증으로 발행하는 것으로 재래선의 M/R과 마찬가지로 B/L과 교환된다. 또한 본선용 D/R사본은 본선에 대한 S/O가 된다. 현실적으로 하주의 대리인인 통관업자가 작성하여 선박회사의 확인서명을 받는 방법으로 발행되고 있다.

3. 수입화물의 입수절차

1) 하수(荷受) 준비

(1) 선적확인

수입업자(수하인)는 수출업자에게 선박명, 출항일 등에 대한 선적확인을 하게 된다.

(2) ETA 확인 및 하수준비

선적확인을 한 수입업자는 선박회사(대리점)에 본선의 입항예정일(ETA ; Estimated Time of Arrival)을 확인하고 하수준비를 한다. 화물의 사정, 해상의 기후 조건, 기항지의 부두 및 하역사정 등에 의해 예정일보다 늦는 경우가 있으므로 수시로 입항일을 확인할 필요가 있다. 선박회사의 스케줄표상에는 "Schedules are subject to change with or without notice"라는 문구가 표기되어 있어서 여러 가지 사정으로 선박스케줄이 유동적일 수 있음을 표시하고 있다.

2) 하수, 통관서류의 정비

수입업자는 본선 입항 즉시 화물을 인수할 수 있도록 하수 및 통관에 필요한 서류를 정비해 두어야 한다. 즉, 수입업자는 수출업자가 은행을 통해 송부한 화환어음을 지급 또는 인수함으로써 선적서류를 인수하게 된다.

수하인의 신속한 화물인수준비를 위해 해당 선박 도착 전에 운송인이 수하인에게 도착통지(Arrival Notice)를 하게 된다.

3) 개품운송계약에 있어서의 하수

(1) 선사에 B/L 제출

수입업자는 선적서류 가운데 선하증권(B/L)에 배서하여 선박회사에 제출한다. 이때 운임이 collect(도착지 지급)인 경우 미지급운임을 지급하고 기타 수입업자가 지급해야 할 비용을 청산하게 된다.

(2) D/O 발행

B/L과 상환으로 선박회사(대리점)는 화물인도지시서(Delivery Order ; D/O)를 수입업자에게 발행하게 된다. D/O는 본선선장 또는 화물소재지의 현장책임자에게

D/O를 가지고 있는 자에게 화물을 인도하라는 선박회사의 지시가 담겨 있는 서류이다.

(3) 입항 및 하역

선박이 수입항에 입항하여 입항절차(해무관청에 적하목록, 여객 성명, 출항지의 출항면장, 선박국적증명서 등의 제출)를 끝낸 후 세관원의 감시하에 하역이 이루어진다. 하역은 일괄 양륙과 자가 양륙으로 나눌 수 있다.

① 일괄 양륙(Delivery Ex-Warehouse ; 창고 인도)

선박회사가 지정한 하역업자가 모든 화물을 일단 일괄 양륙하여 보세구역에 일시 장치, 세관의 현품검사를 마쳐 제반 통관절차가 끝나면 수하인은 현물을 하역에 관한 제비용을 지급하고 D/O와 상환으로 인수한다.

② 자가 양륙(Alongside Delivery ; Shipside Delivery ; 本船 引渡)

수하인이 직접 양륙 대리인을 정하고 부선을 수배하여 본선 선측에서 인수하는 방식이다.

40~50톤 이상의 화물에 대해서는 하역이 시작되는 일정시간 전에 선박회사의 허가를 얻어 자가 양륙을 할 수 있다. 자가 양륙의 경우도 일단 보세구역에 반입하여 통관절차를 마쳐야 한다.

(4) 화물인수

수입업자는 화물관리책임자에게 D/O를 제시하고 화물을 인수하게 된다.

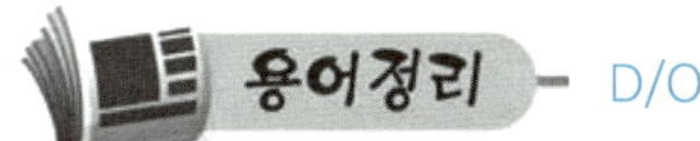

- D/O

• D/O(Delivery Order ; 화물인도지시서)

본선선장 또는 화물소재지의 현장책임자에게 D/O를 가지고 있는 자에게 화물을 인도하라는 선박회사의 지시가 담겨 있는 서류이다. 선박회사가 발행하는 서류로 선적시 본선에 선적을 지시한 S/O가 있다면 수입시에는 양륙된 화물을 인도할 것을 지시한 D/O가 있다.

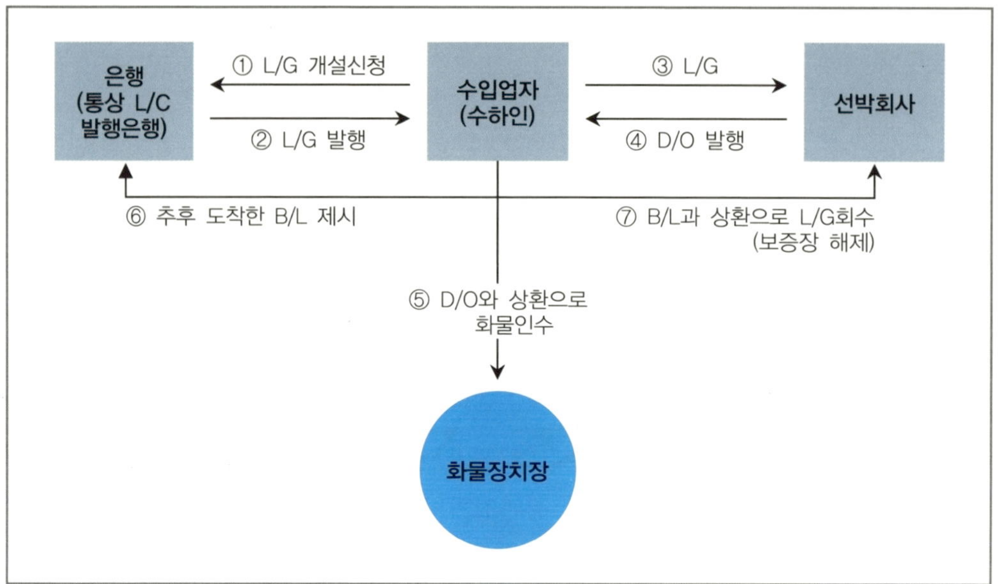

▌그림 8-3▐ L/G 거래 메커니즘

수입화물 선취보증장(L/G ; Letter of Guarantee)

화물이 도착하였음에도 불구하고 선하증권이 도착하지 않았을 경우(인접국가간의 무역으로 항해일수가 비교적 짧은 경우) 수입통관이 지연되어 화물이 변질되거나 상기(商機)를 잃거나 창고료 등의 추가부담이 발생할 우려가 있다. 이와 같은 불편을 해소하기 위해 수입화물선취보증제도(輸入貨物先取保證制度)가 이용된다.

은행과 수입업자가 연대보증한 보증장인 L/G를 선박회사에 제출하여 D/O를 발행받아 하수(荷受)하게 된다(수입업자가 보통 신용장 발행은행에 수입화물선취보증장 개설신청서를 제출하게 되는데 그 내용은 화물, 선적서류에 어떠한 하자에 대해서도 수하인인 개설신청인이 책임지겠다는 약정이 포함되어 있다. 따라서 L/G를 통해 화물을 인수한 다음 선적서류에 이상에 있더라도 일단 대금결제를 하고 나중에 매매계약위반으로 수출업자에게 소송을 제기할 수 있다).

화물을 인수한 다음 선적서류가 도착하면 B/L을 선박회사에 제출하고 그와 상환으로 L/G를 회수하게 된다.

▮서식 8-5▮ Delivery Order(D/O)

THUNDER SHIPPING COMPANY. LTD. AGENTS

CARGO DELIVERY ORDER

D/O NO. 01/123

To : SONG PARK CO., LTD **PORT** OF PUSAN, KOREA **DATE** : FEB. 14, 2020.
AUTHORITY IS HEREBY GRANTED TO RELEASE BELOW-LISTED SHIPMENTS
TO CONSIGNEE AND OR HIS DULY AUTHORIZED AGENTS :

S.S "Emma Maersk" VOY. V-2022 FROM DURBAN, SOUTH AFRICA
(TRANSSHIPMENT CARGO : 1ST CARRIER VOY. FROM)

B/L NO.	Marks	No. & Kind of Pkgs	Description of Goods	Gross Weight	Measurement
TS 7	MBA NO.: 1-10 MADE IN KOREA	10 CTNS	10CTNS OF STEEL WIRE ROPE	8,256 KGS	27.081CBM

SHIPPER : JIN GREAT STEEL CO., LTD
NOTIFY PARTY : WHITESTONE TRADING CO., LTD.
RECEIVED ABOVE CARGO BY
SONG PARK CO., LTD. SEOUL, KOREA Consignee or duly authorized agents

Note : All charges beyond end of ship's tackle INCLUDING STORAGE for account of cargo. Vessel or Agents assume no responsibility for security, delivery of damage to cargo after delivery to receiving agent.

THUNDER SHIPPING CO., LTD. AGENTS

SEOUL	PUSAN	TEAGU
02-556-4567	051-377-2588	053-224-7891
02-556-4568	051-377-2589	053-224-7892

▌서식 8-6▌ 수입화물선취보증신청서

계	대리

수입화물선취보증신청서
(Application For Letter of Guarantee)

① 선박회사명(Shipping Co)		⑥ 신용장(계약서)번호 (Number of Credit)	⑦ L/G번호 (L/G Number)
		⑧ 선하증권번호 (Number of B/L)	
② 송하인(Shipper)		⑨ 선박명 (Vessel Name)	
		⑩ 도착(예정)일 (Arrival Date)	
		⑪ 항해번호 (Voyage No.)	
③ 상업송장금액(Invoice Value)		⑫ 선적항 (Port of Loading)	
		⑬ 도착항 (Port of Discharge)	
④ 화물표시 및 번호 (Nos. & Marks)	⑤ 포장수(Packages)	⑭ 상품명세(Description of Goods)	

본인은 위 신용장등에 의한 관계 선적서류가 귀행에 도착하기 전에 수입화물을 인도받기 위해 수입화물 선취보증을 신청하며 본인이 따로 제출한 수입화물 선취보증서(LETTER OF GUARANTEE)에 귀행이 서명함에 있어 다음 사항에 따를 것을 확약합니다.

1. 귀행이 수입화물 선취보증서에 서명함으로써 발생하는 위험과 책임 및 비용은 모두 본인이 부담하겠습니다.
2. 본인은 귀행의 요청이 있으면 언제든지 위 수입화물을 귀행에 인도하겠습니다.
3. 본인은 위 수입화물에 관한 관계 선적서류를 제3자에게 담보로 제공하지 않았음을 확인하며, 또한 귀행의 서면 동의없이 이를 담보로 제공하지 않겠습니다.
4. 본인은 위 수입화물에 관한 관계 선적서류가 도착할 때에는 신용장 조건과의 불일치 등 어떠한 흠에도 불구하고 이들 서류를 반드시 인수하겠습니다.

년 월 일

신청인 / ㊞

주 소

TEL.

인감대조

앞

▌서식 8-7▐ 수입화물선취보증장

LETTER OF GUARANTEE

Date :

① Shipping Co.		⑥ Number of Credit	⑦ L/G No
		⑧ Number of B/L	
② Shipper		⑨ Vessel Name	
		⑩ Arrival Date	
		⑪ Voyage No.	
③ Invoice Value		⑫ Port of Loading	
		⑬ Port of Discharge	
④ Nos. & Marks	⑤ Packages	⑭ Description of Goods	

In consideration of your granting us delivery of the above mentioned cargo which we declare has been shipped to our consignment, but Bills of Lading of which have not been received, we hereby engage to deliver you the said Bills of Lading as soon as we receive them and we further guarantee to indemnify yourselves and / or the owners of the said vessel against any claims that may be made by other parties on account of the aforesaid cargo, and to pay to you on demand any freight or other charges that may be due here or that may have remained unpaid at the port of shipment in respect to the above-mentioned goods.

In the event of the Bills of Lading for the cargo herein mentioned being hypothecated to any other bank, company, firm or person, we further guarantee to hold you harmless from all consequences what so ever arising therefrom and furthermore undertake to inform you immediately in the event of the Bills of Lading being so hypothecated.

Yours faithfully

____

Party claiming right of delivery

We hereby guarantee to surrender to you the corresponding Bills of Lading. Kindly be advised that this guarantee shall be automatically null and void upon your acknowledging receipt of the corresponding Bills of Lading which are to be endorsed and presented to you by bank for the only purpose of the redemption of this letter of guarantee.

____

Authorized Signature

Bank.

4. 운송서류의 대도(貸渡)

1) 대도의 필요성

기한부신용장(usance L/C)에 의한 수입일 경우는 수입상이 환어음을 인수함으로써 운송서류를 인도받아 수입화물을 처분하여 그 판매대금으로 만기일에 어음을 결제할 수 있으나, 일람불신용장방식(at sight L/C)인 경우는 수입상이 어음대금을 결제하지 않으면 운송서류를 인도받을 수 없다. 따라서 수입상이 은행에 내도한 일람출급 신용장하의 선적서류에 대해 수입대금을 영수할 자금이 없는 경우, 수입상에게 어음대금을 결제하기 전이라도 수입화물을 처분할 수 있도록 하고 향후 그 처분한 대금으로 어음대금을 결제하도록 하는 제도가 필요하다.

이러한 필요성에 따라 생성된 제도가 대도(Trust Receipt ; T/R)제도이다.

2) T/R의 개념

수입상이 은행에 내도한 일람출급 신용장하의 선적서류에 대해 수입대금을 영수할 자금이 없는 경우, 수입상은 발행은행의 금융으로 이를 대체하고 발행은행은 선적서류를 수입상에게 넘겨주는 대가로 물품에 대한 담보권을 갖도록 약정하는 제도이다.

즉, 일람출급어음조건인 경우 발행의뢰인이 발행은행에 대해 수입화물을 대도하여 줄 것을 신청하고, 발행은행은 자기 소유하에 있는 수입화물을 수입상에게 대도하여 그 화물을 적기에 처분하도록 함으로써 그 판매대금으로 수입대금을 결제할 수 있도록 하는 제도이다.

3) T/R의 당사자에 미치는 영향

(1) 수입상

수입상은 일람출급환어음의 결제를 발행은행의 금융을 통해 기한부어음과 동일한 효과를 누릴 수 있다.

수입상은 위탁자(발행은행)의 담보물을 다른 대출의 담보로 사용해서는 안 된다.

수탁자인 수입상은 담보물의 판매대금을 대금지급에만 충당해야 한다.

(2) 발행은행

발행은행측으로 보면 수입대금결제가 지연될 경우 화물자체를 소유하고 있다 하더라도 큰 실익이 없기 때문에 수입상에게 화물을 빨리 인도하고자 할 때 은행은 그 화물에 대한 담보권을 상실하지 않고 수입상에게 화물을 인도할 수 있도록 편의를 제공하게 된다. T/R에 의해 발행은행이 수입상에게 대도할 경우 수입화물의 점유는 발행은행으로부터 수입상으로 이전되지만, 이러한 사실을 알지 못하는 선의의 제3자는 보호된다. 즉 발행은행이 T/R을 내세워 선의의 제3자에게 대항할 수 없기 때문에 은행은 T/R을 취급함에 있어 신중을 기해야 한다.

따라서 이러한 대도행위가 이루어지려면 대도은행은 수탁자의 신용을 정확히 점검하고 수탁자인 수입업자를 전적으로 신뢰하는 경우라야 가능하게 된다. 화물을 인수받은 수입업자는 그 화물을 신속하게 처분하여 대금을 은행에 변제해야 하므로 그 화물을 타인에게 판매할 수 있는 자이어야 하며, 그것을 다시 다른 사람에게 담보로 제공해서는 안 된다.

(3) 선의의 제3자

수입상이 화물을 수령하여 제3자에게 매각하고 만기전에 부도되었을 경우 은행은 선의의 제3자에 대하여 담보권을 행사할 수 없다.

매수인이 대도약정을 위반하여 선하증권을 선의의 소지인에게 매각하더라도 물품에 대한 선의의 소지인의 권리는 항상 은행의 권리에 우선한다.

제2절 국제해상운송

1. 해상운송계약

1) 해상운송계약의 정의

해상운송계약은 해운업을 경영하는 선박운항업자(Operator)와 이에 화물 운송을 의뢰하는 송하인(Shipper)인 수출업자 사이에 맺어지는 화물운송계약을 말한다. 이러한 해상운송계약은 자유계약의 원칙에 따른 무형식계약이다.

해상운송계약은 크게 개품운송계약과 용선운송계약으로 나눌 수 있다. 일반 공산품의 운송에 이용되는 개품운송계약은 별도로 운송계약서가 작성되지 않고 선하증권이 운송계약의 증빙서류로 이용된다. 그에 비해 용선운송계약의 경우는 주로 대량의 1차 산품의 운송에 이용되며 용선자(charterer)와 용선주(shipowner) 사이에 용선운송계약서가 작성되어 발행된다.

2) 해상운송계약의 종류

(1) 개품운송계약(Contract of Affreightment in a General ship)

개품운송계약은 정기선(Liner)에 의해 개개의 화물을 운송하는 계약하에 선박회사가 다수의 화주로부터 화물을 집화(集貨)하여 혼재(混載)해서 운송하는 방식이다.

상법 제791조에서는 "개품운송계약은 운송인이 개개의 물건을 해상에서 선박으로 운송할 것을 인수하고, 송하인이 이에 대하여 운임을 지급하기로 약정함으로써 그 효력이 생긴다."라고 정의하고 있다.

개품운송계약하에서 운송되는 화물은 주로 일반 공산품이다.

(2) 용선운송계약(Charter Party)

용선운송계약은 화주가 선박회사로부터 선복의 일부 또는 전부(part or whole of the ship's space)를 빌려 화물을 운송하는 경우에 체결하는 운송계약이다.

용선운송계약을 통해 주로 운송되는 화물은 곡물, 석탄, 광석, 원목 등 1 lot[2]가 대량인 1차 산품이다.

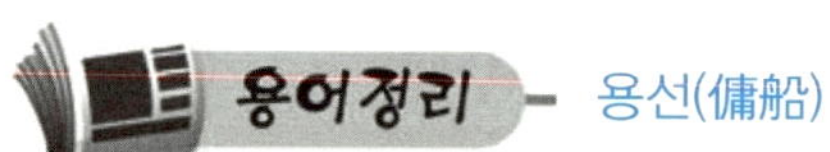

— 용선(傭船)

일반적으로 자동차를 rent하는 개념과는 달리 선박뿐만 아니라 선장, 선원, 선용품 일체를 빌려 사용하는 계약으로 선박을 운영할 수 있도록 고용한다는 의미에서 용선이라 표현하고 있음.

① 정기(기간) 용선계약(Time Charter)

6개월 내지 1년 등과 같이 일정한 기간 동안 선박을 용선하는 경우의 계약으로 일반적으로 선박 전체를 용선하는 전부용선이 된다.

② 항로(항해) 용선계약(Voyage or Trip Charter)

지정된 항구사이의 구간을 운송하기 위해 선박을 용선하는 계약이다. 이 경우는 전부용선 뿐 아니라 선박의 일부만 용선하는 일부용선도 가능한데 이는 같은 시기에 동일한 운송구간을 가진 용선자들이 선박을 나누어 용선할 수도 있기 때문이다.

---

2) 한 번 선적할 때의 물량을 1 lot이라 표현한다.

– 총괄 운임 용선계약(Lumpsum Charter)

항로운송의 일 변형으로서, 항로용선에 있어서 운임은 보통 실제로 적재한 수량에 의해서 계산된다. 그러나 갑항구에서 을항구까지의 계약선복(즉, 계약톤수)에 대하여는 일괄해서 운임을 정하고 실제의 적재수량에는 관계없이 운임을 결정하는 방법의 용선운송계약을 Lumpsum Charter라 한다.

– 일대용선계약(日貸傭船契約 ; Daily Charter)

지정선적항에서 화물을 적재한 날로부터 지정양륙항에서 화물을 인도완료할 때까지 하루당 운임을 결정하여 운임액을 산정하는 방식의 용선운송계약을 Daily Charter라 한다.

③ 나용선(裸傭船) 계약(Bare Boat Charter)

용선자가 직접 선원의 승선수배, 선체보험료, 항만비용, 항해비용, 수선비 등 모든 비용을 부담하는 것으로 선박의 임대차 계약이라 할 수 있다.

▌표 8-2▐ 개품운송계약과 용선운송계약의 비교

구 분	개 품 운 송 계 약	용 선 운 송 계 약
운 송 형 태	불특정다수의 화주로부터 개별적으로 운송요청을 받은 개개 화물 형태로 운송함	특정의 단일화주의 특정 화물을 선적하기 위해 선박의 선복을 빌려주는 형태로 운송함
선 박	정기선(liner)	부정기선(tramper)
화 물	일반공산품	원유, 철광석, 석탄, 곡물 등 1차 산품(산화물 ; bulk cargo)
계 약 서	선하증권(B/L)이 발급됨으로써 최종적으로 확실한 계약서 역할	화주가 직접 여러 가지 조건을 운송인과 협의하여 용선계약서(C/P)를 작성
운 임	Tariff Rate(공표된 운임)	Open Rate(수급관계에 따라 변동)

2. 정기선 운임의 구성

일반적으로 운임은 기본운임(O/Freight ; Ocean Freight), 할증운임(Surcharge)과 추가운임(Additional Charge)으로 구성된다.

정기선 운임 = 기본운임 + 할증운임 + 추가운임

1) 기본운임

기본운임은 운임산정의 기준이 되는 톤인 운임톤(Revenue Ton ; R/T)에 기본운임률(Basic Rate)을 곱하여 산정한다.

선박회사 입장에서 당해 화물의 중량톤이나 용적톤 중에서 유리한 톤을 선택하여 운임 산정의 기준으로 삼게 되는데 이때 중량톤이든 용적톤이든 운임산정의 기준이 되는 톤을 운임톤이라고 한다.

2) 할증운임

(1) 중량할증운임(Heavy Lift Surcharge)

일반화물보다 무거울 경우에 부과하는 할증운임으로, 기관차 등 용적에 비해 중량이 상당히 큰 화물에 부과되는 운임이다.

(2) 용적 및 장척(長尺)할증료(Bulky/Lengthy Surcharge)

부피가 크거나 길이가 길어 다른 화물과 혼재하기 어렵거나 취급하는데 어려움이 있는 화물에 대하여 부과하는 할증운임이다.

(3) 체화(滯貨)할증료(Port Congestion Surcharge)

도착항의 항만사정이 몰려든 선박으로 인해 혼잡할 경우 신속한 하역이 이루어질 수 없다. 이럴 경우 선박의 가동률이 저하되어 선박회사에게 손해가 발생하게 됨으로 이러한 손해를 보전하기 위해 당해 선박에 실린 화주에게 부과시키는 할증 운임이 체화할증료이다.

(4) 통화할증료(CAF ; Currency Adjustment Factor)

운임의 지불통화가치가 하락하여 선박회사가 환차손을 입게 될 경우 이러한 손해를 보전하기 위해 화주에게 부담시키는 할증운임이 통화할증료이다. 통화할증료는 운임의 몇 %로 할증요금을 부과하게 된다.

예를 들어 국내수입업체에게도 US$로 운임을 징수하는 경우 FOB 조건으로 1US$=1,000원일 때 운송계약을 체결하였으나 운임을 지불하는 도착당시 달러가치가 하락하여 1US$= 800원이 될 경우 선사는 그 만큼의 손실을 보전하기 위하여 통화할증료를 화주에게 부과하게 된다.

(5) 유류할증료(BAF ; Bunker Adjustment Factor)

선박 운항 비용 가운데 연료비가 20~30%를 차지하고 있는데 선박의 연료는 벙커유가 사용된다. 이 벙커유의 가격이 상승하게 되면 비용이 증가하여 선사의 이익이 줄어들어 손실을 겪게 되는데 이러한 손실을 보전하기 위해 부과되는 할증운임이 유류할증료이다.

(6) 선택항할증운임(Optional Surcharge)

선적시 목적항을 두 개 이상 정했다가 출항 후 1개항을 선택할 때 부과되는 할증운임이다. 이는 선적시 목적항이 정해져 있지 않기 때문에 효율적인 화물관리가 어렵게 되고 추가적인 비용발생 가능성이 생기기 때문에 부과되는 할증운임이다.

3) 추가운임 또는 부대비용

(1) THC(Terminal Handling Charge ; 터미널 화물처리비)

선적시 컨테이너터미널 입고시점부터 본선의 선측까지, 그리고 양륙시 본선선측에서 CY gate를 통과하기까지 화물의 이동에 수반되는 화물처리비용을 THC라 한다.

국가마다 터미널화물처리비용의 개념과 원가구성요소가 조금씩 다른데 한국, 대만, 홍콩 등 극동지역이나 ASEAN 국가 및 유럽의 경우 THC를 사용하나 일본지역은 아시아 항로에 국한하여 컨테이너 처리비용(CHC ; Container Handling Charge)이라고 하여 부과하고 있다.

한편 미국에서는 목적지 인도비용(DDC ; Destination Delivery Charge)이라 하여 THC에다가 내륙의 일정한 장소까지의 내륙운송비를 합하여 부과하고 있다.

(2) CFS Charge

CFS에서 LCL화물을 FCL화물로 적입(stuffing, vanning)시, FCL화물을 LCL화물로 적출하여 분류시 부과되는 작업비를 CFS Charge라 한다.

(3) Documentation Fee(서류발급비용)

선박회사가 선하증권(B/L)이나 화물인도지시서(D/O) 발급시 소요되는 비용을 보전하기 위하여 부과하는 비용을 Documentation Fee(서류발급비용)라 한다.

(4) Demurrage(滯船料)

화주가 허용된 시간을 초과하여 자신의 컨테이너를 CY에서 반출해가지 않을 경우 선박회사에 지불해야 하는 비용을 말한다. 즉, 수출의 경우 선적지의 CY에서 화물이 적입된 컨테이너를 반입한 후 허용된 시간(free time)[3]이 초과되어도 선적을 위해 컨테이너를 반출하지 않고 그대로 CY에 야적해 둔 경우나 수입의 경우 양륙된 수입화물이 적입된 컨테이너를 CY에서 반출해 가지 않고 그대로 CY에 야적해 두게 하여 선사에게 컨테이너를 사용하지 못하게 함에 따른 일종의 벌과금이 Demurrage이다.

용선운송계약의 경우는 적하 또는 양하일수가 약정된 정박기간을 초과하는 경우 용선자가 선주에게 지불하는 비용이 체선료이다.

(5) Detention Charge(遲滯料)

화주가 허용된 시간 이내에 반출해간 컨테이너나 트레일러를 지정된 선사의 CY로 반환하지 않을 경우 지불하는 비용을 말한다. 즉, 수출의 경우 화주가 화물을 컨테이너에 적입하기 위해서 자신의 창고나 공장으로 반입요청하여 반입된 공컨테이너에 화물을 적입하여 선적을 위해 CY로 반출하지 않고 야적해 둔 경우나 수입의 경우 수입화물을 적입한 컨테이너를 자신의 창고나 공장에서 적출한 후 공컨테이너를 다시 CY로 허용된 기간내에 되돌려주어야 하나 수입화물이 적입된 상태로 컨테이너를 야적해두고 돌려주지 않아서 선사 컨테이너의 이용을 저해함에 따라 부과하는 일종의 벌과금이 Detention charge이다.

(6) Wharfage(부두사용료)

부두운영업자 또는 부두소유자가 부두의 사용료로서 부두의 유지, 개조를 위하여 사용자로부터 징수하는 것을 말한다. 한국의 경우 “무역항 등의 항만시설 사용 및 사용료에 관한 규정(해양수산부고시 제2016-227호, 2016.12.30., 일부개정)”에 따라 항만시설사용료 중 하나로 화물입출항료를 보통 선사나 하역회사가 하주로부터 받아 항만관리청(지방해양수산청장 또는 특별시장 · 광역시장 · 도지사 · 특별자치도지사)에게 대납한다.

---

3) Free time - FCL 화물의 경우 화주의 화물이 적입된 컨테이너가 CY에서 반출해 나가지 전까지 무상으로 장치해 있을 수 있는 기간으로 통상 10일 정도의 장치기간이 허용된다.
FCL 화물의 경우 선박회사 컨테이너를 차용해서 사용하는 것으로 통상 CY에서 반출해 가기 전 10일 정도의 장치기간을 허용하며 이 기간이 지나면 선사는 화주에게 체선료(demurrage)를 부과하게 된다.
또한 이와는 관계없이 CY에서 청구하는 Storage charge가 별도로 발생할 수 있다.

(7) Outport Arbitrary(외항추가운임)

선박이 기항하는 항구(Base Port) 이외의 지역행 화물에 적용되는 운임을 말한다.

3. 해상운송서류

1) 선하증권의 개념과 기능

해상운송서류는 수출화물의 선적 및 선적과 관련된 여러 가지 사실을 증명하는 선하증권 등 운송인이 화주에게 제공하는 해상운송에 대한 사항이 기재되어 발행되는 서류이다.

해상운송서류에서 가장 일반적인 것이 선하증권(Bills of Lading ; B/L)이다. 이는 화주와 운송인 사이의 운송계약 내용이 기재되어 있으며 운송인이 화주로부터 화물을 수령한 수령증이며 화물과 동일한 효과를 발생시키는 유가증권이다.

따라서 선하증권은 권리증권, 운송계약의 증거서류, 그리고 화물수령증으로의 기능을 갖고 있다.

(1) 권리증권(document of title)

선하증권 자체가 화물 그 자체를 상징하는 권리증권이다. 여기서 권리증권이란 정당한 방법으로 선하증권을 소지한 자는 화물을 청구할 수 있는 청구권과 이를 처분할 수 있는 처분권을 갖는다는 것을 의미한다.

(2) 운송계약의 증빙(an evidence of contract of carriage)

개품운송계약의 경우 따로 운송계약을 체결하는 것이 아니라 B/L이 유일한 운송계약의 증빙서류로서 역할을 하게 된다. 선하증권에는 송화인, 운송인, 화물에 대한 명세, 운임 등 운송계약의 내용이 전면에 그리고 이면에는 운송인의 책임과 면책 등의 약관이 기재되어 있어서 B/L은 운송계약의 증거서류로서 역할하게 된다.

(3) 화물영수증(a receipt for the goods shipped)

선하증권은 운송인이 송하인으로부터 화물을 수령하였다는 추정적 증거(prima facie evidence)로서 역할을 한다. 선하증권의 표면약관에 일반적으로 "Received by the Carrier from the Shipper in apparent good order and condition…" 등의 표현을 통해 화물을 수령했음을 표시하고 있다.

2) 선하증권의 법정기재 사항

선하증권은 요식증권으로 법에서 정한 기재사항이 있다. Hague Rule, Hamburg Rule 그리고 한국 상법에 각각 선하증권의 기재사항이 규정되어 있다. 그 내용이 정확히 일치하지 않지만 일반적으로 선하증권은 다음 사항이 기재되어 발행되어야 한다.

참고 일반적인 선하증권의 법정 기재사항

- 선박에 대한 명세, 화물에 대한 명세, 송하인, 수하인, 선적항, 양륙항, 운임, 선하증권의 작성지와 작성일자, 선화증권의 발행통수, 운송인의 기명날인

3) 선하증권의 종류

(1) 선적 여부에 따른 분류

① Shipped B/L과 Received B/L

선하증권면에 "shipped on board vessel", "loaded on board vessel", "shipped on board the ship…" 등 화물이 실제로 특정 선박에 적재되었다는 취지가 기재된 것으로 선적 후 발행하는 선하증권을 Shipped B/L(선적 선하증권)이라 한다.

한편 Received B/L(수취 선하증권)은 선적 전에 화물이 선박회사가 지정한 장소에서 운송인에게 인도되어 있는 경우 화주의 의뢰에 따라 발행되는 B/L로 "received for shipment"라고 기재된다.

그러나 신용장에 선적선하증권을 대부분 요구하므로 수취선하증권이 발행된 경우도 선적 후 그 사실과 적재 연월일을 기입, 서명하면(on board notation) 선적선하증권이 된다.

복합운송이 보편화된 오늘날 "shipped on board" 개념보다는 "taking in charge"의 개념이 더욱 중요하기 때문에 수취선하증권을 인정하지 않을 수 없다.

(2) 수하인 표시 유무에 따른 분류

① Straight B/L

Straight B/L(기명식(記名式) 선하증권)은 B/L의 수하인(consignee)란에 특정인

을 기입한 것으로 일반적이지 않다. 왜냐하면 특정인을 수하인으로 했을 경우 특정한 수하인에게만 화물의 수취권이 부여되어 양도불능(Non-negotiable)이 되므로 유통증권인 선하증권의 성질을 저해하게 된다.

그러나 항공화물 운송장(air waybill), 해상화물운송장(sea waybill)의 경우는 기명식으로 발행된다.

② Order B/L

Order B/L(지시식 선하증권)은 수하인란에 특정인을 기입하지 않고 단순히 "To order"(order) 또는 "To order of shipper", "To order of xxx bank"와 같이 "To order"가 포함된 내용으로 기재되어 발행되는 선하증권을 말한다. Order B/L의 경우 order 즉, 지시는 배서(背書 ; endorsement)를 통해 이루어지며 이를 통해 선하증권이 유통되게 된다.

일반적으로 송하인은 화환취결시 B/L에 백지배서를 하여 은행에 인도함으로써 운송화물의 소유권이 은행으로 이전된다. 즉, 수출업자는 이면에 백지배서만 하면 이 증권의 소지자가 그 화물에 대한 소유권을 갖게 된다.

지시의 문구에는 다음과 같은 것이 있을 수 있다.

- 단순 지시인식 : To order
- 송하인의 지시인식 : To order of shipper
- 신용장발행은행의 지시인식 : To order of the L/C issuing bank
- 매입은행의 지시인식 : To order of the negotiating bank
- 추심은행의 지시인식 : To order of the collecting bank
- 송하인의 대리인의 지시인식 : To order of the agent of the shipper
- 매수인의 지시인식 : To order of the buyer

③ Bearer B/L

Bearer B/L(소지인식 선하증권)은 수하인란에 "Bearer" 또는 "To Bearer"로 기재되어 발행되는 선하증권을 말한다. Barer B/L의 경우 선하증권을 소지하고 있으면 누구라도 수하인이 될 수 있다. 그리고 당해 선하증권은 단순히 선하증권을 타인에게 교부함으로 선하증권의 양도가 이루어진다.

④ 무기명식 B/L

수하인란을 공란(blank)으로 비워둔 채 발행될 경우의 선하증권을 무기명식 선하증권이라고 한다. 무기명식 선하증권은 소지인식 선하증권과 동일하게 취급된다.

참고 선하증권의 배서형식

배서(背書 ; endorsement)는 유통증권의 소지인이 그가 가지고 있는 증권상의 권리를 타인에게 이전할 목적으로 통상 그 증권의 배면에 서명하고 피배서인에게 이것을 교부하는 것을 말한다.

일반적으로 선하증권은 배서를 통해 양도된다. 이때 선하증권의 양도인은 배서인(endorser)이고 양수인은 피배서인(endorsee)이 된다.

따라서 배서인이 배서를 할 때 피배서인을 표시하는 방법에 따라 아래 4가지로 나눌 수 있다.

① 기명식 배서 : 피배서인의 이름을 명기하고 배서인이 서명하는 방법

② 지시식 배서 : 피배서인으로 "Order of A" 또는 "A or Order"로 하며 배서인이 서명하는 방법

③ 백지식 배서(blank endorsement) : 피배서인에 대하여는 아무것도 기재하지 않고 배서인만이 서명하는 방법

④ 소지인식 배서 : 증권의 이면에 배서를 요하지 않고 단순히 증권의 인도만으로 이전효과가 발생하는 경우

※ 현재 실무에서는 지시식으로 발행하고 백지배서를 통해 양도하는 방법이 가장 많이 이용된다.

(3) 하자 여부에 따른 분류

① Clean B/L

Clean B/L(무고장부 선하증권)은 선박회사가 인수한 물품이 물품명세 또는 수량 및 포장에 하자가 없는 경우 발행되는 증권으로 은행에서 수리가 가능하다. UCP 600 제27조에서 "무고장 운송서류는 물품 또는 그 포장에 하자 있는 상태를 명시적으로 표시하는 조항 또는 단서를 기재하고 있지 않는 서류"라고 정의하고 있다.

컨테이너 화물의 경우는 수출상 자신의 창고나 공장에서 컨테이너에 직접 화물을 적입하고 난 후 봉인한 상태로 선적되므로 선박회사가 당해 컨테이너 내의 화물의 하자여부를 확인할 수 없다. 따라서 이 같은 경우에는 증권상에는 'Shipper's load and count' 또는 'said by shipper to contain'이라는 부지약관(不知約款 ; Unknown

Clause)을 명시하여 선박회사의 당해 컨테이너 적재화물의 수량 등에 대한 확인 책임을 회피하고 있다.

② Foul B/L

Foul B/L(고장부 선하증권)은 선적된 화물의 포장, 수량 기타의 사항에 대해서 불완전한 것이 있어 그런 표현이 B/L면에 기재되어 발행된 선하증권을 말한다.

Foul B/L은 UCP 600 제27조에서 "은행은 무고장 운송서류(clean transport document)만을 수리한다"라고 규정하고 있어 Foul B/L은 은행에서 수리가 불가능한 운송서류이다.

따라서 수출업자가 Foul B/L을 발급받게 된 경우 은행화환취결을 위해 선박회사에 L/I(Letter of Indemnity ; 파손화물보상장)을 제공하고 선박회사로부터 무고장부 선하증권(Clean B/L)을 교부받아야 한다. 수출업자가 선박회사에 제공하는 L/I에는 차후에 파손화물에 대해 문제가 제기될 시에 L/I에 근거하여 선박회사에 보상 등의 책임을 질 것을 약속하고 있다. 이러한 약속을 담고 있는 L/I를 근거로 선박회사는 Foul B/L을 Clean B/L로 교환해 주게 된다. 한편 수입상에게도 당해 사항을 통보하고 차후 추가선적이나 가격공제 또는 할인 등으로 양해를 구해야 한다. 또한 수출업자가 당해 물품에 대해 보험을 부보하였을 경우 보험목적물의 위험이 변경되었으므로 수출업자는 이를 보험회사에 통지해야 하며 이를 통지하지 않으면 추후 보험사고 발생시 통지의무 위반으로 보상을 받지 못할 수 있다.

참고 선하증권을 "고장부"로 만드는 부가조항

- Contents leaking / • Packaging soiled by contents
- Packaging broken/holed/torn/damaged / • Goods damaged/scratched
- Good chafed/torn/deformed / • Packaging badly dented
- packaging damaged-contents exposed / • Insufficient packaging

(4) 증권양식에 따른 분류

① Long form B/L

Long form B/L(정식 선하증권)은 선하증권에 필요기재사항과 운송약관이 모두 기재되어 발행되는 선하증권을 말한다. 대부분의 선하증권이 여기에 해당된다.

② Short form B/L

Short form B/L(약식 선하증권)은 선하증권의 필요기재사항은 모두 기재되어 있으나 운송의 일반조건 전 조문을 기재하지 않고 그들 조건 중에서 중요한 조건만 발췌한 형식으로 발행하는 선하증권을 말한다. 그러나 적화에 관한 전 운송약관이 운송계약서에서는 적용되고 그 조문은 요구가 있으면 즉시 입수할 수 있다는 취지를 표시한 특별한 단서가 들어 있어 선하증권에 적용되는 모든 필요조건을 충족시키고 있다.

(5) 발행인에 따른 분류

① Master B/L

실제로 화물을 운송하는 선박회사(Carrier)가 발행하는 가장 일반적인 선하증권이다.

② Forwarder B/L

운송주선인(Forwarder)은 선적에 관하여 송하인과 선박회사 사이에 운송취급인처럼 여러 가지 편의를 제공하거나 또는 소량화물을 취급하여 선박회사에 대하여 하나의 화물로, 즉 FCL로 만들어 운송비를 저렴하게 하는 업무를 제공하는 자이다. 이때 Forwarder는 스스로 선하증권을 발행하는데 이때의 B/L을 Forwarder B/L(운송주선인 발행의 선하증권)이라 한다. Forwarder는 자체 운송수단을 소유하지 않고 조직망만 가지고 운송 업무를 담당하고 있으므로 이들이 취급하는 운송서류에는 본선적재의 확인이 어렵고 또한 이들의 자산규모가 영세하기 때문에 사고발생시 발행은행이나 수입상이 구상권을 행사하는데 지장을 받게 되므로 일반적으로 은행은 Forwarder B/L의 수리를 거절한다.

UCP 500 제30조 운송주선인 운송서류(Transport Documents Issued by Freight Forwarders)에서 은행이 수리가능한 운송주선인 선하증권의 조건을 명시하였으나[4] UCP 600에서는 이 규정이 삭제되었다. 이는 대부분의 운송주선인이 운송주선인으로서가 아니라 운송인의 대리인의 자격으로서 UCP의 요건을 충족하는 해상, 항공 및 복합운송서류를 발행하고 있다는 현실을 적극 반영한 것이다.

---

4) UCP 500 제30조 i) 운송인 또는 복합운송인으로서의 운송주선인의 명칭이 표시되어 있고 운송인 또는 복합운송인인 운송주선인이 서명하거나 달리 인증하는 것, 또는 ii) 운송인 또는 복합운송인의 명칭이 표시되어 있고 그러한 운송인 또는 복합운송인의 지정 대리인의 자격으로 운송주선인이 서명하거나 달리 인증하는 것

따라서 단순히 운송주선인이 발행한 Forward B/L이라고 은행에서 수리되거나 거절되는 것이 아니라 적어도 두 가지 다른 운송방식을 표시하는 운송서류(제19조), 선하증권(제20조), 항공운송서류(제23조) 등 UCP 600에서 규정하고 있는 운송서류 관련 요건에 합치하여 제시될 때 수리가능하게 된다.

③ Groupage B/L

개별 화주가 자신의 LCL 화물을 그대로 선박회사에 맡기기 보다는 동일 목적지의 다른 개별 화주들의 화물과 결합하여 하나의 Group으로 만들어 선박회사에 맡길 경우 포장비 및 운송비가 절감되어 보다 경제적이 된다.

이러한 작업을 운송주선인(freight forwarder)이 행하여 선박회사에 화물을 맡길 경우 선박회사가 운송주선인에게 당해 화물에 대해 발행하는 선하증권이 Groupage B/L (집단 선하증권)이다. 이때 운송주선인은 개별 LCL 화주에게 House B/L을 발급하게 된다.

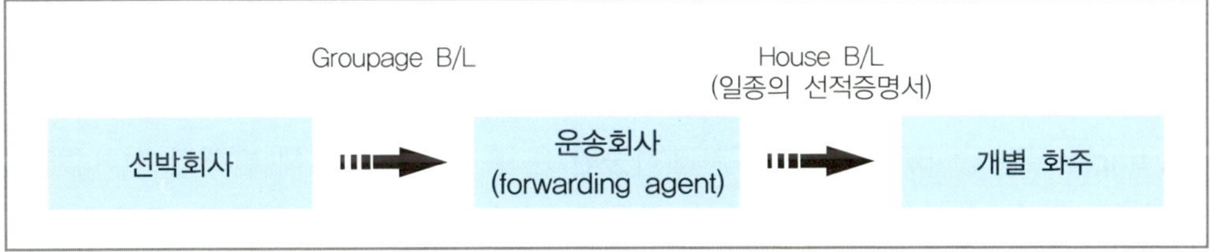

(6) 유통가능성에 따른 분류

① Negotiable B/L과 Non-negotiable B/L

Negotiable B/L(유통가능선하증권)은 선하증권을 타인에게 양도하여 유통할 수 있는 선하증권을 말한다. 선하증권은 권리증권이므로 이 권리를 표창하는 선하증권을 타인에게 양도하여 유통할 수 있느냐는 당해 화물의 전매가능성과도 연결된다.

유통가능여부는 누구를 화물의 수하인으로 발행하느냐가 중요한 문제이다. 구체적으로는 선하증권 상의 수하인(Consignee)란에 특정인을 기명하지 않고 to order 또는 to order of shipper로 표시하는 지시식 선하증권이나 소지인식 또는 무기명식 선하증권의 경우에는 Negotiable B/L(유통가능선하증권)이 되고 수하인 란에 특정인을 표시하는 기명식 선하증권(Straight B/L)의 경우에는 Non- negotiable B/L (비유통성선하증권)이 된다.

(7) 기타 선하증권

① Ocean B/L과 Local B/L

Ocean B/L(해양선하증권)은 국제 해상운송의 경우에 발행되는 B/L이고 Local B/L(내국선하증권)은 국내해상운송의 경우에 발행되는 B/L을 말한다. 국제운송에 사용되는 B/L은 Ocean B/L이다.

② Optional B/L

선적시 양륙항을 어떤 하나의 항구로 확정하지 못한 채 선적하여 본선의 기항순으로 수개의 항구를 기입하여 어느 한 항구를 그 도착 전에 정하는 것을 Optional shipment라 한다.

이러한 화물을 optional cargo라고 하고 이러한 화물에 대해서는 할증된 운임인 optional charge가 부과된다. 이 같이 선하증권에 양륙항이 특정되지 않고 당해 선박이 기항하는 순으로 여러 개의 양륙항을 기재하여 발행한 선하증권을 optional B/L(선택식 선하증권)이라고 한다.

③ Charter Party B/L

Charter Party B/L(용선계약부 선하증권)은 용선계약에 의해 발행된 선하증권을 말한다. 용선계약서의 조건에 따라 화물의 선적이 완료되면 화주의 요청에 따라 B/L이 발행된다.

은행은 신용장이 용선계약부 선하증권을 요구하거나 허용하는 경우에는 그 명칭에 관계없이 UCP 600(Revised 2007) 제22조[5]의 규정에 있는 요건을 충족하는 한 용선계약부 선하증권을 수리한다고 규정하고 있다.

---

5) UCP 600 제22조(Charter Party Bill of Lading)에서 규정하고 있는 용선계약부 선하증권의 수리조건은 다음과 같다.
용선계약에 따른다는 표시를 포함하고 있는 선하증권(용선계약부 선하증권)은 그 명칭에 관계없이
i) 선장 또는 선장을 대리하는 지정대리인, 또는 선주 또는 선주를 대리하는 지정대리인, 또는 용선자 또는 용선자를 대리하는 지정대리인에 의하여 서명되어 있는 것, ii) 사전 인쇄된 문언, 또는 물품이 본선 선적된 일자를 표시하고 있는 본선적재표시를 통해 물품이 신용장에 명기된 적재항에서 지정선박에 본선 선적되었음을 표시하고 있는 것, iii) 신용장에 명기된 적재항으로부터 양륙항까지의 선적을 표시하고 있는 것(양륙항은 신용장에 명기된 대로 항구의 구역 또는 지리적 지역으로 표시될 수 있음), iv) 단일의 용선계약부 선하증권 원본 또는 2통 이상의 원본으로 발행된 경우에는 용선계약부 선하증권상에 표시된 대로 전통으로 제시될 것 등의 조건을 만족시켜야 한다.

④ Red B/L

선하증권과 보험증권을 결합시킨 것으로서 이 증권에 기재된 화물이 항해 중에 사고가 발생하면 이 사고에 대해서 선박회사가 보상해 주는 선하증권을 Red B/L(적색선하증권)이라 한다. 즉, 선하증권면에 보험부보의 내용이 포함된 형태로 발행되는 것으로 선박회사가 보험회사에 보험을 부보하고 그 내용을 선하증권면에 기재함으로써 보험사고 발생시 선박회사가 보상하도록 하는 것으로 화주가 따로 보험회사에 부보할 필요가 없다.

선박회사는 보험회사에 모든 Red B/L 발행분에 대해서 일괄하여 부보하게 되고, 궁극적으로 손해부담은 보험회사가 진다. 보험료만큼 운임을 추가시킴으로 보험료는 결국 송하인이 부담하게 되는 형태이다.

⑤ Stale B/L

선하증권의 제시 시기가 필요이상으로 지연되었을 때 그러한 지연된 선하증권을 Stale B/L이라 한다.

UCP 600 제14조 c항에 의하면 "제19조에서 제25조에 따른 하나 또는 그 이상의 운송서류의 원본은 이 규칙에 기술된 대로 선적일 이후 21일보다 늦지 않게 수익자에 의하여 또는 그 대리인에 의해 제시되어야 한다."라고 규정하고 있어 Stale B/L은 은행에서 수리하지 않는다.

⑥ Surrender B/L

Surrender B/L은 B/L의 한 종류를 지칭하는 것이 아니고, 송하인에게 발행된 Negotiable B/L을 송하인이 배서하여 운송인에게 반환(제출=Surrender)함으로써, B/L의 유통성(Negotiable)이 소멸된 모든 B/L을 지칭한다.

일반적으로 B/L을 Surrender함은 선적지의 송하인이 발행된 원본 B/L을 양하지의 수하인에게 송부하지 않고, 운송인에게 제출함으로써 수하인이 양하지에서 원본 B/L 없이 화물을 찾을 수 있도록 하는 것이다.

Surrender B/L은 화물에 대한 주인의 권리를 포기한다는 의미로, B/L상에 Surrender라는 문구가 찍혀지고 이런 B/L은 유통성이 없으며 은행 매입용으로도 사용할 수 없게 된다. 따라서 Surrender B/L은 사전송금방식의 거래 또는 본지사간 거래에 사용된다.

⑦ Through B/L

Through B/L은 선박, 철도, 자동차, 항공기 등의 각기 다른 운송수단을 통해 상호간의 원활한 운송을 위해서 발행되는 복합운송증권을 포함한 넓은 의미로 사용되는 경우가 많다. 그러나 일반적으로는 해상운송의 경우 환적이 이루어져 각 운송수단별로 운송증명서가 발급되기 때문에 수통의 운송서류가 있어야 하는 것이 원칙이나 이렇게 할 경우 수출상이 선적서류를 약속한 선적기일 내에 구비하는 것이 불가능하고 여러 가지 불편한 문제가 발생한다. 이러한 문제점을 개선하기 위하여 환적이 불가피한 경우 최초로 운송 담당자가 전 항로를 커버할 수 있도록 발급한 단일 B/L을 Through B/L(通 선하증권)이라 한다. 컨테이너운송 및 Forwarder's B/L에 그 예가 많다.

반면 적출항에서 목적항까지 적재본선이 환적없이 직항하는 경우에 발행되는 B/L은 Direct B/L이라 하여 Through B/L과 대비된다.

⑧ Transshipment B/L

Transshipment B/L(환적 선하증권)은 화물을 운송도중 중도에서 다른 선박에 환적하여 목적지까지 운송하는 환적을 증권면에 기재한 선하증권을 말한다. 각 구간마다 운송인이 연서하여 공동으로 운송책임을 진다.

운송경로의 표시에 있어 도중의 환적은 화물의 손상을 초래케 하고 지연도착의 원인이 될 뿐만 아니라 환적비용이 발생할 우려가 있기 때문에 신용장 면에 "Transshipment is Prohibited"라는 문언을 기재하여 환적을 금지하고 있다.

신용장통일규칙(UCP 600)에서는 환적과 관련해서 각 운송서류별로 규정되어 있으며 여기서는 대표적으로 제20조 선하증권(Bill of Lading)에서 규정하고 있는 환적과 관련한 내용을 살펴보면 다음과 같다.

첫째, 선하증권은 물품이 환적될 것이라거나 또는 될 수 있다고 표시할 수 있으며 다만, 전 운송이 동일한 선하증권에 의해 커버되어야 한다.

둘째, 선하증권이 환적을 금지하고 있는 경우에도 물품이 선하증권에 의하여 입증된 대로 컨테이너, 트레일러 또는 라쉬선에 선적된 경우에는 환적이 행해질 것이라거나 또는 행해질 수 있다고 표시하고 있는 선하증권을 수리될 수 있다.

셋째, 운송인이 환적할 권리를 유보한다고 명기하고 있는 선하증권상의 조항은 무시하도록 하고 있다.

⑨ Third Party B/L or Neutral B/L

B/L상의 송하인(선적인)은 L/C상의 수익자인 것이 보통이나 수익자이외의 제 3자가 선적인인 경우가 있다. 이와 같이 선적인이 수익자이외의 제 3자인 경우의 B/L을 Third Party B/L(제 3자 선하증권)이라고 한다. 즉, 운송계약의 주체인 Shipper와 L/C상의 Beneficiary가 다른 B/L을 Third party B/L 이라고 한다.

Third Party B/L은 물품이 제3자에게 전매되는 과정에서 신용장발행의뢰인이 수익자의 성명을 제3자에게 비밀로 하고 싶을 때 이용되는 B/L로서 B/L면의 송하인이 수익자가 아닌 제3자로 기재된다. 또는 완제품의 국내구매를 위해 Local L/C가 개설된 L/C에서 공급자가 직접 선적하거나 양도신용장(Transfer L/C)에서는 Master L/C상의 수익자 명의가 B/L상의 송하인란에 기재되지 않고 직접 선적을 담당한 공급자 또한 양수인의 명의가 기재된다.

⑩ Switch B/L

Switch B/L은 "switch"라는 문언이 기재된 선하증권으로 물품을 선적하고 선적항에서 발행된 선하증권이 목적항 이외의 제3의 장소에서 송하인, 수하인, 통지처 등의 사항을 변경하여 다시 발행된 선하증권을 말한다. 대부분 중계무역의 경우 최초 수출상과 최종 수입상을 서로 모르게 할 필요성 등에 의하여 요청되거나, 제3국가들 사이의 무역의 증가에 따라 신용장을 포함한 무역서류들에 의하여 요구된 조건을 충족시키기 위하여 적재항 및 양륙항 이외의 고객이 원하는 제3의 장소에서 원본 선하증권을 스위치할 것을 요구하고 있으며 이것은 꾸준한 증가 추세에 있다.

4) 해상화물운송장(Seaway bill)

선하증권의 대안으로 1970년대 후반부터 도입되기 시작한 해상화물운송장은 해상운송인이 운송품의 수취를 증명하고 운송인수조건을 알기 위한 목적으로 송하인에게 발행하는 서류로 유가증권이 아니고 기명식으로 발행되기 때문에 비유통성의 운송서류이다.

송하인과 운송인 사이에 성립된 운송계약의 증거서류이고 화물의 수령증의 역할은 하고 있지만 선하증권과 같이 물품의 청구권과 처분권을 가진 권리증권의 역할은 하지 않는다.

▮서식 8-8▮ BILL OF LADING

① Shipper/Exporter SELLYPORTS CO., LTD BUSAN, KOREA	⑬ B/L No. PCSLBOL103960122
② Consignee To order of shipper	**LOIDYS CONTAINER SERVICE** **HYUNDAI SHIPPING CO., LTD**
③ Notify Party SAKURA TRADING CO., LTD. BUNKAKU OSAKA, JAPAN	

④ Pre-carriage by	⑧ Place of Receipt BUSAN CY

Received by the Carrier from the Shipper in apparent good order and condition unless otherwise indicated herein, the Goods or the container(s) or package(s) said to contain the cargo herein mentioned, to be carried subject to all terms and conditions appearing on the face and back of this Bill of Lading by the vessel named herein or any substitute at the Carrier's option and/or other means of transport from the place of receipt or the port of loading to the port of discharge or the place of delivery shown herein and there to be delivered unto order or assigns. If required by the Carrier, this Bill of Lading duly endorsed must be surrendered in exchange for the Goods or delivery order.

In accepting this bill of Lading, the Merchant (as defined by Article 1 on the back hereof) agrees to be bound by all the stipulations, exceptions, terms and conditions on the face and back hereof, whether written, typed, stamped or printed, as fully as if signed by the Merchant, any local custom or privilege to the contrary notwithstanding, and agrees that all agreements or freight engagements for and in connection with the carriage of the Goods are superseded by this Bill of Lading.

⑤ Ocean Vessel MINT QUICK	⑥ Voyage No 602E	⑦Flag KOREA	⑨Place of Delivery OSAKA JAPAN CY
⑩Port of Loading BUSAN, KOREA	⑪ Port of Discharge OSAKA JAPAN	⑫ Final Destination	

⑭ Container No.	⑮ Seal No. Marks & Nos.	⑯ No. of Containers or Pkgs	⑰ Description of Goods	⑱ Gross Weight	⑲ Measurement
HALU2441198/279861 HALU2451198/279862 HALU2461198/279863		1,500 PRS 66.00CBM	SHIPPERS' LOAD AND COUNT	51,000.00Kgs	
<SAKURA> OSAKA C/T NO : 1-30 MAKE IN KOREA HANDLE WITH CARE		FREIGHT COLLECT	SAID TO CONTAIN; GOLF GLOVES MODEL NO. KL190, KL300		

⑳ Tatal Number of Containers or Packages(in words) SAY : THREE (3) CNTRS ONLY.

21. Freight & Charges	22. Revenue Tons	23. Rate	24. Per	25. Prepaid	26. Collect
O/Freight	66.00 CBM	24.75			USD 1,633.50
C.A.F.	25.30 (%)	480.60			UDS 124.59
C.F.S.	66.00 CBM	4,500		WON 297,000	
C.F.S.	66.00 CBM	3,800.00			JPY 250,000
C.H.C.	66.00 CBM	3,500		WON 231,000	
C.H.C.	66.00 CBM	600.00			JPY 39,600
				USD TOTAL	1,764.09

27. Freight Prepaid at BUSAN, KOREA	29. Freight Payable at	31. Place of Issue PUSAN, KOREA
28. Total Prepaid	30. No. of Original B/L THREE(3)	32. Date of Issue DEC. 12, 2020.

Laden on Board the Vessel 33. Date DEC. 12, 2020. 34. By	35. HYUNDAI SHIPPING CO., LTD.

제3절 국제항공운송

1. 국제항공운송의 개념

국제항공운송(international air transportation)은 항공기의 항복(航腹 ; plane's space)에 승객, 우편 및 화물을 탑재하고 한 국가의 국제공항(air port)에서 공로(air route)로 다른 나라의 국제공항까지 운송하는 운송시스템을 의미한다. 국제항공운송은 오늘날 국제무역에 있어서 중요한 수송수단의 역할을 담당하고 있으며 상업적인 수송수단으로서의 위치를 차지하고 있다.

국제화물운송은 해상이나 육상운송이 주류를 이루고 있지만 항공산업의 발전과 화물전세기의 등장, 상품의 고부가가치화 및 소형화, 국제분업의 가속화를 통한 운송수요의 증가, 그리고 세계무역의 긴밀화 등으로 인해 신속하고 안전한 항공운송의 비중이 점차 증가되고 있다.

2. 국내 항공운송의 발달 현황

〈표 8-3〉에서 보는 바와 같이 1990년에는 해상과 항공운송의 비중이 수출금액측면에서 각각 82.2%와 15.9%였으나 2000년에는 선박을 이용한 해상운송이 약 70%, 항공운송은 약 30%를 차지하여 10여 년 만에 항공운송의 비중이 2배 정도 증가한 것을 확인할 수 있다.

표 8-3 운송수단별 수출비중 추이(금액기준)

(단위 : 억 달러, %)

연 도	항공화물	해상화물	합 계
1990	103(15.9)	535(82.2)	650(100.0)
1995	332(26.5)	915(73.1)	1,251(100.0)
2000	525(30.5)	1,192(69.2)	1,723(100.0)
2005	864(30.4)	1,976(69.5)	2,844(100.0)
2010	1,148(25.1)	3,492(74.9)	4,664(100)
2012	1,185(21.6)	4,294(78.4)	5,479(100)
2014	1,370(23.9)	4,357(76.1)	5,727(100)
2016	1,343(27.1)	3,594(72.5)	4,954(100)
2018	2,015(33.7)	3,966(66.3)	5,981(100)

※ 주 : 1. ( )내는 비중 2. 합계는 일부 기타 포함 / 자료 : 한국무역협회(KITA.NET)

항공화물이 국제운송에서 차지하는 비중이 금액측면에서는 괄목할만한 성장하였으나 중량기준으로 살펴보았을 때는 여전히 국제운송에서 해상운송의 비중이 대부분을 차지하고 있음을 확인할 수 있다. 〈표 8-4〉에서 보는 바와 같이 중량기준을 보았을 때 항공운송을 통해 수출되는 비중이 0.3~0.4%에 불과함을 알 수 있다.

▮표 8-4▮ 운송수단별 수출비중 추이(중량기준)

(단위 : 천 톤, %)

연 도	항공화물	해상화물	합 계
2000	382(0.4)	108,413(99.6)	108,795(100.0)
2004	558(0.5)	107,418(99.5)	107,976(100.0)
2006	497(0.4)	129,049(99.6)	129,546(100.0)
2008	496(0.3)	142,117(99.7)	142,613(100)
2010	651(0.4)	160,522(99.6)	161,173(100)
2012	700(0.4)	191,815(99.6)	192,515(100)
2014	756(0.4)	193,138(99.6)	193,894(100)
2016	592(0.3)	193,128(99.7)	193,720(100)
2018	868(0.4)	199,760(99.6)	200,628(100)

※ 주 : ( )내는 비중 / 자료 : 한국무역협회(KITA.NET)

3. 항공운송의 단위 탑재용기(Unit Load Device)

항공운송의 ULD는 항공운송에만 사용되는 항공화물용 컨테이너(Container), 팔레트(Pallet), 이글루(Igloo)를 의미하여, 종래의 벌크화물을 항공기의 탑재에 적합하도록 설계·제작된 단위탑재 용기이다.

4. 항공화물 운송 대리점과 항공운송주선업자

1) 항공화물 운송 대리점

(1) 개 념

항공화물 운송 대리점(Air Cargo Agent)은 특정항공회사를 대리하여 항공회사의 운송약관, 규칙, 운임률, 운항예정표에 의거하여 항공화물을 유치하고 항공화물운송장(Air Waybill)을 발행한다.

항공법에서는 항공화물운송대리점업은 삭제(1993.12.27)되고 항공운송총대리점업만 규정되어 있다가 2016년 3월 29일 항공법이 국제기준 변화에 탄력적으로 대응하고, 국민이 이해하기 쉽도록 하기 위해 「항공사업법」, 「항공안전법」 및 「공항시설법」으로 분법되었고 항공운송총대리점업은 항공사업법 제2조 30호에 규정되었다.

"항공운송총대리점업"이란 항공운송사업자를 위하여 유상으로 항공기를 이용한 여객 또는 화물의 국제운송계약 체결을 대리(代理)[사증(査證)을 받는 절차의 대행은 제외한다]하는 사업을 말한다[항공사업법 제2조 30호(법률 제14871호, 2017.8.9., 일부개정)].

(2) 주요 기능

① 수출입 항공화물의 유치 및 판매
② 운송계약 체결
③ 수출입 통관 주선
④ 트럭운송주선
⑤ 수출입 규정 등 무역업무에 관한 상담
⑥ 항공화물운송장 발행

2) 혼재업자 또는 항공운송주선업자

(1) 개념

항공운송주선업자(Consolidator or Air Freight Forwarder)는 타인의 수요에 응하여 유상으로 자기의 명의로서 항공사의 항공기를 이용하여 화물을 혼재 또는 운송하는 사업으로 스스로가 송하인과의 계약주체로서 독자적인 운송장, 운송약관, 요율을 가지고 운송계약을 체결하는 사업을 말한다.

항공화물운송주선업은 1993년 12월 항공법이 개정되면서 삭제되고 화물유통촉진법에서 해상화물운송주선업과 함께 복합운송주선업으로 통합되었다. 그 후 화물유통촉진법이 물류정책기본법(법률 제8617호, 2007. 8. 3, 전부개정)으로 법명 변경과 함께 전부개정되어 복합운송주선업은 "국제물류주선업"으로 명칭이 변경되었다.

"국제물류주선업"이라 함은 타인의 수요에 따라 자기의 명의와 계산으로 타인의 물류시설·장비 등을 이용하여 수출입화물의 물류를 주선하는 사업을 말한다[물류정책기본법(법률 제14839호, 2017.7.26., 타법개정) 제2조 1항 11호].

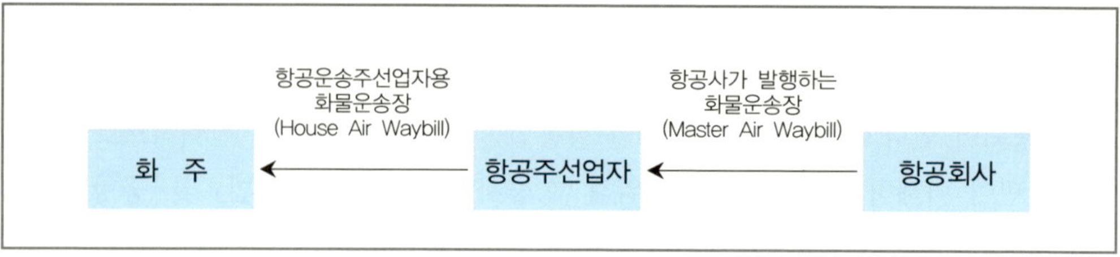

여러 송하인으로부터 화물을 인수하여 자기 명의로 항공회사의 항공기를 이용하여 운송하는 것을 업으로 하는 자로, 항공운송과 관련된 일체의 서비스를 제공하므로, 화주를 위해 가장 유리하게 국제간의 운송 및 그에 부수되는 업무 일체를 일관된 책임하에 주선 또는 수행하는 자이다. 그리고 항공운송주선업자용 화물운송장(House Air Waybill)을 발행한다.

(2) 항공 Forwarder의 경제성

① 수송의 전 구간에 걸쳐 책임을 진다.
② 화물의 수집에서 인도시까지 전 운송과정에 관여하는 모든 운송업자를 각각 상대해야 하는 혼란과 책임소재의 모호성을 없애준다.
③ 모든 항공사의 각 노선에 따른 복잡한 요율구조와 서비스의 내용에 따른 할인운송의 내용을 사전에 알고 있기 때문에 화주에게 경제적 이익을 줄 수 있다.
④ 항공사에게 지상조업비용을 절감시켜 준다. 즉, 소량화주와 직접 상대하지 않아도 되기 때문에 모든 업무가 단순하고 관리비용도 절감된다.

(3) 주요 기능

① 화물의 혼적
② 살화물(撒貨物 ; bulk cargo)을 팔레트 또는 컨테이너화 하여 단위화물작업
③ 화물의 출발, 도착 등 화물이동에 대한 추적
④ 수출입통관주선
⑤ 재수출상품의 제반 서류작성과 운송수단 결정 및 운송의뢰
⑥ 문전서비스와 국내보세운송

5. 국제항공운송의 일반적 절차

국제항공화물운송의 일반적인 절차를 설명하면 다음과 같다.

(1) Space Booking

송하인이 항공대리인에게 Space Booking을 하게 된다. 통상적으로 항공화물운송 대리점이 화주를 대신하여 출발일자, 취급대리점 및 송하인, 포장의 개수 및 중량, 품목 및 용적, 출발 및 도착지 공항 등의 항공화물의 내역을 항공회사에 통보하여 Space Booking이 이루어진다.

Space Booking을 하게 되는 이유는 화주입장에서는 화물을 원만하고 확실하게 운송하기 위함이고 항공사입장에서는 공급의 최적 활용을 통한 수입증대 및 대고객 서비스의 제고, 가용공급의 즉각적 판매, 그리고 탑재 및 운송에 대한 사전준비로 효율적인 탑재관리 등을 하기 위하여 예약을 하게 된다.

(2) 화물의 Pick-up, 보세창고 반입

항공대리인이 송하인으로부터 화물을 Pick-up하여 Air cargo Terminal로 수송하여 보세창고 반입하게 된다.

화물의 접수

항공화물은 화주가 항공운송장(AWB)에 서명을 하고 항공사(또는 그 대리점)가 Counter-sign을 한 시점이 접수(수취) 시점이 되며, AWB을 발행하였다면 화물을 수취하였다는 증거가 된다.

(3) 화물의 검량 등

미통관 화물의 경우 소정의 세관검사 후 통관, 지정 검정, 검량업체로부터 검사를 받게 되고 통관된 화물의 경우 지정 검정·검량업체로부터 검사를 받게 된다.

(4) 항공기 탑재

검사를 받은 화물은 보세구역에 일정기간 반입 후 화물의 세관제출용 적하목록을 세관에 제출하여 반출허가를 받고 운송서류와 화물이 함께 항공기에 송부되어 탑재된다.

(5) 도착지에 도착(화물 인도)

해당 공항이나 항공사의 지정창고에 반입되어 항공사나 항공대리인의 양하지

Partner에 의해 화물도착 사실을 수하인에게 통보한다. 수하인은 화물과 함께 도착한 Air Waybill 원본을 인수하여 수입통관 후 화물을 인수하게 된다.

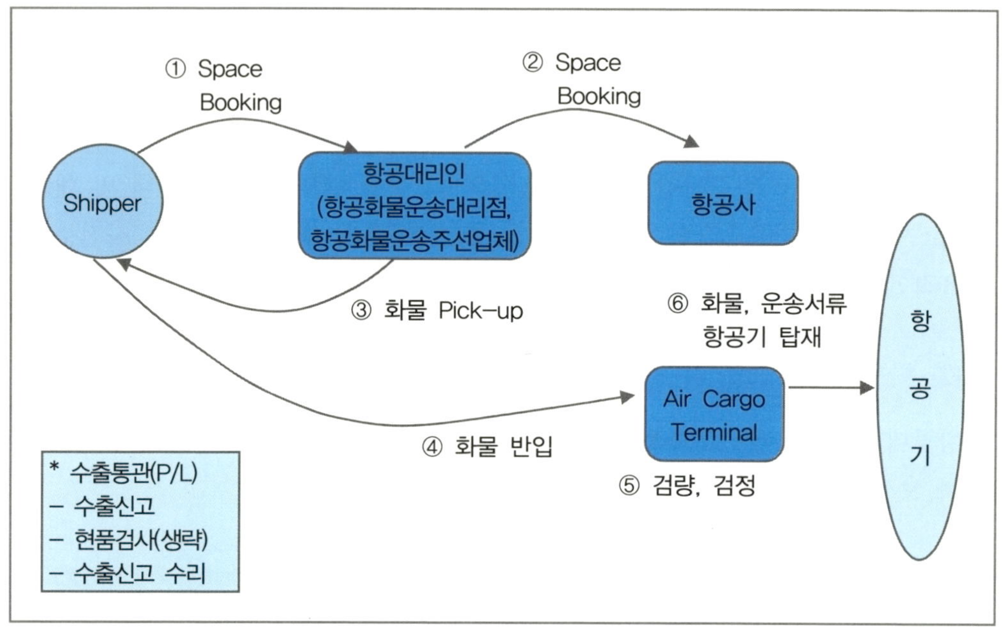

▮그림 8-4▮ 국제항공화물운송절차

6. 항공화물 요율의 종류

1) 중량 요율

(1) 일반화물 요율(General Cargo Rate ; GCR)

일반화물요율은 모든 항공화물운임 산정 기준이 되는 요율로 특정품목 할인요율(SCR)이나 품목분류요율(CCR)이 적용되는 화물을 제외하고 모든 화물의 운송에 적용된다. 일반화물요율은 최저운임(M), 기본요율(N), 중량 단계별 할인요율(Q)로 구성된다.

① 기본 요율(Normal Rate)

기본 요율은 45kg 미만의 화물에 적용되는 요율로서, 모든 일반화물요율의 기본이 된다. 요율표에는 "N"으로 표시되어 있다.

② 최저운임(Minimum Charge)

한 건의 화물운송에 적용할 수 있는 가장 적은 요율로서, 화물의 중량요율이나 용적요율의 최저운임보다 낮을 경우에 적용되는 운임을 말한다. 요율표에는 "M"으로 표시되어 있다.

③ 중량단계별 할인요율(Quantity over 45kg Rate)

중량이 45kg 이상인 화물에 있어서 중량이 높아짐에 따라 kg당 요율이 낮아지도록 설정되어 있는 요율이다. 요율표에는 "Q"로 표시되어 있다.

(2) 특정품목 할인요율(Specific Commodity Rate ; SCR)

특정품목 할인요율은 통상 특정구간에 특정품목에 대하여 일반화물요율(GCR)보다 낮은 수준으로 설정되어 있는 할인요율로 ① 특정구간에 동일품목이 계속적으로 반복하여 운송되는 품목이거나 ② 육상이나 해상운송과의 경쟁성을 감안하여 항공운송을 이용할 가능성이 많은 품목에 대하여 적용하기 위해 설정된 요율이다.

특정품목 할인요율은 품목분류요율(CCR)이나 일반화물요율(GCR)보다 우선하여 적용된다. 단, 품목분류요율(CCR)이나 일반화물요율(GCR)을 적용하여 더 낮은 요율이 산출될 때에는 당해 낮은 요율의 적용이 가능하다.

(3) 품목분류요율(Commodity Classification Rate ; CCR)

품목분류요율(CCR)은 특정구간의 특정품목에 대하여 적용되는 요율로서 보통 일반화물요율(GCR)에 대한 백분율로 할증(S)/할인(R)의 형태로 결정된다. 품목분류요율(CCR)은 일반화물요율(GCR)과 비교하여 크거나 작거나 간에 일반화물요율(GCR)보다 우선하여 적용된다.

기본요율에서 할인된 요율이 적용되는 품목은 신문, 잡지, 정기간행물, 책, 카탈로그, 점자책 및 그 용구, 비동반 수하물(Baggage Shipped as Cargo)(단, 기계류, 보석, 카메라, 상품, 세일즈 샘플 등은 제외) 등이다.

반면 기본요율에서 할증이 적용되는 품목은 생동물, 화폐, 여행자수표, 주권, 채권, 금, 백금, 다이아몬드(공업용 다이아몬드 포함), 기타보석류 등, 그리고 귀중화물과 시체 및 유골 등이다.

(4) 단위탑재용기 요금(Bulk Unitization Charge ; BUC)

항공사가 송하인 또는 대리점에게 Container 또는 Pallet 단위로 판매시 적용되는 요금으로 해당운송구간의 각 용기형태별로 설정된 최저요금(Pivot Charge)과, 최저중량을 초과하는 경우 그 초과된 중량에 부과하는 최저중량 초과요금(Over Pivot Charge)을 더한 금액으로 산출된다.

단위탑재용기 요금은 개개의 화물에 적용되는 운임보다 싼 운임을 제공함으로써 타운송수단과 경쟁할 수 있는 유리한 여건을 제공하고, 대량화물에 대한 서비스를 강화하기 위해 설정된 요금이다.

BUC 사용제한 품목으로는 위험품, 생동물, 귀중화물, 유해 등은 적용되지 않는다.

2) 종가운임(Valuation Charge)

운송되는 화물의 가격에 따라 부과되는 운임으로 종가운임을 적용받는 화물은 손해발생에 따른 손해배상시 신고된 화물가액에 일정비율을 곱해 보상받게 된다. 신고가격은 항공화물운송장 상의 "DECLARED VALUE FOR CARGO"란에 기재한다.

항공화물운송장(AWB)에 명시된 송하인의 운송신고가격이 kg당 19 SDR을 초과하는 화물에 대하여는 그 초과한 금액에 대하여 0.75%에 상당하는 금액을 종가운임으로 징수한다.[6)]

7. 항공화물운송장의 개요

1) 항공화물운송장의 개념

기본적인 성격은 선하증권(B/L)과 같으나 선하증권이 화물의 수취를 증명하는 동시에 유가증권적 성격을 가지고 유통되는 반면, 항공화물운송장은 화물의 수취증이며 운송계약의 증빙서류이며 유통이 불가능하다.

대금결제를 위하여 신용장이 개설되어 외국환은행이 환어음에 항공화물운송장을 첨부하여 매입하더라도 이것이 유가증권이 아니기 때문에 화환어음(documentary bill of exchange)의 매입이 아니고 신용장의 발행은행의 지급확약을 담보로 매입하는 무담보어음(clean bill of exchange)의 매입이 된다.

항공화물운송장에는 1929년 Warsaw조약과 1955년의 헤이그 의정서(Hague Protocol)에 따라 항공사가 해야 할 사항을 운송장의 뒷면에 규정하고 있다.

---

6) 대한항공화물 인터넷 사이트 참고(https://cargo.koreanair.com)

원본 3부와 여러 부의 부본으로 구성된다. 원본은 운송인용, 송하인용, 수하인용으로 발행되며 수하인용은 화물과 함께 수하인에게 송부된다.

운송장은 화물과 함께 보내져 화물의 출발지, 경유지, 목적지를 통하여 각 지점에서 적절한 화물취급 및 운임정산 등의 작업이 원활하게 수행되는데 필요한 사항이 기재되어 있다.

2) 항공화물운송장의 역할

(1) 운송계약서

송하인과 운송인 사이에 운송계약이 체결되었다는 증거서류로 역할을 한다.

(2) 화물수령증

송하인으로부터 화물을 수령하였다는 증빙서류가 된다.

(3) 요금계산서

운송장에 운임 및 각종 수수료에 대한 명세가 기재되어 있어 요금계산서로의 역할을 한다.

(4) 보험가입증명서

송하인이 화주보험(Shipper's Interest Insurance)에 부보한 경우에는 항공화물운송장에 보험금액과 보험부보 사실이 기재됨으로 보험가입증명서로의 역할을 하게 된다.

(5) 세관신고서

세관에 신고할 가액을 기재하는 란(declared value for customs)이 있으며 통관자료로서 사용된다.

(6) 화물운송의 지침서(취급, 중계, 배달 등)

항공화물운송장에 화물취급 정보를 기재할 수 있도록 되어 있어 화물운송의 지침서로의 역할을 하게 된다.

3) 항공화물운송장의 성격

(1) 운송계약의 증거서류

항공화물운송장은 송하인과 운송인 사이에 운송계약이 체결되었다는 증거서류로의 성격을 가지고 있다.

(2) 비유통성 서류

항공화물운송장은 "non-negotiable"로 비유통성이며 또한 유가증권이 아니다.

(3) 수취식 서류

항공화물운송장은 일반적으로 항공터미널에서 화물을 수취한 후 발행되는 형식인 수취식으로 발행된다.

(4) 기명식 서류

항공화물운송장은 수하인의 명칭이 기재된 상태로 발행되는 기명식 서류이다. 항공화물운송장의 수하인 원본이 화물과 함께 직접 수하인에게 배달되기 때문에 기명된 수하인이 신속한 화물입수를 위하여 기명식으로 발행된다.

(5) 송하인 작성 서류

선하증권은 운송인이 작성하여 송하인에게 교부하지만 AWB은 법률적으로 송하인이 작성하여 항공사에 교부하도록 규정하고 있다.

그러나 항공사나 항공사의 권한을 위임받은 대리점에 의해 이행되는 것이 통례이다. 대리점은 화주가 가져온 상업송장 등 선적서류와 화물운송화주지시서에 의해 운송장을 발행하며 화물전량을 인수한 후에 발행함이 원칙이다.

4) 항공화물운송장과 선하증권의 비교

항공화물운송장은 여러 가지 측면에서 선하증권과 다음과 같은 중요한 차이점을 가지고 있다.

(1) 유가증권성 여부

항공화물운송장과 선하증권은 운송인과 송하인과의 사이에 운송계약의 증거 서류이며 운송인이 화물을운송장은 유가증권이 아닌 반면, 선하증권은 유가증권이다.

항공화물운송장은 화물이 체화된 서류가 아니므로 화물 인수시 반드시 항공화물 운송장이 필요한 것이 아닌 수령했음을 증명하는 수령증으로의 역할을 하는 것은 동일하다. 그러나 항공화물반면, 선하증권은 유가증권으로 화물 인수시 선하증권과 상환으로 화물을 인수하게 된다.

(2) 유통가능성 여부

항공화물운송장은 기명식으로 발행되어 비유통성으로 양도나 유통성을 갖지 않는 반면, 선하증권은 주로 지시식으로 발행되어 유통성과 양도성을 가지고 있다. 즉, 항공화물운송장의 수하인용 원본은 목적지에서 화물과 함께 수하인에게 교부되는 것으로서 유통을 목적으로 하는 것이 아니며, 운송계약의 권리행사에 필요한 것이 아니므로 이는 유가증권이 아니다.

(3) 발행형식(기명식 vs. 지시식)

선하증권은 일반적으로 지시식으로 발행되어 정당한 배서(endorsement)에 의해 누구에게나 양도되는 권리증권(document of title)인데 반하여, 항공화물운송장은 기명식으로 되어 있기 때문에 항공화물운송장에 기재되어있는 수하인이 아니면 당해 화물을 인수할 수 없다.

(4) 발행시점(선적식 vs. 수취식)

선하증권의 발행은 선적식인데 반해, 항공운송장의 발행은 수취식이라 할 수 있다. 즉, 선하증권은 선적을 증명하는 증권이므로 선적이 완료된 후에 발행되는 것이 일반적이다. 그러나 항공운송의 경우는 발착편이 많고 화물을 운송·위탁해서 비행기에 적재할 때까지 많은 시일을 요하지 않으므로 항공사 창고에 화물이 도착하면 바로 항공화물운송장을 발행해 주고 있다.

(5) 상환증권성 여부

선하증권은 화물을 회수하기 위해서는 반드시 선하증권 원본이 필요한 상환증권인 반면, 항공화물운송장은 운송장 원본이 없더라도 화물을 인수할 수 있으므로 상환증권이 아니다.

(6) 운송서류 작성 주체

법률적으로 항공화물운송장은 송하인이 작성해서 항공사에 교부하는 형식을 취하고 있는데 반해, 선하증권은 반대로 선박회사가 작성해서 송하인에게 교부하고 있다.

▮표 8-5▮ 항공화물운송장과 선하증권의 비교

항공화물운송장(AWB)	선하증권(B/L)
유가증권이 아닌 단순한 화물운송장	유가증권
비유통성(non-negotiable)	유통성(negotiable)
기명식	지시식(무기명식)
수취식(창고에서 수취하고 발행)	선적식(본선 선적후 발행)
상환증권이 아님	상환증권
송하인이 작성	선사가 작성

▌서식 8-9▐ 항공화물운송장

777|FRA|12345671 / 777−12345671

Shipper's Name and Address

Shipper's Account Number

Non Negotiable
Air Waybill
issued by

KOREAN AIR

Copies 1, 2 and 3 of this Air Waybill are originals and have the same validity.

Consignee's Name and Address

Consignee's Account Number

It is agreed that the goods described herein are accepted in apparent good order and condition(exceot as noted) for carriage SUBJECT TO THE CONDITIONS OF CONTRACT ON THE REVERSE HEREOF. ALL GOODS MAY BE CARRIED BY ANY OTHER CARRIER UNLESS SPECIFIC CONTRARY INSTRUCTIONS ARE GIVEN HEREON BY THE SHIPPER. THE SHIPPER'S ATTENTION IS DRAWN TO THE NOTICE CONCERNING CARRIER'S LIMITATION OF LIABILITY. Shipper may increase such limitation of liability by declaring a higher value for carriage and paying a supplemental charge if required.

Issuing Carrier's Agent Name and City

Accounting information

Agent's IATA Code | Account No.

Airport of Departure(Addr. of First Carrier) and Requested Routing

To	By First Carrier	Routing and Destination	to	by	to	by	Currency	CHGS Code	WT/VAL PPD	WT/VAL COLL	Other PPD	Other COLL	Declared Value for Carriage	Declared Value for Customs

Airport of Destination | Flight/Date | For Carrier Use Only | Flight/Date

Amount of Insurance

Insurance—If Carrier offers insurance, and such insurance is requested in accordance with the conditions thereof, indicate amount to be insured in figures in box marked "Amount of Insurance"

Handling Information

No. of Pieces RCP	Gross Weight	kg lb	Rate Class / Commodity Item No.	Chargeable Weight	Rate/Charge	Total	Nature and Quantity of Goods (incl. Dimensions or Volume)

Prepaid | Weight Charge | Collect

Other Charges

Valuation Charge

Tax

Total Other Charges Due Agent

Total Other Charges Due Carrier

Shipper' certifies that the paticulars on the face hereof are correct and that insofar as any part of the consignment contains dangerous goods, such part is properly described by name and is in proper condition for carriage by air according to the applicable Dagerous Goods Regulations.

Signature of Shipper or his Agent

Total Prepaid | Total Collect

Currency Conversion Rate | CC Charges In Dest. Currency

Executed on(date) at(place) Signature of Issuing Carrier or his Agent

For Carrier's Use Only at Destination | Charges at Destination | Total Collect Charges

777−12345671

ORIGINAL 3 (FOR SHIPPER)

제4절 컨테이너 운송

1. 컨테이너의 정의와 장 · 단점

1) 컨테이너의 정의

물적유통부문의 포장, 운송, 하역 및 보관 등에서 육·해·공의 연합으로 경제성, 신속성 및 안전성을 최대한으로 충족시키고 화물의 운송도중 이적(移積)없이 일관운송을 실현시킨 혁신적인 운송도구가 컨테이너이다.

ISO(International Standardization Organization ; 국제표준화기구)에서 규정하고 있는 컨테이너의 구비조건은 다음과 같다.

① 화물을 보관할 수 있도록 완전히 또는 부분적으로 둘러싸여 있을 것
② 일정기간에 재사용이 가능한 충분한 내구력을 가질 것
③ 운송도중 운송경로 또는 운송수단이 바뀌는 경우 화물의 이적 없이 일관운송을 할 수 있도록 설계될 것
④ 1개의 운송수단에서 타 운송수단으로의 전환이 쉽고도 빨리 될 수 있게 하는 장치가 붙어 있을 것
⑤ 화물을 싣고 내리기에(積揚) 편리하게 설계될 것
⑥ 내부용적이 1㎥(35.3ft^3) 이상일 것

2) 컨테이너 운송의 장 · 단점

(1) 컨테이너 운송의 장점

컨테이너에 화물을 적입하여 운송(컨테이너화: Containerization)하는 컨테이너 운송은 재래식 운송방식에 비해 다음과 같은 장점을 갖는다.

① 물적유통관리상의 총비용 절감

▶ 운항 비용의 절감
▶ 하역비의 절감
▶ 포장비의 절감
▶ 보관비의 절감
▶ 해상보험료의 절감
▶ 투입된 자본의 가동율 향상 효과

- ▶ 운송의 안정성
- ▶ 내륙운송비의 절감
- ▶ 운송서류의 간소화

② 고객에 대한 서비스의 향상

컨테이너 이용시 신속성과 경제성으로 인해 고객에 대한 서비스를 제고하고 Door-to-Door 서비스를 보다 효과적으로 구현시킬 수 있다.

③ 국제복합운송의 가능

물품운송시 컨테이너를 사용할 경우 다른 운송수단으로의 이적시 컨테이너 내의 화물을 적출하지 않고도 그대로 다른 운송수단으로 이적이 가능하게 됨에 따라 국제복합운송이 용이하게 된다.

(2) 컨테이너 운송의 단점

컨테이너 운송은 장잠만 있는 것이 아니라 다음과 같은 단점을 가지고 있다.

① 비싼 컨테이너 용기

컨테이너가 하나의 외포장으로의 역할을 할 뿐만 아니라 창고 역할도 수행함으로 컨테이너 자체가 비싸며 특히 특수 컨테이너의 경우 예를 들어 냉동컨테이너의 경우 컨테이너에 부착된 냉동기의 가격이 상당히 비싸다.

② 별도의 컨테이너 운송기구 필요

컨테이너를 이동시키기 위해서 gentry crane 등 별도의 장비가 필요하다.

③ 컨테이너 적입화물의 제한

목재와 같이 컨테이너에 적입할 수 없는 화물이 있어 모든 화물에 사용가능한 것이 아니다.

2. 컨테이너 터미널의 구조

(1) 선석(Berth)

선박을 계류(breast in)시키는 설비가 상설되어 있는 정박장소로서의 일정수역을 말한다.

(2) 안벽(Pier)

선박이 접안하여 하역작업이 이루어질 수 있도록 구축된 구조물을 말한다. 한편 계선안벽 위에 설치된 장치장인 안벽 장치장(pier shed)이 있는데 이는 부두에 닿은 본선이 접안하여 하역할 수 있으므로 접안장치장이라고도 하며 선적화물의 대기에 이용되기 때문에 선대장치장이라고도 한다.

안벽 길이는 접안선박에 따라서 다르나 대체적으로 300~350m 정도이며 선박 대형화의 영향으로 신설항만의 경우 400m로 건설하고 있다.

터미널의 효율성은 상당 부분 안벽에서 컨테이너를 빠르고 효율적으로 처리하는 능력에 의해 결정되며 '기역(ㄱ)'자 형태보다는 '일(—)'자 형태가 유리하다.

(3) Apron

하역작업을 위한 공간으로 Gantry Crane이 설치되어 컨테이너의 양하 및 적하가 이루어지는 장소를 말한다. 이곳에는 크레인 레일(crane rail)이 설치되어 있다.

(4) Marshalling Yard

방금 하역하였거나 적재할 컨테이너를 정열해 두는 넓은 장소를 말한다. Marshalling Yard는 CY의 상당부분을 차지하며 운영방법에 따라 규모는 다르지만 컨테이너 터미널의 효율성에 직접적으로 영향을 미치는 중요한 부분이다. 보통 Marshalling Yard에는 컨테이너 크기에 맞추어 미리 지반에 백색 또는 황색의 구획선을 그어 두는데, 이를 슬롯(slot)이라고 한다.

(5) Storage Yard

선적을 기다리거나 양륙되어 수하인에게 전달되기 전에 컨테이너를 장치해 두는 장소를 말한다. 이곳을 CY(Container Yard)라고도 한다.

실무적으로 Marshalling Yard와 CY는 별도 구별없이 컨테이너를 야적하는 장소로 전체적으로 운영되고 있다.

(6) Container Freight Station(CFS)

LCL(Less than Container Load Cargo)화물을 FCL(Full Container Load Cargo)로 바꾸어 주거나 FCL화물을 LCL화물로 분배하는 장소를 말한다.

즉, 한 개의 컨테이너를 채울 수 없는 양의 화물(LCL)을 여러 하주로부터 인수하여 목적항별로 선별하여 컨테이너를 적재하거나 한 컨테이너로부터 반출된 여러 하주의 화물을 각 하주에게 인도해주는 장소를 말한다. 이때 컨테이너에 화물을 채우는 작업은 vanning, stuffing이라 표현하고 반대로 꺼내는 작업은 devanning, destuffing, stripping이라 부른다.

(7) Container Yard(CY)

일반적으로 CY는 위의 (1)~(6)번 모두가 있는 장소로 해수면에 접해 있는 장소를 말하며 이를 On Dock CY라고 하며 CFS와 Storage Yard(일반적으로 CY라고도 한다)로 구성된 내륙에 있는 CY를 ODCY(Off Dock CY)라고 한다.

(8) Control Tower

컨트롤 타워는 본선의 하역작업이나 CY내의 컨테이너배치가 본부의 계획이나 지시대로 이루어지도록 통제, 감독하는 기능을 수행하는 곳이다. 컨테이너부두의 전경이 잘 보이는 장소에 건설되며 현대화된 터미널 내에서는 컴퓨터 등을 사용하여 중앙통제기능을 신속하고 합리적으로 수행한다.

(9) Gate

컨테이너 부두에서 보안상의 경계인 외곽에서의 출입구 외에 터미널 내부쪽 장치장 근처에 별도의 점검장치를 갖춘 문처럼 생긴 구조물을 게이트라 한다. 터미널 내외로 컨테이너의 반출입이 이루어지는 장소로서 내륙 운송업자와 컨테이너 부두 관리자 사이에 컨테이너에 대한 관리책임이 전환되는 장소이기도 하다. 컨테이너 인수 및 인도에 관한 서류를 상호교환하고 컨테이너의 이상유무를 점검하고 견인차량의 장치장내 진입방향을 지시한다.

컨테이너 수송차량의 증가로 인한 게이트의 혼잡을 해소하기 위해 게이트에 자동화된 컨테이너 인식시스템을 설치, 운영하고 있다.

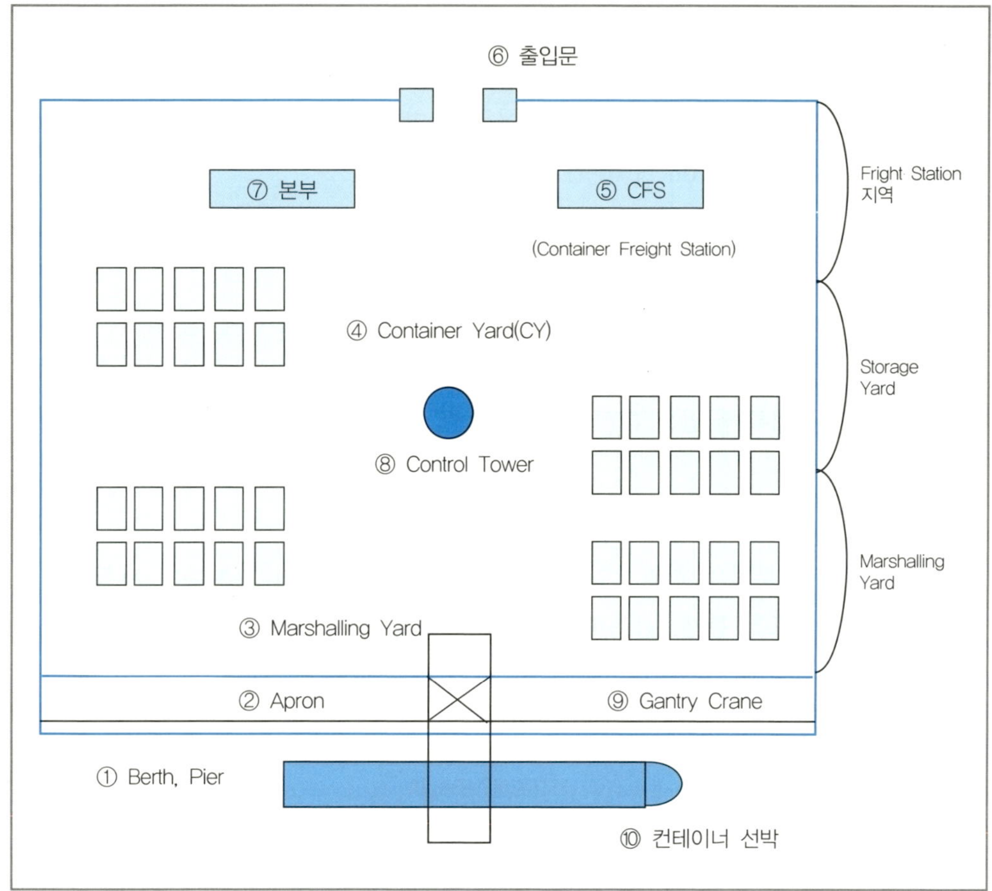

그림 8-5 컨테이너 터미널의 구조

3. 컨테이너 운송 형태와 하역방식

1) 컨테이너운송의 형태

컨테이너화물을 컨테이너 하나에 다 채우지 못할 정도의 소량의 화물을 LCL(Less than Container Load) 화물이라 하고 컨테이너 하나에 가득 채울 수 있는 화물을 FCL(Full Container Load) 화물이라 한다.

컨테이너 화물이 LCL화물인가, FCL화물인가에 따라 운송형태를 나누어 보면 다음과 같다.

(1) CY/CY(FCL/FCL ; Door to Door)

CY/CY방식의 운송형태는 수출업자와 수입업자가 각각 1인이며 수출업자의 창고나 공장에서 FCL화물 형태로 만들어져 CFS를 거치지 않고 바로 수출지의 CY에서 수입지의 CY로 이동하여 수하인의 문전까지 컨테이너의 개폐 없이 일관 운송하는 형태를 말한다.

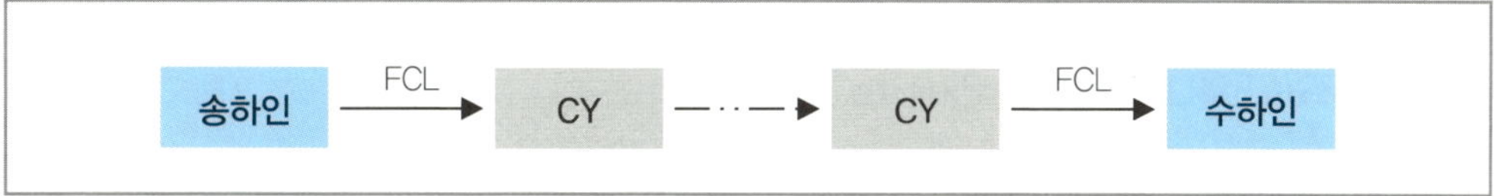

(2) CY/CFS(FCL/LCL ; Door to Pier)

CY/CFS방식의 운송형태는 수출업자 1인이 다수의 수하인을 향해 운송하는 형태로 수출업자는 자신의 창고나 공장에서 FCL화물의 형태로 CFS를 거치지 않고 바로 수출지의 CY를 통해 수입지로 운송하고 수입지에서는 당해 FCL화물을 다수의 수하인에게 전달하기 위한 분류작업을 위해 CFS를 거쳐 수하인에게 인도하는 운송형태를 말한다.

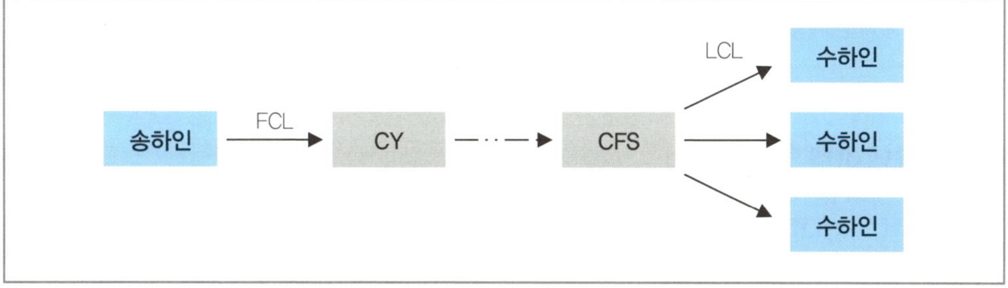

(3) CFS/CY(LCL/FCL ; Pier to Door)

CFS/CY방식의 운송형태는 LCL화물을 송부하는 다수의 송하인이 1인의 수하인을 향해 운송하는 형태로 이는 선적지에서 다수의 송하인의 LCL화물을 혼재하기 위해 선적지의 CFS에서 작업을 하여 FCL화물로 만든 후 양륙지 수하인의 창고나 공장 문전까지 운송하는 형태를 말한다.

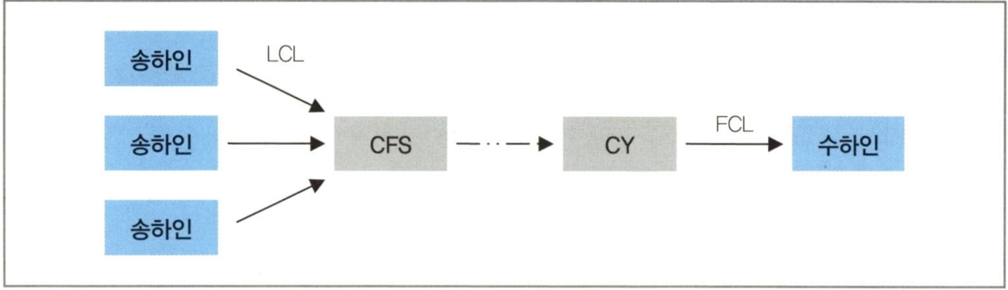

(4) CFS/CFS(LCL/LCL ; Pier to Pier)

CFS/CFS방식의 운송형태는 다수의 LCL화물을 수출하고자하는 수출업자와 다수의 수입업자 사이에 이루어지는 운송형태로, 이는 수출지에서 LCL화물을 혼재하여 FCL화물로 바꾸기 위해 CFS를 거치게 되고 양륙지에 도착하여서도 각각의 수하인에게 인도하기 위해 CFS에서 분류작업이 필요한 형태의 운송형태이다.

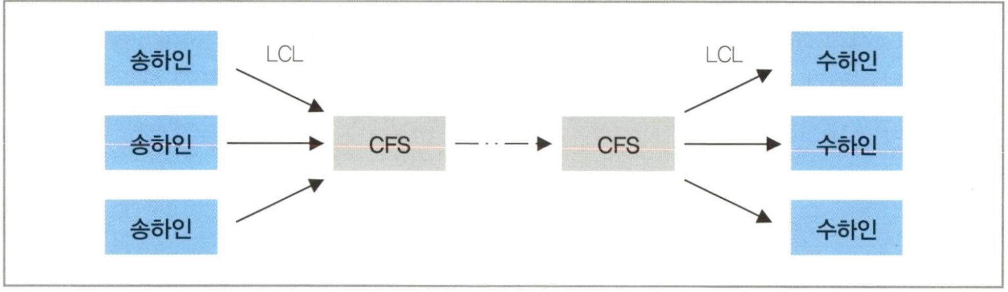

2) 컨테이너 하역 방식

(1) Lift on/Lift off(Lo-Lo)

gantry crane으로 컨테이너를 수직으로 선적, 양륙하는 방식이다.

(2) Roll on/Roll off(Ro-Ro)

선미 및 현측에 경사도(ramp)가 설치되어 있어 컨테이너선의 경우 이 경사도를 통해서 트랙터나 포크리프트 등 바퀴달린 운송용구를 통해 컨테이너를 하역하는 방식이다.

(3) Float on/Float off(LASH ; Lighter Aboard Ship)

바지선(barge, LASH선)에 컨테이너 또는 일반화물을 적재하고 바지선에 설치되어 있는 crane 또는 elevator에 의해서 하역하는 방식이다.

제5절 국제복합운송

1. 국제복합운송의 개념과 기본 요소

1) 국제복합운송의 개념

복합운송의 개념에 대한 용어는 이미 1929년 바르샤바조약(국제항공에 관한 일부 규칙의 통일에 관한 조약) 제31조에서 "Combined Carriage"란 용어에서 출발하여 1956년 해육복합운송용 컨테이너가 개발되면서 본격적인 복합운송이란 개념으로 발전되기까지 개념상 통운송(through transport)이나 연속운송(successive transport)으로 이해되고 그러한 개념 위에서 운송계약이 체결되어 왔다.

그러나 실제로 복합운송이란 용어는 1949년 국제상업회의소(ICC)의 국제화물복합운송증권조약의 예비초안에서 종래의 통운송에 대립된 용어로 복합운송이란 표현이 사용되었다. 그 후 복합운송이란 용어는 "Combined Transport"라고 표기하다가 1980년 UN국제물건복합운송조약(United Nations Convention on International Multimodal Transport of Goods)에서 "Multimodal Transport"라고 표기하게 되었으며 미국에서는 협동일관운송이란 의미로 "Intermodal Transport"라고 부르고 있다.

2) 국제복합운송의 기본 요소

복합운송이 되기 위해 갖추어야 할 기본 요소는 다음과 같다.

① 국제간의 운송
② 운송계약의 단일성
③ 복합운송인에 의한 전운송구간의 인수
④ 운송수단의 이종다양성(선박, 철도, 트럭, 항공기 등)
⑤ 복합운송증권의 발행

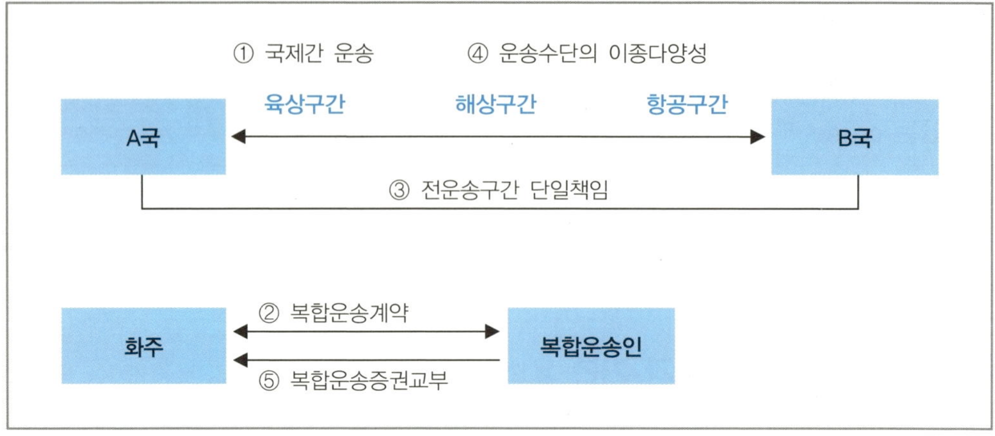

▌그림 8-6▐ 국제복합운송의 기본 요소

2. 해·육(Sea & Land)복합운송의 주요 경로

1) 북미 Land Bridge

북미 Land Bridge는 ALB(American Land Bridge)와 CLB(Canadian Land Bridge)가 대표적이다. ALB는 극동지역의 항만으로부터 북미서안의 주요 항만까지 해상운송한 뒤 철도운송으로 연계, 북미동안/걸프만의 항만에서 다시 해상운송으로 유럽지역 항만 또는 유럽내륙까지 일관운송하는 서비스 방식이다.

한편 Canadian Land Bridge(CLB)는 ALB와 같은 형태로써 극동지역에서 캐나다의 벤쿠버(Vancouver)항 또는 미국의 시애틀(Seattle)항까지 해상운송한 후 그곳에서 캐나다의 철도회사를 이용, Montreal 또는 캐나다의 동안까지 내륙운송한 뒤 다시 선박으로 유럽의 각 항만까지 해상운송하는 방법이다.

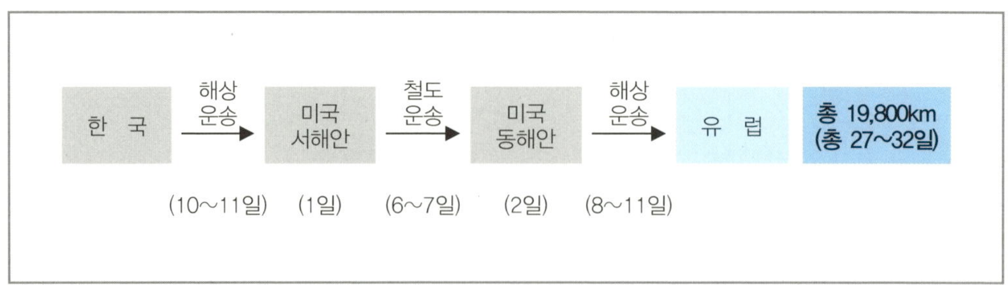

▌그림 8-7▐ American Land Bridge의 경로 및 소요일수

(1) MLB(Mini-Land Bridge)

Mini-Land Bridge(MLB)는 동아시아에서 북미 서안까지 해상운송된 후 북미 서안에서 북미동안 또는 대서양 걸프만까지 육상운송되는 경로를 말한다.

Land Bridge와 Mini-Land Bridge의 차이점은 Land Bridge가 해상, 육상, 해상운송 과정인데 비해 Mini-Land Bridge는 해상, 육상운송의 과정만을 포함한다는 것이다.

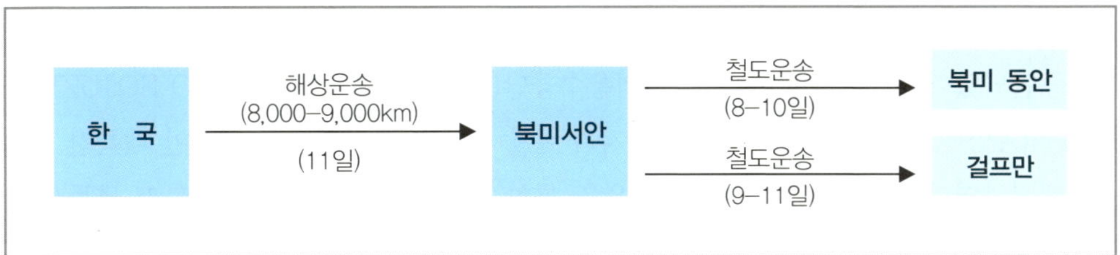

▌그림 8-8▌ Mini-Land Bridge의 경로 및 소요일수

(2) Microbridge(Interior Point Intermodal ; IPI)

MLB가 전구간해상운송의 대체운송서비스로서 미동안 또는 걸프만 지역의 항만에 한정되어 있는 Port to Port 운송인데 비해 Microbridge는 미국의 주요 내륙지점의 철도터미널 또는 선사의 CY/CFS에서 화물의 인도가 행해지는 복합운송서비스로서 통상 IPI로 불리고 있다.

한편 Reversed Microbridge 라고도 불리는 Reversed Interior Point Intermodal (RIPI) 서비스도 있다. 이는 극동에서 파나마운하를 경유하여 미동안 항만까지 해상운송한 후 그곳에서 철도, 트럭 등에 접속하여 내륙도시까지 운송하는 서비스이다. RIPI는 IPI 서비스에 대항하기 위해 1980년 미국 동안에 기항하는 선사들에 의해 시작되었다. 미국 동안에 가까운 내륙도시행 화물이 주로 이 서비스를 많이 이용하며, IPI 보다는 운임이 싼 편이지만 운송기간은 IPI보다 더 많이 소요된다.

(3) OCP(Overland Common Point)

북미대륙내의 공통운임 부과지역인 록키산맥 동쪽의 원격지를 말한다. OCP운임체제는 MLB와 비슷하지만 공통운임이 부과된다는 점에서 차이가 있다. OCP Cargo는 태평양연안의 항구를 경유하여 OCP지역으로 운송되는 화물을 말하는 것으로, OCP Cargo의 운임은 미국의 국내운임보다 5~30%쯤 싸게 책정되어 있다.

이는 미대서양연안 및 걸프연안을 경유하는 화물과의 경쟁을 고려한 때문이다. 예를 들어 극동에서 미대륙으로 운송되는 화물의 선하증권상에 "San Francisco OCP" 또는 "OCP Via Seattle"이라고 기재되는 경우가 있는데 이러한 선하증권에 의하여 화물은 양륙항에서 수하인이 지정하는 내륙지방까지 운송된다.

2) Siberia Land Bridge(SLB)

(1) 시베리아대륙횡단철도(TSR)

1916년에 TSR(Trans Siberian Railroad) 전구간이 완공되었으며 2차 세계대전 이후 중단되었다. 이후 1966년 전소대외운수공단(全蘇對外運輸公團 ; V/O SOJUZVNE SHTRANS ; SVT)과 일본의 운수업자가 수송계약을 체결하여 본격적인 대륙간 수송을 개시하였다. TSR은 외화획득, 해운을 통한 태평양 및 인도양의 진출과 극동/유럽 간에 door-to-door 서비스를 수행하기 위해 시베리아 철도를 이용하는 전형적인 해륙 복합운송시스템이다.

시베리아 횡단철도(TSR)은 시발점인 핫산역과 보스토치니항의 접점인 바로노프스키에서 모스크바까지 총 연장 9,288km의 글로벌 물류통로이다. TSR은 모스크바에서 상 페테르부르크를 경유, 핀란드로 연결되는 노선과 벨로루시를 거쳐 폴란드, 독일, 헝가리 등으로 연결되는 노선으로 나뉘어진다.

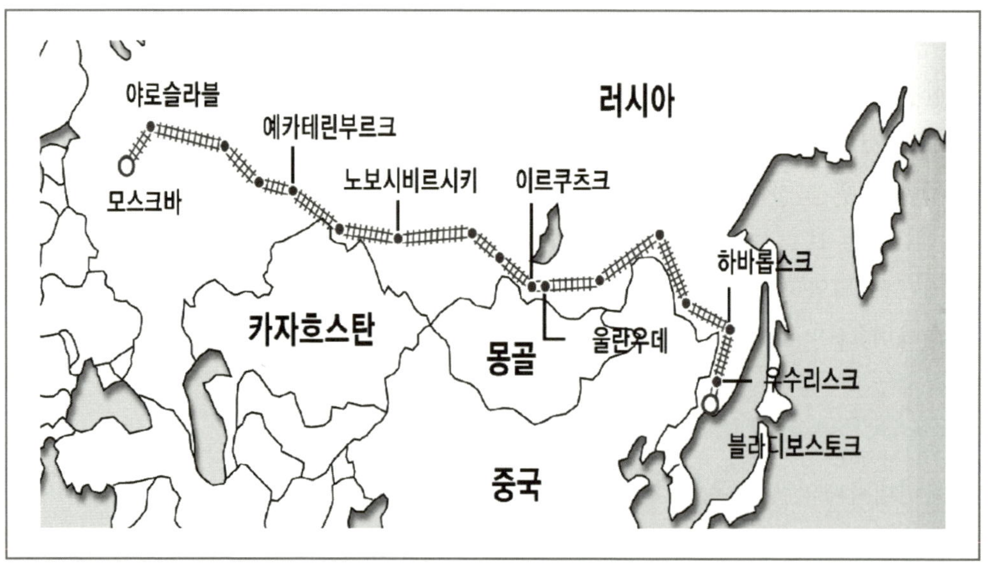

※ 자료 : KMI, 시베리아 횡단철도(TSR)의 운임정책과 향후 활용전략, 2007.6.

▌그림 8-9▐ TSR 운송경로

TSR의 교역화물 처리실적은 1980년대 말까지 거의 전무하였으며 1990년대에 들어서면서 조금씩 발생하면서 1990년대 말까지 정체 내지 보합상태에 머물러 있었으나 2000년대에 들어서면서 비교적 높은 증가세를 나타내고 있다. 2006년 1월에 러시아 철도공사는 TSR의 운임을 32.7%에서 최대 647.7%로 대폭 인상하는 조치를 취하게 된다. 이로 인해 극동-유럽간 통과화물운송에 TSR을 이용하던 기업들이 해상운송으로 대체하는 현상이 발생하게 되었으나 러시아 및 CIS 국가들의 수출입 화물 수송량은 증가추세를 유지했다.

▮표 8-6▮ 한국(부산) ↔ 유럽(로테르담)간의 경로별 거리 비교

운 송 경 로	거 리(km)
SLB	약 13,000
북미 대륙을 경유하는 ALB	약 20,000
수에즈운하 경유 전구간 해상운송시	약 20,700(24일 소요)
파나마운하 경우 전구간 해상운송시	약 23,000
케이프타운 경우 전구간 해상운송시	약 27,000
북극항로(지구온난화로 일정기간 운항가능)	약 12,700(14일 소요)

〈표 8-6〉은 한국(부산)에서 유럽(로테르담)까지의 경로별 거리를 비교한 것으로 SLB가 가장 짧으며 그 결과 운송소요일수도 다른 경로를 이용하는 것보다 며칠 빠를 뿐 만 아니라 운임도 유럽운임동맹보다 약간 저렴하게 책정되어 있다. 최근 지구온난화 현상으로 일정기간 북극항로를 통한 운항이 가능하게 되어 가장 거리와 소요기간이 짧아서 향후 이 경로를 이용하는 수요가 늘어날 것으로 전망된다.

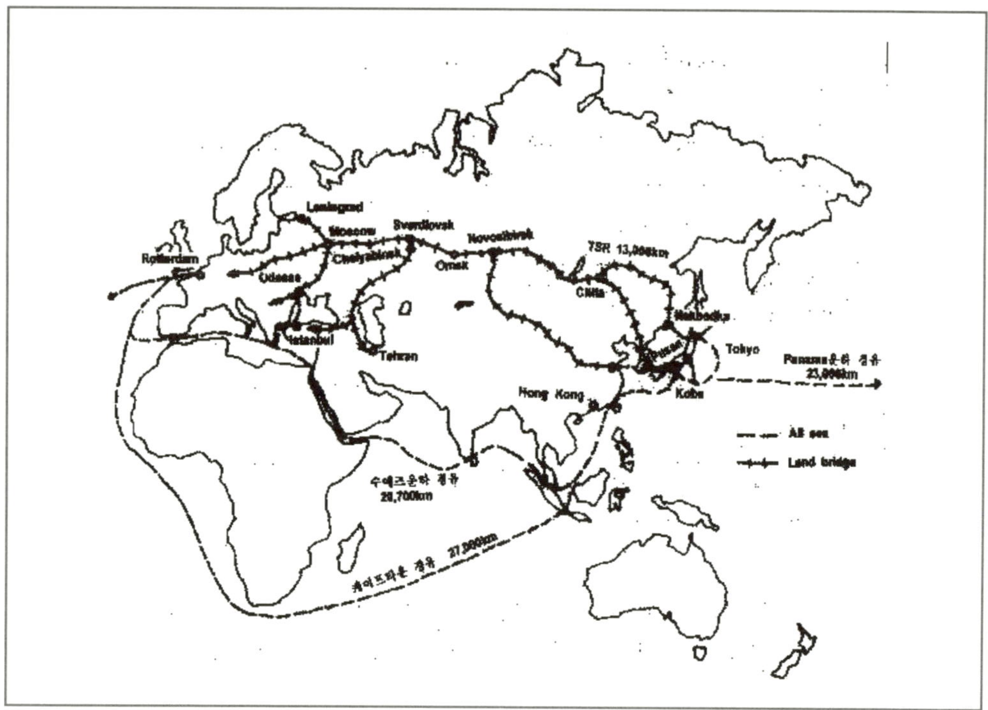

▮그림 8-10▮ 극동·유럽간의 운송경로

(2) SLB의 장·단점

SLB의 장점은 다음과 같다.

① 거리의 단축에 따른 비용의 저렴성(2006년 운임인상으로 운임이 비싸게 되어 단점이 되고 있음.)

② 유럽 내륙지점에의 양호한 접근성

③ 중동항로의 대체경로 및 체선이 심한 중동항만의 회피 가능성

위와 같은 장점에 따라 SLB는 국제복합운송의 주동맥으로서의 무한한 잠재력을 갖고 있는 것으로 평가된다.

그러나 문제점도 많이 가지고 있어 SLB의 단점은 다음과 같다.

① 양방향 화물의 불균형에 따른 공컨테이너의 환수문제

극동지역에서 유라시아로 수출되는 컨테이너물동량과 수입되는 컨테이너 물동량 비율이 수출 70%, 수입 30%인(2005년 실적기준) 까닭에 양방향 화물의 불균형에

따른 40%가량을 공컨테이너 형태로 환수해야 함으로 그에 따른 비용부담 문제가 발생한다.

② 동절기 액체화물운송의 제한

SLB가 냉대지역인 시베리아대륙을 통과함에 따라 동절기에는 결빙성 있는 액체화물을 운송하는데 어려움이 있다

③ 선진국에 비해 낙후된 운송서비스

화물운송의 안전성, 확실성, 신속성 확보 및 화물의 추적에 관한 서비스에 문제가 있다. SLB를 이용한 극동/유럽간 화물운송의 경우 구소련 철도시설의 노후화, TSR 운영관리의 비효율성 등으로 인해 화물인도 날짜가 제대로 지켜지지 않았으며 보스토치니항에서 이루어지는 선박과 철도간의 화물환적, 유럽접경지역에서의 화물환적이 원활하지 못하여 시간낭비가 크게 발생하였다.

(3) SLB의 운송경로

SLB의 운송방식을 부산, 일본 등의 각 항구로부터 러시아의 나호드카·보스토치니항까지 선박에 의한 해상운송 후, 구소련 영토내는 철도에 의한 육상운송을 이용하여 각각 유럽·중근동의 국경까지 화물을 운송하며, 그 이후 각 운송수단의 결합에 따라 Transrail, Transsea, Tracons 등으로 나누어진다.

① Transrail

TSR의 3가지 운송시스템 중 가장 일반적인 운송방법이다. 1984년에 총연장 4,335km의 BAM철도[7]의 개통에 따라 TSR의 운송능력은 크게 향상되었다. 극동지역의 항만으로부터 해상운송에 의해 보스토치니항까지 컨테이너화물의 운송이 이루어진 후 운송의 안정화, 합리화를 도모하기 위해 행선지별 컨테이너 전용열차(Block Train)로 시베리아 횡단철도를 이용하여 Moscow와 Chelyabinsk 같은 거점도시를 거쳐 주요 경계지점까지 운송하게 된다. 그러나 시베리아철도는 광궤(궤간 1,520mm)인데 비해 유럽의 철도는 표준궤도(궤간 1,435mm)이므로 구소련의 유럽 국경지역에서 환적이 이루어져야

7) BAM철도는 바이탈-아무르-마기스트랄의 머리글자를 따서 붙여진 이름으로 제2의 시베리아 횡단철도이다. 이 철도는 시베리아 철도의 크라스노야르스크와 이르쿠츠크 사이의 타이세트에서 시작되어 일본해에 연해있는 소베트스카야가와니까지 총 4,335km로서 시베리아철도의 북방에 있는 철도망중 가장 중요한 노선이다. 1974년에 공사가 시작되어 1984년 10월에 완공되었다.

한다. 전구간운송을 완료하는 데는 22~30일이 소요되며, Vostochny항에서 주요 경계지점까지는 약 15일이 소요된다. 경계지점에 따라 6개의 경로에 의해 운송이 이루어지고 있다.

② Transsea

해상운송으로 Vostochny항까지 운송된 컨테이너화물이 TSR에 의해 Baitic해 연안 또는 흑해의 항구인 Leningrad, Riga, Tallin, Zhdanov, Ilyichevsk까지 철도운송이 이루어진 후 다시 선박으로 최종목적지(지중해, 서유럽, 스칸디나비아)까지 운송되는 Land Bridge 시스템이다.

③ Tracons

러시아 또는 폴란드 국경의 Brest의 동쪽에 위치한 비소코리트브스크(Vysoko-Litovsk)까지 운송된 화물을 스위스, 프랑스 이북 등의 서비스 지역까지 트럭으로 운송하는 형태이다.

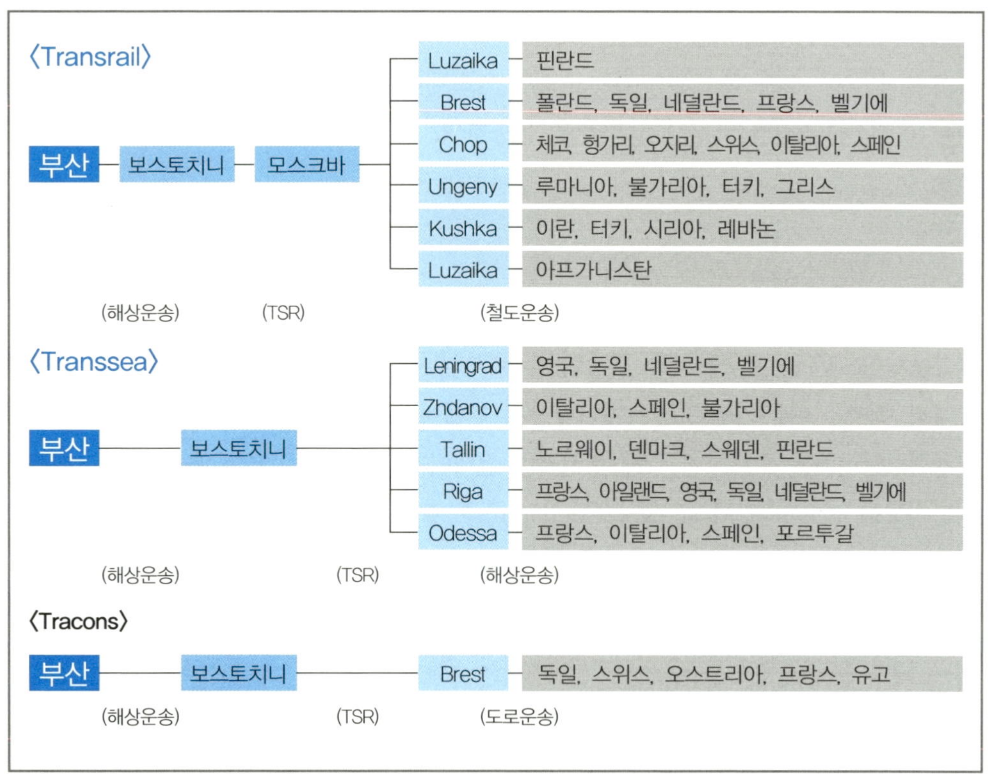

▌그림 8-11▌ SLB 운송경로

3) 중국대륙 횡단철도(Trans China Railway ; TCR)

(1) TCR의 경로

유럽대륙과 아시아대륙을 연결하는 Land Bridge로서 기존의 TSR 이외에 중국대륙을 통과하여 유럽과 연결되는 중국횡단철도(Trans China Railway)도 큰 관심을 끌고 있다. TCR은 한국을 비롯한 일본, 대만, 홍콩 등 극동지역을 기점으로 하여 1차로 선박을 이용, 강소성 연운항까지 해상으로 운송한 후 중국대륙을 동서로 관통하는 철도운송에 의해 중국대륙을 횡단해서 구소련 국경지역에서 환적한 후 시베리안 횡단철도(TSR)에 연결하여 유럽까지 운송하는 대륙간 횡단철도서비스이다.

(2) TCR의 장·단점

TCR의 장점은 다음과 같다.

① 운송거리 및 소요시간 단축

TCR은 운송거리상 극동과 유럽을 연결하는 최단코스로서 요코하마와 로테르담간 운송거리가 TSR보다 약 2,000km의 운송거리 단축이 가능하며 국경역에서의 환적을 위하여 1~2일이 소요되더라도 극동과 유럽간에 23~24일이면 운송이 가능하기 때문에 운송일수와 운송비용면에서도 상당한 절감이 가능하다.

② 동절기 액체 화물 운송 가능

시베리아 지역이 동절기(1~3월)에도 평균기온이 −20C 내지 −30C 정도로 매우 낮아 액체화물운송에 어려움이 많은 점을 고려할 때 TCR은 TSR보다 위도상 낮은 지역에 위치해 동절기의 혹한에 의한 상품손상이나 동파의 위험이 적으므로 동절기의 액체화물운송에도 커다란 장점이 있다.

TCR의 단점은 다음과 같다.

① 철도 궤도 차이로 인한 환적 필요

TCR은 중국국경을 지나 구소련의 TSR과 연결되어야 하나 궤도(TSR은 광궤 1,520mm, TCR은 표준궤 1,435mm)의 차이로 인해 중국 국경에서 반드시 환적되어야 한다.

② TSR과 연계에 따른 러시아의 협조 필수

TCR은 TSR과 반드시 연계되어야 하므로 TCR의 전체운임은 러시아측과의 협상 여하에 영향을 받기 때문에 경쟁관계인 TSR보다 현저하게 낮은 운임책정이 어려울 것이고, TCR 서비스에 대한 관계국간의 운영상 비협조, 원활한 집하활동의 제한, 컨테이너 환적 및 창고시설 등 물리적으로 국제화물운송에 부적합한 시설 등의 문제점으로 인해 TCR의 활성화에는 상당한 시간이 걸릴 것으로 보인다.

3. 복합운송증권

1) 복합운송증권의 의의

복합운송증권에 대한 정의는 1973년 I.C.C. 통일 규칙(Uniform Rules for Combined Transport Document) Rule 2.c.의 정의에서는 복합운송증권이라 함은 물품의 복합운송의 이행 및/또는 이행의 확보에 대한 계약을 증명하고, 또 그 표면에 "negotiable combined transport document issued subject to Uniform Rules for Combined Transport Document(ICC Brochure No.273)" 또는 "non-negotiable combined transport document issued subject to Uniform Rules for Combined Transport Document(ICC Brochure No.273)"라는 두문을 기재한 증권을 말한다.

또한 UN국제물건복합운송조약(1980년) 제1조 4항에서는 복합운송증권이라 함은 MTO(multimodal transport operator)에 의하여 물품이 인수된 것과 계약상의 조항에 따라 물품을 인도할 것을 약속한 복합운송계약을 증명하는 증권이다.

복합운송증권에 관한 UNCTAD/ICC(1992년) 2조 6항에서는 복합운송증권(MT Document)이란 유통가능한 형식으로 발행되는 것 또는 특정 수하인이 지정된 유통불가능한 형식으로 발행되는 것으로 복합운송계약을 증명하는 증권을 의미하며, 이를 관련 법규가 허용하는 경우 전자자료교환 메시지로써 갈음할 수 있다.[8)]

따라서 복합운송증권이란 복합운송계약에 의하여 운송물을 어느 한 나라의 수령장소로부터 다른 나라의 지정인도장소까지 적어도 두 가지 이상의 각각 다른 운송수단의 결합에 의하여 운송하는 것을 증명하는 서류로써, 복합운송인이 전운송구간에 걸쳐 일관운송의 책임을 지고 운송물의 멸실, 훼손이나 지연 등으로 인한 배상의

---

8) "Multimodal transport document(MT document)" means a document evidencing a multi modal transport contract and which can be replaced by electronic data interchange messages insofar as permitted by applicable law and be :
(a) issued in a negotiable form : or
(b) issued in a non-negotiable form indicating a named consignee.

책임을 부담할 것을 증명하여 복합운송인이 송하인의 청구에 의하여 송하인에게 발행하는 운송서류라고 할 수 있다.

2) 복합운송증권의 기능과 특성

(1) 복합운송증권의 기능

유통성 복합운송서류는 일반적인 선하증권의 기능과 마찬가지로 복합운송계약의 증거, 화물수취의 증거, 그리고 권리증권으로서의 기능을 지니고 있다.

(2) 복합운송증권의 특성

① 유가증권

권리증권성을 가지고 있는 유통성 복합운송서류는 선하증권과 동일한 물권적 효력과 채권적 효력 및 문언적 효력이 인정됨으로써 유가증권으로서의 기능을 가진다.

② 요인증권

권리증권인 복합운송서류는 운송계약에 의하여 운송물의 수령을 전제로 복합운송증권이 발행된다는 측면에서 요인증권이다.

③ 요식증권

운송물의 인도청구권을 행사하기 위하여 운송물의 실제와 증권면의 기재사항이 일치하여야 하므로 운송물의 동일성을 판단하기 위하여 일정한 기재사항을 기재하여야 하는 요식증권이다.

④ 대표증권

유통성 복합운송서류는 운송물을 대표한다는 측면에서 대표증권의 특성을 갖는다.

⑤ 문언증권

운송계약에 따라 화주와 운송인의 의무를 증권상에 기재된 문언에 의하여 이행된다는 측면에서 문언증권의 특성을 갖는다.

⑥ 지시증권

유통성 형식으로 발행되었을 때에는 배서에 의하여 양도가 가능하므로 지시증권의 특성을 갖는다.

⑦ 채권증권

복합운송서류의 소지인이 복합운송인에게 화물의 인도를 청구할 수 있기 때문에 채권증권의 특성을 갖는다.

⑧ 처분증권

복합운송서류는 증권에 표시된 운송물의 처분에 반드시 필요하므로 처분증권의 특성을 갖는다.

⑨ 유통증권

배서 또는 교부에 의해서 소유권이 이전되므로 유통증권의 특성을 갖는다.

⑩ 상환증권

복합운송서류의 소지인이 화주의 지위를 승계하여서 목적지에서 운송물의 인도청구를 할 때 운송물과 바꾸어야 하는 상환증권의 특성을 갖는다.

⑪ 인도증권

유통성 복합운송서류는 그 배서나 교부에 의하여 운송물을 인도한 것과 동일한 물권적 효력이 인정되므로 인도증권으로서의 특성을 가지고 있다.

이와 같이 유통성 복합운송서류는 일반적인 형태의 선하증권이 가지고 있는 기능과 특성을 가지고 있으나 몇 가지 다른 점이 있다. 선하증권의 경우 선적항과 양륙항을 기재하는 반면 복합운송서류에는 수령지와 인도지가 기재된다. 또한 선하증권은 본선적재를 표시하는 반면 복합운송서류는 수령지로부터 최종인도지까지 전운송구간을 운송인이 인수하였음을 증명한다.

▌서식 8-10▐ 복합운송 서류(Combined Transport Documents)

Consignor/Shipper

Consignee

Notify Party

Negotiable KIFFA
MULTIMODAL TRANSPORT BILL OF LADING

B/L No. YOSP0607014ZAN

Reg.No. 751

YOUNGONE SHIPPING CO.,LTD.
TEL:756-9600(REP.) FAX:756-5030

For delivery of goods please apply to:
CARGOZONE, INC
19550 DOMINGUEZ HILLS DR.
RANCHO DOMINGUEZ, CA 90220

TEL : 1-310-635-0003 FAX : 1-310-635-6511
ATTN : MAX CHOI

Pre-carriage by	Place of Receipt		
	BUSAN, KOREA		
Vessel/Voyage No. HD. EMPEROR 145E			
Port of Loading	Port of Discharge	Place of Delivery	Final Destination(For the Merchant Ref.)
BUSAN, KOREA	LONG BEACH, U.S.A.	ZANESVILLE, OHIO U.S.A	

PARTICULARS FURNISHED BY CONSIGNOR/SHIPPER

Container No. & Seal No. Marks and No.	No. & Kinds of Containers or P'kgs	Description of Goods	Gross Weight	Measurement
NO MARK NOSU2317547/1079875 ONE OF TWO PARTS	41PKGS PART OF 20 DV x 1	"SHIPPER'S LOAD & COUNT" SAID TO CONTAIN 41 PACKAGES OF 1. PIGMENT 2. OPP TAPE 60*100 3. RPM MITER SY-60 4. TIMING BELT 25*270L 5. VINYL BAG *P.O.#:J-069013/FL *SHIPMENT DOES NOT CONTAIN SOLID WOOD PACKAGING MATERIALS.	853.000KGS	3.000CBM

ON BOARD DATE
JUL 11,2006

COPY
NON-NEGOTIABLE

CY/CY "FREIGHT PREPAID"

Excess Value Declaration(Refer to § 1-4, 3) :

Total Number of Containers or Packages(in words)	SAY : PART OF ONE (20'X1) CONTAINER ONLY	Freight Payable at SEOUL, KOREA

Freight & Charges	Prepaid	Collect
FREIGHT PREPAID AS ARRANGED		

Received by the Carrier, the Goods specified herein in apparent good order and condition unless otherwise stated, to be transported to such place as agreed, authorized or permitted herein and subject to all the terms and conditions appearing on the front and reverse of this Multimodal Transport Bill of Lading(hereinafter called the 'K B/L') to which the Merchant agrees by accepting this K B/L, notwithstanding any local privileges, customs or any other agreements between the parties. The particulars of the Goods provided herein were stated by the shipper and the weight, measurements, quantity, condition, contents and value of the Goods are unknown to the Carrier. In witness whereof three(3) original K B/L(s) have been signed unless otherwise stated herein. If two(2) or more original K B/L(s) have been issued and either one(1) has been surrendered, all the other(s) shall be null and void. If required by the Carrier one(1) duly endorsed original K B/L must be surrendered in exchange for the Goods or delivery order.

Place and Date of Issue	No. of Original B/L	Signature
SEOUL, KOREA JUL.11,2006	THREE(3)	ACTING AS A CARRIER

B/L No.
YOSP0607014ZAN

YOUNGONE SHIPPING CO., LTD.

Authorized by KIFFA 1997(210×297mm)

MEMO

제9장

해상보험과 무역보험

제1절 해상보험
제2절 무역보험

해상보험계약체결

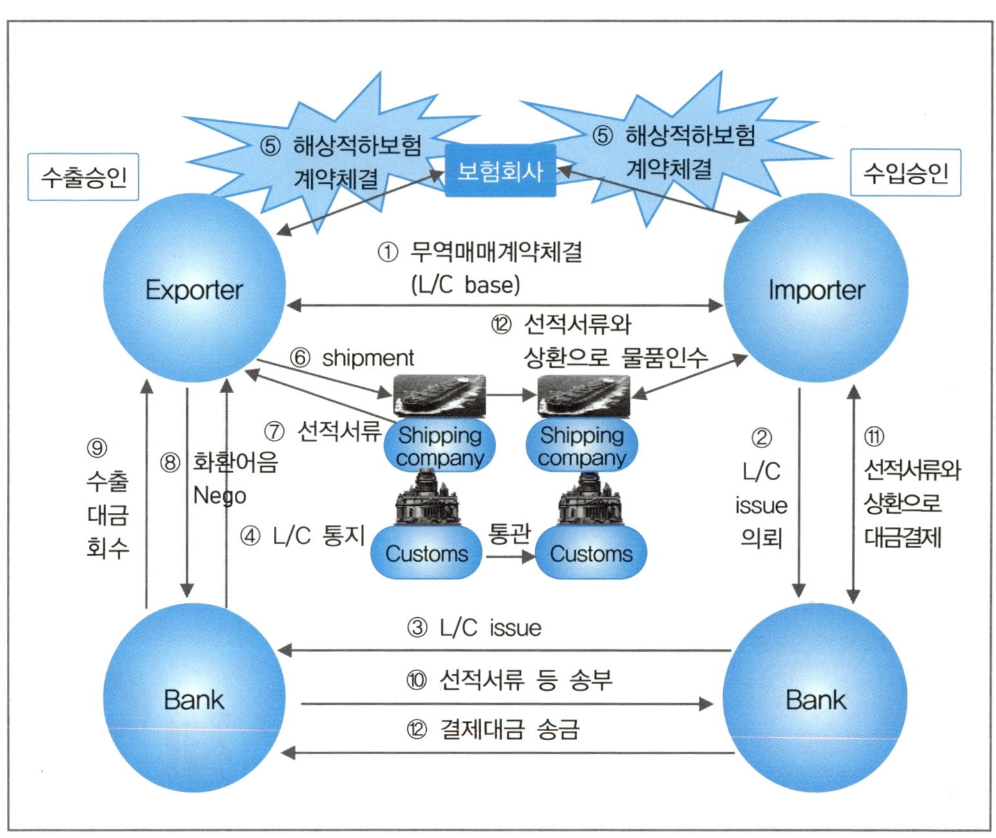
⑤ 해상적하보험 계약체결
보험회사
⑤ 해상적하보험 계약체결
수출승인
수입승인
Exporter
Importer
① 무역매매계약체결 (L/C base)
⑫ 선적서류와 상환으로 물품인수
⑥ shipment
⑦ 선적서류
Shipping company
Shipping company
⑨ 수출 대금 회수
⑧ 화환어음 Nego
④ L/C 통지
Customs
통관
Customs
② L/C issue 의뢰
⑪ 선적서류와 상환으로 대금결제
③ L/C issue
⑩ 선적서류 등 송부
⑫ 결제대금 송금
Bank
Bank

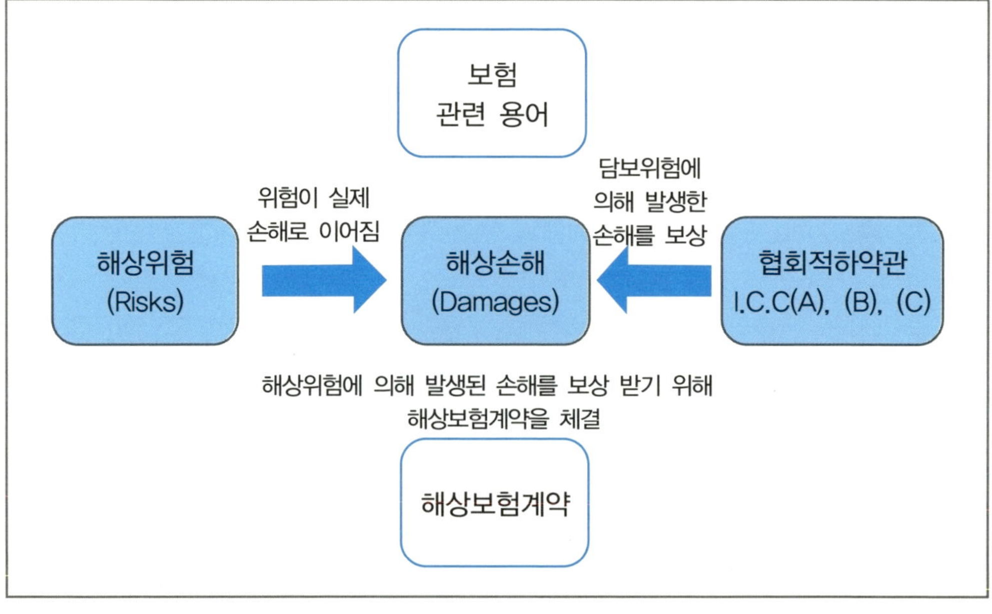
보험 관련 용어
해상위험 (Risks)
위험이 실제 손해로 이어짐
해상손해 (Damages)
담보위험에 의해 발생한 손해를 보상
협회적하약관 I.C.C(A), (B), (C)
해상위험에 의해 발생된 손해를 보상 받기 위해 해상보험계약을 체결
해상보험계약

제9장 해상보험과 무역보험

제1절 해상보험

1. 해상보험의 기초

1) 무역에 수반되는 위험과 위험회피방법

"No Risks, No Insurance"란 말과 같이 위험이 없으면 보험도 없다. 우연적으로 발생하는 위험에 대비한 손실을 보상받기 위해 보험이 요구된다.

필연적으로 발생하는 위험은 보험의 대상이 되지 않으며 우연적으로 발생할 수 있는 위험이 보험의 대상이다. 그리고 이 위험은 반드시 불가항력의 위험만을 의미하는 것은 아니다.

무역에 수반되는 위험과 그 위험에 대한 회피방법을 살펴보면 다음과 같다.

(1) 신용위험(credit risks)

수출업자가 계약에 일치된 물품을 수입업자에게 제공하였으나 수입업자로부터 그에 대한 대가로 대금을 결제 받지 못할 위험을 신용위험이라고 한다. 이러한 신용위험에 대해 수출업자는 대금결제방법을 신용장(Letter of Credit ; L/C)으로 하거나 한국무역보험공사에서 제공하는 수출보험 상품에 가입함으로써 해당 신용위험을 제거하거나 회피할 수 있다.

(2) 상업위험(commercial risks)

매수인인 수입업자가 계약물품에 대한 대금을 지급하였으나 계약에 일치된 물품을 매도인, 즉 수출업자로부터 받지 못할 위험을 상업위험이라고 한다. 이러한 상업위험을 회피하기 위해서는 우선 무역계약 체결 전에 사전적으로 거래상대방인 수출업자에 대한 철저한 신용조사를 통해 신뢰할 수 있는 당사자와 거래하는 것이 필요하다. 또한 계약 체결시 계약위반에 대한 손해배상청구방법 및 분쟁해결방법 등에 대해 정확하게 매매계약서에 반영할 수 있도록 하는 것이 필요하다.

(3) 비상위험(contingency risks)

비상(非常)위험은 거래상대국에 전쟁, 내란, 폭동, 외화유출금지령 등 다양한 비상사태가 발생할 경우 계약이행 및 대금결제가 이루어지지 못할 위험을 말한다. 일반적으로 비상위험은 수입국의 비상사태로 수출업자가 대금결제를 받지 못할 위험을 말하면 이러한 위험에 대해 한국무역보험공사의 수출보험상품에 가입함으로써 해당 신용위험을 제거하거나 회피할 수 있다.

(4) 운송위험(transportation risks)

운송위험은 운송 중 화물에 대한 손상 위험으로 국내거래의 경우에도 발생하지만 국제거래의 경우 장거리 운송이며 대부분 해상운송이 이루지고 있으므로 국내거래의 경우보다 훨씬 큰 위험에 노출되게 된다.

무역에서 운송 위험에 대해 화주는 운송되는 화물의 위험을 커버하기 위하여 적하보험에 부보함으로써 위험을 회피하고 있다.

(5) 환위험(exchange risks)

무역거래는 다른 국가 즉, 다른 통화(currency)를 사용하는 국가 사이의 계약이다. 이 경우 자국통화와의 교환비율인 환율(exchange rate)이 반드시 개입된다. 무역거래시에서 수출업자와 수입업자는 계약시 환율과 대금회수시 환율이 달라짐에 따라 각각 환차손 또는 환차익을 경험하게 되는데, 환차손을 겪을 위험을 환위험이라고 한다.

이러한 환위험을 회피하기 위하여 선물환계약(forward exchange contract)을 체결하거나 한국무역보험공사의 환변동보험에 가입할 수 있다.

환변동보험은 수출 또는 수입을 통해 외화를 획득 또는 지급하는 과정에서 발생할 수 있는 환차손익을 제거, 사전에 외화금액을 원화로 확정시킴으로써 환율변동에 따른 위험을 헤지(hedge)하는 상품이다. 이러한 환변동보험에 가입하게 되면 환위험 관리여건이 취약한 중소중견기업의 경우 환위험을 손쉽게 헤지할 수 있어 무역거래에 도움이 될 것이다.

참고 선물환 거래를 통한 환위험헤지 사례

- 계약시 환율 : US$ 1 = ₩1,000
- 대금지급 받을 당시의 환율 : US$ 1 = ₩900으로 변동하였을 경우
- 대금결제 금액 : US$ 1,000,000

(1) 선물환거래로 환위험헤지 하지 않은 경우

수출업자는 1US$당 100원의 환차손을 입게 될 것임.

즉, 대금결제 금액이 US$ 1,000,000로 원화로 10억원의 수출대금을 받을 것으로 예상하였으나 대금 결제 당시 900원으로 환율이 떨어짐에 따라 같은 US$ 1,000,000 이지만 원화로 환산할 경우 9억원이 되어 계약당시의 예상수익대비 1억원의 손실을 겪게 됨.

(2) 선물환거래를 통한 환위험헤지의 경우

환차손에 대한 위험을 헤지하기 위하여 수출업자는 계약당시에 선물환시장에서 대금 지급받을 날에 US$ 1,000,000를 매도하는 선물환 계약을 체결

선물환시장에서 형성된 환율이 만약 US$ 1 = ₩950원이었다면 선물환계약을 통해 대금 지급받은 US$ 1,000,000를 현물 시장의 US$ 1 = ₩900보다 50원 높은 가격으로 매도할 수 있으므로 1억원의 환차손을 5천만원의 환차손으로 그 위험의 정도를 어느 정도 낮출 수 있게 됨.

즉, 선물환계약을 통해 환위험을 일부 헤지(hedge)할 수 있게 됨.

2) 해상운송과 해상보험

해상운송은 화주가 운송인에게 운송료를 지불하고 운송인에게 화물을 인계하여 해당 화물의 운송을 의뢰한 것으로, 운송도중에 발생되는 화물에 대한 멸실 또는 손상의 위험은 원칙적으로 화물의 운송에 책임이 있는 운송인이 부담해야 한다. 그러나 화주와의 해상운송계약하에서 보통 운송인의 책임이 제한되어 있으며 운송인이 책임지지 않는 면책위험도 약관을 통해 규정하고 있어서 운송인에게 운임을 지불하

고 화물을 맡긴 화주입장에서는 여전히 화물에 대한 위험을 안고 있게 된다.

따라서 화주는 이러한 해상운송 중에 있는 화물에 대한 위험을 커버하기 위하여 보험회사와 적하보험계약을 체결하게 된다.

일반적으로 보험은 동일한 위험을 가진 사람들이 각자 자신의 위험 정도에 따라 자금을 각출하여 기금을 만든 다음, 실제 위험이 발생하여 손해를 입은 사람에게 그 기금에서 일정 금액을 지불하여 손해를 보상해 주는 경제 제도이다.

해상보험(Marine Insurance)도 마찬가지로, 해상위험, 즉 항해에 관한 사고로 인하여 경제적 손실을 입을 가능성이 있는 많은 사람들이 협조하여 각자의 위험정도에 따라 자금을 각출하여 하나의 공동재산을 만들어 그 중에서 항해 중 손해를 입은 사람이 생기면 그 손해를 보상해 주는 경제제도라 할 수 있다.

해상보험은 해상구간에서 발생할 수 있는 해상위험에 의해 실제 해상손해가 발생한 것에 대해 보험자의 해상보험약관에 따라 보상해 주는 것으로 해상위험, 해상손해, 해상보험약관이 핵심내용이다.

참고 보험회사의 보험료 책정과 분배원리

▣ 가칭〈컴퓨터 도난 · 파손보험〉의 보험료 산정 원리

(1) 손실율(loss ratio) 예측
컴퓨터가 도난, 파손될 손실율을 2%(2/100)로 예측
(컴퓨터 1대 가격: 2,000,000원)

(2) 보험회사의 총 해당 보험 상품 소요 경비 계산
보험회사의 경상비, 안전적립금 등 경비 - 500,000원
손실율 예측에 따른 컴퓨터 도난, 파손시 지급해야 할 보험금
- 컴퓨터 2대가격인 4,000,000원
보험운영에 필요한 총 기금액 - 4,500,000원
(컴퓨터 2대(4,000,000원)+경비(500,000원) = 4,500,000원)
* 안전적립금 - 운이 좋을 때는 전혀 사고가 나지 않지만 어떤 경우에는 2대를 초과하여 도난, 파손될 수 있으므로 이를 대비해서 보험종목마다 일정한 기금을 적립, 운영하는 금액

(3) 이 보험에 가입할 것으로 예상되는 피보험자 수 예측 - 100명

(4) 1인당 보험료 산정

총 기금액(4,500,000원) ÷ 가입 예상 피보험자수(100명) = 45,000원

(5) 실제 사고발생시 기금에서 보험금 지급

▣ 보험의 의의

- 경제적 — 동질적 위험을 결합함으로써 위험을 감소시키는 경제 제도
  위험의 결합을 통하여 불확실성(2% 손실율)을 확실성으로 전환시키게 됨(보험가입)
- 사회적 — 소수인(2명)이 입는 손실을 다수인(100명)이 부담하는 사회적 제도
- 법 적 — 법적계약을 통해 손실을 보상하는 법률적 제도
  보험사고시 보상 - 2,000,000원, 그 대가로 보험료 지급 - 45,000원
  불확실하지만 거대한 손실(2,000,000원)을 확실하고 적은 손실(45,000원)과 서로 교환하는 법적 계약
- 수리적 — 확률의 원리(1년에 2% 사고율)를 통해 미래에 발생하는 손실의 규모와 빈도를 예측하는 과학적 제도

3) 해상보험의 관계 당사자

(1) 보험자(insurer, assurer, underwriter)

보험자는 일반적으로 보험을 인수하는 보험회사를 말한다. 즉, 보험자는 보험업을 전문으로 하는 보험계약의 당사자이며 보험계약에 따라 위험을 인수하고 그 대가로 보험료를 받는 당사자이며 또한 담보위험에 의해 발생한 손해에 대해 보상을 약속한 자이다.

한국의 경우에는 보험 인수는 개인이 할 수 없고 보험회사가 보험자가 되어 보험을 인수하지만, 영국의 경우 개인보험업자(underwriter)가 여럿이 신디케이트(syndicates)[1]를 형성하여 보험을 인수할 수 있다.

(2) 보험계약자(insurance policy holder)

보험계약자는 보험계약의 주체로서, 보험자와 보험계약을 체결하고 보험료를 납부

1) 신디케이트(syndicates)는 기업 독점 형태의 하나이다. 즉, 몇 개의 기업이 하나의 공동 판매소를 두고 가맹 기업의 제품을 공동 판매 또는 공동 구입을 하는 조직이다. 영국의 경우 개인보험업자들이 거대한 위험을 나누어서 공동으로 위험을 인수하는 형태를 보이고 있다.

하는 자이다. 일반적으로 보험계약자는 피보험자와 동일하지만 그렇지 않은 경우도 있다. CIF 조건의 경우 매도인이 매수인을 위하여 적하보험계약을 체결하고 매수인은 해상운송구간에서 담보위험에 의한 보험사고 발생시 보험금을 받는 자이다. 즉, CIF 조건의 경우 보험계약자는 매도인이며 피보험자는 매수인이 되므로 보험계약자와 피보험자가 상이하다.

그러나 실무적으로는 CIF 조건의 경우에도 매도인이 피보험자이며 보험계약자가 되어 계약을 체결한 후 보험자로부터 발급받은 보험증권을 매수인에게 양도하는 방식으로 운영되고 있다. 또한 해상보험에 대한 국제법인 영국 해상보험법(MIA ; Marine Insurance Act)에서도 보험자와 피보험자의 개념은 있지만 보험계약자라는 용어는 없다.

(3) 피보험자(insured, assured)

피보험자는 피보험이익(insurable interest)을 갖는 자로, 보험사고 발생으로 피보험목적물이 손해를 입었을 경우 보험자로부터 보험금을 받는 자를 말한다.

(4) 보험대리점(insurance agent)

보험대리점은 특정 보험자, 즉 특정 보험회사를 위해 보험계약의 체결을 대리하는 자를 말한다. 즉, 특정 보험회사로부터 위임을 받아 이들을 위해서만 계속적으로 대리 업무를 수행하는 자를 말한다.

(5) 보험중개인(insurance broker)

보험중개인은 불특정보험자(보험회사)를 위해 독립적으로 보험계약의 체결을 중개하는 자를 말한다.

4) 해상보험의 기초 용어

(1) 피보험목적물(subject-matter insured)

피보험목적물은 보험의 목적이라고 하는데 위험발생의 객체를 뜻한다. 즉, 해상적하보험의 경우 화물, 선박보험의 경우 선박이 피보험목적물이 된다.

(2) 피보험이익(insurable interest)

피보험이익은 피보험목적물이 손실 또는 손상됨으로써 경제적 손실을 입게 되는 특정인이 갖는 이해관계로, 보험계약에 의거하여 보험자로부터 보호받는 이익이다. 즉, 보험계약에 의해 보호받는 것은 피보험목적물이 아니라 피보험이익이라고 할 수 있다.

예를 들어 해상적하보험하에서 보험사고 발생시 화물에 손실이 발생한 경우 보험자로부터 보호받는 이익인 피보험이익은 손실된 화물(피보험목적물)이 아니라 그 손실된 화물을 금전적으로 환산한 가치라고 할 수 있다.

보험계약이 효력을 발생하기 위한 피보험이익의 성립요건 3가지는 다음과 같다.

① 적법성

피보험이익은 적법해야 한다. 즉, 피보험이익이 적합하지 않고 법규에 위반되면 법의 보호를 받지 못하므로 보험계약은 무효가 된다. 마약과 같은 불법화물은 피보험이익으로의 적법성에 위배됨으로 보험계약을 통해 보호받지 못한다.

② 경제성

피보험이익은 금전으로 산정할 수 있어야 한다. 금전으로 산정할 수 없는 피보험이익은 보상해 줄 수 없으므로 이러한 경우 보험계약은 무효가 된다.

③ 확정성

피보험이익이 누구에게 있는지, 누구에게 귀속될 것인지 확정되거나 확정할 수 있어야 한다. 즉, 보험사고로 손해가 발생되었을 경우 피보험이익이 누구에게 있는지 확정되어 있어야 보험자로부터 보상을 받을 수 있기 때문이다.

이러한 피보험이익이 누구에게 있는지의 확정성은 보험계약시가 아닌 보험사고 발생시 확정되어 있으면 된다.

(3) 보험가액(insurable value)

피보험이익의 평가액으로 보험사고 발생 시 피보험자가 입을 수 있는 손해의 최고 한도액이며 보험자가 보상할 최고 손해액이다.

보험가액은 물가의 변동, 시간의 경과, 공간의 이동 등에 의해 계속 변동되나 보험계약을 체결할 때 당사자가 일정 금액으로 보험가액을 협정하고 이를 변하지 않는 것으로 하는데, 이를 “보험가액불변의 원칙”이라 한다.

(4) 보험금액(insured amount, sum insured)

보험금액은 보험사고가 발생했을 때에 보험자가 피보험자에게 지급하여야 할 최고보상한도액이며 실제로 부보된 금액으로 보험증권에 기재되어 있는 금액이다. 보험자는 이를 한도로 하여 보상책임을 부담하게 된다.

한편 보험금액이 보험가액보다 클 경우 초과보험(over insurance), 보험금액이 보험가액보다 작을 경우 일부보험(under insurance), 보험금액과 보험가액이 같을 경우 전부보험(full insurance)이라고 한다. 즉, 보험사고 발생시 보험자로부터 받게 되는 보상금액인 보험금액(150)이 피보험자가 입게 되는 손해의 최고한도액인 보험가액(100)보다 크다면 피보험자는 보험을 통해 손해액을 초과하는 보험금액을 받게 되므로 초과보험이라고 하며 반대로 피보험자가 입게 되는 손해의 최고한도액인 보험가액(100)보다 보험자가 보상해주는 보험금액(50)이 작을 경우 보험을 통해 손해액의 일부만 보상받게 되는 것으로 일부보험이 된다.

일반적으로 초과보험 상태로는 보험자가 보험을 인수하지 않으며 가격변동이 심한 피보험목적물의 경우 최초 보험가입 당시에는 초과보험이 아니었는데 가입 후 피보험목적물의 가격이 급락하여 보험금액이 보험가액을 초과하는 초과보험이 발생할 수는 있다.

(5) 보험료(insurance premium)

보험료는 보험자의 손해보상 약정에 대한 반대급부로 보험계약자가 보험자에게 지불하는 금전이다. 보험료는 보험금액(C.I.F. value × 110%)에 보험요율(premium rate)을 곱해서 산출되며 보험료율은 보험(가입)금액에 대하여 백분율(%)로 표시된다.

(6) 보험금(claim amount)

보험금은 보험사고 발생시 보험자가 피보험자에게 지불하는 금액이다. 즉, 담보위험에 의해 피보험목적물에 손해가 발생한 경우 보험자가 피보험자에게 지급하는 손해보상금이다.

(7) 보험기간(duration of insurance)

보험기간은 피보험목적물에 대해 보험자의 책임이 존속되는 기간으로, 보험자가 피보험자에게 손해보상의 책임을 져야하는 시간적 · 공간적 한계이다.

(8) 보험계약기간(duration of policy)

보험계약기간은 보험계약이 유효하게 존속되는 기간을 말한다. 일반적으로 보험계약기간과 보험기간은 거의 동일하나, 예정보험(open policy)의 경우에는 보험기간과 보험계약기간이 상이하다.

예정보험은 동일한 매도인과 매수인이 동일한 물품을 빈번하게 거래할 경우 매 거래시마다 적하보험계약을 체결하는 것이 번거로움으로, 일정한 기간을 정하여 한 번에 보험계약을 체결하는 것을 말한다.

예를 들어 포괄예정보험을 1년을 기간으로 하여 보험계약을 체결하게 되면 보험계약기간을 1월 1일에서 12월 31일까지 365일의 기간이 되지만 보험기간은 실제로 보험자가 피보험목적물에 대한 책임이 존속되는 기간이므로 선적으로 위해 창고 등에서 처음으로 움직인 때부터 통상의 운송과정을 통해 목적지에 도착하여 책임이 종료되는 시점까지의 기간만을 의미한다. 따라서 365일인 보험계약기간과 보험기간은 정확히 일치하지는 않게 된다.

(9) 담보(warranties)

담보는 피보험자가 보험자에게 반드시 준수하고 이행해야 할 약속사항을 말한다. 즉, 피보험자가 특정한 일을 행하거나 행하지 않을 것, 또는 특정한 조건을 구비하거나 특정한 사실 상태의 존재를 긍정, 부정하는 약속사항을 말한다. 피보험자가 담보를 위반할 경우 보험자는 보험계약을 무효화할 권리를 갖는다.

이러한 담보에는 명시담보와 묵시담보가 있다.

① 명시담보(express warranties)

담보 내용이 보험증권에 명시되거나 별도로 인쇄된 서류를 증권에 첨부하는 형식의 담보를 말한다. 해상보험의 경우 피보험목적물의 안전에 대한 담보(warranty of good safety)가 대부분이다.

② 묵시담보(implied warranties)

보험증권에 명시되어 있지는 않으나 묵시적으로 약속하는 것으로, 감항성 담보(implied warranty of seaworthiness)나 적법성 담보 등이 이에 해당된다.

2. 해상보험계약(marine insurance contract)

1) 해상보험계약의 의의와 성립

해상보험계약은 보험자가 피보험자에게 계약에 의하여 합의된 방법과 범위 내에서 해상손해, 즉 항해사업에 부수하여 직접적으로 혹은 간접적으로 발생하는 손해를 보상할 것을 확약하는 계약이다.

다시 말해 해상보험계약은 항해사업에 부수되는 손해에 대하여 보험자가 보상하며 보상하는 손해는 보험계약체결시 정해진 보상의 방법과 범위에 따라 보험자가 손해를 보상하는 계약이다.

이러한 해상보험계약은 보험자와 피보험자 사이에 이루어지며 계약당사자 계약자유의 원칙에 따라 불요식으로 이루어지며, 어느 일방이 제시한 조건에 대하여 타방이 무조건 승낙함으로 계약이 체결되는 낙성계약의 성격을 갖는다.

2) 해상보험계약의 성질

(1) 낙성계약(consensual contract)

낙성계약은 어느 일방이 제시한 조건에 대해 타방이 무조건적으로 승낙함으로 계약이 성립되는 계약의 성질을 말한다. 보험계약은 보험자가 피보험자(보험계약자)에게 보험조건을 제시하면 그에 대해 피보험자(보험계약자)가 승낙하므로 계약이 성립된다.

(2) 불요식계약(informal contract)

당사자 간에 의사의 합치만 확인되면 계약에 특정한 요식이 요구되지 않고 구두나 행위 또는 서명 등에 의하여도 계약이 성립되는 것을 말한다. 보험계약은 청약과 승낙에 특별한 요식을 요구하지 않는다.

(3) 유상계약(remunerative contract)

유상계약은 계약의 당사자가 서로 대가를 주고받을 것을 약속하는 계약을 말한다. 보험계약은 보험계약에서 합의한 방법과 범위 내에서 보험자가 피보험자에게 손해보상을 약속한 대가로 보험계약자가 보험료를 지불하는 상호간의 대가관계가 있는 유상계약이다.

(4) 쌍무계약(bilateral obligation contract)

쌍무계약은 계약 당사자 상호간에 의무관계가 있는 계약을 말한다. 보험계약하에서 보험자는 손해보상의 약정의무 등을, 피보험자(보험계약자)는 보험료 납부 등의 의무를 부담하는 계약이다.

(5) 부합계약(adhesive contract)

부합계약은 계약 당사자의 한쪽이 계약 내용을 미리 결정하여 다른 한쪽은 계약 내용을 결정할 자유가 없는 계약을 말한다. 보험계약은 보험자가 결정한 보험약관에 대해 보험계약자가 이것을 포괄적으로 승인함으로써 효력이 발생하는 계약이다. 보험계약의 내용은 예상손해율, 예상가입자 수 등 다양한 예측을 통해 보험조건과 보험료를 산출한 것으로 보험자와 보험계약자가 보험내용을 하나하나 합의하여 결정할 수 없기 때문에 보험자가 미리 보험약관을 작성하여 제시하면 이에 대해 보험계약자가 승낙함으로써 계약이 성립되고 있다.

(6) 유인계약(causal contract)

계약을 성립시키는 원인으로 된 사실이 법률상 존재하지 않을 경우에 효력이 없어지게 되는 성질의 계약이 유인 계약이며, 그렇지 않은 계약을 무인 계약이라고 한다.

보험계약의 청약과 보험자의 손해 보상약정이 서로 원인과 결과와의 관계로 연결되어 있다.

(7) 유한책임계약

유한책임계약은 계약에 따른 책임의 한계가 있는 계약을 말한다. 보험계약은 보험자의 손해보상책임의 한계가 약관을 통해 정해져 있는 계약이다.

(8) 최대선의(utmost good faith) 계약

최대선의계약은 계약에 임함에 있어 당사자들은 최대한 선의를 가지고 임해야 하는 것으로, 모든 계약은 최대선의 계약을 원칙으로 한다. 보험계약은 특히 보험자가 피보험자(보험계약자)로부터 제공받은 피보험목적물에 대한 정보를 근거로 보험계약을 체결하게 되므로 최대한 착한 의도를 가지고 계약에 임하지 않을 경우 사기의 위험이 상존한다.

3) 해상보험계약의 당사자 의무

(1) 보험자의 의무

① 보험증권교부의 의무

보험자는 보험계약자의 청구에 의하여 보험증권을 교부할 의무가 있다. 보험증권의 교부방법은 직접전달 혹은 우편에 의한 송달이 일반적이며, 송달비용과 위험은 보험자가 부담한다.

② 손해보상의 약정의무

보험자는 보험사고 발생시 손해를 보상하는 약속을 보험계약자(피보험자)에게 할 의무가 있다. 이는 보험계약자가 보험료를 납부하는 의무에 대한 반대급부로 보험자가 부담하는 쌍무적인 의무이다. 이러한 보험자의 손해보상의 약정의무를 근거로 실제 보험사고 발생시 보험자는 피보험자에게 보험금을 지급하게 된다.

물론, 운송 중에 손해가 발생하지 않았거나 사고 없이 보험기간이 경과되었다면 보험자는 이러한 의무를 부담할 필요가 없다. 그 이유는 이미 보험자는 위험부담이라는 급부를 행하였기 때문이다.

③ 보험료반환의 의무

보험자는 보험계약의 전부 혹은 일부가 무효인 경우 보험료의 전부나 일부를 반환할 의무가 있다. 다만 보험자가 이러한 의무를 부담하는 것은 보험계약이 선의로 이루어진 경우나 보험계약자와 보험자가 중대한 과실이 없는 경우를 조건으로 하고 있다.

이러한 보험료반환의무는 예를 들어 보험자나 피보험자의 귀책사유가 없는 어떤 외적인 문제로 항해가 중간에서 중단된 경우 최초 보험자가 약정한 손해보상 약정구간과 기간이 줄어들게 되어 이미 납부한 보험료 중 이러한 부분에 해당되는 보험료 즉, 미경과보험료를 피보험자에게 반환할 의무를 의미한다.

(2) 보험계약자 혹은 피보험자의 의무

① 보험료 지급의 의무

보험자의 손해보상 약정에 대한 쌍무적 의무로 보험계약자 또는 피보험자는 보험료를 지급할 의무를 부담한다. 원칙적으로 보험료의 지급의무자는 자신을 위한 계약이든 타인을 위한 계약이든 모두다 보험계약자가 되나, 이러한 보험계약자의 파산선고나 지급지체시 보험자는 피보험자에게 이를 청구할 수 있다. 지급방법은 일부지급 혹은 분할지급방식이 많이 이용되며, 지급시기는 보험자가 보험증권을 발행하여 교부할 때 이행되어야 한다.

② 고지의무

해상보험계약은 최대선의에 의한 계약이기 때문에 최대선의가 한 당사자에 의해 깨질 때 타방은 계약을 취소할 수 있다. 따라서 보험계약을 체결할 때 보험계약자 혹은 중개인은 보험자에게 보험계약의 인수 여부 또는 계약내용의 결정에 영향을 줄 수 있는 모든 중요한 사실을 고지하여야 한다. 이를 "고지의 의무"라 한다.

보험계약자에게 고지의무를 부여하는 이유는 보험자 자신이 화물의 상태나 성질을 잘 모르고 있고, 보험자가 모든 중요한 사항을 일일이 점검하는 부담을 덜어 주기 위한 것이다.

③ 위험의 통지의무

- 위험의 변경 혹은 증가의 통지의무
  보험기간 중에 보험계약자나 보험자에게 책임을 돌릴 수 없는 사유로 보험계약 체결시 불변으로 예측하여 계약된 위험이 변동 혹은 증가되었다면 보험계약자는 이를 지체없이 보험자에게 통지하여야 의무를 부담한다. 만일 이러한 통지의무를 태만히 했을 경우에는 보험자가 그 사실을 안 날로부터 1개월 내에 계약해지[상법 652조(위험변경증가의 통지와 계약해지)]가 가능하다. 물론 보험자가 그 사실을 알고도 해지하지 않을 때에는 보험자가 증가된 위험 및 변경된 위험을 인수한 것으로 간주한다.

- 손해발생의 통지의무
  보험계약자는 운송 중에 보험사고가 발생하면 그 손해사실을 지체없이 보험자에게 통지하여야 할 의무가 있다. 그러나 보험자가 부담하는 보험사고로 인한 사고발생의 경우에만 통지의무가 있고, 항해손해가 발생하였다 하더라도 보험자의 면책사유로 인한 사고의 손해라면 통지하지 않아도 된다.
  이렇게 계약자에게 통지의무를 부과하는 목적은 사고사실에 대한 통지가 없는 한 보험자는 알지 못하기 때문에 이를 통지함으로써 보험자에게 손해의 방지 혹은 경감조치를 강구할 기회를 부여하거나 손해보상의 준비를 하도록 하기 위함이다.
  통지의무를 위반하여 보험자에게 손해를 끼쳤을 경우에는 보험자는 이에 대한 손해배상을 청구할 수 있으며 보험금에서 공제할 수도 있다.

④ 손해방지 혹은 손해경감의 의무

피보험자는 화물손해를 가장 잘 보호해야 할 입장에 있기 때문에, 피보험자는 피보험이익의 보호에 상당한 주의력과 신의성실의 원칙 및 공익적 차원에 입각하여 손해를 방지하거나 경감하기 위한 합리적인 조치를 강구할 의무가 있다. 이때 손해의 방지는 손해의 발생을 저지하는 것이며, 경감은 이미 발생한 손해를 제거하는 것이다.

손해방지 및 경감의무는 피보험자의 모럴 헤저드(Moral Hazard)와 관련이 있다. Moral Hazard는 법과 제도적 허점을 이용하여 자기 책임을 소홀히 하거나 집단적인 이기주의를 나타내는 상태나 행위라고 정의하고 있다. 보험에서는 보험사고가 발생한 경우 피보험자는 이미 보험에 가입하였기 때문에 그 손해에 대해 보험자로부터 보험금을 받을 수 있으므로 피보험자는 해당 보험목적물의 손해 방지나 경감을 위한 노력을 기울이지 않으려는 유인이 있다. 이와 같이 고의성이 강하지는 않더라도 보험에 가입되어있기 때문에 충분히 주의를 기울이지 않는 행동을 보험에서의 Moral Hazard라 할 수 있다. 이러한 Moral Hazard를 통해 손해방지 및 경감의무를 해태할 경우 보험자가 지불해야 하는 손해보상금액이 상승하게 되며 이는 보험료의 상승으로 이어져 전체적으로 사회적 비용이 상승하는 문제를 야기 시킬 수 있다.

따라서 손해방지 및 경감을 피보험자의 의무로 하게 되면 Moral Hazard를 통한 불필요한 사회적 비용을 야기 시키는 것을 미연에 방지하게 된다.

▌표 9-1▐ 피보험자(보험계약자)와 보험자 의무

피보험자(보험계약자) 의무	보험자 의무
▸보험료 지급 의무 ▸고지의무(보험계약체결 전) ▸통지의무(보험계약 체결 후) - 위험의 변경 혹은 증간에 대한 통지의무 - 손해방생에 대한 통지의무 ▸손해방지 혹은 손해경감 의무	▸보험증권 교부 의무 ▸손해보상의 약정 의무 ▸보험료(미경과 보험료) 반환의무

3. 해상위험

1) 해상위험의 개념

해상보험계약은 보험자가 피보험자에게 손해보상을 약정한 범위내에서 발생한 해상손해(damage or loss on the sea), 즉 항해사업과 관련하여 발생하는 손해를 보상할 것을 확약하는 손해보험계약이다.

위험이 없으면 손해가 있을 수 없으며 또한 해상보험계약에 따른 보상도 있을 수 없다. 따라서 해상보험은 운송 중 발생 가능한 해상위험을 전제로 한다.

영국 해상보험법(Marine Insurance Act 1906, MIA) 제3조에서 해상위험을 다음과 같이 정의하고 있다.

"해상위험은 항해에 기인 또는 부수하는 위험으로, 즉 해상고유의 위험, 화재, 전쟁위험, 해적, 표도, 강도, 포획, 나포, 왕후 및 국민의 억지, 억류, 투하, 선원의 악행 등 동종의 위험 또는 보험증권에 기재되는 기타 일체의 위험을 의미한다."

Marine Insurance Act 1906

3. Marine adventure and maritime perils defined

(1) --------

(2) --------

"Maritime perils" means the perils consequent on, or incidental to, the navigation of the sea, that is to say, perils of the seas, fire, war perils, pirates, rovers, thieves, captures, seisures, restraints, and detainments of princes and peoples, jettisons, barratry, and any other perils, either of the like kind or which may be designated by the policy.

2) 해상위험의 요건

보험자가 보상하는 손해의 발생원인이 되는 위험은 다음과 같은 요건을 갖추어야 한다.

첫째, 해상보험에서 보험자는 담보위험에 의한 손해를 보상하기 때문에 위험은 손해의 원인이 되어야 한다.

둘째, 위험은 그 발생이 우연적이어야 한다. 따라서 반드시 손해를 발생시키는 위험, 이미 발생한 위험, 고의적인 위험은 보험의 대상이 되지 않는다.

셋째, 위험은 반드시 불가항력(force majeure)적인 것이어야 할 필요는 없다.

3) 해상위험의 종류

해상위험은 해상구간에서 발생하는 위험만을 말하는 것이 아니라 항해사업과 관련하여 발생하는 위험을 말한다. 따라서 해상위험의 범위는 해상고유의 위험뿐만 아니라 항해와 관련한 육상위험(inland risks) 및 내수 위험(inland water risks)도 포함된다.

(1) 해상고유의 위험(perils of the sea)

해상고유의 위험은 해수의 작용을 원인으로 해서 해상에서 우발적으로 발생하는 사고의 원인을 말한다. 대표적인 해상고유의 위험은 침몰(sinking), 좌초(stranding), 충돌(collision)이 있으며 이를 "SSC 위험"이라고 한다. 그 외에 악천후와 선박의 행방불명 등이 있다.

① 침몰(sinking) 및 전복(capture)

침몰은 선박이 부력을 상실하고 수중에 가라앉아 항해가 불가능한 상태를 말하며 초과적재나 선박의 불내항 등에 의한 침몰은 제외한다. 전복은 해상에서 선박이 뒤집혀지는 위험을 말한다.

② 좌초(stranding) 및 교사(grounding)

좌초는 선박이 암초나 그 밖의 견고한 물체에 얹혀 일정기간 진퇴가 불가능한 상태를 말하며, 교사는 모래나 진흙 등과 같이 부드러운 물체에 걸쳐 일정기간 진퇴가 불가능한 상태를 말한다.

③ 충돌(collision)

충돌은 선박과 다른 선박간의 충돌뿐만 아니라 난파물, 암벽 등 일체의 다른 물체와 직접적으로 접촉하는 것을 말한다.

④ 풍파의 이례적인 작용과 악천후

해상에서 발생하는 풍파의 이상적인 작용(extraordinary actions of winds and waves)과 악천후(heavy weather)도 해상고유의 위험에 속한다.

⑤ 선박의 행방불명(missing ship)

선박의 행방불명은 항해 중 상당한 기간이 경과한 후에 그 선박에 대한 소식이 없는 경우로, 이 경우 현실전손으로 간주될 수 있다.(MIA 제58조)

(2) 항해에 부수하는 위험(the perils incidental to the navigation of the sea)

항해에 부수하는 위험은 해상고유의 위험을 제외한 항해와 관련된 위험으로 해상위험, 전쟁위험, 기타 일체의 위험으로 구분할 수 있다.

① 해상위험(perils on the seas)

화재(fire), 투하(jettisons), 선장 또는 선원의 악행(barratry of master or mariner), 해적행위(pirates)나 표도(rovers), 강도(thieves) 등을 말한다.

② 전쟁위험(war perils)

전쟁(war), 포획(captures), 나포(seizures), 군주와 국민의 억류 및 억지(restraints and detainments of princes and peoples) 등을 말한다.

③ 기타 일체의 위험들(all other perils)

동종 제한의 원칙에 따라 앞에서 열거한 위험과 동종의 유사한 기타 일체의 위험들을 말한다.

4) 담보위험과 면책위험

담보위험은 보험자가 보상해 주는 위험으로, 담보위험의 범위는 보험조건에 따라 달라지며 범위가 넓을수록 보험자의 책임이 늘어나 보험요율이 증가하게 된다.

면책위험은 손해 발생시 보험자가 책임지지 않는 위험을 말한다.

5) 열거책임주의와 포괄책임주의

(1) 열거책임주의(한정책임주의)

보험자가 보상해 줄 위험을 열거한 후 열거된 위험에 대해 보상하게 되는 책임원칙이다.

신협회적하약관 ICC (B), ICC (C)가 열거책임주의에 따라 보험자의 책임을 규정한 것으로, 명시된 손해만을 보험자가 보상하기로 약속하고 있다. 사고를 야기 시킨 가장 효과적인 원인이 담보위험에 속한다는 사실을 피보험자가 입증해야 보상이 된다.

(2) 포괄책임주의

보험자의 책임범위가 기술된 면책사항 이외의 모든 위험을 책임지는 방식의 책임원칙이다. 신협회적하약관 ICC (A)가 포괄책임주의에 따른 것으로, 보험증권에 면책위험을 명시하고 이를 제외한 모든 위험을 담보할 것을 약속하고 있다.

담보위험에 의한 손해발생의 입증책임과 관련하여 피보험자는 보험목적물이 손해를 입었다는 사실만을 입증하면 되고, 보험자가 면책을 주장하기 위해서는 그 손해가 면책위험으로 인한 손해라는 사실을 입증해야 한다.

4. 해상손해

1) 해상손해의 의의

해상손해는 항해사업에 관련된 화물이나 선박 등 피보험목적물이 해상위험의 발생으로 인하여 전부 또는 일부가 멸실 또는 손상되어 피보험자에게 경제적 불이익을 초래한 것을 말한다. 따라서 광의의 해상손해는 피보험목적물의 손해인 물적손해와 비용손해 등을 포함하는 의미이다.

2) 해상손해의 종류

해상손해는 손해형태에 따라 물적손해와 비용손해로 구분하고, 물적손해는 다시 손해의 정도에 따라 전손과 분손, 손해의 성격에 따라 현실전손, 추정전손, 단독해손, 공동해손 등으로 구분된다.

(1) 물적손해

물적손해는 보험목적이 멸실 또는 손상으로 인한 직접 손해를 말하여, 이를 실체적 손해라고도 한다. 물적손해는 크게 전손과 분손으로 구분한다.

① 전손(total loss)

전손은 피보험목적물 전부가 담보위험에 의해서 멸실되거나 손상정도가 심해서 구조나 수리비용이 부보된 금액보다 많은 경우이다.

ⓐ 현실전손(actual total loss)

현실전손은 절대전손이라고도 하며 보험의 목적이 파괴된 경우, 부보된 종류의 물건으로서 존재할 수 없을 정도로 심한 손상을 입은 경우, 선박이나 적하 등이 충돌, 침몰, 좌초 등으로 완전히 파괴되어 복구가능성이 전혀 없는 상태, 피보험자가 보험의 목적을 탈취당하여 회복할 수 없게 된 경우, 위험에 당면한 선박이 행방불명이 되었을 때 또는 상당한 기간이 경과되어도 그 소식을 알 수 없을 때가 이에 해당된다. 또한 보험 목적물의 성질이 변하여 가치가 없어진 경우도 현실전손에 해당된다. 예를 들어 시멘트가 해수의 침투로 인해 굳어서 사용할 수 없게 된 경우가 이에 해당된다.

ⓑ 추정전손(constructive total loss)

추정전손은 전손의 한 형태이지만 현실적 전멸은 아닌 경우를 말한다. 즉, 전손은 아니지만 손해정도가 심하여 현실전손과 경제적으로 동일시 할 수밖에 없는 경우를 말한다. 추정전손은 해상보험에만 존재하는 손해이다.

예를 들어 태평양 한 가운데서 선박이 좌초되어 선박의 일부만 남아 있는 경우 그 선박을 인양하여 육지로 이동 후, 수리하는 비용은 보통 전손보험금 보다 훨씬 많이 발생하게 되어 보험자가 전손으로 간주해 주게 된다.

영국해상보험법에 의하면 보험증권에 명시된 특약이 있는 경우를 제외하고 보험목적의 현실전손이 불가피하다고 생각되기 때문에, 또는 비용을 지출하지 않으면 현실전손을 면할 수 없기 때문에 보험의 목적을 정당하게 위부(abandonment) 한 경우에는 추정전손이 있다고 규정하고 있다.

선박 또는 화물의 점유를 박탈당하여 회복할 가망이 없거나 그것을 회복하는 비용이 회복한 후의 가액을 초과할 것이 예상되는 경우와 선박의 수리비가 수리 후의 선박가액을 초과할 것이 예상되는 경우 및 화물의 수리비와 목적지까지 운반비가 도착 후의 화물가액을 초과할 것이 예상되는 경우가 이에 해당된다.

② 분손(partial loss)

분손은 피보험목적물의 일부만이 손상을 입는 경우이다. 분손은 다시 단독해손과 공동해손으로 구분된다.

ⓐ 단독해손손해(particular average loss)

분손 중 공동해손이 아닌 손해로서, 이것은 손해를 입은 자가 단독으로 부담하는 손해이다. 이러한 단독해손은 해손정산인협회에서 정해진 실무규칙에 따라 해손정산인들에 의해 그 손해액이 사정된다.

적하의 경우 단독해손으로 인정될 수 있는 손해는 ① 악천후에 의한 선박으로의 해수 유입, ② 선박의 장애물과 접촉, ③ 화재에 의한 화물의 분손, ④ 악천후에 의한 화물의 파손, 누손에 의한 손해 등이다. 한편, 피보험자가 단독해손으로 보상받기 위해서는 손해가 담보위험에 의해 우연적으로 발생하여야 하며, 인위적, 능동적인 손해여야 한다.

ⓑ 공동해손손해(general average loss)

- 공동해손손해의 의의

  본선이 폭풍우로 좌초되어 침몰의 위기에 있을 때 공동의 위험을 회피할 목적으로 선장이 고의로 적하의 일부를 투하시킴으로써 배를 가볍게 하거나 다른 위험탈출조치를 강구하는데 소요되는 비용을 지불함으로써 위험을 모면한 경우 그들이 받은 혜택의 정도에 따라 부담하는 희생적 공동해손손해(general average sacrifice)와 위험탈출조치에 소요된 공동해손비용(general average expenditure)을 공동해손이라 한다.

- 공동해손행위의 성립요건

첫째, 위험의 공동성이다. 공동해손이 성립되기 위한 요건은 항해단체 전원에게 위험이 존재하여야 한다. 따라서 한쪽 이해 당사자의 안전을 위한 비용지출은 공동해손비용이 아니다.

둘째, 처분의 자발성 혹은 임의성이다. 즉, 공동해손으로 인정되기 위해서는 손해의 발생이 우연이 아닌 의도적, 고의적이어야 한다. 다시 말해 그 처분이 우연성이 개입하지 않고 행위자의 고의적인 판단에 의하여야 한다.

셋째, 처분의 합리성(reasonableness)이다. 즉, 공동해손으로 인정되기 위해서는 그 처분이 적정해야 함을 의미한다. 따라서 선박이나 적하의 불합리한 희생이나 불합리하고 과도한 경비지출은 공동해손으로 인정되지 않는다.

넷째, 이례적인(extraordinary) 희생이나 비용이다. 즉, 공동해손의 행위는 재산손해나 비용지출에 있어 그 행위가 이례적이어야 한다.

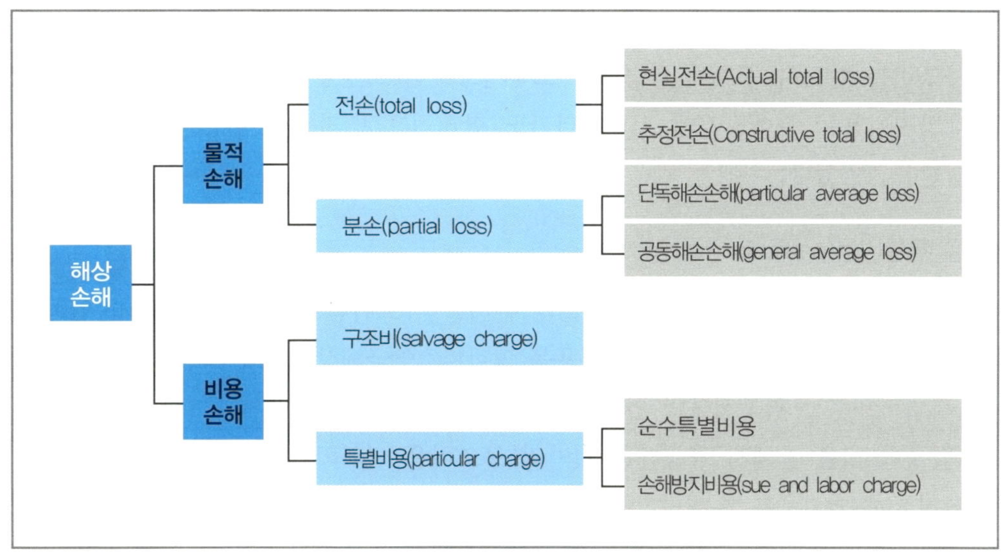

▮그림 9-1▮ 해상손해의 종류

- 공동해손손해의 구성

  공동해손은 공동해손희생손해(general average sacrifice)와 공동해손비용손해(general average expenditure)로 구분된다. 전자는 적하의 경우에, 투하, 선박의 소화(消火)작업시 물에 의한 손해, 임의좌초에 의한 손해, 좌초된 선박의 중량을 경감하기 위한 투하와 이로 인한 손해 등이 속한다.

  후자는 현실적인 공동위험을 회피하기 위해 지출되는 제비용으로, 여기에는 구조비용(salvage) 피난항비용(expenses at post of refuse), 대체비용(substituted expense), 자금조달비용, 정산비용 등이 있다.

(2) 비용손해

비용손해는 구조비용과 특별비용으로 나눌 수 있으며 특별비용은 다시 순수특별비용과 손해방지비용으로 나눌 수 있다.

① 구조비용(salvage charges)

구조비는 해난에 봉착한 재산에 발생할 가능성 있는 손해를 방지하기 위하여 계약에 의하지 아니하고 구조한 자에게 해상법에 의하여 지불하는 보수로서 이 비용은 보험자가 피보험자를 대신하여 구조자에게 지불하게 된다. 통신이 발달한 오늘날에 있어서 구조는 거의가 구조계약에 의해 행해지며 이 경우의 구조비는 여기서 말하는 구조비가 아니고 손해방지비용 또는 공동해손비용으로 취급된다.

구조비는 반드시 구조에 성공해야 보험자로부터 보상을 받을 수 있다. 이에 비해 손해방지비용는 손해방지에 실패하더라도 합리적으로 지출한 비용은 보험자로부터 보상받을 수 있다.

② 특별비용(particular charges)

특별비용은 일반적으로 보험목적물의 손해를 담보위험으로부터 방지하기 위해 피보험자 혹은 그 대리인이 지출한 비용을 말한다. 영국해상보험법 제64조 2항에 의하면 특별비용은 보험목적물의 안전이나 보존을 위하여 피보험자나 그의 대리인에 의해 발생한 비용 중에서 공동해손비용 및 구조비용 이외의 비용으로 정의하고 있다.

이러한 특별비용은 손해방지비용과 순수특별비용으로 다시 나눌 수 있다.

ⓐ 손해방지비용(sue and labor charges)

손해방지비용은 보험목적의 손해를 방지 또는 경감하기 위하여 피보험자 또는 그의 사용인 및 대리인이 적절하고 합리적으로 지출한 비용을 말한다. 이 비용은 보험금과 합하여 보험금액을 초과하더라도 보상되며, 당해 보험목적의 이익만을 위하여 소요된 비용이어야 한다. 주로 목적지에 도착하기 전에 지출되는 비용을 말한다.

ⓑ 순수특별비용

순수특별비용은 손해의 평가와 관련하여 목적지에서 지출되는 비용을 말한다. 적하보험에서는 손해방지비용을 제외한 특별비용을 부대비용이라 한다. 부대비용에는 손해조사비용, 판매비용, 재포장비용 및 재조정비용 등이 있는데 대부분 화물에 일부 손상이 발생한 경우 생기는 비용들이다.

손해조사비용(loss survey charges)은 손해가 발생하였을 경우 손해액사정인에 의해서 손해의 원인 및 정도를 조사하는데 소요되는 비용으로, 당해 손해가 보험자에 의해 부담되어질 성질의 손해인 경우에 한하여 보험자가 보상한다. 판매비용은 화물의 일부가 손상되어 중간에서 이를 매각처분할 경우 발생하는 비용을 말한다. 재포장 및 재조정비용은 손상품을 재정비하는데 소요되는 비용을 말한다. 선박보험에서는 실무적으로 분손과 관련되는 비용을 모두 수리비에 포함시키기 때문에 적하보험에서처럼 특별비용이 발생하지 않는다.

3) 위부와 대위

(1) 위부(委付, abandonment)

위부는 추정전손의 경우 피보험자가 전손보험금을 청구하기 위해서 피보험목적물의 잔존가치와 제3자에 대한 구상권 등 일체의 권리를 보험자에게 넘기는 행위를 말한다.

이러한 위부에 대해 보험자는 위부를 승낙할 수도 있고 거절할 수도 있다. 승낙하는 경우 권리를 이전받고 전손보험금을 지급하게 되며 거절하게 되면 분손으로 처리하게 된다.

위부는 추정전손의 경우에만 적용된다.

(2) 대위(代位, subrogation)

대위는 보험자가 피보험자에게 보험금을 지급한 경우 보험금의 범위내에서 피보험목적물에 대한 일체의 권리와 손해발생에 과실이 있는 제3자에 대한 구상권 등을 승계하는 것을 말한다. 만약 보험자가 대위권 행사로 자신이 지급한 보험금 이상으로 회수했다면 그 차액을 피보험자에게 돌려주어야 한다.

위부는 추정전손의 경우에만 적용되지만 대위는 전손과 분손에도 적용된다. 보험자의 대위권의 한계는 자신이 지급한 보험금이다.

▮표 9-2▮ 위부와 대위 비교

	대 위	위 부
손해의 종류	분손, 전손	추정전손
보험금 지급시기	보험금을 지급받은 후에 대위함.	위부 후에 전손보험금이 지급됨.
권리범위	보험금을 지급한 범위 내(內)	잔존물에 대한 일체의 권리
승낙 여부	승낙 여부에 상관없이 보험자에게 이전	승낙 - 잔존물의 모든 권리 보험자에게 이전 거절 - 분손보험금만 지급, 대위권 승계

5. 해상보험증권

1) 해상보험증권의 의의

보험증권(Insurance policy)은 보험계약의 부합계약적 성격으로 인해 보험자가 일방적으로 보험 내용을 제시하고 그 내용에 대해 포괄적으로 피보험자(보험계약자)가 승낙함으로 체결된 증서이다. 이 보험증권은 보험계약의 성립을 증명하고 보험사고 발생시 보험금 청구를 위해 필요한 서류로 보험자가 작성하여 보험계약자에게 교부하게 된다.

보험증권에는 보험약관을 비롯하여 계약의 내용이 되는 특정사항이 기재되는데, 보험증권은 계약서도 유가증권도 아니지만, 보험계약의 성립을 증명하기 위한 증거증권으로서 보통 배서 및 인도를 통해 권리가 양도된다.

2) 해상보험증권의 해석원칙

(1) 수기문언 우선 원칙

손으로 쓴 문언이 인쇄문언 및 그 밖의 형식으로 된 문언보다 가장 우선하여 적용된다는 해석원칙을 말한다.

(2) 당사자 의사 및 판례 존중원칙

계약당사자의 의사가 우선적으로 고려되어야 한다는 원칙이며 필요한 경우 주위의 사정을 고려하여 보험증권상 계약당사자의 의사를 유추할 수도 있다. 그리고 이제껏 축적된 판례에 근거하여 해석하도록 한 원칙이다.

(3) POP 원칙

보험약관의 내용은 평이하게(Plain), 통상적으로(Ordinary), 통속적으로(Popular) 해석해야 한다는 원칙이다.

(4) 동종제한의 원칙

보험약관의 내용에 특정적이고 구체적으로 열거한 내용 다음에 일반적이고 개괄적인 문언이 부가되어 있는 경우 이를 해석함에 있어서 앞에서 열거한 사항과 다른 모든 사항을 의미하는 것이 아니라 같은 종류의 것으로 한정하여 해석해야 한다는 원칙이다.

즉, Lloyd's S.G. Policy의 위험약관에는 본 증권으로 담보되는 위험을 열거한 후 "… and all other perils … (… 기타 일체의 위험…)"과 같은 문언이 기재되어 있는데 이는 열거한 위험과 다른 기타의 모든 위험을 의미하는 것이 아니라 앞에서 열거한 위험과 동종의 모든 위험 가운데 문언으로 표시하기 곤란하거나 열거에서 생략된 모든 위험을 의미하는 것으로 해석해야 한다는 원칙이다.

(5) 문서작성자 불이익 원칙

보험계약은 부합계약으로 보험자가 일방적으로 보험증권을 작성하여 교부한 것으로 보험증권상의 약관이나 문언이 모호한 경우 작성자에게 불리하게 해석해야 한다는 원칙이다.

(6) 합리적 해석 원칙

계약당사자 어느 일방에게 부당하게 부담이 될 만큼 불합리한 결과를 가져와서는 안 되며 보험약관 전체를 기준으로 합리적인 해석을 해야 한다는 원칙이다.

6. 협회적하약관

1) 협회적하약관의 발전

협회적하약관(Institute Cargo Clauses ; ICC)은 1912년 런던보험업자협회(ILU ; Institute of London Underwriters)가 채택한 적하약관이다.

협회적하약관은 1963년 1차 개정된 구협회적하약관(FPA, WA, AR)과 1982년 전면 개편된 신협회적하약관((A), (B), (C)) 두 가지가 있으며 신협회적하약관은 2009년 다시 개정되었다.

전위험담보(A/R ; All Risks)약관, 분손담보(WA ; With Average)약관, 단독해손부담보(FPA ; Free from Particular Average)약관 등으로 구성된 구협회적하약관이 용어가 난해하고 담보범위가 불분명하여 보험거래에 많은 혼란을 초래함에 따라 1982년 내용을 개정한 신협회적하약관(ICC ; Institute Cargo Clause)이 만들어져 사용되었다. 이후 보험시장의 시대적 변화에 따라 2009년 1월 1일부터 협회적하약관의 일부를 개정하여 사용하고 있다. 이것이 신협회적하약관(ICC) 2009이다.

현재 구협회적하약관과 신협회적하약관 두 가지 다 사용되고 있다.

2) 구협회적하약관의 담보조건

구협회적하약관은 전위험담보(A/R ; All Risks)약관, 분손담보(WA ; With Average)약관, 단독해손부담보(FPA ; Free from Particular Average)약관 등이 있다.

(1) 전위험담보(A/R ; All Risks)약관

면책위험 및 보험요율서상에서 제외된 위험으로 인한 손해 이외의 모든 손해를 보상하는 조건이다. 보험계약자(피보험자)의 고의 또는 불법 행위, 화물의 통상적인 누손과 마모, 보험목적물 고유의 하자 및 자연소모에 대해서는 면책이다.

(2) 분손담보(WA ; With Average)약관

단독해손부담보(FPA) 조건에서 보상대상이 아닌 단독해손 가운데 증권기재의 면책율(일정비율미만의 사고액 공제)을 초과하는 손해를 보상하는 조건이다.

WA 조건에서 소손해 면책비율 적용 유형은 다음과 같다.

① WA X%(Franchise)

X% 미만의 손해는 보상하지 않고 손해액이 전체보험가입 금액의 X% 이상인 경우에만 손해액 전부를 보상해 주는 조건이다.

② Excess of X%(Deductable)

X% 미만의 손해는 보상하지 않는다는 점은 Franchise 개념과 동일하나 X% 이상의 손해가 발생한 경우 기준인 X%를 공제하고 초과 부분만 보상하는 조건이다.

③ WAIOP(With Average Irrespective Of Percentage)

면책율 없이 발생한 부분손해에 대하여 모두 보상하여 주는 보험조건이다.

(3) 단독해손부담보(FPA ; Free from Particular Average)약관

FPA조건은 전손, 공동해손, 비용 손해 등에 대해 보상하고 단독해손에 대해서는 보상하지 않는 조건이다. 원칙적으로 단독해손은 보상하지 않지만 화물을 적재한 선박이나 부선이 침몰, 좌초, 대화재를 당했을 경우의 단독해손에 대해서는 인과관계를 묻지 않고 보상하는 조건이다.

▮표 9-3▮ 구협회적하약관상의 담보위험

담 보 위 험	A/R	WA	FPA
1. 전손(현실전손, 추정전손)	○	○	○
2. 공동해손 희생 및 비용손해	○	○	○
3. 구조료, 특별비용	○	○	○
4. 손해방지비용(보험가입금액과 별도로 지급)	○	○	○
5. 침몰, 좌초, 대화재로 인한 분손(인과관계 불문)	○	○	○
6. 선박 등 운송용구의 침몰, 좌초, 충돌, 대화재를 당한 경우의 단독해손	○	○	○
7. 본선, 부선 또는 기타 운송용구와 물 이외의 타 물체와의 충돌, 접촉과 상당한 인과관계가 있는 경우의 화물의 멸실이나 손상	○	○	○
8. 공동해손 손해(공동해손희생손해, 공동해손분담금)	○	○	○
9. 적재, 환적, 양하작업 중의 포장단위당의 전손	○	○	○
10. 화재, 폭발, 충돌, 접촉, 피난항에서의 양하에 기인한 손해	○	○	○
11. FPA의 보상범위에 추가하여 항해 중 악천후(풍랑)에 의한 손해(불특정분손)를 담보 - WA 3% : 단독해손이 화물가액의 3%를 초과한 경우에 한해 손해액 전액 보상 - WAIOP : 면책비율 적용없이(면책한도 없이) 단독해손 전액 보상	○	○	×
12. 상기 이외의 분손(소손해 포함)	○	×	×

※ ○는 보상되는 담보위험, ×는 보상되지 않는 담보위험의 표시임.

3) 신협회적하약관(2009)의 주요 내용

신협회적하약관은 총 19개 항으로 구성되어 있으며 담보위험, 면책위험, 보험기간, 손해사정, 보험이익, 손해경감, 지연방지, 법률관습 등에 대한 내용을 담고 있다.

▮표 9-4▮ 신협회적하약관(ICC) 2009의 구성

구 분	약관 번호	I.C.C.(A)(신약관) 약 관 명
담보위험	1	위험약관(Risks Clause)
	2	공동해손약관(General Average Clause)
	3	쌍방과실충돌약관("Both to Blame Collision" Clause)
면책위험	4	일반면책약관(General Exclusion Clause)
	5	불내항 및 부적합 면책약관 (Unseaworthiness & Unfitness Exclusion Clause)
	6	전쟁위험면책약관(War Exclusion Clause)
	7	동맹파업위험면책약관(Strikes Exclusion Clause)
보험기간	8	운송약관(Transit Clause)
	9	운송계약종료약관(Termination of Contract of Carriage Clause)
	10	항해변경약관(Change of Voyage clause)
손해사정	11	피보험이익약관(Insurable Interest Clause)
	12	계반비용약관(Forwarding Charges Clause)
	13	추정전손약관(Constructive Total Loss clause)
	14	증액약관(Increased Value Clause)
보험이익	15	보험이익불공여약관(Not to Insure Clause)
손해경감	16	피보험자의무약관(Duty to Assured Clause)
	17	포기약관(Waiver Clause)
지연방지	18	신속조치약관(Reasonable Despatch Clause)
법률관습	19	영국의 법률과 관습약관(English Law & Practice Clause)

(1) 위험약관(Risk Covered)

ICC (A)는 면책위험을 제외한 모든 위험에 대해 보험자가 책임을 부담하고 ICC (B), (C)의 경우에는 위험약관에서 열거된 위험에 대해서만 책임을 부담하게 된다.

① ICC (A) 약관상의 위험약관

협회적하약관 ICC (A)는 제1조에서 다음과 같이 규정하고 있다.

"본 보험은 다음의 제4, 5, 6, 7조에서 규정된 면책위험을 제외하고 피보험목적물에 발생한 멸실, 손상의 일체의 위험을 담보한다"라고 규정하여 포괄책임주의에 따라 보험자의 책임을 규정하고 있다. 즉, 제4조(일반면책약관), 제5조(불내항 및 부적합 면책약관), 제6조(전쟁위험면책약관), 제7조(동맹파업위험면책약관)에서 규정하고 있는 면책위험을 제외한 모든 위험에 대해 담보한다.

ICC (A)는 보험자가 부담하는 위험의 내용면에서는 전위험담보약관(A/R ; All Risks)과 비슷하다. 전위험담보약관에 의하면 보험자는 법률 또는 약관에 의해 면책되는 위험 이외의 일체의 위험을 담보하는 조건이지만 말 그대로 모든 손해를 보상하는 것은 아니다.

② ICC (B) 약관상의 위험약관

협회적하약관 ICC (B)는 제1조에서 보험자가 부담하는 위험을 세 가지 항목으로 열거하고 있다.

첫째, 위험과 손해간에 상당인과관계가 요구되는 위험으로 ① 화재 또는 폭발, ② 본선 또는 부선의 좌초, 교사, 침몰 또는 전복, ③ 육상운송용구의 전복 또는 탈선, ④ 본선, 부선 또는 운송용구와 물 이외의 타물과의 충돌 또는 접촉, ⑤ 피난항에서의 화물의 양하, ⑥ 지진, 화산의 분화 또는 낙뢰 등 여섯 가지의 세목으로 규정하고 있다.

둘째, 단순한 인과관계만을 요구하는 위험으로 ① 공동해손희생손해, ② 투하 또는 갑판유실, ③ 본선, 부선, 선창, 운송용구, 컨테이너, 지게자동차 또는 보관장소에 해수, 호수, 하천수의 유입 등 세 가지의 세목으로 규정하고 있다.

셋째, 인과관계가 필요 없는 본선, 부선에 선적 또는 양하 작업 중 바다 또는 갑판에 추락한 포장단위당 전손이다. 그리고 제4조 내지 제7조상의 면책조항은 ICC(A)와 동일하나 제4조 제7항의 보험목적물 또는 그 일부에 대한 어떤 자나 어떤 자들의 불법행위에 의한 의도적인 손상 또는 파괴는 추가로 면책된다.

협회적하약관 ICC (B)와 (C)가 구약관의 WA(With Average ; 분손담보조건)와 FPA(Free From Particular Average ; 분손부담보조건)에 각각 대응한 것이라고 하지만, 그것은 편의상 신·구약관을 대비한 것에 불과하고 부담위험에 관한 접근방법과 그 내용에 있어서는 서로 상이한 새로운 약관이라고 할 수 있다.

③ ICC (C) 약관상의 위험약관

협회적하약관 ICC (C)는 제1조에서 보험자가 부담하는 위험을 두 가지 항목으로 열거하고 있다.

첫째, 위험과 손해간에 상당인과관계가 요구되는 위험으로 ① 화재 또는 폭발, ②

본선 또는 부선의 좌초, 교사, 침몰 또는 전복, ③ 육상운송용구의 전복 또는 탈선, ④ 본선, 부선 또는 운송용구와 물 이외의 타물과의 충돌 또는 접촉, ⑤ 피난항에서의 화물의 양하 등 다섯 가지의 세목으로 규정하고 있다.

둘째, 단순한 인과관계만을 요구하는 위험으로 공동해손희생손해와 투하를 규정하고 있다. 면책조항에 관해서는 협회적하약관 (B)와 같다. 구약관에서는 선박이나 부선이 침몰 또는 큰 화재를 입은 경우를 제외하고는 화물의 단독해손은 부담하지 않았으나, 신약관에서는 좌초나 침몰 등 위험조항에서 열거된 부담위험으로 인한 화물의 멸실이나 손상은 단독해손을 포함한 분손이나 전손을 불문하고 모두 부담하고 있다.

▮표 9-5▮ 신협회적하약관(2009)상의 담보위험

약관 조항	담 보 위 험	A	B	C	비 고
제1조	1. 화재·폭발	○	○	○	좌기의 사유에 상당 인과관계가 있는 멸실·손상
	2. 선박·부선의 좌초·교사·침몰·전복	○	○	○	
	3. 육상운송용구의 전복·탈선	○	○	○	
	4. 선박·부선·운송용구의 타물과의 충돌·접촉	○	○	○	
	5. 조난항에서의 화물의 양화	○	○	○	
	6. 지진·분화·낙뢰	○	○	×	
	7. 공동해손의 희생	○	○	○	좌기 사유로 인한 멸실·손상
	8. 투 하	○	○	○	
	9. 갑판유실	○	○	×	
	10. 해수·조수·하천수의 운송용구·컨테이너·지게자동차·보관장소에의 침수	○	○	×	
	11. 적재·양화 중의 수몰·낙하에 의한 짐꾸림 1개당의 전손	○	○	×	
	12. 상기 이외의 일체의 위험	○	×	×	
제2조	공동해손조항	○	○	○	
제3조	쌍방과실충돌조항	○	○	○	

※ ○는 보상되는 담보위험, ×는 보상되지 않는 담보위험의 표시임.

(2) 면책약관(exclusions)

① 일반면책약관(general exclusion clause)

ICC(A), (B), (C)는 각각 제4조에서 일반면책약관을 규정하고 있다. 여기에 열거된 손해에 대해서는 보험자가 담보하지 않는다.

ㅁ 피보험자의 고의적인 불법행위에 기인하는 멸실, 손상 또는 비용

- ◻ 보험목적물의 통상의 누손, 중량 또는 용적의 통상적인 멸실, 또는 통상적인 소모 또는 마모
- ◻ 보험의 대상이 되는 운송에서 통상 발생하는 사고에 견딜 수 있도록 보험의 목적의 포장 또는 준비를 완전하고 적절하게 하지 않음으로 인하여 발생한 멸실, 손상 또는 비용. 다만, 그러한 포장 또는 준비가 피보험자 또는 사용인에 의해 실행되거나 이 보험의 개시 전에 실행되는 경우에 한한다.(이 조항에서 "포장"은 컨테이너에 적부하는 것을 포함하고 "사용인"에는 독립계약자를 포함하지 않는다.)
- ◻ 보험목적물의 고유의 하자나 성질로 인한 멸실, 손상 또는 비용
- ◻ 항해의 지연에 의한 손해
- ◻ 선박의 소유자, 관리자, 용선자 또는 운항자의 도산이나 금전상의 채무불이행으로 인하여 발생한 멸실, 손상 또는 비용
- ◻ 원자핵분열 및/또는 원자핵융합, 또는 기타 유사한 반응, 또는 방사능이나 방사성 물질을 이용한 일체의 무기의 사용으로 인하여 발생한 멸실, 손상 또는 비용
- ◻ 제3자의 불법행위에 의한 보험목적물 또는 그 일부의 의도적인 손상이나 파괴 (이 조항은 (B)와 (C)의 경우에는 면책되나 (A)의 경우에는 담보되는 위험이다.)

② 불내항 및 부적합 면책약관(unseaworthiness and unfitness exclusion clause)

선박은 통상적인 항해과정에서 발생하는 위험을 견딜 수 있는 내항성 또는 감항성(seaworthiness)과 선박이 화물의 운송에 사용되는 경우에는 화물운송을 위한 적합성(fitness)을 갖추어야 한다.

ICC(A), (B), (C)는 각각 제5조에서 불내항 및 부적합 면책약관을 규정하고 있다. 이는 선박의 불내항 및 부적합 사실을 피보험자가 인지하고 있었음에도 본선에 화물을 선적하여 발생하는 손해에 대해서는 보험자가 면책되도록 한 조항이다.

화물보험의 경우 피보험자는 선박의 내항성이나 적합성을 통제할 수 있는 입장에 있지 않지 않다. 그러므로 비록 선박이 내항성을 상실하여 화물에 손해를 입혔다고 하더라도, 피보험자가 그러한 불내항성을 알고 있지 않는 한 보험자는 내항성에 대한 묵시담보 위반을 이유로 보상을 거절할 권리가 없다.

③ 전쟁위험면책약관(war exclusion clause)

ICC(A), (B), (C)는 각각 제6조에서 전쟁면책약관을 규정하고 있다. 여기에 열거된 위험을 원인으로 해서 발생된 보험목적물의 멸실, 손상 혹은 비용손해는 보험자가 담보하지 않는다.

- 전쟁, 내란, 혁명, 모반, 반란 또는 이로 인해 생기는 국내투쟁 또는 교전국에 의한, 혹은 교전국에 대해서 행해진 적대행위
- 포획, 나포, 강류, 억지 또는 억류(해적행위 제외)와 이러한 행위의 결과 또는 이러한 행위를 하고자 기도한 결과
- 유기된 기뢰, 어뢰, 폭탄 또는 기타 유기된 전쟁무기

피보험자가 제6조의 전쟁면책약관에 있는 위험에 대해 담보 받고자 하는 경우에는 특약으로 협회전쟁위험약관[Institute War Clauses (Cargo)]에 부보하고 추가 보험료를 납부해야 한다.

④ 동맹파업위험면책약관(strikes exclusion clause)

ICC(A), (B), (C)는 각각 제7조에서 동맹파업위험면책약관을 규정하고 있다. 여기에 열거된 위험을 원인으로 해서 발생된 보험목적물의 멸실, 손상 혹은 비용손해는 보험자가 담보하지 않는다.

- 동맹파업자, 직장폐쇄노동자 또는 노동쟁의, 폭동 또는 소요에 가담한 자에 의해 발생된 것
- 동맹파업, 직장폐쇄, 노동쟁의, 폭동 또는 소요의 결과로 발생된 것
- 일체의 테러행위, 즉 합법적 또는 불법적으로 설립된 일체의 정부를 무력 또는 폭력으로, 전복 또는 영향력을 미치기 위하여 행동하는 조직을 대신하여 또는 그 조직과 연대하여 행동하는 자의 행위에 의한 것
- 정치적, 사상적 또는 종교적 동기에 의하여 행동하는 자에 의하여 발생한 것

과거에는 이런 면책약관을 동맹파업, 폭동 및 소요 부담보약관(Free from Strikes, Riots and Civil Commotions Clause ; S.R.C.C. Clause)이라 하였는데 현재는 간단히 줄여서 표현하고 있다.

피보험자가 제7조의 동맹파업위험약관에 있는 위험에 대해 담보 받고자 하는 경우에는 특약으로 협회동맹파업위험약관[Institute Strikes Clauses (Cargo)]에 부보하고 추가 보험료를 납부해야 한다.

▌표 9-6▐ 신 협회적하약관(2009)상의 면책위험

약관 조항	면 책 위 험	A	B	C
제4조	1. 피보험자의 고의적인 불법행위	×	×	×
	2. 통상의 누손, 중량 또는 용적의 통상의 감소, 자연소모	×	×	×
	3. 포장 또는 포장준비의 불완전·부적합	×	×	×
	4. 물품고유의 하자·성질	×	×	×
	5. 지 연	×	×	×
	6. 선박소유자·관리자·용선자 또는 운항자의 지급불능 또는 채무불이행	×	×	×
	7. 어떤 자의 불법행위에 의한 의도적인 손상 또는 파괴	○	×	×
	8. 원자핵무기에 의한 손해	×	×	×
제5조	9. 피보험자 또는 그 사용인이 인지하는 선박의 불내항 및 부적합	×	×	×
제6조	10. 전쟁위험(War)	×	×	×
제7조	11. 동맹파업위험(Strike)	×	×	×

(3) 운송약관(Transit Clause)

운송약관은 보험자가 손해보상의 책임을 져야 하는 보험기간에 관한 약관으로 보험자의 책임개시(시기 ; 始期)와 보험자의 책임 종기(終期)에 대한 내용이 규정되어 있다.

① 보험자의 책임 개시

보험자의 책임은 운송개시를 위해 운송 차량 또는 기타 운송용구에 보험의 목적을 곧바로 적재할 목적으로 창고 또는 보관 장소(이 보험계약에 명시된 장소)에서 보험의 목적이 최초로 움직인 때(first moved) 개시된다.

② 보험자 책임의 지속

보험자의 책임은 책임의 개시부터 통상적인 운송과정(ordinary course of transit)을 통해 지속된다. 만약 화물이 통상적인 운송과정에서 벗어나게 되면 벗어난 시점부터 보험자의 보상책임은 해제된다. 통상적인 운송과정은 화물의 종류, 화물에 대한 관습적 운송방법 등을 고려하여 목적지까지 가장 가까운 항로를 따라서 운항하는 것을 의미한다.

③ 보험자의 책임 종기

다음 네 가지 중 먼저 발생한 때 보험자의 책임은 종료된다.

- □ 보험증권에 기재된 목적지의 최종창고 또는 보관 장소에서, 운송차량 또는 기타 운송용구로부터 양하가 완료된 시점
- □ 보험증권상에 명시된 목적지와는 상관없이 통상적인 운송과정에서의 보관이 아닌 비상보관을 한다거나 할당 또는 분배하기 위해서 보관할 장소에 양하가 완료된 시점
- □ 피보험자 또는 그 사용인이 통상의 운송과정이 아닌 보관을 목적으로, 운송차량 또는 기타 운송용구 또는 컨테이너를 사용하고자 선택한 시점
- □ 본선으로부터 양륙이 완료된 후 60일이 경과한 시점

한국의 경우 수입화물에 대해 운송약관 중 하역 후 60일 대신에 30일로 변경하고 있다. 만일 피보험운송이 하역 후 60일 혹은 30일 이내에 종료될 수 없다면 사전에 보험자에게 요청하여 내륙운송보관약관[Inland Storage Extension(I.S.E.)]을 통해 그 기한을 연장할 수 있다.

④ 불가항력

운송과정에서 피보험자가 좌우할 수 없는 사정에 의한 지연, 이로, 강제하역, 재선적 및 환적, 운송계약상 선주나 용선자에게 부여된 자유재량권의 행사로부터 발생하는 위험의 변경 등과 같은 사태가 발생해도 즉시 보험자에게 통지하고 필요한 경우 추가보험료를 지급하는 조건으로 보험자의 책임은 유효하게 존속된다.

4) 위험에 관한 부가약관

원칙적으로 전 위험 담보조건인 ICC(A), ICC(A/R)는 면책위험을 제외한 모든 위험에 대해 보상하지만, ICC(B), (C)/ICC(WA), (FPA) 등은 열거위험에 대해 보상하는 제한적 담보조건이다. 따라서 화물의 특성에 따라 아래의 부가 위험에 대해 추가보험료를 납부하고 특약으로 부보함으로써 ICC(A), ICC(A/R)보다 적은 비용으로 필요한 위험만을 선택적으로 담보할 수 있다.

(1) 도난, 발하, 불착 위험(Theft, Pilferage and Non-delivery ; T.P.N.D.)

도난, 발하, 타항에서의 양하 또는 분실을 원인으로 한 포장 전체의 불착은 위험약관상의 theives(강도)와는 전혀 다른 위험으로 이런 위험을 담보하기 위해서는 T.P.N.D. 약관을 보험증권에 첨부해야 한다.

(2) 우담수손(Rain &/0r Freshwater Damage ; R.F.W.D)

해수침손에 대비되는 손해로 비, 눈, 하천, 호수 기타 해수 이외의 물로 적은 손해를 담보함. 섬유품, 잡화 등 젖기 쉬운 화물에 추가 담보한다.

(3) 갈고리에 의한 손해(Hook & Hole ; H.H.)

갈고리에 화물이 찍혀서 생기는 손해를 담보한다.

(4) 타화물과의 접촉위험(Contact with Oil & Other Cargo ; C.O.O.C.)

기름, 산 등의 주로 선내 청소불충분으로 인한 오손 및 타화물과의 접촉으로 인한 손해가 이 약관으로 담보된다.

(5) 곡손 위험(Bending &/or Denting)

화물 취급상의 부주의로 인해서 접촉이나 충격이 발생 화물의 표면이나 내부가 구부러지는 손해를 담보한다.

(6) 누손, 중량부족 위험(Leakage &/or Shortage)

액체화물 등은 충격을 받으면 용기나 포장이 깨지고 내용물이 새어나오고 흐트러지게 되는 위험을 위험약관상의 위험이외의 위험으로 발생될 경우를 대비하여 담보하기 위한 약관이다.

(7) 한습손, 열손 위험(Sweat &/or Heating)

선창 내부와 선박 외부와의 기온차이 때문에 천정 및 내벽에 응결하는 수분에 의해서 화물이 젖거나 화물 자체의 표면이 땀처럼 수분이 배거나 하는 위험을 담보하기 위한 약관이다.

(8) 투하/갑판유실 위험(Jettison and/or Washing Over Board ; JWOB)

갑판상에 적재된 화물의 투하 및 풍랑에 의한 화물의 유실 위험을 담보하기 위한 약관이다. 해상화물운송은 선창 내 운송이 원칙이나 일부 품목에 대해 갑판적재를 허용하므로 이런 경우 적용할 수 있는 약관이다.

(9) 파손위험(Breakage)

도자기, 유리, 기계류 등 파손되기 쉬운 화물에 대해 추가 담보하기 위한 약관이다.

(10) 자연 발화(Spontaneous Combustion)

인화점이 낮은 화물이나 석탄, 성냥 등 화물 자체의 화학적 변화에 의해 자연 발화할 위험이 큰 화물에 대해 추가 담보하기 위한 약관이다. 화물고유의 하자나 성질에 의한 위험은 기본적으로 면책되지만, 그 외의 우연성에 의해 발생하는 위험에 대해 담보하기 위해 자연발화 특약이 마련되어 있다.

(11) 곰팡이 손해(Mould & Mildew ; 곰팡이 & 흰곰팡이)

습도의 증가에 따라 곰팡이로 인한 손해를 입을 경우를 대비하여 추가 담보하기 위한 약관이다.

(12) 녹손 위험(Rust)

기계류, 금속류 등의 화물이 포장 재료의 건조 불충분으로 내부가 습해져서 녹이 슬거나 해수, 담수, 빗물 등으로 녹이 스는 위험을 담보하기 위한 약관이다.

(13) 오손 위험(Contamination)

타물 또는 잡물 등의 혼입으로 인해 입게 되는 품질저하의 손해를 보상하기 위한 약관이다.

제2절 무역보험

1. 무역보험의 개념과 기능

1) 무역보험의 개념

무역보험은 궁극적으로 수출거래에 수반되는 다양한 위험을 커버하기 위한 수출보험이지만 일부 수입업자를 위한 수입보험도 포함되어 있다.

(1) 수출보험

수출보험은 수출거래에 수반되는 여러 가지 위험에 대비하는 보험제도로 수출자, 생산자 또는 수출자금을 대출해준 금융기관이 입게 되는 불의의 손실을 보상하기 위한 비영리 정책보험이다. 즉, 수입자의 계약 파기, 파산, 대금지급지연 또는 거절 등의 신용위험(credit risks)과 수입국에서의 전쟁, 내란 또는 환거래 제한 등의 비상위험(contingency risks) 등으로 수출자 또는 수출금융을 제공한 금융기관이 입게 되는 손실을 보상하기 위한 보험이다. 수출보험은 궁극적으로 우리나라의 수출을 촉진하고 진흥하기 위한 수출지원제도로 한국무역보험공사(K-SURE)에서 제공하는 비영리정책보험이다.

(2) 수입보험

한편 수입보험은 선급금 지급조건 수입거래에서 수입업체가 선급금을 회수할 수 없게 되는 경우에 발생하는 손실을 보상하는 제도이다. 즉, 원유, 철, 시설재 등 국민경제에 중요한 자원이나 물품을 수입하는 경우 국내기업이 부담하는 선급금 미회수 위험을 담보하거나 국내기업에 대한 수입자금 대출지원이 원활하도록 지원하는 제도이다. 수입보험은 수입업자 및 금융기관용 수입보험으로 나눌 수 있다.

2) 무역보험의 기능

(1) 수출보험의 기능

① 수출자의 적극적 시장개척 지원

수출자는 수출보험을 통해 신용위험을 제거할 수 있기 때문에 위험성이 있는 외상거래나 신규 수입자의 적극적인 발굴을 통한 신시장 개척 및 시장다변화를 도모할 수 있다.

② 금융기관의 무역 금융 지원 확대

금융기관은 담보능력이 부족한 수출업체에 대해서도 수출보험증권이나 수출신용보증서를 담보로 활용하여 무역 금융 지원 확대 및 위험도가 높은 수출거래에 대해서도 지원이 가능하게 된다.

③ 국제질서에서 용인되는 정부 수출지원 정책

수출보험은 WTO체제하에서 용인되는 유일한 간접 수출지원 제도로서 정부의 수출진흥정책 및 산업지원 정책 수단으로 활용되고 있다.

2. 무역보험의 종류

한국무역보험공사에서는 각종 대외거래와 관련하여 단기성 보험, 중장기성 보험, 환변동보험, 수입보험, 기타 보험과 신용보증 서비스를 제공하고 있다.[2)]

1) 수출보험의 종류

(1) 단기성 보험

① 단기수출보험(선적후)

수출자가 수출대금의 결제기간 2년 이하의 수출계약을 체결하고 물품을 수출한 후 수입자(L/C거래의 경우 개설은행)로부터 수출대금을 받을 수 없게 된 때에 입게 되는 손실을 보상하는 보험이다.

② 단기수출보험(포페이팅)

은행이 포페이팅 수출금융 취급 후 신용장 개설은행으로부터 만기에 수출대금을 회수하지 못하여 입게 되는 손실을 보상하기 위한 보험이다. 결제기간이 2년 이내인 거래에 적용된다.

③ 단기수출보험(농수산물패키지)

한 개의 보험으로 농수산물 수출시 발생하는 여러 가지 위험(대금 미회수위험, 수입국 검약위험, 클레임비용위험)을 한 번에 보장하는 농수산물 수출기업용 맞춤형 보험상품이다.

④ 단기수출보험(중소중견Plus+)

보험계약자인 수출기업은 연간 보상한도에 대한 보험료를 납부하며, 수입자 위험, 신용장위험, 수입국 위험 등 보험계약자가 선택한 담보위험으로 손실이 발생할 때 수출보험공사는 책임금액 범위내에서 손실을 보상하는 보험 상품이다.

2) 보험의 종류 및 내용이 자주 변경되므로 현재 서비스되고 있는 무역보험상품을 한국무역보험공사 웹사이트(www.ksure.or.kr)에서 확인하기 바람.

⑤ 단기수출보험(파워 plus+)

보험계약자인 중소중견 수출기업은 연간 책임금액에 대한 보험료를 납부하며, 수입자 위험, 신용장 위험, 수입국위험 등 보험계약자가 선택한 담보위험으로 손실이 발생한 때 K-SURE는 연간 책임금액 범위 내에서 손실을 보상하는 보험이다.

⑥ 단체보험

기존 단기수출보험(중소중견Plus+)에 단체보험 개념을 도입, 지원기관 또는 단체(협회 등)가 제반 보험계약절차를 진행하여 일괄 보험계약을 체결하고, 중소중견기업은 피보험자로서 수출대금 미회수시 보험금을 수령하는 제도이다.

⑦ 수출안전망 보험

기존 단체보험 제도를 활용, 특정단체가 보험계약자로써 수출초보 중소기업(연간 수출 US$10만 이하)에 대한 대금미회수 위험을 보장하는 보험이다.

지원기관 또는 단체(협회 등)가 제반 보험계약절차를 진행하여 일괄 보험 계약을 체결하고, 중소기업은 피보험자로서 수출대금 미회수시 보험금을 수령하는 제도로 지원기관 또는 단체(협회 등)가 보험료를 지원한다. 별도의 통지절차나 수입자 신용조사 없이 보험기간 동안 발생한 피보험자의 정상 수출거래에 대한 대금미회수위험을 담보한다. 단, 보험책임금액은 통상 US$2만 이내로 하고 있다.

(2) 중장기성 보험

① 중장기수출보험(선적전)

수출대금 결제기간이 2년을 초과하는 중장기 수출계약에서 수출불능으로 인한 수출기업의 손실을 담보하는 보험이다.

② 중장기수출보험(공급자신용)

수출대금 결제기간이 2년을 초과하는 중장기 수출계약에서 수출기업의 대금미회수 위험을 담보하는 보험이다.

③ 중장기수출보험(구매자신용)

국내외의 금융기관 등이 중장기수출계약에 의한 수출대금의 지급에 필요한 자금을 외국인(외국인의 정부, 공공단체 및 외국법인을 포함)에게 공여하는 수출대금금융계약을 체결한 후 대출원리금을 받을 수 없게 됨으로써 입게 되는 손실을 보상하는 보험이다.

④ 중장기수출보험(구매자신용·채권)

수출대금 결제기간이 2년을 초과하는 중장기 수출거래에서 수입자가 자금조달을 위해 발행하는 채권(Project Bond)에 대해 보험자가 원리금 상환을 보장하는 보험이다.

⑤ 해외사업금융보험

국내외 금융기관이 외국인에게 수출증진이나 외화획득의 효과가 있을 것으로 예상되는 해외사업에 필요한 자금을 상환기간 2년 초과의 조건으로 공여하는 금융계약을 체결한 후, 대출원리금을 받을 수 없게 됨으로써 입게 되는 손실을 보상하는 보험이다.

⑥ 해외투자보험(주식, 대출금, 보증채무)

대한민국 기업 또는 금융기관이 해외투자를 한 후 투자상대국에서의 수용위험, 전쟁 · 소요위험, 송금위험, 약정불이행위험, 상환불이행위험 등의 발생으로 인해 주식(또는 지분), 배당금, 원리금 등을 회수할 수 없게 되어 입는 손실을 보상하는 보험이다.

해외투자는 국내투자와 달리 전쟁, 투자유치국의 수용문제 등과 같은 국가위험이 내재되어 있음에 따라 이와 같은 위험으로부터 우리기업의 해외투자를 보호함으로써 적극적인 해외투자를 촉진하기 위하여 도입된 보험이다.

⑦ 해외투자보험(투자금융)

국내기업앞 해외자원개발, 해외 M&A 등에 필요한 소요자금을 대출하는 경우, 비상위험 또는 신용위험으로 인한 금융기관의 대출금 미회수위험을 담보하는 보험이다.

⑧ 해외공사보험

해외공사계약 상대방의 신용위험 발생, 해외공사 발주국 또는 지급국에서의 비상위험 발생에 따라 손실을 입게 된 경우에 그 손실을 보상하는 보험이다.

⑨ 서비스종합보험(일시결제방식)

서비스종합보험(일시결제방식)은 국내에 주소를 둔 기업이 외국기업에게 운송, 관광 등의 서비스를 제공하고 서비스제공 상대방으로부터 서비스대금을 지급받지 못하게 됨으로써 발생하는 손실을 보상하는 보험이다.

⑩ 서비스종합보험(기성고 · 연불방식)

국내 수출업체가 시스템 통합(SI), 기술서비스, 컨텐츠, 해외엔지니어링 등의 서비스 거래를 수출하고 이에 따른 지출비용 또는 확인대가를 회수하지 못함으로써 입게 되는 손실을 보상하는 보험이다.

⑪ 수출 보증보험

금융기관이 수출거래와 관련하여 수출보증서를 발행한 후 수입자(발주자)로부터 보증채무 이행청구를 받아 이를 이행함으로써 입게 되는 금융기관의 손실을 보상하는 보험이다.

⑫ 이자율 변동보험

상환기간이 2년 이상의 수출금융을 제공하고 한국무역보험공사의 중장기수출보험(구매자 신용)에 부보한 금융기관이 이자율변동에 따라 입게 되는 손실을 보상하고 이익을 환수하는 보험이다.

⑬ 수출기반보험(선박)

수출기반보험(선박)은 금융기관이 국적외항선사 또는 국적외항선사의 해외현지법인(SPC포함)에게 상환기간 2년 초과의 선박 구매자금을 대출하고 대출원리금을 회수할 수 없게 된 경우에 발생하는 손실을 보상하는 보험이다.

⑭ 해외자원개발펀드보험

해외자원개발법상의 자원개발펀드가 해외자원개발사업에 투자하여 손실이 발생하는 경우 손실액의 일부를 보상하는 보험이다.

(3) 환변동보험

① 환변동보험

수출 또는 수입을 통해 외화를 획득 또는 지급하는 과정에서 발생할 수 있는 환차손익을 제거, 사전에 외화금액을 원화로 확정시킴으로써 환율변동에 따른 위험을 헤지(hedge)하는 보험이다. 즉, 기업이 환율 변동으로 입게 되는 손실을 보상하고 이익을 환수하는 보험제도이다.

(4) 기타 보험

① 탄소종합보험

교토의정서에서 정하고 있는 탄소배출권 획득사업을 위한 투자, 금융, 보증 과정에서 발생할 수 있는 손실을 종합적으로 담보하는 보험이다.

② 녹색산업종합보험

지원가능한 특약항목을『녹색산업종합보험』형태로 운영하여, 녹색산업에 해당되는 경우 기존이용 보험약관에 수출기업이 선택한 특약을 추가하여 우대하는 보험이다.

(5) 수입보험

① 수입자용 수입보험

원유, 가스 등 주요 전략물자의 장기 안정적 확보를 위하여 국내수입기업이 선급금 지급조건 수입거래에서 비상위험 또는 신용위험으로 인하여 선급금을 회수할 수 없게 된 경우에 발생하는 손실을 보상하는 보험이다.

② 금융기관용 수입보험

원유, 가스 등 주요 전략물자의 장기 안정적 확보를 위하여 금융기관이 주요자원 및 물품 등의 수입에 필요한 자금을 수입기업에 대출(지급보증)한 후 대출금을 회수할 수 없게 된 경우에 발생하는 손실을 보상하는 보험이다.

(6) 신용 보증

① 수출신용보증(선적전)

수출기업이 수출계약에 따라 수출물품을 제조, 가공하거나 조달할 수 있도록 외국환은행 또는 수출유관기관들(이하 '은행')이 수출신용보증서를 담보로 대출 또는 지급보증을 실행함에 따라 기업이 은행에 대하여 부담하게 되는 상환채무를 한국무역보험공사가 연대보증하는 제도이다.

② 수출신용보증(선적후)

결제기간 2년 이내의 거래에서 수출기업이 수출계약에 따라 물품을 선적한 후 금융기관이 환어음 등의 선적서류를 근거로 수출채권을 매입(NEGO)하는 경우 한국무역보험공사가 연대보증하는 제도이다.

③ 수출신용보증(매입)

중소 · 중견기업이 외상 수출 결제일 전에 수출대금을 조기에 회수 할 수 있도록 지원하는 제도이다.

④ 수출신용보증(NEGO)

180일 이내에 무신용장 거래에서 수출기업이 수출계약에 따라 물품을 선적한 후 금융기관이 환어음 등의 선적서류를 근거로 수출채권을 매입(NEGO)하는 경우 한국무역보험공사가 연대보증하는 제도이다.

(7) 신용조사, 채권회수 및 환경심사

① 국외기업 신용조사 서비스

한국무역보험공사의 해외지사 및 전 세계 신용조사기관과 연계하여 해외소재 기업의 기본정보, 재무정보 등의 신용조사를 실시한 후 의뢰인에게 신용조사 보고서를 제공하는 서비스이다.

② 해외채권추심 대행서비스

수출 또는 기타 대외거래와 관련하여 발생한 해외미수채권에 대하여 한국무역보험공사가 해외 네트워크를 통해 채권회수를 대행하는 서비스이다.

③ 환경심사

한국무역보험공사가 금융지원하는 중장기프로젝트는 수입국에 경제적 이익을 가져다주기도 하지만 사회 · 환경에 영향을 미칠 수도 있다. 이에 한국무역보험공사는 OECD의 환경권고에 따라 중장기 프로젝트에 대한 금융지원시 사회 · 환경적 영향을 평가하고 저감 대책을 마련하도록 하여 궁극적으로는 지속가능한 발전에 기여하고 있다.

사회 · 환경영향평가 보고서 및 사회 · 환경관리계획 등을 바탕으로 영향 평가 및 저감대책의 적정성 등을 평가하는 일련의 과정인 환경심사를 실시하고 있다.

MEMO

제10장

선적서류 정비 및 대금회수

제1절 선적서류 정비
제2절 환어음의 발행
제3절 수출대금의 회수

선적서류 정비 및 화환어음 매입을 통한 대금회수

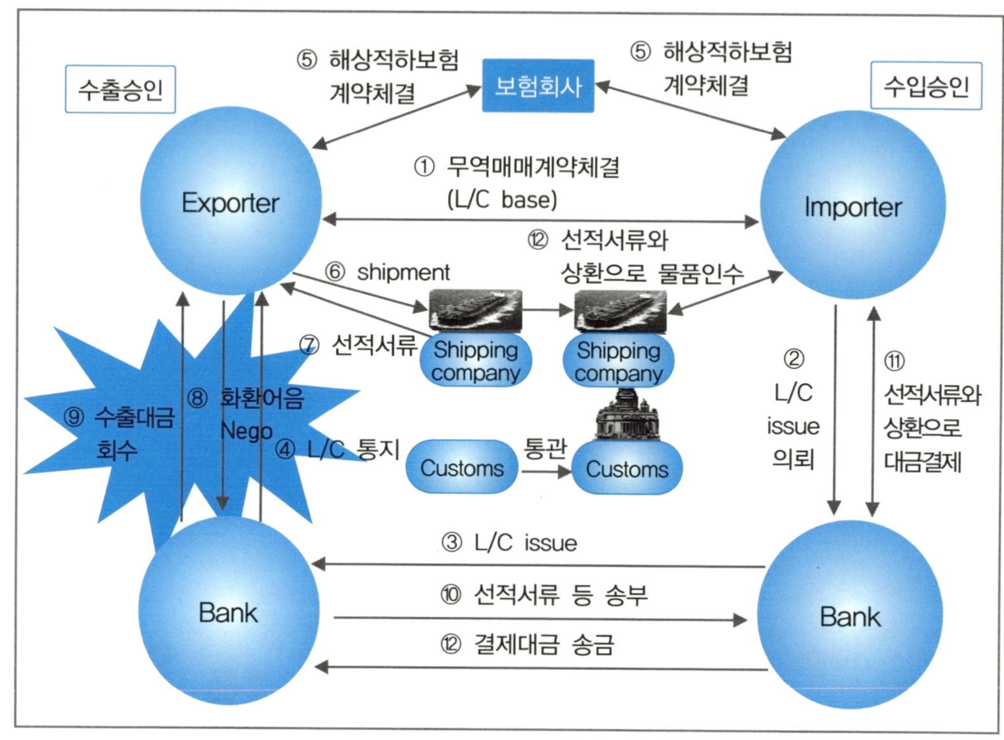

제10장 선적서류 정비 및 대금회수

제1절 선적서류 정비

1. 무역거래에서 선적 서류의 중요성과 분류

1) 선적서류의 중요성

물품매매계약에 따라 수출업자가 계약물품을 선적한 후 일반적으로 환어음을 발행하고 이 환어음과 함께 계약에 따른 계약물품의 인도를 증명하는 서류와 기타 요구 서류들을 첨부하여 외국환은행을 통해 수입업자에게 제시하여 대금을 회수하게 된다.

특히, 신용장결제방식의 경우에는 신용장에서 요구하는 서류를 반드시 제시해야만 대금을 결제 받을 수 있다.

따라서 선적서류는 무역대금결제를 위해서 중요한 요건으로 계약서 또는 신용장에서 요구하는 서류를 갖추는 것이 중요하다.

2) 선적서류의 분류

선적서류는 크게 기본 서류인 상업송장, 운송서류, 보험증권과 기타 서류들로 나눌 수 있다.

기타 서류에는 원산지증명서, 포장명세서, 수익자 증명서, 검사증명서, 중량용적증명서, 품질증명서 등이 있다.

| 표 10-1 | 무역거래의 기본서류와 기타서류

기본 서류	▶ 상업송장(Commercial Invoice)
	▶ 운송서류(Shipping Documents) - 선하증권(Bills of Lading ; B/L) - 복합운송증권(Combined Transport Document) - 항공화물운송장(Air Waybill) - 우편물수령증(Postal Receipt) - 기타 등
	▶ 보험서류(Insurance Documents) - 보험증권(Insurance Policy) - 보험증명서(Insurance Certificate)
기타 서류들	▸ 원산지증명서(Certificate of Origin) ▸ 포장명세서(Packing List) ▸ 수익자증명서(Beneficiary's Certificate) ▸ 검사증명서(Inspection Certificate) ▸ 중량용적증명서(Certificate of Weight & Measurement) ▸ 품질증명서(Certificate of Quality) ▸ 기타 등등

2. 선적서류의 원본과 사본 및 서류 심사 기준

1) 선적서류의 원본과 사본

계약서나 신용장 등에서 요구하는 선적서류의 원본과 사본에 대한 구분과 관련하여 UCP 600 제17조(원본 서류와 사본)에서는 다음과 같이 규정하고 있다.

a. 적어도 신용장에서 명시된 각각의 서류의 원본 한 통은 제시되어야 한다.

b. 서류 자체가 원본이 아니라고 표시하고 있지 않은 한, 은행은 명백하게 원본성을 갖는 서류 발행자의 서명, 마크, 스탬프 또는 라벨이 담긴 서류를 원본으로 취급한다.

c. 서류가 달리 표시하지 않으면, 은행은 ⅰ. 서류 발행자의 손으로 작성, 타이핑, 천공서명 또는 스탬프된 것으로 보이는 것 또는 ⅱ. 서류 발행자의 원본 서류 용지 위에 작성된 것으로 보이는 것 또는 ⅲ. 원본이라는 표시가 제시된 서류에는 적용되지 않는 것으로 보이지 않는 한, 원본이라는 표시가 있는 것과 같은 서류를 원본으로 수리한다.

d. 신용장이 서류 사본의 제시를 요구하는 경우, 원본 또는 사본의 제시가 모두 허용된다.

e. 신용장이 "in duplicate", "in two folds" 또는 "in two copies"와 같은 용어를 사용하여 복수의 서류의 제시를 요구하는 경우, 이 조건은 그 서류 자체에

달리 정함이 없는 한 적어도 한 통의 원본과 나머지 수량의 사본을 제시함으로써 충족된다.

2) 선적 서류의 심사 기준

신용장 결제방식의 경우 지정은행, 발행은행 등이 서류 심사시 기준으로 UCP 600 제14조(서류심사의 기준)에서는 다음과 같은 기준을 제시하고 있다.

a. 지정에 따라 행동하는 지정은행, 확인은행이 있는 경우의 확인은행 그리고 개설은행은 서류에 대하여 문면상 일치하는 제시가 있는지 여부를 단지 서류만에 의해서 심사하여야 한다.

b. 지정에 따라 행동하는 지정은행, 확인은행이 있는 경우의 확인은행 그리고 개설은행에게는 제시가 일치하는지 여부를 결정하기 위하여 제시일의 다음날로부터 기산하여 최장 5 은행영업일이 각자 주어진다. 이 기간은 유효기일 내의 제시일자나 최종제시일 또는 그 이후에 발생하는 사건에 의해서 단축되거나 달리 영향을 받지 않는다.

c. 제19조, 제20조, 제21조, 제22조, 제23조, 제24조 또는 제25조에 따른 하나 이상의 운송서류 원본이 포함된 제시는, 이 규칙에서 정하고 있는 선적일 후 21일보다 늦지 않게 수익자에 의하거나 또는 그를 대신하여 이루어져야 하고, 어떠한 경우라도 신용장의 유효기일보다 늦게 이루어져서는 안 된다.

d. 신용장, 서류 그 자체 그리고 국제표준은행관행의 문맥에 따라 읽을 때의 서류상의 정보(data)는 그 서류나 다른 적시된 서류 또는 신용장상의 정보와 반드시 일치될 필요는 없으나, 그들과 저촉되어서는 안 된다.

e. 상업송장 이외의 서류에서, 물품, 서비스 또는 의무이행의 명세는, 만약 기재되는 경우, 신용장상의 명세와 저촉되지 않는 일반적인 용어로 기재될 수 있다.

f. 신용장에서 누가 서류를 발행하여야 하는지 여부 또는 그 정보의 내용을 명시함이 없이 운송서류, 보험서류 또는 상업송장 이외의 다른 어떠한 서류의 제시를 요구한다면, 그 서류의 내용이 요구되는 서류의 기능을 충족하는 것으로 보이고 또한 그밖에 제14조 (d)항에 부합하는 한 은행은 제시된 대로 그 서류를 수리한다.

g. 제시되었으나 신용장에서 요구되지 아니한 서류는 무시될 것이고 제시자에게 반환될 수 있다.

h. 조건과 일치함을 나타낼 서류를 명시함이 없이 신용장에 어떠한 조건이 담겨 있다면, 은행은 그러한 조건이 기재되지 아니한 것으로 간주하고 무시할 것이다.

i. 서류는 신용장 개설일 이전 일자에 작성된 것일 수 있으나 제시일자보다 늦은

일자에 작성된 것이어서는 안 된다.

j. 수익자와 개설의뢰인의 주소가 어떤 요구서류에 나타날 때, 그것은 신용장 또는 다른 요구서류상에 기재된 것과 동일할 필요는 없으나 신용장에 기재된 각각의 주소와 동일한 국가 내에 있어야 한다. 수익자 및 개설의뢰인의 주소의 일부로 기재된 세부 연락처(팩스, 전화, 이메일 및 이와 유사한 것)는 무시된다. 그러나 개설의뢰인의 주소와 세부 연락처가 제19조, 제20조, 제21조, 제22조, 제23조, 제24조 또는 제25조의 적용을 받는 운송서류상의 수하인 또는 통지처의 일부로서 나타날 때에는 신용장에 명시된 대로 기재되어야 한다.

k. 어떠한 서류상에 표시된 물품 선적인 또는 송하인은 신용장의 수익자일 필요가 없다.

l. 운송서류가 이 규칙 제19조, 제20조, 제21조, 제22조, 제23조 또는 제24조의 요건을 충족하는 한, 그 운송서류는 운송인, 소유자, 선장, 용선자 아닌 어느 누구에 의해서도 발행될 수 있다.

3. 선적 서류의 종류

1) 상업송장(Commercial Invoice)

상업송장은 수출업자가 직접 작성하는 서류로, 상품의 출하안내서 및 가격계산서 역할을 하는 서류이다. 상업송장에는 상품의 명칭 및 규격, 단가, 금액 등의 내용이 기재되어 발행된다.

UCP 600 제18조(상업송장)에서는 다음과 같은 요건을 갖출 것을 규정하고 있다.

첫째, 상업송장은 수익자가 발행한 것으로 보여야 하며 개설의뢰인 앞으로 발행되어야 한다.

둘째, 신용장과 같은 통화로 발행되어야 하며 서명될 필요는 없다.

셋째, 상업송장상의 물품, 서비스 또는 의무이행의 명세는 신용장상의 그것과 일치하여야 한다.

상업송장의 종류에는 선적송장(Shipping Invoice), 견적송장(Pro-forma Invoice) 등이 있다.

(1) 선적송장(Shipping Invoice)

선적송장은 실제 선적된 화물의 내용과 가격을 명시한 서류로, 매매계약 또는 위탁계약이 성립되어 그 계약물품을 발송하기 위해 선적 시 선적품의 명세서로 작성되는 서류이다.

▌서식 10-1▐ 상업송장(Commercial Invoice)

COMMERCIAL INVOICE

<table>
<tr><td colspan="2">①Seller</td><td colspan="3">⑧Invoice No. and date</td></tr>
<tr><td colspan="2"></td><td colspan="3">⑨L/C No. and date</td></tr>
<tr><td colspan="2">②Consignee</td><td colspan="3">⑩Buyer(if other than consignee)</td></tr>
<tr><td colspan="2">③Notify party</td><td colspan="3" rowspan="3">⑪Remark</td></tr>
<tr><td>④Port of Loading</td><td>⑤Port of Discharge</td></tr>
<tr><td>⑥Vessel/Flight</td><td>⑦Sailing on/or about</td></tr>
</table>

⑫Shipping Marks	⑬No.&kind of packages	⑭Goods description	⑮Quantity	⑯Unit price	⑰Amount

⑱ Signed by

(2) 견적송장(Pro-forma Invoice)

견적송장은 수출업자가 거래를 유발하기 위한 수단으로 사용되기도 하지만 주로 외환사정이 좋지 않은 국가에서 미리 정부로부터 외환배정을 받기 위해 사용되거나 또는 수입허가 등을 받기 위해 수입업자의 요청에 의해, 수입업자에게 장차 매입할 물품에 대해 시험적으로 계산하여 작성해 발송하는 송장이다.

견적송장은 송장에 표시된 물품가격 등에 대해 법적 구속력이 없다. 따라서 계약체결 후 실제 매매되어 선적된 물품을 위해 발행되는 선적송장의 가격과 차이가 발생할 수 있다.

2) 운송서류(Transport Documents)

운송서류는 화주와 운송인 사이의 운송계약을 체결하고 그 계약내용을 증명하는 서류로 발급되는 서류이다. 운송서류는 운송형태에 따라 해상운송의 경우 선하증권(Bills of Lading ; B/L), 해상화물운송장(Sea Waybill), 항공운송의 경우 항공화물운송장(Air Waybill), 육상운송의 경우 도로/철도 운송서류(Road, Rail Transport Documents), 복합운송의 경우 복합운송증권(Combined Transport Document), 기타 우편물수령증(Postal Receipt), 특송 수령증(Courier Receipt) 등 다양하게 작성, 발급되고 있다.

운송서류에 대한 상세한 내용은 제8장 수출물품의 선적과 운송계약에서 이미 살펴보았으므로 여기에서는 생략하도록 하겠다.

3) 보험서류(Insurance Documents)

(1) 보험서류의 의의와 종류

보험서류는 보험계약자(피보험자)와 보험자(보험회사) 사이에 계약관계를 증명하는 서류로 보험자가 발급하는 서류이다.

무역거래에 있어서 중요한 보험서류로는 무역계약 대상물품에 대한 위험을 커버하기 위한 해상적하보험증권(Marine Cargo Insurance Policy)이다. 그 외에 보험증명서(Insurance Certificate), 부보각서(Cover Note) 등이 있다.

① 해상적하보험증권(Marine Cargo Insurance Policy)

해상적하보험증권은 해상운송되는 화물에 대한 위험을 커버하기 위해 화주가 운송계약과 별도로 보험자에게 부보할 경우 발급 받는 증서이다.

② 보험증명서(Insurance Certificate)

보험계약자는 동일한 보험목적물과 담보조건을 매 거래시마다 보험자와 보험계약을 체결하는 번거로움을 피하기 위하여 일정기간 동안 한 번에 보험계약을 체결하는 포괄예정보험(open policy)을 가입하게 된다. 이 경우 무역계약상 부보의무자인 수출업자 그 보험계약기간 중 실제 보험이 필요한 거래가 발생하고 이를 거래에 보험이 가입되었다는 증빙을 매수인에게 해야 하는 데 이때 보험자로부터 발급받는 유효한 보험 서류가 보험증명서이다. 이는 해당 거래가 포괄예정보험을 통해 부보되어 있다는 것을 보험자가 증명해 주는 서류로 은행에서 수리가능한 보험서류로 인정된다.

③ 부보각서(Cover Note)

부보각서는 보험중개인(보험대리점)이 피보험자(보험계약자)로부터 보험가입을 위탁받은 경우 보험중개인 등이 피보험자에게 해당 거래에 대해 보험을 가입해 주겠다는 각서로 발행하는 서류이다. 이 서류는 실제로 보험을 가입했다는 사실을 증명하는 서류가 아니므로 은행에서 인정하지 않는 보험 서류이다.

(2) 신용장통일규칙에서 규정하고 있는 보험서류의 요건

UCP 600 제28조(보험서류와 부보범위)에서 규정하고 있는 보험서류의 요건은 다음과 같다.

첫째, 수리가능한 보험서류로는 보험증권(Insurance Policy), 보험증명서(Insurance Certificate) 또는 포괄보험의 확인서(a declaration under an open cover)이며 부보각서(cover notes)는 수리되지 않는다.

둘째, 보험서류 발행권자와 서명과 관련하여 보험증권(Insurance Policy), 보험증명서(Insurance Certificate) 또는 포괄보험의 확인서(a declaration under an open cover)와 같은 보험서류는 보험회사, 보험인수인 또는 그들의 대리인 또는 수탁인(proxies)에 의하여 발행되고 서명된 것으로 보여야 한다. 대리인 또는 수탁인에 의한 서명은 보험회사 또는 보험중개인을 대리하여 서명했는지의 여부를 표시하여야 한다.

셋째, 보험서류의 원본제시 규정으로, 보험서류가 한 통을 초과한 원본으로 발행되었다고 표시하는 경우 모든 원본 서류가 제시되어야 한다.

넷째, 보험서류의 발행일과 관련하여 보험서류의 일자는 선적일보다 늦어서는 안 된다. 다만 보험서류에서 부보가 최소한 선적일자 이전에 효력이 발생함을 나타내고 있는 경우에는 그러하지 아니하다.

다섯째, 보험서류의 부보금액과 관련하여 보험서류는 부보금액을 표시하여야 하고 신용장과 동일한 통화로 표시되어야 하며 신용장에 부보금액이 물품의 가액, 송장가액 또는 그와 유사한 가액에 대한 백분율로 표시되어야 한다는 요건이 있는 경우, 이는 요구되는 부보금액의 최소한으로 본다. 신용장에 부보 범위에 부보금액에 대한 명시가 없는 경우, 부보금액은 최소한 물품의 CIF 또는 CIP 가액의 110%가 되어야 한다. 서류로부터 CIF 또는 CIP 가액을 결정할 수 없는 경우, 부보금액의 범위는 요구된 결제(honor) 또는 매입 금액 또는 송장에 나타난 물품에 대한 총가액 중 더 큰 금액을 기준으로 산출되어야 한다.

여섯째, 보험서류의 담보구간과 관련하여 보험서류는 최소한 신용장에 명시된 수탁지 또는 선적지로부터 양륙지 또는 최종 목적지 사이에 발생하는 위험에 대하여 부보가 되는 것이어야 한다.

일곱째, 보험서류의 담보조건과 관련하여 ①신용장은 요구되는 보험의 종류를 명시하여야 하고, 부보되어야 할 추가 위험이 있다면 그것도 명시하여야 한다. ② 만일 신용장이 "통상의 위험" 또는 "관습적인 위험' 과 같이 부정확한 용어를 사용하는 경우 보험서류는 특정위험을 부보하지 않는지 여부와 관계없이 수리된다. ③ 신용장이 '전위험(all risks)'에 대한 부보를 요구하는 경우, 어떠한 '전위험(all risks)' 표시 또는 문구를 포함하는 보험서류가 제시되는 때에는, 제목에 '전위험(all risks)'이 포함되는가에 관계없이, 또한 어떠한 위험이 제외된다고 기재하는가에 관계없이 수리된다. ④ 보험서류는 어떠한 제외문구(exclusion clause)에 대한 언급을 포함할 수 있다. ⑤ 보험서류는 부보범위가 일정한도 본인부담이라는 조건 또는 일정한도 이상 보상 조건(a franchise or excess) (일정액 공제제도, deductible)의 적용을 받고 있음을 표시할 수 있다.

4) 기타 서류

(1) 공용송장

수출업자가 작성하는 상업송장과 달리 공공기관에서 작성하는 송장으로, 여기에는 대표적으로 세관송장과 영사송장이 있다.

① 세관송장(Customs Invoice)

수출상이 수입국 세관에 직접 송장내용의 진실성을 선서하는 공용송장으로, 수입상이 세관에 수입신고할 때 필요한 서류이다. 세관송장은 수입지 세관 양식을 사용한다.

세관송장의 목적은 관세가격의 기준을 결정할 목적, 덤핑유무를 확인하기 위한 목적, 수입할당(quota)품목의 통상기준량의 계산목적, 수입통계의 목적 등이다.

② 영사송장(Consular Invoice)

고의로 부정한 상업송장을 작성하여 수입상품가격을 높게 책정함에 따른 외화도피나 낮게 책정함에 따른 관세포탈을 규제하기 위하여 수출국에 주재하고 있는 수입국 영사의 확인을 받아야 하는 송장을 말한다.

남미 국가, 저개발국, 중동 및 아프리카 등의 일부 국가에서는 통관서류로 제출토록 요구하고 있다.

(2) 원산지증명서(Certificate of Origin)

원산지증명서는 산업통상자원부고시 「수출물품원산지증명 발급규정」 제1-3조(용어의 정의) ①호에서 "수출물품이 우리나라에서 재배, 사육, 제조 또는 가공된 것임을 증명하는 문서"라고 정의하고 있다.

이러한 원산지증명서는 수출물품의 원산지를 확인하기 위한 서류로, 수입국의 관세특혜 적용 여부에 따라 특혜원산지증명서와 비특혜원산지증명서로 구분할 수 있다.

비특혜 원산지증명서는 관세양허대상이 아닌 유상 또는 무상으로 수출하는 물품에 대하여 발급하며 수입업자의 자국내 원산지 표시문제 및 불공정 무역행위(덤핑) 조사 등을 이유로 발급하고 있다.

특혜원산지증명서는 ① 자유무역협정(FTA)에 의한 관세양허 수출품의 원산지증명(한-싱, 한-아세안, 한-인도, 한-페루 대상)[1), ② 아시아-태평양무역협정(Asia-Pacific Trade Agreement ; APTA)에 의한 관세양허대상 수출물품의 원산지증명, ③ 일반특혜관세(Generalized System of Preference ; GSP) 원산지증명, ④ 개발도상국간 특혜무역제도(Global System of Trade Preferences Among Developing Countries ; GSTP)에 의한 관세양허수출품의 원산지증명, ⑤ GATT개발도상국간 관세양허수출품의 원산지증명을 위해 발급되고 있다.

---

1) FTA 관련 원산지서류는 칠레, 싱가포르, 아세안, 인도, 미국, 페루와의 협정의 경우 원산지증명서(Certificate of Origin), EU, EFTA, 페루, 터키와의 협정의 경우 원산지신고서(Origin Declaration), 아세안과의 협정에서는 역내 경유국에서 발급하는 연결원산지증명서(Back to Back C/O) 등이 있다.

원산지증명서는 수출입 물품의 실질적 원산지를 증명하는 자료로서, 당해 물품의 원산국 또는 선적국의 정부 및 정부가 인정하는 기관에서 발행한다. 그러나 최근에는 양자간 또는 지역간 자유무역협정에 의하여 지정된 양식에 수출기업이 자율적으로 작성하여 송부하기도 하며, 이 때 수출기업은 원산지발급에 관련된 근거서류 및 발급대장을 비치하여 보관, 관리해야 한다.

현재 일반원산지증명서(비특혜)는 전국 69개 상공회의소에서 발급하고, 관세양허원산지증명서(특혜) 및 FTA 원산지증명서는 전국 69개 상공회의소, 47개 세관, 2개 자유무역지역관리원에서 발급하고 있다.

(3) 포장명세서(Packing List)

포장명세서는 수출물품의 포장 속에 들어있는 내재품에 대한 명세서로, 포장단위, 제품 명세, 중량, 용적 등이 기술된 서류로 일반적으로 수출업자가 작성하는 서류이다.

포장명세서는 특히 화물운송시 운송회사가 해당 물품의 운임 산정 및 적부 계획 등의 편의를 위해 사용된다.

(4) 수익자증명서(Beneficiary's Certificate)

수익자 증명서는 일반적으로 신용장결제방식의 거래에서 요구서류에 대한 송부여부 등 수입업자가 요구하는 사항 등을 신용장거래의 수익자인 수출업자가 이행했음을 입증하는 서류로 수출업자가 작성하여 발급하는 서류이다. 특별한 양식은 없으며 수출업자(수익자)가 요구사항을 이행했음을 확약하는 내용을 담고 있으면 된다.

(5) 검사증명서(Inspection Certificate)

검사증명서는 일반적으로 수출물품에 대한 품질 등에 대해 육안으로 확인하기 곤란하거나 보다 확실한 품질 확인이 필요한 경우 제3의 공인검사기관을 통해 수출물품에 대한 검사를 실시하여 그에 대한 검사내용을 증명하는 서류로 해당 공인검사기관에서 발급하는 서류이다.

검사의 공정성을 위하여 검사기관을 수입자가 지정하거나 전문 검사관의 검사증을 첨부토록 하는 경우가 많다.

대표적인 검사증명서 발급기관으로 1878년 곡물검사소로 시작한 스위스 제네바에서 설립된 SGS(Société Générale de Surveillance)로, 세계 최고의 검사, 검증,

테스트 및 인증 회사로 각종 검사증명서를 발급하고 있다.

검사증명서의 종류로는 농산물이나 수산물의 경우에 필요로 하는 농산물검사소의 검사증명서나 수산물검사소의 검사증명서와 내용증명서(certificate of measurement), 수량증명서(certificate of quantity) 등이 있다. 또한 품질증명서나 분석증명서도 이 검사증명서의 일종이다.

(6) 중량 및 용적증명서(Certificate of Weight & Measurement)

상품의 중량이나 용적에 관한 증명서로, 상업송장에 총괄적으로 기재한 내용을 보다 상세하게 기재하여 발급한 서류이다. 발급주체에 따라 수출업자가 직접 작성하여 발급하거나 제3자의 기관이 작성하여 발급하는 경우로 나눌 수 있다. 그러나 일반적으로 수출화물이 선적업자의 집하장소에서 세관보세구역에 반입되면 등록검량업자에 의하여 화물의 용적과 중량에 대한 검사를 받아 발급하는 형식으로 중량 및 용적증명서가 발급된다.

이 서류에 의한 중량 및 용적은 선적지시서, 선화증권 등에 기재되어 운임과 기타 제비용의 산출 근거가 된다. 중량증명의 경우 신용장에서 검사기관을 별도로 정하지 않고 단순히 중량증명만을 요구하는 때에는 운송인에 의한 서류상의 중량표시 스탬프 또는 문자표기를 그 증명으로 갈음할 수 있다.

■서식 10-2■ 일반원산지증명서

1. Exporter (Name, address, country)

HONG KIL DONG CO., LTD.
45, NAMDAEMUN-RO 4GA, JUNG-GU, SEOUL
100-743 KOREA

Reference No, 001-10-0197651
Reference Code, 0d80-b1be

ORIGINAL

CERTIFICATE OF ORIGIN

issued by

THE KOREA CHAMBER OF COMMERCE & INDUSTRY

Seoul, Republic of Korea

2. Consignee (Name, address, country)

SANG KONG MOTORS UKRAINE LTD.
WITH IT PRINCIPAL ADDRESS AT 2-A
ELECTRIKOV STR., 0001 KYIV, UKRAINE

3. Country of Origin

THE REPUBLIC OF KOREA

4. Transport details

FROM : BUSAN PORT, KOREA
TO : ILLICHEVSK, UKRAINE
BY : HANJIN XIAMEN 0002W
ON OR ABOUT : AUG 28, 2009

5. Remarks

L/C NO. 010000H410
INVOICE NO. HKD002-5

Invoice number & date :
HKD07-0100 & 2009-10-28

SAMPLE

6. Marks & numbers; number and kind of packages; description of goods

KIL DONG MOTORS
UKRAINE LTD.

AT 2-A ELECTRIKOV
STR., 0001 KYIV,
UKRAINE

Ultrasonic fish finders
Ultrasonic fish finders ... OSET 80KG 81KG

... PCS 80KG 81KG 20PC

7. Quantity

8. Declaration by the Exporter

The undersigned, as an authorised signatory, hereby declares that the above-mentioned goods were produced or manufactured in the country shown in box 3.

(Signature) K. D. Hong.

(Name) PRESIDENT HONG KIL DONG

9. Certification

The undersigned authority hereby certifies that the goods described above originate in the country shown in box 3 to the best of its knowledge and belief

THE KOREA CHAMBER OF COMMERCE & INDUSTRY 대한상공회의소

Manager
KYUNG-SOOK LEE

29 MAR 2010

Authorized Signatory

※Identify the authenticity of certificate for verification with the website.(http://cert.korcham.net/search)

▌서식 10-3▐ 일반특혜관세(GSP) 원산지증명서

1. Goods consigned from (Exporter's business name, address, country)

HONG KIL DONG CO., LTD.
45, NAMDAEMUN-RO 4GA, JUNG-GU, SEOUL
100-743 KOREA

Reference No. 001-10-0197694
Reference Code. ce1c-17dc

ORIGINAL

GENERALIZED SYSTEM OF PREFERENCES
Certificate of Origin
(Combined declaration and certificate)
FORM A

Issued in THE REPUBLIC OF KOREA
(Country)

See notes overleaf

2. Goods consigned to (Consignee's name, address, country)

SANG KONG INC 1001 YAMASKA
STREET EAST FARNHAM QC
J4N4T7 CANADA

3. Means of transport and route (as far as known)

FROM : KWANGYANG, KOREA
TO : FARNHAM, QC, CANADA
BY : SEA
ON : 14 JAN. 2009

4. For official use

ISSUED RETROSPECTIVELY

SAMPLE

5. Tariff item number	6. Marks and numbers of packages	7. Number and kind of packages; description of goods	8. Origin criterion (see notes overleaf)	9. Gross weight or other quantity	10. Number and date of invoices
3907.20-2000	AS PER LABEL	POLYPROPYLENE GLYCOL POLYETHER POLYOLS (COPOLYMER POLYOL) 1V 21.5MT 21500KGS 21500KGS	F (34.55 %)	21500KGS	HKD-080418/2009-01-02

End Of Page...

11. Certification

It is hereby certified, on the basis of control carried out, that the declaration by the exporter is correct.

Manager
KYUNG-SOOK LEE

29 MAR 2010

SEOUL, KOREA
Place and date, signature and stamp of certifying authority

12. Declaration by the Exporter

The undersigned hereby declares that the above details and statements are correct; that all the goods were produced in THE REPUBLIC OF KOREA
(country)
and that they comply with the origin requirements specified for those goods in the Generalized System of Preferences for goods exported to CANADA
(importing country)

K. D. Hong

PRESIDENT HONG KIL DONG

SEOUL, KOREA 29 MAR 2010
Place and date, signature of authorised signatory

※ Identify the authenticity of certificate for verification with the website.(http://cert.korcham.net/search)

▌서식 10-4▐ 개도국간 특혜무역제도(GSTP) 원산지증명서

1. Goods consigned from (Exporter's business name, address, country)
HONG KIL DONG MOTORS CO., LTD.
45, NAMDAEMUN-RO 4GA, JUNG-GU, SEOUL
100-743 KOREA

Reference No. 001-10-0197703 **ORIGINAL**
Reference Code. 0ab0-d4d6

GLOBAL SYSTEM OF TRADE PREFERENCES
Certificate of Origin
(Combined declaration and certificate)

Issued in THE REPUBLIC OF KOREA
(Country)

See notes overleaf

2. Goods consigned to (Consignee's name, address, country)
SANG KONG LIMITED
200 UNION PLACE
COLOMBO 03, SRI LANKA

3. Means of transport and route (as far as known)
FROM : KWANGYANG PORT IN SOUTH KOREA
TO : COLOMBO, SRI LANKA
BY : VESSEL / FLIGHT NO
ON : JAN. 15. 2009

4. For official use
ISSUED RETROSPECTIVELY

SAMPLE

5. Tariff item number	6. Marks and numbers of packages	7. Number and kind of packages; description of goods	8. Origin criterion (see notes overleaf)	9. Gross weight or other quantity	10. Number and date of invoices
8708.29-1010	COLOMBO SRI LANKA C/NO KIA MADE IN KOREA	01 UNIT ... HONG KIL DONG ... VEHICLE ... DONG SPARE ... PETROL ... L X 4X4 JEEP ...890 1 UNIT(S)	B (1.88 %)	1,457KGS	HKD-080418 2009-01-02
		TO... 1 UNIT(S)			

End Of Page ...

11. Declaration by the Exporter
The undersigned hereby declares that the above details and statements are correct: that all the goods were produced in THE REPUBLIC OF KOREA
(country)
and that they comply with the origin requirements specified for those goods in the Global System of Trade Preferences for goods exported to
SRI LANKA
(importing country)

SEOUL,KOREA 29 MAR 2010 K. D. Hong.
PRESIDENT HONG KIL DONG
Place and date, signature of authorised Signatory

12. Certification
It is hereby certified, on the basis of control carried out, that the declaration by the exporter is correct.

THE KOREA CHAMBER OF COMMERCE & INDUSTRY 대한상공회의소

29 MAR 2010

Manager
KYUNG-SOOK LEE

Place and date, signature and stamp of certifying authority

※Identify the authenticity of certificate for verification with the website.(http://cert.korcham.net/search)

▌서식 10-5▐ 한·싱 FTA 원산지증명서(기관발급)

1. Exporter(Name, Address, Country, Tax ID No)

Reference No.:

KOREA–SINGAPORE FREE TRADE AGREEMENT PREFERENTIAL TARIFF CERTIFICATE OF ORIGIN

2. Importer(Name, Address, Country)

3. Departure Date

4. Vessel's Name/Flight No.

5. Port of Discharge and Route(as far as known)

6. Country of Final Destination

7. Country of Origin

8. Item Number	9. Description of Goods	10. HS No. (6digit)	11. Marks & Numbers	12. Quantity & Unit	13. Origin Criterion

14. Declaration by the exporter

The undersigned hereby declares that the above details and statements are correct; that all the goods were produced in

----
(Country)

and that they comply with the origin requirements specified for these goods in the KOREA–SINGAPORE FREE TRADE AGREEMENT for the goods exported to

----
(Importing Country)

(Place and Date, Signature of Authorized Signatory)

15. Certification

It is hereby certified that the goods originated in the territory of Korea, and comply with the origin requirements specified for those goods in KOREA–SINGAPORE FREE TRADE AGREEMENT

(Place and Date, Signature and Stamp of Certifying Authority)

▌서식 10-6▌ 한·칠레 FTA 원산지증명서(자율발급)

칠레와의 협정에 따른 원산지증명서의 서식

KOREA-CHILE FREE TRADE AGREEMENT CERTIFICATE OF ORIGIN

Issuing Number:

1: **Exporter** (Name and Address) Tax ID No.				
2: **Producer** (Name and Address) Tax ID No.		3: **Importer** (Name and Address)		
4. Description of Good(s)	5. HS No	6. Preference Criterion	7. Regional Value Content	8. Country of origin
9. Remarks:				

10: Certification of Origin

I certify that:

- The information on this document is true and accurate and I assume the responsibility for providing such representations.

  I understand that I am liable for any false statements or material omissions made on or in connection with this document
- I agree to maintain and present upon request, documentation necessary to support this certificate, and to inform, in writing, all persons to whom the certificate was given of any changes that could affect the accuracy or validity of this certificate.
- The goods originated in the territory of the Parties, and comply with the origin requirements specified for those goods in KOREA-CHILE FREE TRADE AGREEMENT, and there has been no further production or any other operation outside the territories of the Parties in accordance with Article 4.12 of the Agreement.

Authorized Signature	Company Name
Name (Print or Type)	Title
Date (MM/DD/YY)	Telephone / Fax / E-mail

210mm×297mm[보존용지(1종) 70g/㎡)]

칠레와의 협정에 따른 원산지증명서의 서식(을지)

KOREA-CHILE FREE TRADE AGREEMENT CERTIFICATE OF ORIGIN

CONTINUATION SHEET

Issuing Number:

2. Producer	4. Description of Good(s)	5. HS No	6. Preference Criterion	7. Regional Value Content	8. Country of origin

210mm×297mm[보존용지(1종) 70g/㎡)]

▮서식 10-7▮ 포장명세서(Packing List)

PACKING LIST

① Seller Gil Dong Trading Co., Ltd.	⑧ Invoice No. and date 8905 HC 3108 Aug. 15, 2020.
② Consignee(or For account & risk of Messrs.) Monarch Products Co., Ltd. P.O.Box 208 Bulawayo, Zimbabwe	⑨ Buyer(if other than consignee) Monarch Products Co., Ltd. P.O.Box 208 Bulawayo, Zimbabwe
③ Notify Party Same as above.	⑩ Other references Country of Origin: Republic of Korea
④ Departure date Aug. 20, 2020.	
⑤ Vessel/flight Phoenix / ⑥ From BUSAN, KOREA	
⑦ To Bulawayo, Zimbabwe	

⑪ Shipping Marks	⑫ No.&kind of packages	⑬ Goods description	⑭ Quantity or net weight	⑮ Gross Weight	⑰ Measurement
MON/T Bulawayo LOT NO C/NO.1-53 MADE IN KOREA	4200DX420D Material, As per Monarch Products Indent No T.858	Nylon Oxford	60,000M 1208.06Kgs	1,317kgs	24.5CBM

//

⑱ Signed by

▮서식 10-8▮ 수익자증명서(Beneficiary's Certificate)

BENEFICIARY'S CERTIFICATE

WHITESTONE ELECTRONICS CO., LTD.
554, SHINSA-DONG, SEOCHO-GU,
SEOUL, KOREA

DATE :

L/C NO. :
COMMODITY :
QUANTITY :
AMOUNT :
DESTINATION :
NAME OF VESSEL
ON BOARD DATE :

WE HEREBY CERTIFY THAT ONE ORIGINAL CERTIFICATE OF ORIGIN, TWO COPIES OF NON-NEGOTIABLE B/L, COMMERCIAL INVOICE AND PACKING LIST HAVE BEEN SENT DIRECTLY TO APPLICANT(DELTA ELECTRONICS, No. 186, Ruiguang Road, Neihu District, Taipei City, TAIWAN) BY COURIER SERVICE.

Faithfully yours,

SONG, J. H.

WHITESTONE ELECTRONICS CO., LTD.

제2절 환어음의 발행

1. 외국환

1) 외국환의 개념

환(exchange)은 원격지자간의 채권 · 채무관계를 현금의 직접수송에 의존하지 않고 금융기관을 통하여 지급, 영수하는 것을 말한다. 한편 외국환(Foreign Exchange)은 환거래가 국제간 대차관계를 결제하기 위해 사용되는 경우를 말하며 현금이 아닌 은행을 통해서 국제간에 결제하는 방법으로써 대외지급수단, 외화증권, 외화파생상품 및 외화채권[2] 등을 말한다. 즉, 국제간의 대차관계를 결제하는 수단 또는 자금이동수단으로 동일 화폐제도 하에서 행해지는 내국환의 대응어라 말할 수 있다. 외국환은 채권자나 채무자의 한쪽이 외국에 있는 경우의 환이라면 내국환은 채권자와 채무자가 동일 국내에 있는 경우의 환으로, 환거래의 원인인 대차관계의 당사자의 소재지 차이가 있다.

외국환은 현금을 직접 수송함에 따른 위험과 불편 및 비용 문제를 극복하고 저 비용으로 안전하고 간편하게 외국과의 대차(貸借)를 결제하고 조정하고자 하는데 목적이 있다.

2) 외국환의 분류

(1) 송금환과 추심환

송금환은 외국환거래에서 자금을 보내는 것, 즉 송금을 의뢰하는 것을 말하며 이는 순환(順換)이며 추심환은 자금을 청구하는 하기 위한 환으로, (순환), 추심을 의뢰하는 것을 말하며 역환(逆換)이다.

(2) 당발환과 타발환

외국으로 자금을 송금하기 위해서는 해당국가의 은행을 각각 경유해야 하는데 환

---

2) 4. "대외지급수단"이란 외국통화, 외국통화로 표시된 지급수단, 그 밖에 표시통화에 관계없이 외국에서 사용할 수 있는 지급수단을 말한다.
8. "외화증권"이란 외국통화로 표시된 증권 또는 외국에서 지급받을 수 있는 증권을 말한다.
10. "외화파생상품"이란 외국통화로 표시된 파생상품 또는 외국에서 지급받을 수 있는 파생상품을 말한다.
12. "외화채권"이란 외국통화로 표시된 채권 또는 외국에서 지급받을 수 있는 채권을 말한다.
[외국환거래법(법률 제14525호 일부개정 2017. 01. 17.) 제3조(정의)]

거래의 시발점이 되는 은행인 당발은행에서 취급하는 외국환을 당발환이라고 하며 환거래의 종착점이 되는 은행인 타발은행에서 받은 외국환을 타발환이라고 한다.

(3) 매도환과 매입환

외국환은행이 외국환을 매도하는 경우 매도환, 매입하는 경우 매입환이다. 즉, 매도환은 외국환은행이 원화의 수납을 대가로 외국환을 매각하는 것으로 대표적인 예로 수입환어음결제시 외국환은행이 당해 수입환어음을 수입업자로부터 원화를 받고 매도하게 되는 경우의 환이며 그에 비해 매입환은 수출환어음 매입(negotiation)이 대표적인 것으로 수출업자의 환어음을 외국환은행이 원화를 주고 매입하게 되는 경우이다.

(4) 보통환과 전신환

보통환은 예치환거래은행에게 자행 예금을 인출(debit)하도록 지시하는 방법이 우편으로 전달하는 경우인데 비해 전신환은 신속한 자금전달을 위해 전신으로 결제를 지시하는 방법을 말한다.

2. 환어음

1) 환어음의 개념

환어음(Bill of Exchange)은 국제거래에서 채권자가 채무자에게 어음금액전액을 채권자가 지시하는 자 또는 소지인에게 일람출급 또는 기한부로 지급할 것을 무조건 지시하는 요식의 유가증권을 말한다. 즉, 국제거래의 채권, 채무관계를 정산하기 위하여 어음발행인(drawer)이 지급인(drawee)에게 일정 금액을 수취인(payee) 또는 그 지시인(orderer) 또는 소지인(bearer)에게 지급일에 일정한 장소에서 무조건 지급할 것을 위탁하는 요식의 유가증권이자 유통증권(negotiable instrument)을 말한다.

요식 증권은 법에서 규정하고 있는 기재사항이 있는 증권으로 한국의 경우 어음법 제1조(어음의 요건)에 환어음의 기재사항으로 ① 증권의 본문 중에 그 증권을 작성할 때 사용하는 국어로 환어음임을 표시하는 글자, ② 조건 없이 일정한 금액을 지급할 것을 위탁하는 뜻, ③ 지급인의 명칭, ④ 만기(滿期), ⑤ 지급지(支給地), ⑥ 지급받을 자 또는 지급받을 자를 지시할 자의 명칭, ⑦ 발행일과 발행지(發行地), ⑧

발행인의 기명날인(記名捺印) 또는 서명을 규정하고 있다.

2) 무역 관련 환어음의 종류

(1) 운송서류의 첨부여부에 따른 분류

① 화환어음(documentary bill of exchange)

어음에 운송서류가 첨부된 어음을 화환어음이라고 한다.

② 무담보어음(clean bill of exchange)

운송서류의 첨부없이 단순히 어음만으로 거래하는 경우의 어음을 말한다. 이는 일반적으로 수입업자가 대금 미결제시 유가증권인 운송서류가 담보역할을 하게 되는데 이러한 운송서류가 없는 환어음을 무담보어음이라고 한다.

(2) 환어음의 지급시기에 따른 분류

① Sight bill(일람불 환어음)

일람불 환어음은 지급인에게 제시되는 즉시 지급(payment)이 이루어지는 것을 조건으로 발행되는 환어음을 말한다.

② Usance bill(기한부 환어음)

기한부 환어음은 지급인에게 제시되면 일단 인수(acceptance)한 후 일정한 기간이 지난 후 어음의 만기일에 지급(payment)이 이루어지는 것을 조건을 발행된 환어음을 말한다.

(3) 환어음의 발행통수에 따른 분류

① sola bill 또는 sole bill(단독어음 또는 단일어음)

국내거래시 사용되는 어음으로 1통만 발행되는 어음을 말한다.

② set bill(조어음)

무역결제시 사용하는 환어음의 경우 2통, 즉, 1조를 이루어 발행하게 된다. 2통이 발행되는 이유는 우송중의 분실, 연착에 의한 어음유통상의 장애를 방지하기 위함이다.

3) 환어음의 당사자

(1) 발행인(drawer)

환어음의 발행인은 환어음을 발행하는 주체로, 무역거래시 대금결제를 위해 수출업자가 발행하게 된다.

(2) 지급인(drawee)

환어음의 지급인은 환어음상의 금액을 수취인에게 지급하도록 지시된 당사자이다. 신용장거래의 경우는 발행은행, 기타 무신용장 방식의 경우 수입업자가 지급인이 된다.

(3) 수취인(payee)

환어음의 수취인은 환어음상의 금액을 지급인으로부터 받는 당사자이다. 일반적으로 수취인은 환어음의 발행인에게 환어음을 매입해 준 매입은행이 된다.

(4) 소지인(holder)

환어음을 점유하여 소지하고 있는 자를 말하며 일반적으로 하자없는 완전한 환어음을 소지하고 있는 자를 "선의의 소지인(bona fide holder)"이라고 한다.

4) 환어음의 기재사항

(1) 필수기재사항

① 환어음 표시 문구

어음의 표제에 적혀있는 환어음 문구와 별개로 어음의 본문 상에 환어음(bill of exchange) 문구가 표시되어야 한다.

② 무조건 지급위탁문언

환어음은 일정금액을 무조건 지급하도록 위탁한 서류로, 환어음 상의 "PAY TO"가 이에 해당한다. 환어음 상의 금액에 대한 지급시 일정한 조건이 달려 있지 않고 "PAY TO (수취인) THE SUM OF (환어음 금액)"의 형식으로 표시되어 일정 금액을 조건없이 수취인에게 지급하라는 위탁의 문언이 표기된다.

③ 지급인

지급인(drawee)은 환어음 금액에 대한 지급의무를 가진 자를 말하며 환어음의 좌측 하단의 "TO" 다음에 기재하게 된다.

④ 환어음의 지급시기(만기(滿期))

환어음 금액을 지급하는 시기를 말하며 환어음 상의 "AT ______"로 되어 있는 부분에 표기하게 된다. 그러나 예외적으로 어음법 제2조에 "만기가 적혀 있지 아니한 경우: 일람출급(一覽出給)의 환어음으로 본다."라고 규정하고 있다.

지급시기는 일람출급, 일람후 정기출금, 발행일자 후 정기출급, 확정일출급 등으로 구분될 수 있다.

- ▶ 일람출급환어음(at sight) : 어음지급인에게 제시 즉시 지급되는 방식
  아무런 표시가 없을 시도 일람출급으로 간주
- ▶ 일람후 정기출급(at ___ days after sight) : 지급인에게 어음이 제시된 날로부터 일정기간(30, 60, 90, … 등)이 경과한 후 지급되는 방식
- ▶ 발행일자 후 정기출급(at ___ days after date) : 환어음의 발행일 후 일정한 기간이 경과한 후 지급하는 방식
- ▶ 확정일출급(on fixed date) : 환어음상에 확정된 미래의 특정일자에 지급일로 표기하는 방식

⑤ 지급장소

환어음 금액이 지급되는 장소로, 일반적으로 환어음의 "To" 다음에는 환어음의 지급인과 함께 지급장소가 기재된다.

⑥ 수취인(payee)

환어음 금액을 받을 자를 기재하며 환어음상의 무조건 지급위탁문언인 "PAY TO" 다음에 기재하게 된다. 수취인을 표기하는 방법은 기명식, 지시식, 소지인식 등으로 구분할 수 있다.

- ▶ 기명식 환어음 : pay to XXX bank, Ltd.
- ▶ 지시식 환어음 : pay to XXX bank, Ltd. or order
  pay to the order of XXX bank, Ltd.
  가장 일반적인 형태로 지시식 환어음은 환어음상의 배서와 인도에 의해 양도된다.

▶ 소지인식 환어음 : pay to bearer
어음의 소지인이 지급청구권을 갖는다.

⑦ 발행일과 발행지

발행일은 환어음의 발행날짜로, 환어음상의 우측상단에 표기되며 발행장소와 함께 표기된다.

⑧ 발행인의 기명날인 또는 서명

환어음의 발행인 즉, 수출업자의 명칭과 날인 또는 서명을 기재한다.

(2) 임의기재사항

① 복본번호에 관한 문언

환어음은 2통(1조) 발행되는데 2통 다 지급하는 것이 아니라 어느 한 통이 지급 사용되면 다른 한 통은 효력이 없어지도록 표기하여 이중 지급을 방지하고 있다. 첫 번째 환어음에는 "(SECOND OF THE SAME TENOR AND DATE BEING UNPAID)"라고 두 번째 환어음에는 "(FIRST OF THE SAME TENOR AND DATE BEING UNPAID)"라고 기재된다.

② 환어음의 발행근거

환어음이 발행된 근거를 표기하는 것으로, 환어음 상의 "Drawn under" 다음에 신용장 발행은행이 기재되고 신용장 발행번호(L/C No.) 와 신용장 발행 날짜가 기재된다.

③ 대가 수령 문언

환어음 상에 "VALUE RECEIVED AND CHARGE THE SAME TO ACCOUNT OF"라고 기재된 부분이다. "VALUE RECEIVED"는 그 바로 앞에 기재된 환어음 금액에 대해 환어음의 발행인이 대금을 수령하였음을 나타내는 문언으로 환어음의 수령증의 관습적인 기능을 나타내는 것이며 "CHARGE THE SAME TO ACCOUNT OF ________"는 환어음의 발행인이 지급인에 대하여 자신이 수령한 환어음의 대금을 account of 다음에 기재된 신용장 발행의뢰인(수입업자)에게 징수하라는 명령이다.

④ 환어음 발행 일련번호

환어음 발행 일련번호는 수출업자가 환어음을 발행하면서 붙인 일련번호로, 환어음 상의 좌측 상단에 표기된다.

▮서식 10-9▮ 환어음(Biil of Exchange)

BILL OF EXCHANGE

① NO. ______________________ ② ______________ Korea
③ FOR ______________________
④ AT ______________ SIGHT OF THIS FIRST ⑤ BILL OF EXCHANGE(SECOND OF THE SAME TENOR AND DATE BEING UNPAID) ⑥ PAY TO ______________ OR ORDER THE SUM OF
⑦ ____
____
⑧ VALUE RECEIVED AND CHARGE THE SAME TO ACCOUNT OF ______________
⑨ DRAWN UNDER ______________________________
L/C NO. ______________ dated ______________
⑩ TO ______________________
____
____
⑪ ______________

780603-626 13(X)B-16B KOREA EXCHANGE BANK

환어음의 기재사항은 〈서식 10-9〉의 환어음 양식에서 확인하면 다음과 같다.

① 환어음 발행 일련번호
② 환어음의 발행날짜와 발행 장소
③ 환어음의 금액 표시(아라비아 숫자로 표기)
④ 환어음의 지급시기
⑤ 환어음 표시 문구
⑥ 무조건 지급위탁문언 - Pay to 다음에는 수취인(payee)이 기재됨.
⑦ 환어음 금액 - 환어음 금액을 알파벳으로 표기함.
⑧ 대가 수령 문언 - VALUE RECEIVED AND CHARGE THE SAME TO ACCOUNT OF 다음에 일반적으로 신용장 발행의뢰인(수입업자)을 기재함.
⑨ 환어음의 발행근거 - Drawn under 다음에 신용장 발행은행이 기재되고 L/C No. 와 신용장 발행 날짜가 기재됨.

⑩ 지급인과 지급장소 - To 다음에는 환어음의 지급인(drawee)과 지급장소가 기재됨

⑪ 환어음 발행인의 서명 또는 기명날인

제3절 수출대금의 회수

1. 수출대금의 회수

무역물품 매매계약에 따라 수출업자가 계약물품을 선적한 후 관련 제반 서류를 갖추어 외국환은행을 통해 수출대금을 회수하는 절차가 요구된다.

수출대금의 회수는 무역계약서의 대금결제조건에 따라 다양하게 이루어질 수 있다. 특히 대금결제방식 중 가장 많은 비중을 차지하고 있는 송금방식 특히 전신환(T/T) 결제방식은 특별한 수출대금 회수 절차가 요구되는 것이 아니므로 여기서는 대표적인 신용장 결제방식의 수출환어음 매입절차와 무신용장방식(D/P, D/A)의 추심에 의한 대금회수 절차에 대해 살펴보도록 하겠다.

2. 수출대금의 회수 절차

1) 신용장방식의 수출환어음 매입 절차

(1) 수출환어음 매입의 개념

수출환어음 매입(Negotiation)은 수출업자가 신용장 또는 수출계약서에 의해 선적을 완료하고 발행한 환어음 및 선적서류를 지정은행이 매입하여 수출상에게 대금을 선지급하고, 그 대금을 발행은행을 통해 수입업자에게 추심하는 것으로, 수출업자에 대한 금융(우편기간 또는 어음 기간)을 원활히 해 주는 일종의 여신행위를 말한다.

(2) 수출환어음 매입 절차

① 매입신청서류 접수

수출업자는 수출환어음매입(추심)신청서에 신용장원본(조건 변경통지서 포함), 신용장에서 요구하는 환어음 및 선적서류 필요한 부수와 동 사본, 수출신고필증(중계무역시 제외), 기타 필요서류(수출승인서 등)를 첨부하여 거래은행에 매입신청하게 된다.

② 매입신청서류 심사

매입은행은 신용장 자체에 대한 심사 및 신용장 발행은행의 양호 여부 판단하고 신용장 또는 계약서에서 요구하는 서류가 전부 제시되고 제시된 서류가 신용장 또는 계약서의 조건과 일치하며 서류 상호간 모순이 없는가를 점검하게 된다.

③ 수출대금 지급

매입은행은 매입신청서류 심사 후 이상이 없을 경우 수출업자의 계좌로 매입 대금을 입금하게 된다.

④ 사후관리

매입한 수출환어음에 다음과 같은 문제가 발생하면 수출환어음을 부도처리하고, 수출업자에게 수출대금을 회수하게 된다.(상환청구하게 된다.)

- 발행은행으로부터 부도 통보를 받는 경우
- 매입일(usance의 경우 만기일)로부터 1개월 이내 입금사실이 확인되지 않는 경우
- 기한부 수출환어음에 대하여 매입일로부터 1개월 이내에 인수통지를 받지 않은 경우
- 입급되지 않을 것이 확실하다고 판단되는 경우(만기일 전이라도 부도처리할 수 있음)

2) 무신용장방식의 대금 회수 절차

(1) 무신용장방식의 대금 추심의 개념

무신용장방식의 대금 추심은 은행의 지급보증이 없는 무신용장 방식(D/P, D/A)의 대금결제조건하의 무역계약서를 근거로 수출업자가 계약물품을 선적한 후 수출환어음 및 계약서에 명시된 서류를 구비하여 자기의 위험과 비용부담으로 거래은행을 통하여 수입업자에게 추심하여 대금을 회수하는 방식을 말한다. 이 경우 거래은행이 수출환어음과 관련 서류를 추심 전에 매입한 후 수출대금을 수출업자에게 지급하고 추후에 수입지의 추심은행과 수입업자를 통해 추심대금을 회수하는 절차를 거칠 수 있다.

(2) 무신용장방식의 대금 추심 절차

① 신청서류 접수

수출업자는 수출화환어음매입(추심)신청서에 수출신고필증, 수출계약서 원본과 계

약서에서 요구한 선적서류를 첨부하여 거래은행에 매입(추심) 신청하게 된다.

② 매입신청서류 심사

매입(추심) 신청을 받은 수출업자의 거래은행은 제시된 서류와 계약서의 조건 일치 여부, 환어음과 선적서류 상호간 일치 여부, 상업송장의 상품명세와 계약서의 상품명세 일치 여부, 계약서 내용과 결제조건의 일치 여부 등의 심사를 실시한다.

수출계약서의 조건과 선적서류가 일치하지 않는 경우, 수출업자가 은행에 제공한 담보 또는 보증인의 보증한도가 부족한 경우, 수출업자가 환가료 비용을 절약하고자 하는 경우에는 매입하지 않고 추심하게 된다.

③ 수출대금 지급 및 사후관리

수출환어음을 매입하게 되는 경우에는 수출대금을 수출업자에게 매입 대금을 지급하게 되고 추심하는 경우에는 수입지에서 추심은행을 통해 수입업자에게 대금을 추심하여 최종 결제되어 수출업자에게 수출대금이 입금된다.

3) 수출환어음 매입신청서

신용장 상의 수익자인 수출업체가 신용장에 의해 요구되는 계약 상품의 선적을 완료하고 신용장의 제조건에 일치하는 환어음 및 선적서류를 작성하여 외국환은행에 제시하게 된다. 외국환은행은 이를 심사한 후 매입하는데 이때 환어음 및 선적서류를 외국환은행과의 기 약정한 바에 의해 매입해 줄 것을 수익자 즉, 수출업체가 외국환은행에 의뢰하는 신청서가 수출환어음 매입신청서이다.

수출환어음 매입신청서의 제출은 반드시 외국환은행과의 수출화환어음 약정이 선행되어야 하며 이 약정에 의하여 외국환은행은 동 신청서를 접수하고 선적서류를 매입한다.

수출환어음 매입신청서를 외국환은행에 제출할 때는 신용장 원본과 신용장이 요구하는 제반 선적서류를 함께 첨부해야 한다.

▌서식 10-10▐ 수출환어음매입(추심)신청서

수출환어음매입(추심)신청서

□ 추심인 경우(V 표시)

담당	검토자	결재권

매입번호*	
고객번호*	
승인신청번호*	

우리은행 앞

아래와 같이 화환어음의 매입/추심을 신청함에 있어서 따로 제출한 외국환거래약정서의 해당 조항에 따를 것을 확약하며 신용장(계약서) 불일치 내용이 상대은행에서 통보되어 온 경우 매입시 불일치 내용을 신고한 것으로 인정하여도 이의를 제기하지 않겠습니다. 아울러 위 수출물품에 대한 모든 권리를 귀 은행에 양도하겠습니다.

(1) L/C 및 운송서류 내용		**(2) 매입(추심)신청내역**	
L/C 번 호*		통 화*	USD
개 설 일 자*		금 액*	
수출신고필증번호*		외화대체금액	
선 적 기 일		수입보증금	
유 효 기 일		원화입금액	

(3) 신용장(계약서)불일치 내용 *	위 신용장(계약서)에 의한 수출환어음매입 또는 선적서류매입과 관련하여 본인은 아래와 같은 신용장(계약서) 조건과의 불일치 또는 기타 사유로 인한 하자사항을 확인하며 이로 말미암은 비용 및 손해는 외국환거래약정서에 따라 부담하겠습니다.
①	
②	
③	
④	
⑤	
⑥	

년 월 일

*주 소

*신청인 (인)

인감 및

*DOCS	DRAFT	COMM INV	B/L	AWB	PKG LIST	INSU PO/CE	CERT ORIG	INSP CERT	CONS INV	BENEF CERT	SHIP ADV			
1 ST			C	C		C								
2 ND			C	C		C								
DRAWEE														

MAIL TO					
DRAWEE BANK		*수출보험등 부보여부	Y		N
OPENING/COLLECTING BANK		COMM/INTEREST			
BENEFICIARY		특별문구(코드)			
ACCOUNTEE		H.S. NO.			
COMMODITY		TRANSSHIPMENT	ALLOWED. NOT		
DESTINATION		PARTIALSHIPMENT	ALLOWED. NOT		

* 표시란은 고객/영업점께서 작성하시는 란입니다.

수출 (403006, 210×297) 백상지 70g/㎡(2002. 11 개정) 우리은행

4) 수출대금 회수 관련 용어 정리

(1) 매매기준율

미 달러화와 원화간 외국환은행의 대고객거래 및 기업 등의 회계처리에 참고가 되는 환율을 말한다. 즉, 외국환중개회사를 통해 미 달러화의 현물환(이익영업일 결제물) 거래량을 가중평균하여 산출하는 시장평균환율(MAR ; Market Average Rate)을 말한다.

(2) 외국환은행 대고객 매매율

① 전신환(T/T) 매도율

우리나라 수입업자가 수입을 하기 위하여 외국의 수출상에게 송금을 할 때 적용하는 환율이다.

전신환의 경우에는 수취인이 대금을 수취하는데 1일 정도의 기간이 필요하므로 이자문제가 개재하지 않는 순수한 의미의 환율이다.

수입을 위하여 발행한 일람불 신용장 대금을 결제할 때 전신환매매율에 환가료(9~10일치)를 추가하여 적용하게 된다.

② 전신환(T/T) 매입률

해외수입업자가 달러를 송금해왔을 때 수출업자가 달러를 원화로 찾고자 할 때 적용하는 환율이다.

일람불수출신용장을 매입할 때 적용하는 환율은 전신환매입률을 기준환율로 하여 환가료 및 기타 수수료를 공제하여 적용한다.

기한부 수출신용장의 경우도 전신환매입률을 적용하고 기한부 이자 및 기타수수료를 공제하게 된다.

▮표 10-2▮ 미국 달러화(USD)에 대한 환율(2020/02/07)

	환 율(원)
매매기준율	1,191.00
전신환 매입율	1,179.60
전신환 매도율	1,202.40

(3) 환가료(Exchange commission, Periodic Interest)

환가료는 매입은행이 발행은행으로부터 신용장 대금을 지급받기 전에 수출상에게 선지급한 금액에 대한 이자명목의 수수료를 말한다. 즉, 매입은행이 수출상에게 선지급한 날과 수출대전이 입금된 날과의 자금청구기간 동안의 이자가 환가료이다.

국제적으로 공인된 환가료 적용기간(mail date : 우편일수)은 15일인데, 우리나라의 실제적용기간은 동남아 지역은 9일, 기타 지역은 10일, 재매입을 요하는 경우에는 12일을 적용하고 있다. 구체적인 환가료 산출 공식은 다음과 같다.

환가료 = 매입금액 × 매매기준율 × 9/360(또는 10/360) × 연이율

수입의 경우에도 개설은행이 상환(reimbursement)방식으로 개설은행으로 선적서류가 도착되기 전에 상환은행으로 하여금 대금을 지급하게 한 경우나 개설은행부담기한부신용장(domestic banker's usance L/C)인 경우에는 수입상이 환가료를 부담하게 된다.

이는 은행이 고객으로부터 매입한 외환을 완전한 외화자산으로 현금화(=환가)할 때까지 또는 선지급한 자금을 추후 상환 받을 때까지 은행측에서 부담하는 자금에 대하여 이자 보전조로 징수하는 수수료이다.

예를 들면, 수출환어음 매입(nego)을 하면 수출업자는 바로 수출대금을 회수할 수 있지만, 은행은 상대 은행으로부터 돈을 받는 시간이 걸리게 된다. 이때 고객에게 이자 보전조로 받는 것이 환가료이다.

(4) 우편료

선적서류를 개설은행으로 송부하는데 발생하는 비용으로서, 결제방식이 상환방식인 경우에는 상환은행으로 상환용어음을 발송하는 비용이 추가된다(단, 전신청구방식인 경우에는 우편료 대신 전신료를 징수).

지역별	요금 (건당)
동남, 동북 아시아	8,000원
북미, 오세아니아, 하와이, 괌, 피지	12,000원
유럽	16,000원
상기 지역을 제외한 국가	20,000원

예) 개설은행이 일본에 위치하고, 상환은행이 미국에 있는 경우

: 8,000원 + 12,000원 = 20,000원

(5) 전신료

결제방식이 상환방식이고, 신용장상에 전신청구가 허용되어 있는 경우, 전신으로 자금 청구시에 발생하는 비용으로서, 은행별로 차이가 있으나 보통 5,000원에서 10,000원 사이에서 부과된다.

송금보내는 은행이 수취인에게 송금대전을 지급해 줄 것을 위임하는 지급지시서를 전신으로 발행함에 따른 비용이다.

해외송금의 전반적인 과정에서 "SWIFT(Society for Worldwide Interbank Financial Telecommunication ; 국제은행간 자금결제 전산망)"라는 전신 시스템을 사용하게 되는데, 이 시스템을 사용함에 따른 수수료이다.

(6) 대체료(in lieu of exchange commission)

외국환의 수취 또는 지급이 외국환의 매매를 수반하지 아니하고 외국환으로 대체되는 경우에 고객으로부터 받아들이는 수수료이다.

예를 들어 해외송금의 경우에 그 대금을 외국환계정에서 차기하는 경우 또는 송금, 내도한 외국환이나 외환수표, 어음, 외국화폐 등을 매입할 때 그 매입금을 외국환계정에 대기하는 경우에는 은행은 외국환의 매매에 따른 이익이 발생하지 않으므로 이러한 기대이익의 상실에 대한 보상으로 대체료를 징수하는 것이다.

일반적으로 원화를 대가로 한 외국환의 매매시에는 외국환은행은 외국환 매매차익에 의한 외환매매익을 취득할 수 있으나, 원화의 개재없이 단순히 외국환 그 자체로 지급 또는 영수하거나 또는 외국환계정에 대체할 경우에는 외국환은행은 외은(外銀)매매수익을 취득할 수 없는데, 이를 보전하기 위하여 고객으로부터 대체료를 받아들이고 있다.

MEMO

제11장

관세환급

제1절 관세환급 개념 및 절차

제1절 관세환급 개념 및 절차

1. 관세환급제도의 개념

수출업자가 수출한 물품에 사용된 원재료 등에 수입하여 관세를 납부한 부분이 있으며 이를 다시 환급받는 절차가 요구된다.

수출용 원재료에 대한 관세 등 환급에 관한 특례법(일명 : 관세환급특례법)에 의한 관세환급은 우리나라 수출물품에 대한 국제가격경쟁력을 제고시키기 위한 수출지원제도로서, 수출용원재료를 수입하는 때에 납부하였거나 납부할 관세 등을 「관세법」 등의 규정에도 불구하고 관세법에 따라 수출자나 수출물품의 생산자에게 되돌려 주는 것을 말한다.

관세환급 대상 원재료는 다음과 같다.

① 수출물품을 생산한 경우: 다음 각 목의 어느 하나에 해당하는 것으로서 소요량을 객관적으로 계산할 수 있는 것

- 해당 수출물품에 물리적 또는 화학적으로 결합되는 물품
- 해당 수출물품을 생산하는 공정에 투입되어 소모되는 물품. 다만, 수출물품 생산용 기계·기구 등의 작동 및 유지를 위한 물품 등 수출물품의 생산에 간접적으로 투입되어 소모되는 물품은 제외한다.
- 해당 수출물품의 포장용품

② 수입한 상태 그대로 수출한 경우: 해당 수출물품

국내에서 생산된 원재료와 수입된 원재료가 동일한 질(質)과 특성을 갖고 있어 상호 대체 사용이 가능하여 수출물품의 생산과정에서 이를 구분하지 아니하고 사용되는 경우에는 수출용원재료가 사용된 것으로 본다.

2. 관세환급의 환급신청기간

수출물품에 대하여 관세 등을 환급하고자 하는 자는 대통령령이 정하는 바에 따라 물품을 수출 등에 제공한 날로부터 2년 이내에 관세청장이 지정한 세관에 환급 신청하여야 한다. 다만, 수출 등에 제공되는 데에 장기간이 소요되는 물품으로서 대통령령으로 정하는 물품에 대하여 대통령령으로 정하는 불가피한 수출 등의 지연사유가 있는 경우에는 소급하여 3년 이내에 수입된 해당 물품의 수출용원재료에 대한 관세 등을 환급한다.

3. 환급금을 산출하는 방법

현행 관세환급제도는 개별환급방법과 간이정액환급방법으로 크게 나눌 수 있다.

(1) 개별환급방법

수출물품 제조에 소요된 원재료의 품명·규격·수량과 동원재료의 수입시 납부세액을 원재료별로 개별적으로 확인하여 환급금을 산출하는 방법이다.

* 관세환급제도는 수출물품 제조에 소요된 원재료의 수입시 납부세액을 수출한 때에 되돌려 주는 것이므로 환급액을 정확하게 산출하기 위해서는 개별환급방법에 의하는 것이 합리적이다.

(2) 간이정액환급방법

정부가 정하는 일정한 금액(정액환급율표상의 금액)을 소요원재료 수입시의 납부세액으로 보고 환급금을 산출하도록 하는 방법이다.

간이정액환급제도는 개별환급을 받을 능력이 없는 중소기업의 수출을 지원하고 환급절차를 간소화하기 위하여 도입된 제도로서 환급신청년도가 속하는 년도의 직전 2년간 매년도 환급액이 6억 원 이하인 중소기업에서 제조한 수출물품에 대한 환급액 산출시(내국신용장등에 의한 국내거래물품에 대한 기초원재료 납세증명서 발급시 포함)에 정부가 정하는 일정금액(간이정액환급율표상의 금액)을 수출물품 제조에 소요된 원재료의 수입시 납부세액으로 보고 환급액 등을 산출토록 한 제도이다.

4. 관세환급 절차

1) 환급신청 준비 단계

환급을 신청하려면 환급신청 전에 환급기관(환급업무를 관할할 세관)을 결정해야 하는데 환급신청은 환급신청인의 제조장 또는 본사(법령에 의하여 사업장으로 등록된 사무소 포함)를 관할하는 세관장에게 신청해야 한다.

또한 환급신청인은 환급신청 전에 관할세관에 전용계좌번호를 서류로 통보하여야 하며, 이미 개설된 환급금 전용계좌를 변경하고자 하는 경우 세관장에게 계좌변경통보를 하여 관세청 전산시스템에 계좌번호가 등록되어야 환급금의 지급이 가능하다.

2) 환급의 신청

관세환급의 절차는 업체에서 환급신청서를 작성한 후 EDI로 관세청 환급시스템에 전송하면, 서류제출이 필요 없는 건은 전자서류만 심사하여 환급금을 결정하고 서류제출이 필요한 건은 3일 내에 환급신청서 등을 제출하면 세관에서 전자서류와 제출서류를 대조 확인한 후 환급금을 결정, 한국은행과 지급은행에 이체 및 지급의뢰하여 환급신청인의 환급금 전용계좌에 입금된다. 구체적인 절차는 다음과 같다.

(1) 신청서 작성 및 전자문서 전송

환급업체(관세사가 대행할 수 있음)는 환급대상 수출신고필증 중 동일한 HS 품목으로 같은 달에 수출된 수출건을 취합하여 신청서를 작성해야 하며, 간이정액환급은 간이정액율표고시단위(매년단위로 고시함)별로 수출월 구분 없이 동일한 HS품목이면 동시에 환급신청이 가능하다. 해당 수출건에 사용된 수입(매입)물품의 소요량을 계산근거로 하여 환급신청서 및 제증명서를 환급처리용 S/W에 입력하며, S/W가 준비되지 않은 중소업체의 경우 관세사에 환급대행을 의뢰하거나 전국 주요세관 및 상공회의소의 입력시설을 이용하여 입력할 수 있다.

입력이 완료되면 EDI 전자문서로 변환 후 KTNET(한국무역정보통신)을 거쳐 관세청에 전송하게 되며 업체의 문서작성·전송은 24시간 중 어느 때라도 가능하다.

(2) 신청서 오류검증 및 전산 심사

환급시스템은 수신된 전자문서의 내용이 전자문서 작성규칙에 맞게 작성되었는지 여부와 각 신청서의 기본적인 입력사항(통관고유번호, 환급구분, 계좌번호, 수출·입사실 등)을 검증하게 된다.

환급시스템은 수신문서의 기본사항을 검증한 후 이상이 없으면 접수번호를 부여하고 세관 심사자 배부기준에 의거 자동으로 심사담당자를 지정하고 관세청 환급시스템에 의해 자동으로 전산심사가 수행된다.

(3) 접수통보 또는 전산심사오류 통보

전산심사 결과 오류가 없는 건은 접수번호 및 담당자를 해당업체에 통보(접수통보)하며 오류가 발생되면 오류항목 및 오류위치 그리고 접수번호, 담당자 등의 내용을 해당업체에 통보(오류통보) 하게 된다.

(4) 접수통보 후 3일 이내 서류제출 및 전산자료 확인

환급신청건 중 서류제출대상 건의 경우에는 접수통보를 받은 환급업체(관세사)는 접수번호 및 접수일자가 기재된 신청서를 출력하여 접수통보일부터 3일 이내에 관할지세관장에게 제출하여야 한다.

세관 담당자는 제출된 서류와 기 접수된 업무처리화면의 신청내용을 대조하고 확인건에 대한 사항을 제출된 서류로 확인한 후 결재처리 하게 된다.

(5) 환급금지급 결정통지 또는 완료통보

관리자 결재 후 해당 업체에는 환급금지급 결정통지가 전송되고 사후 일괄납부업체인 경우 환급금은 지급보류(지급보류액 만큼 담보잔액에 가산됨)되며 환급금 지급보류 내용이 통지된다.

(6) 환급금 이체 및 지급

관리자가 결재를 하면 한국은행에 해당 세관장의 세입금계정에서 환급금을 이체하여 환급신청인의 계좌로 즉시 입금시킬 것을 전자문서로 요구하며 한국은행은 세관장이 이체 및 지급 요구한 바에 따라 해당 세관장의 세입금계정에서 환급금을 이체하여 환급신청인의 계좌로 입금시킨 후 입금결과를 세관장에게 전자문서로 통지하게 된다.

남풍우, 무역실무, 도서출판 두남, 2011.

전순환, 무역실무, 한올, 2013

송선욱, 국제운송론, 도서출판 두남, 2017.

송선욱, 관세법, 도서출판 두남, 2019.

송선욱, 무역관계법규, 도서출판 두남, 2018.

ㄱ

개발수입(develop and import scheme) / 41
개별계약 / 69
개산(個算)수량조건 / 77
개품운송계약 / 282
견본 매매 / 72
견적송장(Pro-forma Invoice) / 386
결제은행(settling bank) / 168
고지의무 / 347
공동해손손해(general average) / 354
공장 인도조건 / 106
공장인도조건[Ex Works] / 106
과부족용인조항 / 76
관세·통계통합품목분류 / 59
관세지급인도조건(DDP) / 116
관세청 전자통관시스템(UNI-PASS) / 246
관세환급제도 / 417
교차청약(cross offer) / 130
구매확인서 / 228
구상무역(Compensation trade) / 33
구조비용(salvage charges) / 355
국제물류주선업 / 301
국제은행간 자금결제 전산망 / 413
국제팩토링(International Factoring) / 199
국제표준은행 관행(ISBP) / 185
권리침해조항(Infringement Clause) / 94
규격매매 / 74
기기수도증 / 270
기명식(記名式) 선하증권 / 288
기탁신용장(escrow credit) / 181
기한부어음(usance bill) / 85

ㄴ

나용선(裸傭船) 계약(Bare Boat Charter) / 283
낙성계약 / 70
내국신용장(Local Credit) / 219
내륙운송보관약관[Inland Storage Extension(I.S.E.)] / 368
녹다운(knock-down) 방식 / 39
뉴욕협약 / 92

ㄷ

단기수출보험 / 372
단독해손부담보(FPA; Free from Particular Average / 359
단독해손손해(particular average) / 353
단위탑재용기 요금(Bulk Unitization Charge; BUC) / 306
당발환 / 400
대도(Trust Receipt; T/R) / 280
대위(代位, subrogation) / 357
대응구매(Counter purchase) / 34
대체료 / 413
도달주의 / 133
도착장소인도조건(DAP) / 113
도착지양하인도조건(DPU) / 115
도착지양하인도조건(DPU) / 115

독점계약 / 70
동시개설신용장(back to back credit) / 180

▌ㅁ▐

매도인 최종확인조건부 청약 / 131
매도환 / 401
매입(Negotiation) / 167
매입신용장(Negotiation Credit) / 179
매입은행 지정신용장(restricted credit, special credit) / 179
매입은행개방신용장(open credit, general credit) / 180
매입환 / 401
명세서 매매 / 73
명시담보 / 343
무담보어음(clean bill of exchange) / 402
무담보어음(clean bill) / 85
무역관리(Trade Control / 45
무하인 화물(NM Cargo) / 89
무화환신용장(clean credit)/무담보신용장 / 174
무확약청약 / 131
무확정청약(free offer) / 130
무환수출입 / 38
묵시담보 / 343
물물교환(Barter Trade) / 33
물품수령증명서 / 222
미확인 신용장(unconfirmed credit) / 176

▌ㅂ▐

반대청약(counter offer) / 131
반품허용조건부 청약 / 132
배서(背書; endorsement) / 290
병행수입(parallel import or gray import) / 42
보세구역 도착전신고 / 247
보세구역 장치후신고 / 248
보증신용장(stand-by credit) / 182
보통표준품질조건 / 73
보통환 / 401
보험가액(insurable value) / 341
보험계약기간(duration of policy) / 343
보험계약자(insurance policy holder) / 339
보험금(claim amount) / 342
보험금액(insured amount, sum insured) / 342
보험기간(duration of insurance) / 342
보험대리점(insurance agent) / 340
보험료(insurance premium) / 342
보험자(insurer, assurer, underwriter) / 339
보험중개인(insurance broker) / 340
보험증권(Insurance Policy) / 382
보험증권(Insurance policy) / 358
보험증명서(Insurance Certificate) / 382
본선수취증 / 265
본선인도(FOB) / 102
본선인도조건 / 102
부보각서(cover notes) / 387
부합계약(adhesive contract) / 345
분손(partial loss) / 353
분손담보(WA; With Aver / 359
분할선적(partial shipment) / 82
불가항력 조건(Force Majeure Clause) / 93
불요식계약 / 71
비상위험(contingency risks) / 22
비특혜원산지규정 / 61

▌ㅅ▐

상업송장(Commercial Invoice) / 382
상업위험(commercial risks) / 22
상표매매 / 73
상품조회(trade inquiry) / 128
상환청구가능신용장(with recourse credit) / 176
상환청구불능신용장(without recourse credit) / 176
선석(Berth) / 313
선적송장(Shipping Invoice) / 384
선적수량조건 / 78
선적의뢰서 / 265
선적지시서 / 265
선적품질조건 / 74
선착순매매조건부 청약 / 131
선측인도(FAS) / 100
선측인도조건 / 100

선택항할증운임(Optional Surcharge) / 285
선하증권(Bills of Lading; B/L) / 287
세관송장(Customs Invoice) / 388
소송(Litigation) / 91
손해방지비용(sue and labor charges) / 356
송금결제방식(remittance) / 149
송금환 / 400
수익자증명서(Beneficiary's Certificate) / 382, 390
수입화물 선취보증장(L/G; Letter of Guarantee) / 276
수출보험 / 372
수출입 안전관리 우수업체 / 256
수출입공고 / 57
수탁가공무역 / 32
수탁판매수입 / 31
수표송금방식(demand draft : D/D) / 86
순수특별비용 / 356
순환방식 / 152
승낙(acceptance) / 135
승인 / 209
시베리아대륙횡단철도(TSR) / 322
신용조회(credit inquiry) / 128
신협회적하약관 / 361
쌍무계약 / 71

ㅇ

안벽(Pier) / 314
알선(intermediation) / 91
양도가능 신용장(transferable credit) / 180
양도불능 신용장(non-transferable credit) / 180
양륙수량조건 / 78
양륙품질조건 / 74
역환방식(逆換方式) / 157
연계무역 / 33
연속매매(string sales) / 100
연지급신용장(Deferred Payment Credit) / 177
열거책임주의 / 351
영사송장(Consular Invoice) / 389
외국인도수출 / 36
외국인수수입 / 37
외국환(Foreign Exchange) / 400
외화획득용 원료 / 235
용선운송계약(Charter Party) / 282
용적 및 장척(長尺)할증료(Bulky/Lengthy Surcharge) / 284
우편료 / 412
우편송금환방식(M/T) / 86
우편환(M/T) / 85
우회무역(roundabout trade) / 41
운송비·보험료지급인도조건 / 112
운송비·보험료지급인도조건(CIP) / 112
운송비지급인도조건 / 110
운송비지급인도조건(CPT) / 110
운송인 인도조건 / 108
운송인 인도조건(FCA) / 108
운임·보험료포함조건 / 105
운임·보험료포함조건(CIF) / 105
운임포함조건 / 103
운임포함조건(CFR) / 103
원산지규정(Rules of Origin) / 61
원산지증명서(Certificate of Origin) / 382
원산지증명서(Certificate of Origin : C/O) / 62
원산지표시(marks of origin) / 62
위부(abandonment) / 353
위탁가공무역 / 32
위탁판매수출 / 30
유류할증료(BAF; Bunker Adjustment Factor) / 285
유상계약 / 71
인수신용장(Acceptance Credit) / 178
인수인도방식(D/A) / 87
일대용선계약(日貸傭船契約; Daily Charter) / 283
일람불어음(sight bill) / 85
일람지급신용장(Sight Payment Credit) / 177
일반거래협정서 / 137
일반화물 요율(General Cargo Rate; GCR) / 304
일부보험(under insurance) / 342
임대수출 / 32
임차수입 / 33

ㅈ

장기계약 / 70
재판관할권 조항(jurisdiction clause) / 93
전대신용장(packing credit) / 181
전략물자 수출입고시 / 57
전부보험(full insurance) / 342
전손(total loss) / 352
전신료 / 413
전신송금환방식(T/T) / 86
전신환 / 401
전신환(T/T) / 85
전신환(T/T)매도율 / 411
전신환(T/T)매입률 / 411
전위험담보(A/R; All Risks) / 359
절충교역(off-deal trade) / 40
점검 후 매매조건부 청약 / 132
점검매매 / 74
정기(기간) 용선계약(Time Charter) / 282
제품환매(Product Buy-Back) / 34
조건부 청약(conditional offer) / 131
조달(procure) / 100
조정(Mediation) / 91
주문자상표부착 방식(OEM) / 39
준거법조항(governing law clause) / 93
중개무역(仲介貿易) / 36
중계무역(中繼貿易) / 35
중국횡단철도(Trans China Railway) / 327
중량할증운임(Heavy Lift Surcharge) / 284
중재(Arbitration) / 91
중재조항 / 92
즉시반출신고 / 253
지급인도방식(D/P) / 87
지시식 선하증권 / 289
지역적 무역협정(RTAs) / 61

ㅊ

청약(offer) / 130
청약의 철회(withdrawal) / 133
청약취소(revocation) / 133
체화(滯貨)할증료(Port Congestion Surcharge) / 284
초과보험(over insurance) / 342
총괄 운임 용선계약(Lumpsum Charter) / 283
추심(collection) / 86
추심은행(collecting bank) / 161
추심의뢰은행(remitting bank) / 161
추심의뢰인(principal) / 160
추심환 / 400
추정전손(constructive total loss) / 353
출항전신고 / 247
취소가능신용장(revocable credit) / 175
취소불능신용장(irrevocable credit) / 175

ㅌ

타발환 / 400
통과무역(passing or transit trade) / 42
통관 / 243
通 선하증권 / 296
통합공고 / 57
통화할증료(CAF; Currency Adjustment Factor) / 284
특별비용(particular charges) / 356
특정품목 할인요율(Specific Commodity Rate; SCR) / 305
특혜원산지규정 / 61

ㅍ

파손화물보상장 / 264
판매대금추심의뢰서 / 222
판매적격품질조건 / 73
평균중등품질조건 / 73
포괄 / 70
포괄책임주의 / 351
포장명세서(Packing List) / 382
표준중재조항 / 92
표준품 매매 / 72
표준하인(Standard Shipping Mark) / 89
품목분류요율(Commodity Classification Rate; CCR) / 305
피보험목적물(subject-matter insured) / 340

피보험이익(insurable interest) / 340
피보험자(insured, assured) / 340

ㅎ

하인(Shipping Mark) / 89
합의계약 / 70
항공운송주선업자(Consolidator or Air Freight Forwarder) / 301
항공화물 운송 대리점(Air Cargo Agent) / 300
항공화물운송장 / 306
항로(항해) 용선계약(Voyage or Trip Charter) / 282
해상화물운송장(Seaway bill) / 297
현실전손(actual total loss) / 352
협회적하약관(Institute Cargo Clauses; ICC) / 359
화주보험(Shipper's Interest Insurance) / 307
화환신용장(documentary credit) / 174
화환신용장에 관한 통일규칙 및 관례(UCP) / 162
화환어음(documentary bill of exchange) / 402
화환어음(documentary bill) / 68, 85
확인(Confirmation) / 166
확인신용장(confirmed credit) / 175
확정청약(firm offer) / 130
환(exchange) / 400
환가료 / 412
환거래약정은행(Correspondent Bank) / 67
환어음(Bill of Exchange) / 401
환위험(exchange risks) / 22
환적 선하증권 / 296
환적(Transshipment) / 83
회전신용장(revolving credit) / 181
후발적 위법 / 135
희망이익 / 78

A

Accepting Bank(인수은행) / 167
Advising Bank(통지은행) / 167
AEO / 256
ALB(American Land Bridge) / 320
Applicant(개설의뢰인) / 166
Apron / 314
Authorized Bank(수권은행) / 167

B

Beneficiary(수익자) / 166
BWT(Bonded Warehouse Transaction) / 31

C

CAD(Cash Against Documents) / 85
Canadian Land Bridge(CLB) / 320
CFR / 103
CFS Charge / 285
Charter Party B/L(용선계약부 선하증권) / 294
CIF / 105
CIP / 112
CKD(complete knock-down) / 39
CLB(Canadian Land Bridge) / 320
Clean B/L(무고장부 선하증권) / 290
CLP(Container Load Plan; 컨테이너내의 화물의 적치표) / 273
COD(Cash On Delivery) / 85
Combined Transport / 319
Confirming Bank(확인은행) / 166
Container Freight Station(CFS) / 314
Container Yard(CY) / 315
CPT / 110
CTS(Central Terminal Station) / 32
CWO(Cash With Order) / 85

D

D/O(Delivery Order ; 화물인도지시서) / 275
D/R(Dock Receipt ; 부두수취증) / 273
DAP / 115
Demurrage(滯船料) / 286
Detention Charge(遲滯料) / 286
Documentation Fee(서류발급비용) / 285

E

Equipment Interchange Receipt) / 270

EXW / 106

F

FAQ / 73
FAS / 100
FCA / 108
FCL(Full Container Load) 화물 / 270
FOB / 102
Forfaiting / 202
Forwarder B/L / 292
Foul B/L(고장부 선하증권) / 291

G

GMQ / 73
Groupage B/L / 293

H

HSK / 59

I

Intermodal Transport / 319
Issuing Bank(개설은행) / 166

K

KD(semi knock-down) / 39

L

L/I(Letter of Indemnity) / 265
LCL(Less than Container Load) 화물 / 270
Lift on/Lift off(Lo-Lo) / 318
Local B/L(내국선하증권) / 294
Long form B/L(정식 선하증권) / 291

M

M/L clause / 76
M/R((Mate's Receipt) / 265
Marshalling Yard / 314
Master B/L / 292
Microbridge(Interior Point Intermodal; IPI) / 321
MLB(Mini-Land Bridge) / 321
Multimodal Transport / 319

N

Negotiable B/L(유통가능선하증권) / 293
Negotiating Bank(매입은행) / 167
Neutral B/L / 297
Nominated Bank(지정은행) / 167
Non-negotiable B/L(비유통성선하증권) / 293

O

Ocean B/L(해양선하증권) / 294
OCP(Overland Common Point) / 321
ODM(Original Development Manufacturing) 방식 / 40
OEM(Original Equipment Manufacturing) / 39
offer sheet / 137
optional B/L(선택식 선하증권) / 294
Order B/L / 289
Outport Arbitrary(외항추가운임) / 287

P

Paying Bank(지급은행) / 167

R

Red B/L / 295
Reimbursing Bank(상환은행) / 168
Reversed Interior Point Intermodal(RIPI) / 321
Reversed Microbridge / 321
Roll on/Roll off(Ro-Ro) / 318

S

S/O(Shipping Order) / 265
S/R(shipping request) / 265
Short form B/L(약식 선하증권) / 292
Siberia Land Bridge(SLB) / 322
Sight bill(일람불 환어음) / 402

Stale B/L / 295
Surrender B/L / 295
SWIFT / 413
Switch B/L / 297
switch 무역 / 41

T

TEU(twenty feet equivalent unit) / 75
THC(Terminal Handling Charge; 터미널 화물처리비) / 285
Third Party B/L / 297
Through B/L / 296
tomas credit / 181
Tracons / 325
Transrail / 325
Transsea / 325
Transshipment B/L / 296

U

Usance bill(기한부 환어음) / 402
USQ / 73
Utraight B/L / 288

W

Wharfage(부두사용료) / 286

저자 약력

■ 송 선 욱(宋善旭)

- 건국대학교 무역학과 졸업(상학사)
- 건국대학교 대학원 무역학과 수료 (경제학 석사)
- 건국대학교 대학원 무역학과 수료 (경제학 박사)
- 경영지도사(중소기업청)
- 국제무역사(한국무역협회)
- 롯데칠성주식회사 해외영업부 근무
- 국립세무대학 근무
- 국세공무원교육원 근무
- 한국관세사회 상임연구위원
- 건국대학교, 강남대학교, 한국방송통신대 외래교수
- 경원전문대학 무역학과 겸임교수
- 관세사 일반(특별)전형 출제위원
- 관세국경관리연수원 강사
- 물류관리사 출제 및 선정위원
- 공무원 시험 출제 및 선정위원
- 원산지관리사 출제위원

(현) 백석대학교 경상학부 교수
한국무역학회 감사
한국통상정보학회 부회장
한국관세학회 부회장
국제 e-비즈니스학회 부회장

무역실무 - 개정판

초 판 1쇄 발행 —— 2018년 3월 2일
개정판 1쇄 인쇄 —— 2020년 3월 2일
지은이 —— 송 선 욱
펴낸이 —— 전 두 표
펴낸곳 —— 도서출판 두남
서울시 강동구 성내로6길 34-16 두남빌딩
신 고 : 제25100-1988-9호
TEL : 02) 478-2065~7, 2311
FAX : 02) 478-2068
E-mail : dunam1@unitel.co.kr
http://www.dunam.co.kr

정가 28,000원

ISBN 978-89-6414-876-1 93320